D1930391

003al Foto: kw

Werner Lips

Algarve mit Lissabon

„Ehe man auf den anrollenden Zug aufspringt,
sollte man sich fragen, wohin er denn überhaupt fährt.“

Dom Renreõ do Spilho zur portugiesischen Europapolitik

002al Foto: wl

Impressum

Werner Lips
Algarve mit Lissabon
erschienen im
Reise Know-How Verlag Peter Rump GmbH
Osnabrücker Str. 79, 33649 Bielefeld

2., komplett aktualisierte und erweiterte Auflage 2006

Gestaltung
Umschlag: C. Blind, P. Rump (Layout);
A. Pentzien (Realisierung)
Inhalt: G. Pawlak (Layout und Realisierung)
Karten: Catherine Raisin, der Verlag, Thomas Buri
Fotos: Werner Lips, Klaus Werner (S. 1)
Titelfoto: Werner Lips
Bildbearbeitung: Klaus Werner

Lektorat: Andrea Hesse
Lektorat (Aktualisierung): André Pentzien

Druck und Bindung: Fuldaer Verlagsanstalt GmbH & Co KG, Fulda

ISBN 3-8317-1399-5
Printed in Germany

Dieses Buch ist erhältlich in jeder Buchhandlung Deutschlands, der Schweiz, Österreichs, Belgiens und der Niederlande. Bitte informieren Sie Ihren Buchhändler über folgende Bezugsadressen:

Deutschland
Prolit GmbH, Postfach 9, D-35461 Fernwald (Annerod)
sowie alle Barsortimente

Schweiz
AVA-buch 2000, Postfach, CH-8910 Affoltern

Österreich
Mohr Morawa Buchvertrieb GmbH, Sulzengasse 2, A-1230 Wien

Niederlande, Belgien
Willems Adventure, Postbus 403, NL- 3140 AK Maassluis

Wer im Buchhandel trotzdem kein Glück hat, bekommt unsere Bücher auch direkt über unseren **Büchershop im Internet: www.reise-know-how.de**

Wir freuen uns über Kritik, Kommentare und Verbesserungsvorschläge.
Alle Informationen in diesem Buch sind vom Autor mit größter Sorgfalt gesammelt und vom Lektorat des Verlages gewissenhaft bearbeitet und überprüft worden. Da inhaltliche und sachliche Fehler nicht ausgeschlossen werden können, erklärt der Verlag, dass alle Angaben im Sinne der Produkthaftung ohne Garantie erfolgen und dass Verlag wie Autor keinerlei Verantwortung und Haftung für inhaltliche und sachliche Fehler übernehmen. Die Nennung von Firmen und ihren Produkten und ihre Reihenfolge sind als Beispiel ohne Wertung gegenüber anderen anzusehen. Qualitäts- und Quantitätsangaben sind rein subjektive Einschätzungen des Autors und dienen keinesfalls der Bewerbung von Firmen oder Produkten.

Werner Lips

Algarve
mit Lissabon

Vorwort

Seit Jahrzehnten gehört die portugiesische Algarve zu den beliebtesten Ferienzielen Europas. Die besondere Faszination der auch wirtschaftlich bedeutendsten Region Portugals erklärt sich sowohl aus der attraktiven Lage im äußersten Südwesten Europas wie auch aus der (im Vergleich mit anderen südlichen Regionen) vergleichsweise zurückhaltenden touristischen Entwicklung des Landes. Hinzu kommt eine Landschaft, die von kilometerlangen Sandstränden über schattige Korkeichenwälder bis zu schroffen Felsklippen praktisch alles zu bieten hat, was sich der Erholung Suchende wünscht. Und nicht zuletzt sind es die freundlichen Bewohner des Landes selbst, die einen Urlaub in Portugal so angenehm machen.

Nicht wenige Reisende – vorrangig Engländer und Deutsche – entschließen sich irgendwann sogar, an der Algarve ein Ferien- oder Altersdomizil zu errichten. Infrastruktur, Versorgung und Klima sind als besondere Vorteile für einen dauerhaften, und natürlich auch für einen touristischen Aufenthalt an Portugals schönster Küste hervorzuheben.

Das eigentliche politische und kulturelle Leben spielt sich jedoch in der Hauptstadt Lissabon ab, wo noch auf Schritt und Tritt die Jahrhunderte währende Kolonialepoche zu spüren ist. Ein Kurzbesuch einer der bedeutendsten europäischen Städte der frühen Neuzeit kann von der Algarve aus leicht arrangiert werden und empfiehlt sich unbedingt.

Dieses Handbuch soll all denjenigen eine Anregung und Hilfe sein, die individuell – sei es per PKW oder mit öffentlichen Verkehrsmitteln – die portugiesische Algarve (als Ausflug auch die Hauptstadt Lissabon) bereisen.

Bom viagens – Gute Reise!

Werner Lips

Die Algarve im Überblick

Wer nicht an einen bestimmten Ort gebunden ist, sei es durch Vorabbuchung oder wegen eines privat organisierten Quartiers, der sollte sich unbedingt vor der Buchung/Auswahl des konkreten Urlaubsortes zumindest grob darüber klar werden, auf was es ihm vor Ort eigentlich ankommt. Dinge wie Art der Reise, genutzte Verkehrsmittel, Standort oder Programm vor Ort sind zu klären; eine gute Vorbereitung wird so zum Schlüssel für einen gelungenen Urlaub. Zudem können die Reisebürofachkräfte noch so nett wirken, sie wollen in erster Linie die Reise verkaufen und sind über die tatsächlichen Verhältnisse vor Ort meist nicht sehr gründlich informiert. Ähnlich urteilt auch die bekannte „Stiftung Warentest", wonach nur 10 % aller Reisebüros Kundenwünsche zufriedenstellend erfüllen – ein wenig Eigeninitiative kann daher dem Gelingen der Reise nur zuträglich sein.

Die Algarve bietet auf überschaubarer Fläche eine Vielzahl von Möglichkeiten zur Gestaltung der „schönsten Zeit des Jahres", vom Strandurlaub mit aktivem Nachtleben über Wanderungen im Mittelgebirge bis hin zum gepflegten Golfvergnügen. Als Vororientierung hier eine steckbriefartige Charakteristik der wichtigsten Örtlichkeiten der Algarve von Ost nach West; hierbei geht es lediglich um die Eignung als Urlaubsstandort, über Sehenswürdigkeiten und landschaftliche Schönheit der Umgebung soll hiermit nichts gesagt sein:

- **Monte Gordo:** lange Promenade, zweckmäßig-unromantisch, Casino
- **Tavira:** Gassen, Brücken, Flüsschen; Kunst und Cafés, kleinstädtischer Charakter
- **Olhão:** untouristische Wohnstadt; gemächlich, hübsche vorgelagerte Badeinseln
- **Faro:** untouristisch, meist Durchgangsstation, hübscher Altstadtkern; kaum Flair
- **Vale de Lobo/Quinta do Lago:** die Schickeria der Iberischen Halbinsel, Golf und Imagepflege, extrem gute Chancen, europäischen Promis aller Art zu begegnen

001al Foto: wl

- **Vilamoura/Quarteira:** Schickeria für Golf-, Segel- und Tennismillionäre; „Zwirnzwang“
- **Albufeira/Montechoro:** Briten, Skandinavier und Spanier amüsieren sich um die Wette; Kneipen-, Disco- und Souvenirhochburg; gute Strände, hübsche Altstadt
- **Armação da Pêra:** einer der ersten Touristenorte; großer Strand, Plattenbauflair
- **Carvoeiro:** Hochburg der Deutschen; vielseitig; überschaubar, gute Strände nahe
- **Silves:** historisch gewachsene Binnenstadt, selten Übernachtungsstandort
- **Monchique:** Standort für Bergsportler/Mountainbiker usw.; tolle Ausblicke
- **Ferragudo:** ehemaliges Fischerdorf, nicht überlaufen, am Rio Arade gegenüber vom Hafen von Portimão gelegen, daher Strände teilweise nur Durchschnitt
- **Portimão:** „Sardinenhochburg“, echte portugiesische Wohnstadt, wenige Sehenswürdigkeiten, selten Urlaubsstandort
- **Praia da Rocha:** Hausstrand Portimãos und Ballermann-Meile der Briten; längste Flaniermeile der Algarve, wird permanent „mondänisiert“
- **Alvor:** kleiner gemütlicher ehemaliger Fischerort, für jeden etwas
- **Lagos:** beste größere Stadt für Urlauber mit Stränden und vielseitiger Innenstadt
- **Luz:** britisch-niederländische Hochburg mit Pubs, Bars und Promenade
- **Salema:** noch recht ruhig und idyllisch, einsame Strände rundum, überwiegend deutschsprachige Urlauber, wird „carvoeiroisiert“
- **Sagres:** gediegen, abgelegen; für Ausflüge aber eher ungünstig
- **Aljezur:** für Individualisten, Alternative; Aussteigerhochburg, kein Massenbetrieb

Inhalt

Reisetipps A–Z

Land und Leute

Die östliche Algarve

Die westliche Algarve

Lissabon

Anhang

Exkurse

Portugal im Überblick

- **Ländername:** República Portuguêsa (Portugiesische Republik)
- **Staatsform:** Parlamentarische Demokratie
- **Regierungschef:** Premier José Socrates (Sozialist)
- **Staatsoberhaupt:** Staatspräsident, derzeit J. Sampaio (Neuwahl 2006)
- **Lage:** Südwest-Europa, mit nur einer Landesgrenze zu Spanien
- **Größe:** 92.345 km² (Algarve 4991 km²), davon Azoren 2352 km², Madeira 795 km²
- **Hauptstadt:** Lissabon (Algarve: Faro)
- **Bevölkerung:** 10,65 Millionen (Algarve: 358.000)
- **Lebenserwartung:** 76 Jahre
- **Sprache:** Portugiesisch; an der Algarve wird überall Englisch verstanden
- **Zeitzone:** Greenwich-Time; MEZ/MESZ jeweils minus 1 Stunde
- **Reisedokumente:** EU-Bürger: Personalausweis
- **Klima:** Mediterran mit milden Wintern und langen, heißen Sommern
- **Währung:** Euro; EC-Karte für Geldautomaten und gängige Kreditkarten weit verbreitet
- **Impfvorschriften:** keine
- **Religion:** Römisch-Katholisch (95 % d. Bevölkerung)

Hinweise zur Benutzung

In den praktischen **Reisetipps von A–Z** wird allen Fragen, die im Zuge der Reisevorplanung auftreten, Rechnung getragen. Das folgende Kapitel **Land und Leute** vermittelt Hintergrundwissen zu Geographie und Natur, Geschichte, Staat und Politik sowie zu Kunst und Gesellschaft. Die **Ortsbeschreibungen** (von Ost nach West) schließlich bilden die wichtigste Hilfestellung für den Reisenden. Sie enthalten neben den Beschreibungen der wichtigsten Sehenswürdigkeiten und Wissenswertem zur Stadtgeschichte einen reisepraktischen Teil, der über Unterkünfte, Freizeitangebote und Dienstleistungsbetriebe etc. vor Ort informiert. Bei größeren und wichtigen Orten finden sich entsprechende **Stadtpläne.** Zusätzlich gibt es fünf

003al Foto: wl

Übersichtskarten, auf denen neben den Ortschaften auch wichtige Sehenswürdigkeiten und Freizeiteinrichtungen eingetragen sind. Auf diese Karten und Pläne wird in der Kopfzeile verwiesen.

Die **Übersichtskarten** in den Umschlagklappen sind unterteilt in Westliche und Östliche Algarve. In den Überschriften der Ortsbeschreibungen wird auf die Lage des Ortes auf diesen Karten verwiesen: Da die Buchstaben der Planquadrate durchlaufend sind, bedeutet z. B. „A2", dass der Ort auf der Karte „Westliche Algarve" in Planquadrat A2, ein Ort in „G3" hingegen im Planquadrat G3 auf der Karte „Östliche Algarve" zu finden ist.

Die hochgestellten **Euro-Zeichen,** mit denen die vorgestellten Unterkünfte versehen wurden, dienen nicht als Qualitätsmerkmale, sondern beziehen sich auf die Preisklasse des Quartiers. Die Preiskategorien finden sich sowohl im Kapitel „Reisetipps von A–Z" unter dem Stichwort „Unterkunft" als auch in der vorderen Umschlagklappe.

Der **Pfeil** (⇗) bedeutet, dass es zum betreffenden Thema bzw. Ort an anderer Stelle des Buches weitere oder ausführlichere Informationen gibt.

004al Foto: wl

Praktische
Reisetipps
von A bis Z

Anreise nach Portugal

Anreise per Flugzeug

Neben den portugiesischen Fluggesellschaften TAP Portugal (von Frankfurt, München und Zürich über Lissabon, www.tap-airportugal.de) und Portugalia (von Basel über Lissabon, www.flypga.com) sowie Lufthansa (von Frankfurt 3-mal wöchentlich nonstop, www.lufthansa.de) bieten zahlreiche Charterfluggesellschaften wie Air Berlin, Condor, Hapagfly und LTU Flüge zwischen allen größeren Städten im deutschsprachigen Raum und **Faro** an. Die meisten Gesellschaften fliegen die Route mehrmals die Woche, einige sogar täglich. Die **Kosten** liegen in der Hauptsaison je nach Abflugort bei 300–500 € (Rückflugticket), in der Nebensaison ist der Flug oft schon für rund 200 € zu haben.

Preiswerter kann man es bei den so genannten Billigairlines haben, sofern man sehr früh bucht. Es gibt regelmäßig Sonderaktionen, auf die per E-Mail-Newsletter aufmerksam gemacht wird, die man auf der Internetseite der Airline abonnieren kann. Die Billigairlines stellen keine Tickets aus, sondern arbeiten nur mit einer Online-Bestätigung mit einer Buchungsnummer auf der Website oder per E-Mail. Zur Bezahlung wird in der Regel eine Kreditkarte verlangt. Ein einmal gebuchter Flugtermin lässt sich in der Regel nicht verschieben, das Ticket verfällt bei Nichtflug. Die interessanten Billigairlines für Flüge nach Portugal sind:

Einfallstor zur Algarve – der Flughafen von Faro

005al Foto: wl

- **Air Berlin,** www.airberlin.com oder (D)-Tel. 01805-737 800, (A)-Tel. 0820-400 011, (CH)-Tel. 00848-737 800. Die ehemalige Charterairline fliegt ab vielen deutschen Flughäfen, Zürich, Basel/Mulhouse, Salzburg und Wien nach Faro.
- **Condor,** www.condor.com oder (D)-Tel. 01805-767 757. Diese ehemalige Charterairline fliegt ab Düsseldorf, Frankfurt, Hamburg, München und Stuttgart nach Faro.
- **Germanwings,** www.germanwings.com oder (D)-Tel. 01805-955 855. Von Köln/Bonn und Stuttgart nach Faro.
- **Hapagfly,** www.hapagfly.de oder (D)-Tel. 01805-757 510. Diese ehemalige Charterairline fliegt ab vielen deutschen Flughäfen nach Faro.
- **LTU,** www.ltu.de oder (D)-Tel. 0211-9418333. Von Berlin, Düsseldorf, Frankfurt, Hamburg, Köln/Bonn, München und Stuttgart.
- **Virgin Express,** www.virgin-express.com oder (D)-Tel. 01805-133 212. Von Brüssel nach Faro. Von Berlin gibt es Flüge nach Brüssel (man muss dann allerdings in Brüssel übernachten, denn der Flugplan bietet keine Möglichkeit zum Weiterflug am selben Tag).

Die Billigairline-Tickets kann man alle auf der jeweiligen Website buchen, sowie auch über das jeweilige Callcenter (allerdings ist dann eine Zusatzgebühr fällig und der Anruf selbst kostet meist 0,12-0,20 € bzw. 0,12 SFr pro Minute).

Kleines „Flug-Know-How“

Check-in

Nicht vergessen: Ohne einen gültigen Reisepass oder Personalausweis kommt man nicht an Bord.

Bei den innereuropäischen Flügen muss man mindestens eine Stunde vor Abflug am Schalter der Airline eingecheckt haben. Viele Airlines neigen zum Überbuchen, d. h., sie buchen mehr Passagiere ein, als Sitze im Flugzeug vorhanden sind, und wer zuletzt kommt, hat dann möglicherweise das Nachsehen.

Gepäck

In der Economy-Class darf man in der Regel nur Gepäck bis zu 20 kg pro Person einchecken (steht auf dem Flugticket) und zusätzlich ein Handgepäck von 7 kg in die Kabine mitnehmen, welches eine bestimmte Größe von 55 x 40 x 23 cm nicht überschreiten darf. In der Business Class sind es meist 30 kg pro Person und zwei Handgepäckstücke, die insgesamt nicht mehr als 12 kg wiegen dürfen. Man sollte sich beim Kauf des Tickets über die Bestimmungen der Airline informieren.

Aus Sicherheitsgründen gehören Waffen, Explosivstoffe, Munition, Feuerwerke, leicht entzündliche Gase (z. B. in Sprühdosen, Campinggas), entflammbare Stoffe (z. B. in Benzinfeuerzeugen, Feuerzeugfüllung) sowie Aktentaschen oder Sicherheitskoffer mit installierten Alarmvorrichtungen nicht ins Passagiergepäck.

Rückbestätigung

Bei den meisten Airlines ist heutzutage die **Bestätigung des Rückfluges** nicht mehr notwendig. Allerdings empfehlen alle Airlines, sich dennoch telefonisch zu erkundigen, ob sich an der Flugzeit nichts geändert hat, denn kurzfristige Änderungen der genauen Abfluguhrzeit kommen beim zunehmenden Luftverkehr heute immer häufiger vor.

Für die Tickets der Linienairlines kann man bei folgenden zuverlässigen Reisebüros meistens günstigere Preise als bei vielen anderen Reisebüros finden:

- **Jet-Travel,** Buchholzstr. 35, D-53127 Bonn, Tel. 0228-284 315, Fax 284 086, info@jet-travel.de, www.jet-travel.de. Auch für Jugend- und Studententickets. Sonderangebote auf der Website unter „Schnäppchenflüge“.
- **Globetrotter Travel Service,** Löwenstrasse 61, CH-8023 Zürich, Tel. 01-228 6666, zh-loewenstrasse@globetrotter.ch, www.globetrotter.ch. Weitere Filialen gibt es in Baden, Basel, Bern, Biel, Chur, Freiburg, Luzern, Olten, St. Gallen, Thun, Winterthur und Zug.

Wer sich erst im letzten Augenblick für eine Reise an die Algarve entscheidet, kann Ausschau nach **Last-Minute-Flügen** halten, die von einigen Airlines mit deutlicher Ermäßigung (ab etwa 150 €) ab etwa 14 Tage vor Abflug angeboten werden.

Diese Last-Minute-Flüge lassen sich nur bei Spezialisten buchen (bei den Rufnummern werden 0,12–0,20 € bzw. 0,12 SFr pro Minute berechnet):

- **L'Tur,** www.ltur.com; (D)-Tel. 01805-212 121, (A)-Tel. 0820-600 800, (CH)-Tel. 0848-808 088, sowie 140 Niederlassungen europaweit. Unter „Super Last Minute" gibt es Angebote für den Abflug innerhalb der nächsten 72 Std.
- **Lastminute.com,** www.de.lastminute.com, D: Tel. 01805-777 257.
- **5 vor Flug,** www.5vorflug.de, D: Tel. 01805-105 105.
- **www.restplatzboerse.at:** Quelle von Schnäppchenflügen für Österreich.

Der Flughafen Faro ist für Auskünfte (über Rückflugzeiten usw.) unter Tel. 00351-289 800 800, Fax 289 818 802, im Internet unter www.ana-aeroportos.pt und per E-Mail unter faro.airport@ana-aeroportos.pt zu erreichen.

Ein bis zwei Tage vor dem Rückflug sollte man unter der Servicenummer in Faro unbedingt rückfragen, ob der Flug planmäßig startet (meist Tonbandansage).

Nach der Ankunft

Nach dem Bustransfer vom Flugfeld geht es ohne Ausweiskontrolle (Inner-EU-Flug) in die etwas chaotische Gepäckhalle, wo auf Monitoren das entsprechende Rollband angezeigt wird. Dann gelangt man in den Ankunftsbereich des Flughafens (keine Gepäckaufbewahrungsmöglichkeiten) mit Touristeninformation, Hotel- und Mietwagenschaltern. Die internationalen Verleiher (AVIS, Sixt, Hertz, Budget etc.) haben ihre Büros außerhalb des Gebäudes, 300 Meter rechts den Parkplatz entlang; in der Ankunftshalle selbst finden sich kleinere lokale Vermieter, die meist deutlich günstiger sind (⇗Autofahren; Vorabreservierung ist bei allen Anbietern zu empfehlen). Der Flughafen verfügt über ausreichende Parkflächen (Gebühren: 1–2 €/Std., je nach Nähe zum Hauptgebäude) – meist werden die Leihfahrzeuge beim Rückflug auf einem vereinbarten Parkplatz abgestellt.

Orientierung ab Flughafen

Wer am Flughafen einen **PKW** mietet, fährt über die vierspurige Flughafen-Stadtschnellstraße auf die mautfreie Autobahn IP 1; will man an die Westalgarve, folgt man den Schildern Richtung Albufeira/Lagos, für die Ostalgarve orientiert man sich in Richtung Vila Real de Santo António. Für Olhão und Tavira fährt man ab Flughafen via Faro, wo man auf der gut beschilderten N-125 entlang der Küste weitergeführt wird. Das Zentrum von Faro liegt nur drei Kilometer vom Flughafen entfernt und ist ebenfalls sehr gut ausgeschildert.

Auf der IP 1 gibt es **keine Tankstellen;** vom Flughafen kommend, liegt Richtung Autobahn nach etwa drei Kilometern lediglich eine winzige, leicht zu übersehende Tankstelle rechter Hand.

Weitere Verkehrsmittel ab Flughafen

Am Ausgang, 50 Meter linker Hand, liegt die kleine **Bushaltestelle** mit Anbindung zur Ilha de Faro (1,05 €) und in die Innenstadt von Faro (90 Cent, 9–20 Uhr zur vollen Stunde ab Flughafen, 8.15–20.15 Uhr ab Bahnhof Faro). Der Transport per **Aero-Bus** ist bei Vorlage des Flugtickets kostenlos.

Der **Bahnhof** von Faro ist unter Tel. 289 822 769 bzw. 289 801 726 für Auskünfte zu erreichen.

Die Nah- und Fernziele der Algarve werden ab Flughafen auch per **Taxi** angefahren; die Richtpreise pro Fahrzeug: Faro-Innenstadt 10 €, Albufeira 30 €, Carvoeiro 45 €, Lagos 60 €, Vila Real de Santo António 40 €, Sevilla (Spanien) 150 € – nach 22 Uhr sowie an Wochenenden und Feiertagen wird ein Aufschlag von 20 Prozent erhoben.

Anreise per PKW

Eines vorab: Wer ausschließlich Portugal besuchen möchte, sollte besser fliegen! Die Kosten für die Anreise per PKW übersteigen für ein oder zwei Personen, zumindest bei günstigen Nebensaison-Flugpreisen, diejenigen für Ticket plus Leihwagen vor Ort deutlich. Neben Sprit (150–250 € einfache Fahrt) und Autobahngebühren (derzeit insgesamt ca. 85 € einfach) muss man noch zwei Übernachtungen einkalkulieren. Ab drei bis vier Personen – insbesondere bei Familien mit Kindern also – „rechnet" sich dann zwar die Anreise mit dem eigenen Fahrzeug, ein Erholungseffekt dürfte nach der rund 2600 Kilometer langen Rückfahrt von Faro nach Deutschland allerdings kaum mehr vorhanden sein; zudem geht für An- und Rückreise samt Übernachtungen knapp eine Woche ins Land.

Wer jedoch viel Zeit hat oder nebenbei auch Frankreich und Spanien besuchen möchte, sollte sich die französische Motelkette **Formule 1** vormerken. Deren knapp 400 Häuser liegen in Spanien und Frankreich unmittelbar in Autobahnnähe. Die sauberen, funktionalen Zimmer sind mit ca. 25–30 € (Frühstück 3 €) sagenhaft günstig; ein weiteres Plus ist der sichere, da nachts verschlossene Parkplatz. Check-In/Out täglich 17–22 und 6.30–10 Uhr; mit Visa-, Master- und AmEx-Card ist ein automatisiertes Einchecken rund um die Uhr möglich. Die Zentrale in 91021 Evry (6/8 Rue de Bois Briard, www.hotelformule1.com) versendet auf Anfrage einen Katalog (wichtig für Reservierungen in Spanien, s. u.) mit Lageskizzen und Anfahrtsbeschreibung. Formule 1 bietet für die 300 Motels in Frankreich eine zentrale Raumreservierung unter Tel. 08 36 685 685 an, für Spanien ist beim jeweiligen Motel direkt zu reservieren. Für die Motels in Barcelona, Lleida, Tarragona, Madrid, Alicante und Murcia gibt es eine zentrale Informationsstelle: Formule 1 Hoteles SA, Plaza de Colon 2, Torre 1, 28046 Madrid.

Alternativen zu Formule 1 findet man im Internet z. B. unter www.logis-de-france.fr oder www.gites-de-france.fr.

Sprachhilfe für Tankstellen im Transit

deutsch	französisch	spanisch	portugiesisch
Normal, unverbleit	sans plomb	sin plomo	sem chumbo
Super	super	súper	súper
Diesel	gasoil	diesel	gasóleo
Volltanken, bitte	le plain, s'il-vous plaît	lleno, por favor	cheio, se faz favor
Tankstelle	station-service	estación de servicio	posto de gasolina
(Getriebe-) Öl	l'huile	aceite	óleo
(Kühl-) Wasser	l'eau refroidissement	agua del radiator	agua de refrigeraçao
Autobahn	autoroute	autopista	autoestrada

Routen-Tipp

Die günstigste Route für Selbstfahrer: **Frankfurt am Main** – Mainz – Kaiserslautern – Saarbrücken – Reims – **Paris** – Orléans – Tours – Saintes – **Bordeaux** – Labouheyre – Biarritz – S. Sebastian – **Bilbao** – Miranda – Burgos – Aranda de Duero – **Madrid** – Talavera – Trujillo – Merida – **Badajoz** – Estremoz – Evora – Alcácer do Sal – **Faro** mit 2575 Kilometern.

Für **Alpenanrainer** bleibt dagegen die „klassische" Mittelmeerroute über Basel – **Genf** – Annecy – **Lyon** – Nîmes – Narbonne – **Toulouse** – Biarritz, weiter wie oben, die schnellste. Die Anfahrt über die spanische Mittelmeerseite ist wegen der erhöhten Diebstahlsgefahr und des hohen Verkehrsaufkommens deutlich ungünstiger.

Die folgende Übersicht bietet die wesentlichen Informationen über Höchstgeschwindigkeiten, Kosten für Verkehrsdelikte, Promillegrenzen und Pannendienst-Notrufnummern der wichtigsten Autommobilclubs.

	Deutschland	Frankreich	Spanien	Portugal
Höchstgeschwindigkeit Ortschaft/Landstraße/Autobahn	50/100/–	50/90/130	50/90/120	50/90/120
20 km/h zu schnell	35 €	ab 90 €	bis 90 €	ab 50 €
Promillegrenze	0,5 ‰	0,5 ‰	0,5 ‰	0,2 ‰
Alkohol am Steuer	mind. 250 €	bis 4500 €	ab 300 €	100–1500 €
Parkverstoß	5–35 €	ab 10 €	bis 90 €	ab 25 €
Überholverstoß	30–125 €	ab 90 €	ab 90 €	ab 100 €
Rote Ampel überfahren	50–200 €	ab 90 €	ab 90 €	ab 100 €

Die wichtigsten Automobilclubs und ihre 24-Stunden-Notrufnummern:

- **ADAC,** www.adac.de; Notruf-Tel. in Deutschland 089-222 222; in Frankreich 04-721 71222; in Spanien 09-350 82808 (keine Rufnummer in Portugal).
- **ÖAMTC,** www.oeamtc.at; Notruf-Tel. in Österreich 01-251 2000 oder 01-251 2020 für medizinische Notfälle; in Frankreich Tel. 04 7217 1223; in Spanien Tel. 091-5949 347; in Portugal (in Lissabon oder südlich von Pombal Tel. 021-9429 103, in Porto oder nördlich von Pombal Tel. 022-8340 001.
- **TCS,** www.tcs.ch; Notruf-Tel. in der Schweiz 022-4172 220.
- Der **portugiesische Partnerclub** Automóvel Club de Portugal ist 24 Stunden erreichbar unter Tel. 707 509 510.

Straßenkarten

- world mapping project „Portugal"; Maßstab 1:350.000
- world mapping project „Algarve"; Maßstab 1:100.000. Doppelseitige Karte mit detaillierter Darstellung der wichtigsten Sehenswürdigkeiten; reiß- und wasserfest; GPS-tauglich durch Gradnetz und UTM-Gitter.

Anreise per Bus

Neben dem Angebot an Pauschalreisen (Information und Buchung in jedem Reisebüro) gibt es gerade im Bereich der Iberischen Halbinsel, bedingt durch die langjährige Gastarbeitertradition, gute und besonders im Vergleich zur Bahn **preiswerte Linienbusverbindungen** zwischen Deutschland und Portugal.

Von allen deutschen Großstädten aus werden die wichtigsten Orte des Landes angefahren; ein Beispiel: Eine Linienbusfahrt von Frankfurt/M. nach Faro (Dauer: ca. 34 Std.) kostet 138 € (einfach) bzw. 228 € (rück). Kinder unter 12 Jahren zahlen 69 (114) €, unter 4 Jahren 28 (46) €. Auf allen Routen erhalten Studenten mit Ausweis 10 % Rabatt. Pro Person dürfen zwei Gepäckstücke in Koffermaßen (2,50 € pro Stück) und eines als Handgepäck (frei) mitgeführt werden. Als Quittung wird eine Marke ausgegeben. Wenn es die Gepäckraumkapazität zulässt, kann (dies liegt im Ermessen der Fahrer) ein drittes Gepäckstück gegen eine Gebühr von 5 € mitgenommen werden; **Fahrräder** werden, wenn überhaupt, nur ordentlich in Karton verpackt befördert (⇗Bahn).

Wichtig: Die **Reservierung** für die Rückfahrt (Rückbestätigung) wird am Zielort durchgeführt; hierfür wird eine Gebühr von 3 € erhoben.

Informationen über Fahrpläne und Buchung erteilt die Deutsche Touring GmbH. Auf der Internetseite können Ausgangs- und Zielorte gewählt sowie Fahrtzeiten und Preise abgefragt werden.

- **Deutsche Touring GmbH,** Am Römerhof 17, 60486 Frankfurt am Main, Tel. 069 790 350, Fax 069 790 3219, www.deutsche-touring.com

Anreise per Bahn

Offen gestanden, ich persönlich würde in Anbetracht der **ungünstigen Verbindungen** und der etwa **doppelt so hohen Preise** eher mit dem internationalen Bus fahren als mit der Bahn. Zudem sind in den Sommermonaten (Ferienzeit) die Züge brechend voll; ohne Platzkarte ist von einer Bahnfahrt unbedingt abzuraten. So ist selbst von Verkehrszentren wie Frankfurt/Main aus die Bahnfahrt nach Faro eine ziemliche Odyssee (erst geht es von Frankfurt nach Paris, dort nimmt man die Metro zum anderen Bahnhof, in Madrid muss man umsteigen, in Lissabon nimmt man die Fähre zum Bahnhof am anderen Tejo-Ufer, um dann endlich, nach mindestens 40 Stunden, nach Faro zu gelangen).

Der **Preis** liegt für die Rückfahrkarte (Sitzplatz 2. Klasse) bei über 350 € – ohne Schlafwagenzuschlag. Besondere Ermäßigungen gibt es häufig für die Besitzer einer **Kundenkarte der Bahngesellschaft** wie der deutschen BahnCard, österreichischen VORTEILScard oder den Schweizer Halbtax-Abonnenten. Überdies gibt es mitunter **Frühbucher-Rabatte** und **Ermäßigungen** für Online-Buchungen. Früh buchen lohnt sich!

Bahntickets können unter Umgehung von Warteschlangen an den jeweiligen Bahnhöfen auch online oder telefonisch gekauft werden; die Tickets erhält man dann per Post zugeschickt:

- **DB,** www.bahn.de oder in Deutschland Tel. 11861 (0,03 €/Sek., ab Weiterleitung zum Reiseservice 0,39 €/Min.), automatische Fahrplanauskunft unter 0800-150 7090 (kostenlos) bzw. aus Mobilfunknetzen 01805-221 100
- **ÖBB,** www.oebb.at oder in Österreich Tel. 05-1717 (zum Ortstarif)
- **SBB,** www.sbb.ch oder in der Schweiz Tel. 0900-300 300 (1,19 SFr/Min.)

Autozug

Wer den sommerlichen Autostau Richtung Süden lieber vermeiden will, kann auch die **Autozugverbindung** nach Narbonne in Südfrankreich in Erwägung ziehen. Es scheint zwar kein preiswertes Vergnügen, aber schließlich spart man mindestens eine Übernachtung ein und muss kaum noch Autobahngebühren für Frankreich zahlen. Bei Last-Minute-Buchung ab 6 Tage vor Abfahrt 25 % Ermäßigung. Für Online-Buchung 15 € Rabatt, wenn man die Fahrkarten selber ausdruckt.

Man kann **Bahntickets** an jedem größeren Bahnhof direkt kaufen. Es geht aber auch ohne Warteschlangen online oder telefonisch; die Tickets erhält man dann per Post zugeschickt: **DB-AutoZug,** www.autozug.de oder Tel. 01805-241 224.

Fahrradtransport

Der einzige Vorteil der Bahn gegenüber dem internationalen Bus besteht eigentlich nur in der Möglichkeit, sein Fahrrad mitzunehmen. Die Deutsche Bahn verkauft für 8,50 € eine internationale Fahrrad-Beförderungskarte, allerdings nur im Zusammenhang mit einer gültigen Fahrkarte des Besitzers zum selben Zielort. Vielleicht schon in Spanien, spätestens aber in Portugal wird der Sportsfreund den deutschen Kartenverkäufer verfluchen, denn es interessiert dort niemanden, was auf der deutschen Fahrrad-Fahrkarte steht; wenn ein Radtransport in bestimmten Zügen nicht vorgesehen ist, wird das Vehikel schlicht nicht mitgenommen!

Es bietet sich daher im Bedarfsfall an, die **EMS-Kurier-Post GmbH** (dies ist ein Nachfolger des Gepäckversandes der ehemaligen Bundesbahn) mit der Beförderung zu beauftragen: In Verbindung mit der normalen Bahnfahrkarte wird das Rad dann für pauschal 25 € zum Zielbahnhof transportiert. Es muss in Karton verpackt (Lenker quer, Pedale ab; spezielle Radkartons bietet EMS für 5 € an) und mit einem Gepäckschein (in den Bahnhöfen erhältlich) versehen sein. Spätestens 24 Stunden vor der eigenen Abreise (besser drei bis vier Tage vorher) muss EMS unter Tel. 0180 332 0520 informiert werden. Das Rad wird daraufhin von der Haustür abgeholt und am Zielbahnhof wieder ausgehändigt.

Diese Transportmöglichkeit ist zwar teuer, aber deutlich angenehmer als die Mitnahme bei der Bahnfahrt; ein weiterer Vorteil: Führt man das Rad im Bahn-Gepäckwagen mit, ist es nicht versichert, **Beschädigung und Verlust** liegen im eigenen Risiko; bei EMS ist der Transporteur gegebenenfalls schadensersatzpflichtig!

Anreise auf dem Seeweg

Wer selbst zur See fuhr, weiß es aus eigener Erfahrung, wer weit gereiste Seeleute kennt, zumindest aus Erzählungen: Die Einfahrt auf dem Seeweg nach Lissabon bietet eines der **schönsten städtischen Panoramen** weltweit. Was die Algarve betrifft, so sind es vorwiegend die Anhänger des Segelsports, die entweder zu einer Überführung oder zu einem Törn anheuern – was aber nicht in den Bereich der Anreise mit öffentlichen Verkehrsmitteln fällt. Hierfür kommt neben Lissabon allenfalls noch Lagos in Betracht, und wer versuchen möchte, mit dem Schiff nach Portugal zu reisen, kann sich z. B. bei TravelShop GmbH, Hartmattenstr. 19, D-79539 Lörrach, Tel. 07621-93 330, www.kreuzfahrtfuehrer.de, informieren oder bei Frachtschiff-Touristik (Exhöfter Damm 12, 24404 Maasholm, Tel. 04624-6068 entsprechende Auskünfte einholen.

Ausrüstung und Reisegepäck

Grundsätzlich gilt: So wenig wie möglich mitnehmen, bei Bedarf kann man nahezu alles unterwegs nachkaufen. Eine Ausnahme bilden etwa Sehhilfen oder spezielle Medikamente; seine persönliche Reiseapotheke stellt man ohnehin besser zu Hause zusammen.

Die folgende Basisausrüstung sollte man neben der persönlichen Bekleidung und Toilettenartikeln einplanen:

- **Badebekleidung,** evtl. **Schnorchelausrüstung**
- **Schuhe:** für die Stadt gute Laufschuhe, für die Berge Wander- oder gute Sportschuhe, für den Strand Schlappen/Gummisandalen (Steinstrände!)
- **Regenschutz:** nur in der Wintersaison; ein Schirm kann gleichzeitig als Sonnenschutz dienen; eine leichte Regenjacke für Fahrradtouren/Wanderungen
- **Sonnenschutz:** Sonnencreme, Tuch oder Mütze für Wanderungen oder Sonnenbäder in der heißen Jahreszeit, Sonnenbrille
- **Taschenmesser:** handelsübliche Multifunktionsmesser
- **Wäscheleine** zum Aufhängen der Handwäsche
- **Reisewaschmittel** für die kleine Handwäsche im Waschbecken

- **Medikamente, Desinfektionsmittel**
- **Wanderausrüstung:** bruchfeste Feldflasche o. Ä., handlicher Rucksack
- **Reisewecker** für frühe Wanderungen, öffentliche Verkehrsmittel, organisierte Ausflüge usw.

Ob man Koffer, Tragetasche oder Rucksack mitnimmt, hängt natürlich von den persönlichen Vorlieben ab. Wer einen Leihwagen bucht, sollte jedoch wissen, dass die kleinen Klassen kaum Kofferraumkapazität besitzen, was schon bei manch überraschtem Besitzer sperriger Koffer zu tragikomischen, „Mr. Bean-reifen“ Anfällen führte ...

Kleidung

Ein Wort zur **Etikette:** Wenngleich die Bekleidungsordnung an der heißen Algarve recht locker gehandhabt wird, versteht es sich von selbst, dass man in städtischen Museen, Kirchen, Restaurants gehobener Kategorie, Casinos usw. angemessene Kleidung trägt; an den Stränden, in Touristenorten und auf Wanderungen reicht aber lockere Freizeitkleidung völlig aus. Für offizielle Anlässe oder Geschäftsreisen sind Kostüm bzw. Anzug und Krawatte unverzichtbar. In der Hauptstadt Lissabon sind kurze Hosen generell eher unangemessen.

Wegen des teilweise recht heftigen Winds sollte man unbedingt ein **Kopftuch, Stirnband** o. Ä. mitbringen; auf Wanderungen oder in den auf Anhöhen gelegenen Abenteuerbädern kühlt man (vor allem Kinder!) sehr schnell aus. Auch im Hochsommer weht abends ein empfindlich kühles Lüftchen, so dass auch eine **leichte Jacke/dickes Sweatshirt** mitgeführt werden sollte.

Traditionelle Verkehrsüberwachung

Autofahren

Dokumente

Wer vor Ort einen **Wagen mietet,** benötigt lediglich seinen **EU-Führerschein;** noch wird auch der alte graue akzeptiert.

Selbstfahrer mit eigenem Kfz müssen Führerschein und **Kfz-Zulassungsschein** mitführen; es empfiehlt sich zudem die Mitnahme der **„grünen Versicherungskarte“.**

Für die heimische Versicherung bzw. eventuell anstehende Schadensersatzprozesse im Falle eines **Unfalls** sollte man das mehrsprachige Formular **„Europäischer Unfallbericht“** anfordern (es ist bei den Automobilclubs erhältlich) und gemeinsam mit dem Unfallgegner ausfüllen sowie eine polizeiliche Unfallbestätigung ausstellen lassen.

Mietwagen

Viele Besucher der Algarve werden sich für Ausflüge ins Hinterland und vor allem zu weniger fre-

006al Foto: wl

quentierten Strandabschnitten einen Wagen mieten wollen. Dies kann entweder bereits vor der Reise, am Flughafen oder am Zielort bei den örtlichen Reisebüros und Agenturen (in den Ortsbeschreibungen angegeben) geschehen. Die Organisation eines Fahrzeugs über **hiesige Reisebüros** ist meist der teuerste Weg, da diese mit den großen Firmen wie Sixt, Avis usw. zusammenarbeiten. Auch wird die (eigentlich wünschenswerte) Fahrzeugübergabe und Rückgabe am Flughafen in Faro unterschiedlich gehandhabt, so dass unter Umständen noch ein zusätzlicher Transfer anfällt.

Am Flughafen selbst sind sowohl große als auch kleine Verleihfirmen vertreten, und man sollte auch ohne vorherige Reservierung etwas finden können. Die **Preise** variieren je nach Anbieter (Kette oder „no name") und Fahrzeuggröße sowie Saison erheblich, und ein Tagespreis ist (umgerechnet) deutlich höher als eine Wochenmiete. Die Vertreter der „kleinen" Anbieter erscheinen optisch etwas seltsam, da sie nur mit einem Köfferchen herumlaufen und ihre Geschäfte auf Tresen und Theken abwickeln (Kreditkarten werden hier wie auch bei den großen Firmen akzeptiert). Der Verzicht auf ein schickes Büro schlägt sich aber spürbar im Preis nieder; Probleme gibt es für gewöhnlich mit diesen Anbietern nicht. Die Kosten für einen Kleinwagen bei Selbstorganisation liegen in der Hauptsaison bei etwa 250 € pro Woche (verpflichtende Versicherung bei 200 €), in der Nebensaison bei 180 €. Auch **Mopeds** und **Scooter** werden angeboten, allerdings nicht am Flughafen. Hier liegt der Wochenpreis bei rund 110 € und reduziert sich je nach Modell in der Nebensaison bis auf 70 €/Woche.

Voraussetzung zum Mieten eines Fahrzeugs ist der Besitz des Führerscheins, ein Mindestalter von 21 Jahren (Höchstalter 65) sowie eine Fahrpraxis von mindestens einem Jahr. Außerdem wird eine Kaution von rund 250 € verlangt.

Hier einige internationale Anbieter mit Kontakttelefon in Deutschland zur Vorabreservierung:

- **Hertz:** Rua Infante Henrique 91, Tel. 289 803 956 und Flughafen, Tel. 289 818 248; Vorabbuchung in Deutschland: Tel. 0180 533 3535
- **Avis:** Flughafen Faro, Tel. 289 818 625, in Deutschland 0180 55 577
- **Sixt-Budget:** Flughafen Faro, Tel. 289 817 907, in Deutschland 0180 521 4141
- **Europcar/Inter-Rent:** Faro, Av. República 2, Tel. 289 823 778, Flughafen Tel. 289 818 777, in Deutschland Tel. 0180 522 1122

Die folgenden „Kleinanbieter" sind deutlich günstiger – ein Anruf kann viel Geld sparen helfen (die Mitarbeiter sprechen gut Englisch, teilweise auch Deutsch):

- **Auto Algarve,** Rua S. Gacon, Vale Almas, Faro, Tel. 289 825 711
- **Formosauto Rent a Car,** Parque das Amendoeiras, 8125 Quarteira-Vilamoura, Reservation Center: Urb. S. Luís, Bloco B, L. F, 4°, Tel. 917 282 468; Flughafen Faro: 917 282 471, Fax 289 817 006; Online-Buchung www.bmvcar.com
- **Luso-Rent:** Av. 5 de Outubro 19, Faro, Tel. 289 812 277
- **Local Cars** mit Filialen am Flughafen, in Albufeira und Armaçao hat sowohl Fahrräder (50 €/Woche; nicht am Flughafen), Scooter (110 €/Woche) und Kleinwagen ab 160 €/Woche im Angebot. Tel. 962-457 314, Bookings@algarveautorental.com

Diese und weitere Firmen platzieren oftmals Mitarbeiter mit Schildern in der Ankunftshalle des Flughafens – man kann bei diesen erst einmal direkt nach Preis und Verfügbarkeit fragen.

Eine Firma für **Wohnmobilverleih** kann per E-Mail unter novarent.lisboa@mail.telepac.pt kontaktiert werden.

Fahren in Portugal

Neben den im Kapitel „Anreise" aufgeführten Richtlinien gilt es zweierlei besonders zu beachten: Zum einen herrscht **Anschnallpflicht,** zum

Portugiesische Verkehrsschilder

- **Alto:** Stopp
- **Atençao:** Achtung
- **Cuidado:** Vorsicht
- **Perigo:** Gefahr
- **Curva perigrosa:** Gefährliche Kurve
- **Passagem proibida:** Durchfahrt verboten
- **De passagem:** Vorfahrt beachten
- **Estacionamento proibida:** Parken verboten
- **Ir pela direita:** Rechts halten
- **Ir pela esquerda:** Links halten
- **Desviso:** Umleitung

anderen muss man den Grenzwert von **0,2 ‰ Blutalkoholgehalt** (nicht etwa 0,5 ‰, wie man oft noch liest) ernst nehmen. Bei Verkehrsdelikten gilt die **„zero tolerancija“,** die Selbstverpflichtung der Polizei, Verfehlungen nicht (wie etwa in Mitteleuropa üblich) mit einer gewissen Toleranz („gemessene Geschwindigkeit plus zehn Prozent“) zu bewerten, sondern bei z. B. 51 km/h innerorts bereits Geldstrafen zu verhängen! Da hilft keine Diskussion und kein Gezeter über „Gewohntes aus der Zivilisation“ – wer nicht zahlt, verliert Führerschein und Fahrzeug (wird sichergestellt)!

Die **Unfallquote** in Portugal ist im europäischen Vergleich überdurchschnittlich hoch, wobei Touristen allerdings nicht häufig in Unfälle verwickelt sind. Als gefährlichste Strecke gilt die verkehrstechnisch wichtige N-125, die durch die Autobahn IP-1 von Vila Real bis Lagos Entlastung erfuhr. 2002 wurde bei Paderne die „Algarve-Lissabon-Autobahn“ via Messines und Ourique eröffnet; für den reinen Algarvebesuch bringt sie jedoch wenig Nutzen.

An die **Straßenqualität** muss man sich gewöhnen. Nicht, dass sie überall miserabel wäre; aber dass nicht zu jedem einsamen Strand eine neue Asphaltstraße, sondern teils Feldwege, teils enge Sträßchen führen, liegt in der Natur der Sache.

Die **Beschilderung** ist nicht immer vorbildlich, aber hinreichend – die Entfernungen sind auch nicht so groß, dass es eine Katastrophe darstellt, wenn man sich einmal verfährt.

Tankstellen liegen meist innerorts an der N-125, nur bei Fahrten ins Hinterland sollte man nicht unbedingt allzu lange auf Reserve fahren.

Wer sich an den Grundsatz hält, dass in einem ungewohnten Fahrzeug und in ungewohnter Umgebung eine besonders defensive Fahrweise angemessen ist, wird keine Probleme haben.

Panne/Unfall

Buchtipp: Der Praxis-Ratgeber **„Bordbuch Südeuropa für Unfall, Panne und Verkehr“**, REISE KNOW-HOW Verlag, informiert über Verkehrsregeln, Einreisebestimmungen, Strafen, Notrufe und weitere Fragen rund ums Autofahren und hilft, Unfälle und Pannen zu regulieren und seine Rechtsansprüche durchzusetzen.

Hilfe bei einem **Fahrzeugdefekt** erhält man entweder unter den Rufnummern 219-429 103 oder 707-509 510 bzw. auf den Autobahnen über die orangefarbenen Notrufsäulen den Pannendienst des portugiesischen Automobilclubs. Man kann auch die 24-Stunden-Notrufnummer seines Automobilclubs daheim anrufen (siehe Kapitel „Anreise“).

Bei **Unfällen** ruft man unter der allgemeinen Notrufnummer 112 Hilfe.

Fährt man mit einem **Leihwagen,** genügt ein Anruf bei der Verleihstelle, die alles Weitere arrangiert bzw. Anweisungen erteilt.

Trampen/Mitfahrzentrale

Sowohl an der Algarve als auch landesweit vermittelt die Mitfahrzentrale in Portimão (Tel./Fax 282 417 110) sehr günstige Mitfahrgelegenheiten. Trampen ist zwar generell möglich, aber eher unüblich; oft erbarmt sich dann einer der zahlreichen Touristen ...

Diplomatische Vertretungen

Die jeweiligen Konsulate und Botschaften sind bei Reisen innerhalb der EU nur noch in **Notfällen** (Ausstellung von Pass- oder Ausweisersatzpapieren für die Rückkehr nach Hause, Hilfe bei Todesfällen, Informationen für rechtliche Probleme, Häftlingsbetreuung, Vermisstensuche o. Ä.) von Bedeutung. Auch bei Arbeitssuche oder geschäftlichem Informationsbedarf sind nicht die diplomatischen Vertretungen, sondern die einschlägigen ⇗Informationsstellen zu kontaktieren.

In Portugal

- **Deutsches Konsulat,** (Consulado Honórario da Alemanha), Urb. Infante Dom Henrique, Lote 11, R/C Dt°, Faro, Tel. 289 803 148, 289 803 181, www.Honorarkonsul-Faro.de
- **Österreichisches Konsulat,** (Consulado Honórario da Austria), Soc. Imobilária e Turística Praia da Oura, Complexo Turístico Borda d'Agua, Praia da Oura, Albufeira, Tel. 289 510 900
- **Botschaft der Schweiz,** (Embaixada da Suíça), Travessa do Jardim, no. 17, Lissabon, Tel. 213 944 090, www.eda.admin.ch/lisbon

In Deutschland

- **Botschaft der Portugiesischen Republik,** Zimmerstr. 56, 10117 Berlin, Tel. (030) 590 063 500, Fax 590 063 600, mail@botschaftportugal.de

In Österreich

- **Portugiesische Botschaft,** Opernring 3, Stiege 1, 1010 Wien, Tel. (01) 586 7536, Fax 586 753 699, portugal@portembassy.at

In der Schweiz

- **Portugiesische Botschaft,** Jungfraustraße 1, 3005 Bern, Tel. (031) 352 8329, Fax (031) 35 114 432
- **Portugiesisches Generalkonsulat,** Zeltweg 13, 8032 Zürich, Tel. (044) 200 3040, Fax 044/200 3050, mail@cgzur.dgaccp.pt

Ein- und Ausreisebestimmungen

(Stand: Januar 2006)

EU-Bürger und Schweizer dürfen sich ohne Visum bis zu 180 Tagen in Portugal aufhalten. Als Reisedokument genügt der **Personalausweis.** Wenngleich er gemäß dem Schengener Abkommen bei Reisen von EU-Bürgern innerhalb der EU nicht verlangt wird, ist er doch bei Hotelbuchungen, Verkehrskontrollen, Banktransaktionen, beim Mietwagenverleiher etc. als amtliche Identifikation unbedingt notwendig.

Ein- und Ausfuhr

Reisende dürfen Waren aus der EU zum persönlichen Gebrauch oder als Geschenk steuerfrei mitnehmen, die Mehrwertsteuer wird innerhalb der EU nur einmal im Kaufland erhoben. **Bei Überschreiten** der nachfolgenden Mengen an verbrauchsteuerpflichtigen Waren muss nachgewiesen werden, dass keine gewerbliche Verwendung beabsichtigt ist:

- **Alkohol:** 90 Liter Wein (davon höchstens 60 Liter Schaumwein), 110 Liter Bier, 10 Liter Spirituosen über 22 % Vol. und 20 Liter unter 22 % Vol.
- **Tabakwaren:** 800 Zigaretten, 400 Zigarillos, 200 Zigarren, 1 kg Tabak
- **Anderes:** 10 kg Kaffee, 20 Liter Kraftstoff in einem Benzinkanister

Waren, die zu **gewerblichen Zwecken** verwendet werden, müssen grundsätzlich beim Finanzamt zur Umsatzsteuer angemeldet werden und sofern sie der Verbrauchssteuer unterliegen, auch beim Hauptzollamt.

Darüber hinaus gelten in allen EU-Mitgliedstaaten weiterhin **nationale Ein-, Aus- oder Durchfuhrbeschränkungen,** z. B. für Tiere, Waffen, starke Medikamente etc.

Nähere Informationen:

- **Deutschland:** www.zoll.de oder beim Zoll-Infocenter Tel. 069-469 976-00

- **Österreich:** www.bmf.gv.at oder beim Zollamt Villach, Tel. 04242-33233
- **Schweiz:** www.zoll.admin.ch oder bei der Zollkreisdirektion in Basel, Tel. 061-2871111

Schweizer können bei Rückeinreise in die Schweiz pro Tag und Person folgende Mengen zollfrei einführen:

- **Alkohol:** , 2 Liter bis 15 % Vol. und 1 Liter über 15 % Vol.
- **Tabakwaren:** 200 Zigaretten oder 50 Zigarren oder 250 g Pfeifentabak
- **Anderes:** neu angeschaffte Waren für den Privatgebrauch (ausgenommen Lebensmittel) bis zu einem Gesamtwert von 300 SFr.

Weitere Details über **Einfuhrverbote und -einschränkungen** erhält man beim oben genannten schweizerischen Zollamt.

Haustiere

Für die EU-Länder gilt, dass man eine **Tollwutschutzimpfung** und einen EU-Heimtierausweis (Pet Passport) für Hund oder Katze haben muss. Darüber hinaus muss das Tier mit einem **Microchip** oder übergangsweise bis zum Juli 2011 mit einer lesbaren Tätowierung gekennzeichnet sein.

Achtung: Da sich die Einreisebedingungen kurzfristig ändern können, raten wir, sich kurz vor Abreise beim **Auswärtigen Amt** (www.auswaertiges-amt.de bzw. www. bmaa.gv.at oder www.dfae.admin.ch) oder der jeweiligen Botschaft zu informieren!

Einkäufe und Souvenirs

„Die schönsten Mitbringsel sind und bleiben die Erinnerungen", besagt ein Sprichwort. Doch auch, wenn es an der Algarve nur wenige regionale Spezialitäten gibt – von einigen kulinarischen abgesehen –, so bietet doch auch dieser Landesteil nicht nur geistige, sondern auch materielle Souvenirs. An erster Stelle stehen hier sicherlich die berühmten **Azulejos** (⇗Exkurs), jene allgegenwärtigen blau-weißen Kacheln, die etwa als Topf-Untersetzer, Hausnummer oder Wandbild zu haben sind.

Liebhaber der **Terracotta-Kunst** werden entlang der Hauptstraßen einen der zahllosen Händler und Fabrikanten besuchen wollen. Vom Blumenkasten bis zur mannshohen Amphore kann man recht preiswert einkaufen – hat dann aber unter Umständen ein Beförderungsproblem. Sehr beliebt sind natürlich auch die portugiesischen **Weine,** von denen der Mateus-Bocksbeutel (rosé oder weiß) oder der Vinho Verde als in heimischen Ge-

Belebte Einkaufsstraßen in den Städten

007al Foto: wl

Die portugiesischen Azulejos

Wohl kaum ein anderer Artikel im Sortiment portugiesischer Souvenirhändler dürfte so landestypisch und einzigartig sein wie die **blau-weißen Kacheln,** genannt „Azulejos“. Irrtümlich wird oft angenommen, der Name leite sich aus dem spanischen bzw. portugiesischen *azul* (blau) ab – weit gefehlt! Die heute nach der italienischen Keramik-Hochburg Faenza „Fayence“ genannte, ursprünglich bunte (nicht blaue) Keramikkachelkunst kam als nicht-figürliche Ornamentik bereits mit den **Arabern** nach Südspanien und Portugal; diese prägten

008al Foto: wl

auch den Begriff (aus arabisch *al-zuleig*, „polierter Stein"). Die erste Blütezeit erfuhren die Azulejos unter *Manuel I.* (1495–1521), der sich auf einer Reise durch Andalusien, Toledo und Saragossa von den maurischen Hinterlassenschaften inspirieren ließ und nach seiner Rückkehr die bislang nur sporadisch verwendete Wandverkleidung im großen Stil für sein Schloss Sintra bestellte. Bald tat es ihm der Hofadel nach, so dass die hohe Nachfrage niederländische Künstler ins Land rief. Diese entwickelten eine ganz eigene **Synthese aus gemalter Erzählung und Verzierung.** Es entstanden Schlachtengemälde, Heiligengeschichten, Alltagsszenen aus Jagd und Schäferei sowie Darstellungen der portugiesischen Kolonialgeschichte. Mit dem Wiederaufbau zahlloser Bauwerke nach dem Erdbeben von 1755 stieg der Bedarf an den Kachel-Kunstwerken erneut stark; mehrere Azulejo-Fabriken wurden gegründet. Auch wandelte sich das Anwendungsgebiet von der reinen Innenausgestaltung hin zur (wetterbeständigen) Außenverkleidung von Fassaden und Bauwerken, die heute als so typisch für Portugal gilt.

Heute sind nicht nur Kirchen und Paläste, sondern auch Zweckbauten (Bahnhöfe, Metrostationen), Cafés, Markthallen und viele andere Gebäude mit Azulejos gefliest. An der Algarve wird der Besucher die Verquickung aus praktischer Innenauskleidung und hoher Kunst ganz besonders in der Kirche **São Lourenço de Matos** in ↗Almancil bewundern, wo sehr detailliert Leben und Marter des heiligen *Laurentius* geschildert wird.

Wen die Azulejo-Kunst besonders interessiert, der sei auf das **Azulejo-Museum** in Lissabon hingewiesen: Rua de Madre de Deus (Bus 104, 105 ab Praça de Comercio), Tel. 218 147 747, geöffnet Di–So 10–18 Uhr, Eintritt 2,30 € (Lisboa Card frei, Kinder und Rentner zahlen 50 %).

Azulejos des Sto Antonio de Armação

filden eher unbekannte Weine besondere Erwähnung verdienen.

In den größeren Städten werden in den Fußgängerzonen – neben allerlei Krimskrams – **Lederwaren** (Gürtel), **Aquarelle** mit Landschaftsmalereien und gelegentlich auch **afrikanische und brasilianische Kleinkunst** (Figuren, Gewänder etc.) vertrieben; nicht unbedingt landestypisch, aber oft durchaus einen Blick wert.

Elektrizität

Die Stromspannung beträgt 220 V bei 60 Hz, die Steckdosen sind landesweit ohne Adapter nutzbar (Eurodosen ohne Schutzleiter).

Essen und Trinken

Frühstück

Der Besucher, der kein Frühstück *(pequeno almoço)* im Hotel gebucht hat, wird sich oftmals vergeblich nach öffentlichen Frühstücksmöglichkeiten umsehen. Zwar serviert man in den Cafés und Bars **Espresso oder Milchkaffee** *(galão)* auch zu früher Morgenstunde, doch belegte Brötchen *(sandes)* oder Teilchen *(bolos)* werden sehr selten angeboten. Die Portugiesen frühstücken nämlich für gewöhnlich höchstens mal ein Häppchen auf dem Weg zur Arbeit. Auch haben nur wenige Touristen echten „Frühstücksbedarf" außer Haus – eine Ausnahme bilden die großen Urlaubszentren, deren Gastronomie das Dilemma des Spätaufstehers erkannte und dem mitgenommenen Nachtschwärmer bis in die Nachmittagsstunden hinein Katerfrühstück mit Schinken und Ei etc. kredenzt.

Essen gehen

Wegen des eher kargen Frühstücks bilden Mittag- und Abendessen in Portugal die **Hauptmahlzeiten,** zu denen warm gegessen wird. Das Mittagessen *(almoço)* wird in den Restaurants von ca.

009al Foto: wl

Die Gastronomie als Wirtschaftsmotor

12–14 Uhr, das Abendessen *(jantar)* von ca. 19–22 Uhr serviert.

Zu einem gelungenen Urlaub gehört auch gutes Essen – und davon gibt es in Portugal reichlich! Doch das richtige Restaurant zu finden, erweist sich oft als gar nicht so einfach. Die alte Regel „Wo viele sitzen, wird es schon gut schmecken“, trifft oft nicht zu – abends sind fast alle Gaststätten übervoll, und da es sich ohnehin meist um Touristen handelt, ist eine Orientierung schwierig. Die „Gefahr“ besteht übrigens weniger in etwaiger Übervorteilung als vielmehr darin, dass es bei einer Massenabfertigung einfach nicht so gut schmeckt – und das sollte es schließlich bei den oft recht gesalzenen Preisen.

Die einzige Faustregel, die unterwegs noch Gültigkeit besitzt, ist die, dass man im Hinterland prinzipiell besser isst als an der Küste.

Bei der Ankunft im Restaurant wird man von einem Kellner zu einem freien Tisch geleitet. Hat man Platz genommen, wird zunächst ein **„Couvert“** serviert (ein Korb Brot, ein paar Pasteten und Butter), das unbestellt auf den Tisch kommt und von dem man deshalb annehmen könnte, es handele sich um eine Aufmerksamkeit des Hauses. Weit gefehlt: Es wird jedes Stück Brot und jedes Butterflöckchen berechnet. Diese Praxis ist in Portugal legal, für unvorbereitete Touristen jedoch oft ein Ärgernis. Geht das Couvert unangetastet zurück, wird es aber in der Regel nicht in Rechnung gestellt. Eine Ausnahme bilden hier Top-Restaurants, die das Couvert in jedem Fall berechnen.

Dann wird bestellt, was das Herz begehrt – Suppe, Vorspeise, Hauptspeise (Fisch, Fleisch, Gemüse), Nachspeise, das Ganze ausgewählt aus einer drei- bis sechssprachigen Speisekarte, die ganz zu lesen eine abend- statt magenfüllende Beschäftigung werden kann. Da die Mehrzahl der Restaurants vom Tourismus lebt, sind die Küchen meist auf internationalen Massengeschmack ausgerichtet. So findet man neben „Bœuf Stroganoff“ etwa

„Wienerle an Kartöffelchen" oder „Plumpudding Yorkshire Style" – über die Authentizität des Geschmacks sei damit nichts gesagt!

Teilweise kann man schon an der Zusatzbezeichnung eines Restaurants erkennen, welche „Grundrichtung" angeboten wird. Eine **Churrasqueira** hat vorwiegend Grillgerichte auf der Karte, die **Marisqueira** dagegen Meeresfrüchte (Fisch und Muscheln). Die **Cervejaria** ist im Prinzip eine Bierhalle mit nicht allzu gehobener Küche (etwa „gutbürgerlich"), die **Tasca** schließlich eine Snackbar, die Kleinigkeiten serviert.

Bezahlen

Um die **Rechnung** bittet man den Kellner mit den Worten „A conta, se faça favor" („Die Rechnung bitte"), wobei den meisten Touristen das englische „The bill, please" leichter über die Zunge geht, zumal das Personal vielfach hervorragend Englisch spricht.

Der Kellner bringt dann ein kleines Tablett mit der Rechnung; man kann nun die genaue Summe oder den mit einem Trinkgeld aufgerundeten Betrag darauf hinterlegen und sich ohne weiteres entfernen. Hat der Gast nur große Scheine (oder bleibt einfach sitzen), wird der Kellner das Wechselgeld bringen und das Tablett erneut (in Erwartung eines Trinkgeldes) stehen lassen. Als **Trinkgeld** sind etwa fünf Prozent des Rechnungsbetrages angemessen, man rundet meist auf den nächsthöheren 5er Euroschritt auf. Ein Trinkgeld ist übrigens am Tresen, für reinen Getränkeverzehr und in Cafés unüblich.

War die gebotene Qualität wirklich einmal erbärmlich oder die Rechnung zu hoch, dann sollte der Gast nicht zögern, das *livro do reclamações* (**Beschwerdebuch**) zu verlangen. Jedes Restaurant (nicht aber Snacklokale) ist verpflichtet, ein solches zu führen; dies wird auch von der Zulassungsbehörde geprüft – es steht also durchaus der Lizenzentzug auf dem Spiel, was bei so manchem „Missverständnis" Wunder wirken kann.

Spezialitäten

Typische nationale Gerichte bestehen – ob der Meereslage kaum verwunderlich – vorwiegend aus Fisch. Der beliebteste Speisefisch, **bacalhau** (Kabeljau), wird als eine Art Risotto mit Kartoffel, Zwiebel und Ei gebraten *(bacalhau à brás)*, gekocht *(bacalhau cozido)* oder gegrillt *(bacalhau na brasa)*. Auf den Speisekarten findet der Gast oft **Tintenfisch** in verschiedenen Zubereitungsarten. Der große, gefüllte Tintenfisch wird *polvo* genannt, die kleinen (meist gegrillten) heißen *lulas*. Ein weiteres typisch portugiesisches Gericht ist der **Eintopf,** entweder als Fischeintopf *(caldeirada)* oder Bohneneintopf *(feijoada)* gekocht. Als Spezialität unter den Eintöpfen gilt die *cataplana,* ein herzhaft-würziges Muschelgericht. Auch das *porco à alentejána* sollte man einmal probieren – gebackenes Schweinefleisch wird hierbei mit Herzmuscheln kombiniert.

Die wichtigsten **Beilagen** sind Kartoffeln *(batatas)* und Reis *(arroz)*, erstere werden oft in Form von Pommes frites gereicht. Gemüse und Salate ergänzen je nach Saison (Tomaten, Mohrrüben, Bohnen, Paprika, weniger Feld- oder grüner Salat) den Speisezettel. Die Beilagen werden übrigens gesondert bestellt (und bezahlt).

Als **Dessert** werden entweder Kuchen *(bolo)* oder Süßspeisen wie *toucinho do céu* (aus Zucker, Eiern und Mandeln), *leite creme* (Milch, Eier, mit Zucker überbacken) oder *pudim flan* (Pudding mit Karamellsoße) serviert; mittlerweile hat sich aber auch Eiscreme *(gelado)* weitgehend durchgesetzt.

Petiscos (Snacks)

Natürlich bietet das Land auch eine volksnahe Küche, Gerichte also, die etwa mit Bratwurst, Leberkäsweck oder Broiler hierzulande vergleichbar sind. Serviert werden diese preiswerten und oft erstaunlich schmackhaften Schnellgerichte in so genannten *tascas*. Es handelt sich um unscheinbare ältere Häuschen mit drei, vier Tischen oder auch um reine Straßengrills mit Steh- oder Sitzgelegenheit für den Verzehr.

An erster Stelle bei den Snacks stehen **sardinhas grilhadas** (gegrillte Sardinen), die mit Brot serviert werden – ein leckeres Nationalgericht! Ebenfalls sehr beliebt ist das **frango** (Grillhähnchen). Eine afro-portugiesische Variante ist das feurige *frango piri-piri,* wobei Piri-Piri eine aus Angola stammende, auf Chili basierende Würzmischung bezeichnet. Sardinen wie auch Hähnchen sind übrigens auch oft als günstige Gerichte auf den Speisekarten der mittel- und oberklassigen Restaurants zu finden.

Ansonsten trifft man des Öfteren auf **rissóis** (frittierte Fischstücke), **tosta mista** (Toast mit Käse und Schinken überbacken), **salada de atum** (Fischsalat mit Kartoffeln, Salat und Tomaten, angemacht mit Olivenöl), **prego no pão** (Fleischbrötchen), **pastéis de bacalhau** (frittierte Kartoffel-Fisch-Petersiliekugeln) sowie **chamuça** (Teigtasche mit pikant gewürztem Hackfleisch).

Daneben erfreuen sich auch Kleinpizzerien, Sandwichbäcker *(casa dos sandes)* und auch die bekannten internationalen Fast-Food Ketten zunehmender Beliebtheit, insbesondere bei der jüngeren Generation.

Getränke

Das Angebot an Erfrischungsgetränken in Gaststätten und Geschäften entspricht dem in Mitteleuropa, einschließlich **Mineralwasser** *(agua minéral)* mit oder ohne Kohlensäure *(con gás* = mit, *sin gás* = ohne).

Bier (cerveja)

Die häufigsten Marken sind das helle **Sagres** (Pilsener), gebraut bei Lissabon, gefolgt vom Exportähnlichen **Superbock** (beide sind auch in allen Supermärkten erhältlich). Die wichtigsten Vokabeln für Biertrinker sind *caneca* (großes Bier vom Fass), *imperial* (kleines Bier vom Fass) sowie *cerveja,* was zwar „Bier" bedeutet, allerdings in Flaschen abgefüllt wird.

Wein (vinho)

Eine dominante Stellung nimmt in Portugal der Weinanbau ein, wenngleich auch nicht unbedingt an der Algarve selbst. Hier werden gerade noch ca. 100 Hektoliter Wein erzeugt und mit Erzeugnissen aus anderen Landesteilen „veredelt", um „echte" Algarve-Weine verkaufen zu können – die Glykolrepublik lässt grüßen.

Nördlich der Algarve dagegen verteilen sich rund 400.000 Hektar Rebfläche auf 40 Qualitätsweinregionen, womit Portugal zu den zehn führenden Weinproduzenten weltweit gehört. Das höchste Gütesiegel für 15 Regionen heißt **DOC** *(Denominação de Origem Controlada),* gefolgt von **VQPRD** *(Vinhos de Qualidade Produzidos em Região Determinada)* für weitere 25 Anbaugegenden. 25 Regionen sind zudem gewissermaßen in „Wartestellung" auf eine höhere Einstufung; sie tragen die Bezeichnung **IPR** *(Indicação de Proveniência Regulamentada).* Als wichtigste DOC-Regionen gelten Madeira, Alentejo, Vinho Verde, Douro, Bairrada, Dão und Setúbal. Für Weinliebhaber empfiehlt sich die Anschaffung des Weinführers „Wine Routes Portugal" von *Duarte Calvão,* der 30 Weinrouten ausführlich beschreibt.

- Eine zentrale Informationsstelle zu portugiesischen Weinen ist **Vinhos de Portugal/Pan Communication,** Wilhelminenstraße 29, 65193 Wiesbaden, Tel. (0611) 181 140, Fax (0611) 181 1410, info@pancom.de.
- Spezielle Verköstigungen und Weinproben bieten vor Ort etwa das Weingut **Herdade do Esporão,** Reguengos de Monsaraz, Tel. 266 509 280, Fax 266 519 753 oder **Herdade de Calada,** Estrada da Azuruja, 7040 Ingrejinha-Arraialos, Tel. 266 470 030, Fax 266 470 031; beide sind in der nördlich der Algarve gelegenen Provinz Alentejo zu finden.

Eine besondere portugiesische Spezialität ist der bekannte, den weltweit strengsten Weingesetzen unterliegende **Portwein** aus dem Douro-Tal, der ausschließlich in Porto hergestellt wird (daher der Name). Er wird mit Weinbrand als Gärungshemmer versetzt und erlangt so seinen einmaligen Geschmack.

Auch an der Algarve ist dieser nationale Tropfen, wie alle Weine des Landes, überall zu bekommen; ob in Supermärkten oder eigens eingerichteten Wein-Shops, es sind alle im Lande angebauten Rebensäfte in allen Güte- und Preisklassen erhältlich.

Medronho

Eine ganz besondere Spezialität der Algarve wird im Raum ↗Monchique gewonnen – der Medronho. Im Herbst wird aus den stacheligen roten **Früchten des Erdbeerbaumes** *(medronheiro)* der *Aguardente de Medronho* destilliert, ein Branntwein mit 40 % Alkohol. Die Beeren gären ca. drei Monate zusammen mit Wasser in Holzfässern, erst im Frühjahr (Kenner behaupten, keinesfalls vor März) folgt die eigentliche Destillation durch Erhitzen im Kupferkessel. Der überall in Supermärkten und kleineren Geschäften erhältliche Medronho wird dagegen industriell (und mit allerlei Zusätzen) hergestellt; den „echten" findet man oft in den Dörfern um Monchique (bei Bauern oder in Kneipen nachfragen). Guten Medronho erkennt man am „Schütteltest" – wenn dabei Luftbläschen in der Flüssigkeit zu erkennen sind, ist er hochwertig.

Selbstversorger

Frisches **Brot** gibt es in den örtlichen Bäckereien, die ab 6 Uhr geöffnet haben. Es dominiert das Weizenbrot, entweder in Form der französischen Stangenbrote *(filão de pão longo)* oder als krosser gebackener, dunklerer runder Laib *(filão de pão redundo)*. Daneben werden auch Brötchen aus demselben Teig *(pãozinho)* sowie diverse süße Teilchen *(bolinho)* gebacken.

Alles Weitere findet der Kunde in den örtlichen Minimärkten (ab 7.30 Uhr geöffnet). Wie bei uns ist es natürlich günstiger, in den riesigen Supermärkten (Lidl, Modelo, Inter-Marché) einzukaufen, die meist etwas außerhalb liegen. Einige davon bieten zudem ein reichhaltiges Angebot an Broten, frischem Fisch und Muscheln sowie eine

010al Foto: wl

Fleischtheke mit u. a. nationalen Spezialitäten wie Kaninchen, Spanferkel, Geflügel etc.

Unbedingt nutzen sollte man das vielfältige und preisgünstige Angebot frischer Waren auf den **Wochenmärkten.** Da diese vorwiegend in den frühen Morgenstunden ihre Pforten öffnen (meist täglich außer So 6–10 Uhr), kaufen hier vorwiegend Einheimische ein – Englisch wird nicht immer verstanden. Das angebotene Obst erkennt man natürlich, bei Fisch und Fleisch ist das schon

Frisches holt man am besten vom Markt

Hausgemachtes im Direktvertrieb

schwieriger. Die handgeschriebenen Schilder tragen überwiegend die portugiesische Bezeichnung, daher im Folgenden eine kleine Wortliste für den Einkauf.

Alles, was man zum Leben sonst noch benötigt, findet man in den weiter oben genannten Supermärkten, wobei der auch hierzulande bekannte Lidl zwar unschlagbar günstige, aber nicht unbedingt landestypische Waren vertreibt. Lidl und Intermarché werben an den Hauptstraßen mit großen Plakaten, auf denen die jeweils nächstgelegene Filiale verzeichnet ist. Zudem sei auf die riesigen Einkaufszentren Algarve-Shopping (Guia bei Albufeira und in Faro) mit etlichen Fachgeschäften, Supermärkten usw. hingewiesen.

012al Foto: wl

Kulinarisches Glossar

Mariscos	**Meerestiere**
Amêijoas	Miesmuscheln
Arenque	Hering
Atum	Thunfisch
Bacalhau	Kabeljau
Berbigão	Herzmuscheln
Besugo	Brasse
Burrié	Tritonmuschel
Camarão	Krabben
Caranguejo	Krebs
Cavala	Makrele
Cherne	Barsch
Dourada	Goldbrasse
Espadarte	Schwertfisch
Gambas	Garnelen
Lagosta	Languste

Täglich fangfrischer Fisch – eine Delikatesse

Lampreia	Neunauge
Linguado	Seezunge
Lula	Calamar
Mexilhãos	Miesmuscheln
Ostras	Austern
Peixe-espada	Degenfisch
Pescada	Schellfisch
Polvo	Tintenfisch
Raia	Rochen
Robalo	Seebarsch
Safio	Meeraal
Salmão	Lachs
Salmonete	Seebarbe
Sardinhas	Sardinen
Rodovalho	Steinbutt
Tamboril	Stachelrochen
Truta	Forelle
Tubarão	Hai
Vieiras	Pilgermuschel

Carne	**Fleisch**
Bife	Beefsteak
Borrego	Lamm
Cabrito	Ziege
Carneiro	Hammel
Coelho	Kaninchen
Costeleta	Kotelett
Entrecosto	Rippchen
Escalope	Schnitzel
Fiambre	Gek. Schinken
Frango	Hähnchen
Javali	Wildsau
Lebre	Hase
Leitão	Spanferkel
Lombo	Lende
Paio	Schinkenwurst
Pato	Ente
Peru	Truthahn
Picado	Hackfleisch
Pombo	Taube
Porco	Schwein
Presunto	Rauchschinken
Salsicha	Würstchen
Vaca	Rind
Vitela	Kalb

Frutas	**Obst**
Alperce	Aprikose
Ameixa	Pflaume
Amora	Brombeere
Ananás	Ananas
Banana	Banane
Cereja	Kirsche
Figo	Feige
Framboesa	Himbeere
Laranja	Orange
Limão	Zitrone
Lima	Limette
Maçã	Apfel
Melancia	Wassermelone
Melão	Honigmelone
Morango	Erdbeere
Nectarina	Nektarine
Pêra	Birne
Pêssego	Pfirsich
Tâmara	Dattel
Tangerina	Mandarine
Toranja	Pampelmuse
Uvas	Weintrauben

Hortaliça	**Gemüse**
Alcachofra	Artischocke
Alface	Grüner Salat
Alho	Knoblauch
Azeitonas	Oliven
Batatas	Kartoffeln
Beringela	Aubergine
Cebola	Zwiebel
Cenoura	Möhre
Cogumelos	Pilze
Couve	Kohl
Ervilhas	Erbsen
Espargo	Spargel
Espinafre	Spinat
Feijão	Bohne
Milho	Mais
Pepino	Gurke
Pimento	Paprika
Tomate	Tomate

013al Foto: wl

Feste und Feiertage

Gesetzliche Feiertage

- **1. Januar:** Neujahr
- **Faschingsdienstag**
- **Karfreitag**
- **25. April:** Tag der Nelkenrevolution (25.4.1974)
- **1. Mai:** Tag der Arbeit
- **Fronleichnam**
- **10. Juni:** Todestag des Nationalpoeten *Luis de Camões,* 1580
- **15. August:** Mariä Himmelfahrt
- **5. Oktober:** Proklamation der Republik (5.10.1910)
- **1. November:** Allerheiligen
- **1. Dezember:** Unabhängigkeitstag
- **8. Dezember:** Mariä Empfängnis
- **25. Dezember:** Weihnachten

Lokale Feste

Neben den gesetzlichen Feiertagen gibt es eine ganze Reihe lokaler oder jahreszeitabhängiger Feste *(festas)*. Ende Januar wird in Vilamoura das

Prächtige Prozessionen gehören zum Feiertagsritual

Mandelblütenfest gefeiert, im Februar allerorten der **Karneval** mit farbenfrohen Umzügen (besonders in Loulé). Die **Osterprozessionen** werden überall feierlich begangen (März/April), während Paraden zum **Jahrestag der Nelkenrevolution** (25. April) fast ausschließlich auf Lissabon beschränkt sind. Den **Maifeiertag** erlebt der Besucher überall in Form kleiner Volksfeste. Diese finden übrigens erst am 1.5. statt, man tanzt also nicht, wie bei uns üblich, *in* den Mai. Internationalen Charakter hat das **Musikfestival** (Ende Mai/ Anfang Juni) angenommen – Plakate und Broschüren informieren über die jeweiligen Austragungsorte. Der Juni steht ganz im Zeichen der zahllosen *Festas dos Santos Populares* **(Volksheiligen),** wobei besonders Santo António (12./13.6.) in Lissabon, São João (23./24.6.) in Braga und Porto sowie São Pedro (28./29.6., landesweit) hervorzuheben sind. Während der dritten Juliwoche steht Silves ganz im Zeichen des internationalen **Bierfestes,** und auch der August bietet mit dem **Sardinenfest** in Olhão sowie der sehr interessanten **Industrie- und Handwerksmesse** von Lagoa einiges für Gaumen und Auge. Im September stehen folkloristische Tanz- und Musikfeste überall an der Algarve auf dem Programm, im Oktober sind vor allem die **Jahrmärkte** von Faro und Monchique einen Besuch wert. November und Dezember sind eher ruhige Monate; die Kirchenfeste **Allerheiligen** (1.11.) wie auch **Weihnachten** werden im Familienkreis begangen.

Fotografieren

Normale **Negativ- und Diafilme** sind in Portugal in den Fachgeschäften größerer Ortschaften, in Souvenirläden, aber auch in Supermärkten zu etwas höheren Preisen als zu Hause erhältlich. Die Entwicklung vor Ort lohnt aus Zeit- und Kostengründen meist nicht.

Buchtipps:
„Reisefotografie" und **„Reisefotografie digital"**, erschienen in der Praxis-Reihe des Reise Know-How Verlags

Wer mit einer **Digitalkamera** fotografiert, findet das übliche Zubehör wie Speichermedien MS, SM, CF und SD/MMC in größeren Fachgeschäften und Computerhandlungen. Günstige Preise und eine breite Auswahl (ähnlich wie bei unseren großen Ketten) bietet etwa der Vobis-Shop im ↗Algarve-Shopping bei Albufeira.

Fotografiert werden darf prinzipiell alles, wobei manche Museen und Kirchen ein **Blitzlichtverbot** zum Schutz lichtempfindlicher Kunstwerke erlassen haben. Beim Ablichten von Menschen sollte man selbstverständlich höflich um Erlaubnis fragen; manch ein menschliches Motiv erwartet übrigens ein kleines Trinkgeld.

Geldangelegenheiten

Portugal gehört zum Euro-Raum; Informationen zu den portugiesischen **Münzen** gibt es z. B. im Internet unter www.euro.ecb.int (↗Staat und Politik: Wappen und Symbole). Die Rückseite der von Designer *Víto Manuel Fernandes dos Santos* sehr schön gestalteten Geldstücke schmücken alte Wappen und königliche Siegel aus dem 12. Jahrhundert.

Übrigens: „Euro" wird in Portugal „E-uro" ausgesprochen.

1 SFr	0,64 Euro	1 Euro	1,55 SFr
1 US$	0,84 Euro	1 Euro	1,19 US$
(Stand: Januar 2006)			

Geldkarten

Die Algarve ist, was Diebstähle anbelangt, längst nicht so ein gefährliches Pflaster wie etwa Südfrankreich oder Spanien; dennoch sollte man nicht ausschließlich Bargeld mit sich führen.

Die preiswerteste Art der Geldbeschaffung ist die Barabhebung vom Geldautomaten unter Angabe der PIN mit der **Maestro-Karte** (früher in

Deutschland EC-Karte genannt). Je nach Hausbank wird dafür pro Abhebung eine Gebühr von ca. 1,30–4 € bzw. 4–6 SFr. berechnet.

Pro Transaktion können bis zu 200 €, pro Tag bis zu 400 € abgehoben werden.

In den meisten Hotels, Restaurants und Geschäften werden die gängigen **Kreditkarten** (American Express, Visa-, Mastercard) akzeptiert. An Tankstellen empfiehlt es sich, vor dem Tanken nachzufragen. Innerhalb der EU-Länder sollte die Barauszahlung per Kreditkarte nach der EU-Preisverordnung nicht mehr kosten als im Inland, aber je nach ausgebender Bank können das bis zu 5,5 % der Abhebungssumme sein (am Schalter in der Regel teurer als am Geldautomaten). Für das bargeldlose Zahlen per Kreditkarte innerhalb der EU dürfen die ausgebenden Banken keine Gebühr für den Auslandseinsatz veranschlagen; für Schweizer Staatsbürger wird jedoch ein Entgelt von ca. 1–2 % des Umsatzes berechnet.

Für **Postbank-**Kunden sei erwähnt, dass man mit der Postbank Sparcard über das Visa Plus-Netz an Geldautomaten (nicht in Postämtern) viermal im Kalenderjahr gebührenfrei Geld abheben kann; jede weitere Transaktionen wird mit 5 € berechnet.

Traveller Cheques

Alternativ zur Kreditkarte kann man gegen eine Gebühr von 1 % Aufpreis American Express Traveller Cheques in Euro bei der Hausbank erwerben und diese dann bei Banken an der Algarve einlösen. Bei Verlust werden die Schecks unter Vorlage der Kaufbelege von Top-Tours (Av. Duque de Loulé 108, 1000 Lissabon, Tel. 21 31 555 885) ersetzt. Achtung: AmEx-Partnerbanken - eine Liste ist auf Anfrage bei der Hausbank erhältlich - sind verpflichtet, den Scheckbetrag ohne weitere Gebühren auszuzahlen.

Verlust

Bei **Verlust oder Diebstahl** der Geldkarte oder Reiseschecks sollte man diese umgehend sperren lassen. In Deutschland gibt es seit dem 1. Juli

2005 dafür die einheitliche **Sperrnummer 0049-116116** für Maestrokarten, Kreditkarten, Krankenkassenkarten und Handykarten u. a. In Österreich und der Schweiz gelten folgende Rufnummern:

- **Maestro-Karte,** A: Tel. 0043-1-204 8800; CH: Tel. 0041-1-271 2230; UBS: 0041-8488-88601; Credit Suisse: 0041-8008-00488.
- **MasterCard und VISA,** A: Tel. 0043-1-717 014 500 (Euro/MasterCard) bzw. Tel. 0043-1-711 11770 (VISA); CH: Tel. 0041-44-200 8383 für alle Banken außer Credit Suisse, Corner Bank Lugano und UBS.
- **American Express,** A: Tel. 0049-69-979 71000; CH: Tel. 0041-1-659 6666.
- **Diners Club,** A: Tel. 0043-1-501 350; CH: Tel. 0041-1-835 4545.

Bei **Maestro-Karten** muss man für die Sperrung seine Kontonummer angeben können.

Nur wenn man den Kaufbeleg mit den Seriennummern der **Reiseschecks** sowie den Polizeibericht vorlegen kann, wird der Geldbetrag von einer größeren Bank vor Ort binnen 24 Stunden zurückerstattet. Also muss der Verlust oder Diebstahl umgehend bei der örtlichen Polizei und auch bei American Express bzw. Travelex/Thomas Cook gemeldet werden:

- **American Express Reiseschecks,** D: Tel. 0049-69-979 71850; A: Tel. 0043-1-545 0120; CH: Tel. 0041-174 54020.
- **Travelex / Thomas Cook Reiseschecks,** mehrsprachiger Computer für alle Länder Tel. 0044-1733318949.

Überweisungen

Wer Überweisungen vornehmen lässt, benötigt hierfür die **BIC** (Bank Identifier Code, Internationale Bankleitzahl) sowie die **IBAN** (International Bank Account Number, Internationale Kontonummer) – beide erfragt man bei den Hausbanken europaweit.

Reisekosten

Betrachtet man das Wohlstandsgefälle innerhalb der westlichen EU-Staaten, so rangiert Portugal zwar im unteren Bereich, an der Algarve ist davon allerdings kaum etwas zu spüren – sie ist beileibe kein billiges Pflaster! Im Gegenteil: Der durchschnittliche Warenkorb vom Schnürsenkel über das Spülmittel bis zum Imbiss ist eher mit schweizer Großstädten vergleichbar. Den größten Anteil der Reisekosten bilden gewöhnlich Anreise und Unterkunft/Verpflegung. **Selbstversorger** sind hier im Vorteil, sowohl, was den Preis, als auch, was die Qualität der Verpflegung angeht.

Die Mieten für **Leihfahrzeuge** halten sich in Grenzen, und auch die Fahrtkosten in öffentlichen Verkehrsmitteln sind niedrig, wogegen die Eintrittspreise der **Freizeitangebote** (wie z. B. Abenteuer-Bäder) manche mehrköpfige Familie erblassen lassen. Aufgrund der starken Konkurrenzsituation sind die Preise in reinen Getränke-Kneipen recht gemäßigt (das große Bier kostet 1,50–2 €, das Mineralwasser 1 €).

Unter der Voraussetzung, dass Flug und Unterkunft ohne Frühstück bereits vorab organisiert wurden, kann der **Einzelreisende** für (Selbst-) Verpflegung, Ausflüge, Eintritt usw. **pro Tag** mit rund 20 € rechnen, **Familien** mit 15 € pro Mitglied – je nach Anspruch und Geldbeutel besteht natürlich nach oben kein Limit. Inklusive Flug, Apartment, Mietwagen und allen Ausgaben sollte eine vierköpfige Familie in zwei Wochen bei eigener Organisation mit 2500 € auskommen.

Gesundheit

Die Algarve birgt in gesundheitlicher Hinsicht kaum Gefahren; allenfalls sollte man in den heißen Sommermonaten die intensive **Sonneneinstrahlung** und alle damit einhergehenden Risiken (Sonnenbrand, Dehydration usw.) berücksichtigen.

Das **Trinkwasser** kommt überwiegend aus den Reservoirs im Landesinneren und kann zwar unbedenklich getrunken werden, ist aber teilweise erheblich gechlort und sollte deshalb stets abgekocht werden.

Die **Lebensmittel** in den Geschäften und Supermärkten entsprechen mitteleuropäischem Standard, wobei dies in Zeiten von Schweinepest, BSE- und Tierfutterskandal natürlich nicht unbedingt ein Qualitätsmerkmal ist! Vieles ist hier an der Algarve aber für den Verbraucher transparenter: Auf den Märkten sieht man, dass etwa der Fisch fangfrisch verkauft wird, in den kleinen Metzgereien, dass die Ware nicht aus Großschlachtereien stammt. Auch die hier produzierten Weine kann man bedenkenlos trinken, ohne am nächsten Morgen von Glykolkopfweh geplagt zu werden.

Medizinische Versorgung

Das portugiesische Gesundheitssystem teilt sich in einen staatlichen und einen privaten Sektor. Ersterer deckt die medizinische Grundversorgung ab und ist mittlerweile 100 % der Bevölkerung zugänglich.

Die gesetzlichen Krankenkassen von Deutschland und Österreich garantieren eine Behandlung auch im akuten Krankheitsfall in Portugal, wenn die medizinische Versorgung nicht bis nach der Rückkehr warten kann. Als Anspruchsnachweis benötigt man seit Januar 2005 die **Europäische Krankenversicherungskarte,** die man von seiner Krankenkasse erhält.

Im Krankheitsfall besteht ein Anspruch auf ambulante oder stationäre Behandlung bei jedem zugelassenen Arzt und in staatlichen Krankenhäusern. Da jedoch die Leistungen nach den gesetzlichen Vorschriften im Ausland abgerechnet werden, kann man auch gebeten werden, zunächst **die Kosten der Behandlung** selbst zu tragen. Obwohl bestimmte Beträge von der Krankenkasse rückerstattet werden, kann doch ein Teil der finanziellen Belastung beim Patienten bleiben, also zu Kosten in kaum vorhersagbarem Umfang führen.

Aus diesem Grund wird zusätzlich der Abschluss einer **privaten Auslandskrankenversicherung** dringend empfohlen. Diese sollte außerdem eine zuverlässige Reiserückholversicherung enthalten, denn der Krankenrücktransport wird von den gesetzlichen Krankenkassen nicht übernommen. Diese sind z. B. in Deutschland ab 5–10 Euro pro Jahr auch sehr günstig (für Empfehlungen siehe z. B. FinanzTest 07/05).

Schweizer Staatsbürger sollten bei ihrer Krankenversicherungsgesellschaft nachfragen, ob die Auslandsdeckung auch für Portugal inbegriffen ist. Sollte man keine Krankenversicherung mit Auslandsdeckung haben, empfiehlt es sich, kostenlos bei Soliswiss (Gutenbergstr. 6, 3011 Bern, Tel. 031-3810494, info@soliswiss.ch, www.soliswiss.ch) Erkundigungen über einen attraktiven Krankenversicherer einzuholen.

Zur Erstattung der Kosten benötigt man ausführliche **Quittungen** (mit Datum, Namen, Bericht über Art und Umfang der Behandlung, Kosten der Behandlung und Medikamente).

Der Abschluss einer **Jahresversicherung** ist oft kostengünstiger als mehrere Einzelversicherungen. Günstiger ist auch die **Versicherung als Familie,** statt als Einzelpersonen. Hier sollte man nur die Definition von „Familie" genau prüfen.

Staatliche Krankenhäuser:

- **Faro,** Tel. 289 891 100
- **Lagos,** Tel. 282 770 100
- **Portimão,** Tel. 282 450 300
- **São Brás de Alportel,** Tel. 289 842 360
- **Tavira,** Tel. 281 324 023

All diese Institute verfügen auch über eine **Notaufnahme** *(urgência)* mit 24-Stunden-Notdienst.

Ebenfalls staatlich sind die folgenden **Gesundheitszentren** *(centro de saúde);* diese sind aber meist nicht durchgehend besetzt, und sie verfügen auch nicht über die umfassende medizinische Ausrüstung der genannten Krankenhäuser.

Staatliche Gesundheitszentren

Albufeira	Tel. 289 588 770
Aljezur	Tel. 282 98 113
Alte	Tel. 289 68 174
Armação de Pera	Tel. 282 313 819
Estombar	Tel. 282 432 665
Faro	Tel. 289 823 680
Lagoa	Tel. 282 52 102
Lagos	Tel. 282 77 001 000
Loulé	Tel. 289 410 1000
Monchique	Tel. 282 92 413
Olhão	Tel. 289 700 1260
Portimão	Tel. 282 416 272
Salir	Tel. 289 69 200
São Bartolomeu	Tel. 282 339 252
São Brás de Alportel	Tel. 289 842 450
Silves	Tel. 282 442 416
Tavira	Tel. 281 324 023
Vila do Bispo	Tel. 282 66 179
Vila Real de S. António	Tel. 281 511 371

Neben diesen Instituten gibt es eine ganze Reihe **privater Kliniken und Ärzte,** die gegen Vorkasse behandeln.

Der Hauptvorteil der „privaten" Ärzte liegt darin, dass es sich häufig um niedergelassene englische oder deutsche Mediziner handelt und die Beschwerden so ohne große Verständigungsprobleme erläutert werden können.

Nachfolgend eine Liste deutschsprachiger Ärzte und Zahnärzte:

Albufeira

- **Dr. Tony Woolfson** (Facharzt für Allgemeinmedizin), Arcadas de S. Joao, Fraccao CH, Areias de S. Joao, Tel. 289 586 969, Notdienst: 917 300 600
- **Dr. Cris Piessens** (Zahnarzt), Rua dos Calicos, Albufeira, Tel. 289 589 080, mobil 966 017 783

Almançil

- **Dr. Robert Reisert** (Facharzt für Allgemeinmedizin), Av. 5 de Outubro, Edificio Bia, Almançil, Tel. 289 399 182, Notdienst: 962 302 288
- **Dr. Bruno Dootz** (Zahnarzt), Av. 5 de Outubro, Edificio Bia, Almançil, Tel. 289 399 749

Armação de Pêra

- **Dr. Bianca Többen** (prakt. Ärztin und Fachärztin für Naturheilverfahren), Vila Vita Parc, Tel. 282 310 112, mobil 914 915 700

Carvoeiro

- **Deutsche Arztpraxis Dr. Großklaus** (Fachärzte für Allgemeinmedizin), Rua do Barranço 2, Carvoeiro, Tel. 282 356 339, Notdienst: 962 618 588
- **Dr. Jürgen Arnhold** (Facharzt für Urologie), Estrada do Farol 27, Carvoeiro, Tel. 282 356 034
- **Dr. Hans-Ulrich Markert** (Zahnarzt), Estrada do Farol 27, Carvoeiro, Tel. 282 350 300, Notdienst: 965 096 357
- **Dr. Markus Letsch** (Zahnarzt), CC „Cerro dos Pios“, Rua do Farol, Carvoeiro, Tel. 282 356 877, mobil 914 028 115

Faro

- **Dr. May Vianna, T.T. Tjan** (Augenärzte), Rua St. Antonio 36, Faro, Tel. 289 890 040
- **Dr. Brand** (Zahnarzt), Rua 5 do Outobro 49, Almancil, Tel./Fax 289 356 333

Lagos

- **Otto Johannsen** (Praktischer Arzt), Vila Belo Horizonte (an der Straße Espiche – Luz, sechs Kilometer westlich von Lagos), Tel. 282 789 416
- **Dr. Frieder Nicolay** (Arzt für Allgemeinmedizin), Quatro Estradas, Lagos, Tel. 282 762 902
- **Dr. Hella Wellmer** (Ärztin für Allgemeinmedizin), Rua Eca de Queiros 2, Lagos, Tel. 282 762 264
- **Clinica Dentaria da Barroca** (mit deutschem Zahnarzt), Rua da Barroca 48, Lagos, Tel. 282 763 496

Moncarapacho

- **Dr. W. Naal** (Arzt für Allgemeinmedizin), Rua Capitao Jose Inacio Mendonca, Moncarapacho, Tel. 914 968 986

Monchique

- **Dr. Rudolf Matthias** (Praktischer Arzt), Largo da Misericordia 5, Monchique, Tel. 282 912 865

Portimão

- **Dr. Hans Stowasser** (Zahnarzt), Rua St. Isabel 30, Portimão, Tel. 282 483 588, Notdienst: 962 548 281

Tavira

- **Dr. Jan Sjöbergh** (Zahnarzt), Tavira, an der N-125 Richtung Vila Real (2,5 km), Tel. 281 325 305

Dental-Notfall-Set

Noch ein Hinweis zu **Zahnproblemen:** Es gibt genügend (auch deutsche) Zahnärzte an der Algarve, doch im Notfall könnte die recht neue Erfindung eines walisischen Zahnarztes von Interesse sein. Er entwickelte aus eigener Not heraus während einer Reise ein so genanntes Dental-Notfall-Set mit Füllmaterial aus Zinkoxyd und Nelkenöl zur provisorischen Selbstbehandlung bei Bruch oder Ausfall von Zahnstücken, Brücken usw., welches auch vom Zentrum für Reisemedizin in Düsseldorf als gute Überbrückungslösung bis zum heimischen Zahnarztbesuch bewertet wird. Das Set ist über Apotheken für rund 20 € erhältlich.

Apotheken Apotheken sind durch das Schild **„Farmácia"** mit weißem Kreuz auf grünem Grund gekennzeichnet. Sie haben meist von 9–13 und 15–19 Uhr (Mo–Fr, Sa nur vormittags) geöffnet. Außerhalb dieser Zeiten wird auf die diensthabenden Notdienst-Apotheken verwiesen.

Notrufnummern Die allgemeine Notrufnummer in Portugal lautet **112.** Auch die 115 kann man anrufen, wenn man der portugiesischen Sprache mächtig ist.

Für den Notfall hier eine kleine Worthilfe:

Deutsch	Englisch	Portugiesisch
Krankenwagen	ambulance	ambulãncia
Polizei	police	polícia
Feuerwehr	fire brigade	bombeiros
Bank	bank	banco
Apotheke	pharmacy	farmácia
Arzt	doctor	mèdico
Augenarzt	eye specialist	oftalmologista
Frauenarzt	gynaecologist	ginecologista
Kinderarzt	pediatrician	pediatra
Zahnarzt	dentist	dentista
Fieber	temperature	tenho febre
Stark erkältet	bad cold	muito constipado
Durchfall	diarrhoea	diarreia
Diabetiker	diabetic	diabètico
Allergie	allergy	alergia
Antibiotikum	antibiotics	antibiòtico
Schmerz im...	...ache	doi-me...
Kopf	head...	cabeça
Ohr	ear...	ouvido
Nase	nose...	bariz
Arm	arm...	braço
Bein	leg...	perna
Unterleib	abdomen	abdome baixo-ventre

Informationen zum speziellen Urlaubsort, den dortigen Apotheken und Notdiensten bietet die Homepage-Seite www.guiafarmacias.com.pt.

Informationsstellen

Bereits vor Reiseantritt kann man sich z. B. bei den zuständigen **Fremdenverkehrsämtern** informieren. Im Internet www.visitportugal.com oder per E-Mail info@visitportugal.com (auch auf Deutsch).

In Deutschland

- **Portugiesisches Touristik- und Handelsbüro ICEP,** Tel. 0180 500 4930

In Österreich

- **Portugiesische Handelsdelegation ICEP,** Tel. 0810 900650

In der Schweiz

- **Portugiesisches Handels- und Touristikbüro ICEP,** Tel. 0800 101212

In Portugal

- Informationen speziell zur Algarve bietet das **Região de Turismo do Algarve,** Av. 5 de Outubro 18, Apartado 106, 8001-902 Faro, Tel. 289 800 400, Fax 289 800 489, www.visitalgarve.pt.
- Wissenswertes über Lissabon erfährt man beim **Palácio Foz,** Praça dos Restauradores, 1250-187 Lisboa, Tel. 21 346 6307, Fax 21 346 8772 sowie am **Flughafen Lissabon** unter der Telefonnummer 21 849 4323.

Die lokalen Touristeninformationen, die von wenigen Ausnahmen abgesehen an Wochenenden und Feiertagen schließen, werden zweckmäßigerweise bei den Ortsbeschreibungen aufgeführt.

Für Hilfestellungen aller Art wurde die **Linha de apoio ao turista** (Touristeninformations-Servicenummer; gebührenfrei) unter Tel. 808 781 212 eingerichtet.

Internet

Allein zur Algarve gibt es in den unendlichen Weiten des WorldWideWeb eine riesige Informationsflut. Hinzu kommt noch eine Unzahl weiterer Seiten, die ganz allgemein über Flüge, Mietwohnungen etc. weltweit informieren und somit auch für den Portugalreisenden interessant sein können. Die folgenden Internetseiten stellen daher nur eine kleine Auswahl dar; die meisten von ihnen listen weitere Links auf, mit deren Hilfe man mühelos von der Online-Flugbuchung bis zur bebilderten Unterkunftsvermittlung alles finden kann, was das Travellerherz begehrt.

Allgemeine Reiseinformationen

- Unter **www.auswaertiges-amt.de** (Tel. 030-5000-0, Fax 5000-3402) informiert das bundesdeutsche Auswärtige Amt über Reisebestimmungen des Auslandes und gibt Hinweise zu Krisenregionen. Des Weiteren kann man auf der Seite eine Liste aller deutschen Botschaften und Konsulate weltweit sowie Tipps des Gesundheitsdienstes abrufen.
  Den gleichen Service bieten das österreichische Außenministerium (www.bmaa.gv.at, Tel. 05-01150-4411, Fax 05-01159-0) und die schweizerische EDA (www.dfae.admin.ch, Tel. 031-323 8484).
- Informationen aller Art findet man unter **www.portugal-live.de;** hervorzuheben ist der sehr gute Pauschalreise-Link dieses Online-Reiseführers.
- **www.algarvenet.com** bietet englischsprachige Informationen (Wetter, Neuheiten, Hotels ...). Auch Sonderthemen wie etwa Grundstückserwerb oder Golfplätze werden hier ausführlich behandelt (mit weiterführenden Links).
- Die Seite **www.rtalgarve.pt** ist in portugiesischer Sprache aufgebaut und bietet neben Beschreibungen, Festtagskalender, Fahrzeugverleihstellen usw. ein ausführliches Adressverzeichnis öffentlicher Institutionen (Ämter, Feuerwehr etc.).
- Für Geschäftsleute attraktiv ist die Seite **www.icep.pt** mit Handels- und Wirtschaftsinformationen in portugiesischer Sprache.
- Während **www.portugalnews.pt** eine reine Nachrichtenpage zu Politik, Sport und Kultur in Portugal darstellt, bietet **www.ferienwohnung-algarve.de/links** einige gute Hintergrund-Seiten (Westalgarve, Algarve-live usw.).
- Spezielle aktuelle Veranstaltungshinweise findet man unter **www.entdecken-sie-algarve.de/veranstaltungen/htm.**

Unterkunft

- Immer einen Mausklick wert ist **www.bellnet.com** mit erstklassigen Links zu Ferienwohnungen. Die Länderrubriken bieten zudem zahlreiche gute Links für Segler, zu kulturellen Themen usw. Hier kann man direkt weitersurfen zu

- **www.dasilva.de** mit Mietfahrzeugen sowie Häusern und Apartments der mittleren bis gehobenen Preisklasse.
- In den höheren Mietpreisklassen für Unterkünfte findet man zahllose Seiten wie z. B. **www.portugal.buchung.de** und **www.combina.de** (hier vorwiegend Häuser mit Pool).
- Auch einfachere Unterkünfte bieten **www.ferienhaus-in-portugal.de** oder **www.ferienhaus-privat.de,** letztere eine sehr gute Seite mit zahlreichen Informationen; teilweise ist Online-Buchung möglich.
- Ein umfangreiches und zum Teil recht günstiges Angebot findet man auch auf der Seite **www.fewo-direkt.de,** über die man auch direkt Kontakt zu den Vermietern aufnehmen kann.
- Sehr privat und beschaulich wirkt **www.aljezur.de** mit nur vier netten und preiswerten Häuschen bei Aljezur.
- Auf der Seite **www.portugal-exclusiv.de** kann man strandnahe Unterkunft von Privat zu ca. 140 €/Person und Woche vorab in Lagos arrangieren. Das Angebot umfasst auch die Organisation des Flughafentransfers oder eines Mietwagens.

Reise-angebote

- Neu ist die von führenden europäischen Fluggesellschaften getragene Seite **www.opodo.de** mit sehr umfangreichen, weltweiten Flugbuchungs- und Reiseinformationen.
- Auf **www.ferienwohnung-algarve.de** findet man Angebote zu Flug, Mietfahrzeug und Unterkunft einschließlich einfacher Pensionen.
- Wen besonders **Last-Minute-Angebote** zum Zielgebiet interessieren, der sollte auch unter **www.ccnreisen.de** nachsehen, einem Last-Minute-Spezialisten für die Iberische Halbinsel.
- Auch die deutschsprachige Seite der portugiesischen Fluggesellschaft Air Portugal, **www.tap-airportugal.de,** bietet preisgünstige Fly & Drive-Kombinationen, Hotelangebote, Mietwagen usw.
- **www.portuteam.de,** die Seite des Reisebüros Schrader in Berlin, bietet ein umfangreiches (bebildertes) Angebot zu Unterkunft, Flügen, Mietwagen usw.
- Auf **www.olimar.de,** der Seite eines auf Portugal spezialisierten Reiseveranstalters, können Flug, Fly & Drive, Apartments usw. gebucht werden.
- Der Internet-Anbieter **www.billigweg.de** wirbt mit besonderen Schnäppchen und vor allem Familienvorteilen, z. B. Aktionsrabatten in der Hauptsaison.

Freizeit und Bildung

- Reitferien an der Algarve können über **www.sanguinheira.com/sang** organisiert werden.
- Auf **www.arcolargo.pt/** finden Interessierte Informationen zu Praktika (u. a. Hotel), aber auch Sprachkursvermittlung u. a.

- Möglicherweise soll ein Algarve-Besuch mit einer Tour zu den Azoren und/oder Madeira verbunden werden. Dann sollten Reisende mit Nachwuchs die Seite **www.delphin schule.de** anklicken, wo man sich auf das Tauchen/Schnorcheln für Kinder mit Delfinen spezialisiert hat.

Internetzugang unterwegs

Natürlich kann man auch von der Algarve aus das „Postfach leeren" oder eilige Nachrichten preiswert versenden. Einige aktuelle **Internet-Cafés** sind in den Ortsbeschreibungen mit aufgeführt. In manchen Orten wurden an auffälligen/günstig gelegenen Stellen so genannte **„Internet-Points"** eingerichtet; bei diesen Internet-Café-Varianten handelt es sich um schlichte Container/Holzhäuschen mit mehreren Steh- oder Sitzplätzen zum Surfen (30 Minuten 1,50 €, tgl. 9.30–23 Uhr). Hier kann man oft auch für 15 Cent EU-weit telefonieren.

Mit Kindern unterwegs

Die portugiesische Algarve hat auch kleinen Reisenden viel zu bieten: Zahlreiche (überschaubare) Sandstrände zum Planschen, faszinierende „Ritterburgen" und nicht zuletzt die empfehlenswerten Familien- und Freizeitparks (⇗Sport und Aktivitäten) sorgen für genügend Abwechslung beim nach Bewegung dürstenden Nachwuchs. Sicherlich sind landestypische Besonderheiten (wenige Bürgersteige, ungewohnte Verkehrssituation usw.) überall stets mit gewissen **Risiken** verbunden, doch darf die Algarve insgesamt als relativ „kindersicher" bezeichnet werden. Allenfalls das **Klima** verdient hier besondere Aufmerksamkeit; vor allem das Wechselspiel von kaltem Atlantikwasser, Sonne und teils heftigem Wind macht anfällig für Erkältungen und Sonnenbrand zugleich. Vor Letzterem schützt man sich und die Kinder mit wasserfester Sonnencreme sowie Sonnenhut.

Wer mit **Kleinkindern** unterwegs ist und eine Pauschalreise buchen möchte, die für Kinder wie Erwachsene geeignet ist, sollte Kontakt zu Bambino-Tours (Ockershäuser Schulgasse 31, 35037 Marburg, Tel. 06421 931 000, Fax 931 001, bambino-tours@t-online.de) aufnehmen.

014al Foto: wl

Spezielle **Säuglings-/Babynahrung** und **Pflegeprodukte** sind in Drogerien und Supermärkten erhältlich; hierzulande bekannte Marken werden in Portugal oft unter anderem Importnamen gehandelt. So heißt z. B. Humana hier „Miltina", Pampers trägt den durchaus treffenden Namen „Depot".

Medien

Die Medienlandschaft an der Algarve kann man mit den Presseauslagen internationaler Flughäfen vergleichen: Von britischen Boulevardzeitungen über die Neue Zürcher Zeitung bis zu Deutschlands beliebtestem Toilettenpapier mit vier Buch-

Auch die Kleinen können sich vergnügen

staben findet der Zeitungsleser tagesaktuell (fast) alles, was an europäischen Tages- und Wochenzeitschriften Rang und Namen hat.

Zeitungen

Von den nationalen Zeitungen sind besonders der **Público** und der **Diário de Notícias** hervorzuheben; sie bieten u. a. Veranstaltungshinweise. Die speziell auf Touristen zugeschnittenen Monatsblättchen „Willkommen an der Algarve" und „Algarve Good Life" (deutsch/englisch) werden in Supermärkten und Touristeninformationen kostenlos ausgegeben.

Fernsehen

Neben den staatlichen **Fernsehsendern** RTP 1 und 2 strahlen die privaten Sender TVI und SIC das übliche TV-Geschehen aus, wobei Filme meist im Original mit Untertiteln gesendet werden. Viele Apartments und Ferienwohnungen sind mit Satellitenempfängern ausgestattet, so dass auch heimische Sender empfangen werden können.

Radio

Von den Radioprogrammen sei besonders auf den beliebten Sender **Kiss FM** (englischsprachig, Frequenz 101.2 MHz) sowie den offiziellen deutschen Auslandsfunk **Deutsche Welle** auf Frequenz 6075 KHz, 6140 KHz bzw. 9545 KHz hingewiesen.

Nachtleben und Unterhaltung

Es wäre weit gefehlt zu glauben, die Algarve sei eine einzige Stimmungshochburg à la Mallorca. Obwohl Orte mit viel Remmidemmi nicht fehlen, wird auch der ruhebedürftige Reisende etwas seinen Vorlieben Entsprechendes finden. Das gesamte Freizeitangebot am Urlaubsort hängt in erster Linie von dessen touristischer Infrastruktur ab. Die nicht auf Touristen ausgerichteten Orte und Kleinstädte im **Hinterland,** also jene ohne größere Wohnanlagen und Hotels, bieten schlicht und ergreifend – nichts! Dort gibt es vielleicht die eine oder andere Taverna oder Pastelaria, doch werden zeitig die Bürgersteige hochgeklappt; schließlich wohnt hier der nicht in der Tourismusbranche tätige Teil der Bevölkerung, der bei Sonnenaufgang Felder bestellt und Tiere versorgt oder bereits zum Fischen in See gestochen ist.

Anders geht es zu in den meisten **„erschlossenen" Orten und Vororten** entlang der Küste, wo praktisch jeder vom Tourismus lebt und ein entsprechend breit gefächertes Angebot an Schänken und Restaurants vorhanden ist. Hier versuchen die lokalen Autoritäten zusätzlich (in der Hauptsaison allabendlich) attraktive Unterhaltungsprogramme (Freiluftkonzerte, Wettbewerbe u. Ä.) anzubieten. Die Gastronomie macht erst nach 19 Uhr ihr Hauptgeschäft, die reinen Bars und Trinkhallen kommen erst ab 22, 23 Uhr in Schwung; sie locken mit Fußballübertragungen, Musikabenden und Ähnlichem mehr.

Während man diese Art von Abendunterhaltung noch als „Gediegenes Flanieren mit spätabendlicher Einkehr" bezeichnen könnte, geht es in den **„Partyhochburgen"** ganz anders zur Sache. Hier toben die Strandurlauber, für die ein gelungener Tag um ca. 15 Uhr mit dem Frühstück beginnt. Danach hangelt man sich bierselig durch den Nachmittag, um später, nach Einnahme des „unheiligen" Abendmahls in Flüssigform, bis zum Sonnenaufgang in der Disko abzufeiern. Solch ein Ort ist z. B. ⇗**Albufeira-Montechoro.** Annähernd kommen da vielleicht noch das etwas gediegenere Monte Gordo und das urige Lagos mit.

Öffentliche Verkehrsmittel

Allgemein gesagt, passen sich Tempo und Frequenz der öffentlichen Verkehrsmittel dem eher gemächlichen Leben im Hinterland an. Die Bahn ist nur teilweise für Rundreisen geeignet, der Busverkehr taugt immerhin für die beinahe flächendeckende Verbindung zwischen einzelnen Orten. Das Interessanteste an der Algarve sind jedoch vielfach jene Abschnitte, die nicht von öffentlichen Verkehrsmitteln angefahren werden; für den Besuch abgelegener Strände oder untouristischer Küstenabschnitte empfiehlt sich ebenso die Anmietung eines **Leihfahrzeuges** wie für eine Vielzahl an Ausflügen. Wer genug Zeit hat, kann jedoch auch über ⇗organisierte Touren sowie per Bus einen Großteil der Algarve erschließen.

Deutsch	Englisch	Portugiesisch
Parkplatz	car park	parque
Rechts	right	a direita
Links	left	a esquerda
Eingang	entry	entrada

(Fortsetzung nächste Seite)

015al Foto: wl0

Deutsch	Englisch	Portugiesisch
Ausgang	exit	saida
Kreuzung	junction	cruzamento
Straße	road	rua
Abfahrt	departure	partida
Ankunft	arrival	chegada
(Fahr-) Karte	ticket	bilhete
Kartenschalter	ticket office	bilheteira
Bus	bus	ônibus, carro
Bushaltestelle	bus stop	paragem bus
Fähre	ferry boat	barca/ferry
Flughafen	airport	aeroporto
Bahnhof	station	estaçao
Bahnsteig	platform	linha
Panne	break	avaria
Unfall	accident	acidente
Gepäck	luggage	bagagem
Campingplatz	camping site	parque de campismo

Bahn

An der Ostalgarve von Vila Real bis Faro verläuft die Bahnlinie an der Küste entlang und verbindet die wichtigsten Orte miteinander. Anders sieht es von Faro Richtung Westen bis Lagos aus; hier wurde die Schienenführung weiter ins Landesinnere gelegt, was die Nutzung für Touristen erschwert. An allen Bahnhöfen, die nicht in den städtischen Kernen liegen, stehen jedoch Busse in Abstimmung auf den Bahnfahrplan zum Transport ins nächstgelegene Zentrum bereit. Züge in beide Richtungen fahren in Faro etwa 10-mal täglich von 7–20 Uhr; eine Fahrt von/nach Lagos beispielsweise dauert ungefähr 1 ¾ Stunden.

Die Bahn ist insgesamt rund **20 % preiswerter** als die Busse; zudem ist die Fahrt gemütlicher. Im Internet kann man auf der englischsprachigen Seite www.cp.pt alle Verbindungen (an der Algarve wie auch nach Lissabon) abfragen.

Bus

Die federführende Busgesellschaft in den Farben der brasilianischen Flagge (gelb-grün) heißt EVA-Transportes mit Sitz in Faro (Av. da República 5, 8000-078 Faro, Tel. 289 899 700, Fax 289 899 709, clientes@eva-bus.com und www.eva-bus.com, englischsprachig; hier können detaillierte Teilrouten abgefragt werden). Sie verbindet Küsten- und Binnenstädte mit Express- wie auch Lokalbussen; die Busfahrt ist zwar teurer als die Bahn, dafür ist das Busnetz **flächendeckend,** und man gelangt schneller in die Zentren. Von den größeren Orten existiert zudem eine Expressbusverbindung nach Lissabon. Als neue Gesellschaft hat sich auch Frota Azul etabliert (im Westen recht weit verbreitet), die in Kooperation mit EVA arbeitet.

Die folgenden Dependancen, meist als *terminal rodoviario* beschildert, sind täglich von ca. 7–23 Uhr mit Personal besetzt; hier gibt es Auskünfte und Fahrkarten, und sie dienen als Umstiegsstation zu weiteren lokaleren Zielen. Teilweise gibt es auch in anderen Orten als den genannten EVA-Büros (z. B. Silves oder Olhão), diese sind dann aber nur werktags besetzt.

- **Vila Real Santo António** (Av. da República, Tel. 281 511 807) für Monte Gordo, Castro Marim, Alcoutim, Beja
- **Tavira** (Rua dos Pelames, Tel. 281 322 546) für Sta Lucia
- **Faro** (Avenida da República, Tel. 289 899 760/1) für Loulé, Boliqueime, São Brás de Alportel, Olhão, Moncarapacho
- **Loulé** (Rua Nossa Senhora de Fátima, Tel. 289 416 655) für Vale de Lobo, Quinta do Lago, Alte, Salir
- **Quarteira** (Avenida Infante de Sagres, Tel. 289 389 209) für Alte, Salir, Praia de Falésia und Loulé
- **Albufeira** (Ribeira Parque, Tel. 289 589 755) für Silves, Monchique, São B. de Messines, Paderna, Castro Verde, Guia, Algoz, Pr. de Falésia sowie den Ortsteil Montechoro
- **Armaçao de Pêra** (Rua Bartolomeu Diaz, Tel. 282 312 145) für Alcantarilha und Silves
- **Lagoa** (Rua Jacinto Correia, Tel. 282 341 301) für Silves, São B. de Messines, Carvoeiro (und Strände bis Praia de Carvalho), Porches
- **Portimão** (Largo do Dique, Tel. 282 418 120), für Alvor, Monchique und Ferragudo
- **Lagos** (Rossio de S. João, Tel. 282 762 944) für Sagres, Vila do Bispo, Odeceixe, Salema

Zwischen den genannten Hauptstationen fahren außerdem die Sonder-/Expresslinien Lagos – Faro, Faro – Sevilla (Spanien), Lagos – Vila Real, Albufeira – Vilamoura; Lissabon wird von den Zentren aus angefahren. An vielen Haltestellen hängt ein vollständiger **Fahrplan** aus.

Wichtige Busstationen nördlich der Algarve sind:

- **Beja,** Praça António Raposo Tavares, Tel. 284 325 158
- **Castro Verde,** Rua da Seara Nova, Tel. 286 327 284
- **Ferreira do Alentejo,** Av. Gago Coutinho e Sacadura Cabral, Tel. 282 341 301
- **Lissabon** (Central Rodoviária), Av. Duque d'Avila, Arco do Cego, Tel. 21 314 7710

Die Fahrzeuge sind vielleicht nicht hypermodern, auch lässt das Reifenprofil manchmal zu wünschen übrig, doch sind die Busse zuverlässig und sauber. Es versteht sich daher von selbst, dass etwa eine Mitnahme in nassen Badehosen oder mit Sandfüßen durchaus auch einmal verweigert wird.

In den zentralen Busbahnhöfen kann ein so genannter **Tourist Pass** für drei (18 €) oder sieben Tage (24 €) erworben werden, welcher zur Benutzung aller Regionalbusse (außer Sonderexpress) zwischen Lagos und Quarteira berechtigt. Vorabbuchungen sind bis zu sieben Tagen im Voraus mit Buskarten aller Art möglich.

Öffnungszeiten

Als Erste sind meist die **Marktverkäufer und Bäcker** wach – sie bieten ihre Waren oft schon ab 6 Uhr feil. Andere Geschäfte öffnen ihre Pforten werktags von 9 bis 13 und 15 bis 19 Uhr (Sa nur vormittags); in den Touristenzentren schließen die Läden meist erst um 22 Uhr. Wichtig für Selbstversorger sind die großen **Supermärkte** *(supermercado),* die meist am Ortsrand liegen und täglich von 8 bis 22 Uhr (Intermarché teilweise sonntags bis 14 Uhr) geöffnet haben. **Banken** öffnen das Kontor werktags von 8.30 bis 15 Uhr; die Geldautomaten sind rund um die Uhr zugänglich. **Museen, Burgen und Freizeitparks** öffnen durchgehend von 10 bis 17 oder 18 Uhr, wobei Museen meist montags und an Feiertagen geschlossen bleiben.

Organisierte Ausflüge und Touren

In allen touristisch erschlossenen Orten der Algarve haben sich kleine **Agencijas de Viagens** (Reisebüros) oder Dependancen nationaler Ketten niedergelassen. Im Unterschied zu Reisebüros beispielsweise in Deutschland bildet das klassische Reiseangebot aber nur einen kleinen Teil des Services: Ebenso möglich ist die Vermittlung von **Mietwagen** (etwas günstiger als am Flughafen Faro), das Buchen von **Flugtickets,** die Organisation von **Tagesausflügen und Kurztrips** (Algarve, Zentralportugal, aber auch Gibraltar zu ca. 55 € oder Sevilla für 42–46 €), **Kartenvorverkauf** für die beliebten Freizeitparks (⇗Sport und Aktivitäten) sowie Flughafen- und andere **Kleinbustransfers** (zum Flughafen ca. 25 € für bis zu vier Personen, 45 € für fünf bis acht Personen), teilweise werden auch **Ferienwohnungen** vermittelt. Beliebt sind Ein- (40–45 €) oder Mehrtagestouren (ab 95 €) in die Hauptstadt Lissabon, eine willkommene Abwechslung während eines mehrwöchigen Aufenthaltes an der Algarve (z. B. Fátima und Lissabon inkl. einer Übernachtung 95 €, Sintra und Lissabon inkl. einer Übernachtung 100 €).

Vermehrt angeboten werden in den letzten Jahren **Sondertouren.** Hierzu zählen so genannte „Jeep-Safaris" (Abenteuer-Tagestour auf Nebenpisten durch das Hinterland ca. 45 €) oder „Cruises" (Schiffstouren auf stilvollen Seglern oder Katamaranen ab 35 €) – das Angebot ist sehr breit gefächert. Auch Tickets (mit oder ohne Transport) zu den Arenen der berühmten **Stierkämpfe** in Lagos oder Albufeira werden organisiert (ca. 28 € für Erwachsene). Auch reguläre Bahn- und Bus-

016al Foto: wl

tickets, etwa nach Lissabon, kann man gegen einen geringen Aufpreis erstehen. Man spart sich hierdurch eine ganze Menge Lauferei. Auf die einzelnen Anbieter wird in den Stadtplänen und Ortsbeschreibungen gesondert hingewiesen.

- Ortsübergreifend für die gesamte Ostalgarve (Kunden werden von Armação bis Monte Gordo abgeholt) arbeitet **Riosul/Monte Gordo** (Tel. 281 510 200, Fax 281 510 209, riosul@mail.telepac.pt), mit sehr beliebten Ganztagestouren, Jeep-Safaris und Bootstouren auf dem Guadiana. Einen Überblick über das Programm findet man unter www.riosultravel.com.

Stilvolle Ausflüge zu Wasser gehören zum Standardprogramm

Post

Postämter *(correio)* haben in der Regel nur Montag bis Freitag von 8.30 bis 12.30 und 14.30 bis 18 Uhr geöffnet. Da Briefmarken *(selos)* auch in Lebensmittel- und Zeitschriftenläden erhältlich sind, gibt es nicht mehr in jedem kleinen Ort eine eigene Postfiliale, sondern oftmals nur noch Briefkästen mit Briefmarkenautomaten (Bedienungsanleitung auf Englisch). Preise und Service sind mit den Postleistungen bei uns vergleichbar (Postkarte/Brief 52 Cent). Postlagernde Sendungen kann man an alle Postämter schicken (Vermerk „poste restante“).

Sicherheit

In lebensgefährliche Situationen wird man normalerweise an der Algarve nicht geraten, und wenn, wohl in vielen Fällen durch eigenes Verschulden. Hierzu zählt etwa leichtsinniges **Schwimmen** bei hohem Wellengang oder in der Strömung, oft in Verbindung mit Alkohol und zu viel Sonne. Gleiches gilt für den **Straßenverkehr,** wo viele Ausländer meinen, die 0,2-Promille-Grenze gelte nicht für sie!

Kriminalität Delikte wie Taschendiebstahl oder das Aufbrechen von Fahrzeugen kommen an der Algarve nicht so häufig vor wie im benachbarten Spanien oder an der französischen Côte d'Azur. Dennoch sollte man natürlich vorsichtig sein und z. B. nur wenig Geld mit an den Strand nehmen. Gepäck sollte man nicht unbeaufsichtigt lassen, Geld im Brust- oder Hüftgurt verstauen und auch das (leere) Handschuhfach des (Leih-) Wagens demonstrativ geöffnet lassen. Wie auch bei Unfällen, sollte man bei Wagenaufbruch unbedingt einen Polizeibericht für die Versicherung anfertigen lassen.

Sexuelle Belästigung

Allein reisende Frauen werden feststellen, dass sie in Portugal bei weitem nicht so oft belästigt werden wie in vielen anderen südländischen Reisezielen. Zwar mag frau gelegentlich die eine oder andere plumpe „Anmache" treffen, Handgreiflichkeiten oder echte Übergriffe kommen jedoch höchst selten vor. Die Regionalpolitiker sind sich der lebenswichtigen wirtschaftlichen Bedeutung des Tourismus für Portugal wohl bewusst, und so setzt die GN *(Guardia Nacional)* entsprechend häufig Streifenpolizisten ein.

Wirtschaftskriminalität

Ein gänzlich anderer Bereich, der nicht unterschätzt werden sollte, ist die Wirtschaftskriminalität im **Immobiliengeschäft.** Viele Reisende, vielleicht schon seit Jahren Stammgäste an der Algarve, kommen auf die durchaus nachvollziehbare Idee, an der faszinierenden Atlantikküste ein Ferien- oder Ruhestandsdomizil zu erwerben. Hier wird seit Jahren vor Fallstricken gewarnt: Manche Makler zeigen unglaublich günstige Objekte, verlangen aber eine saftige Besichtigungsgebühr (was nicht statthaft ist). Dann gibt es andere, die ein bereits verkauftes Objekt anbieten; taucht später der eigentliche Eigentümer auf, ist das bereits gezahlte Geld verloren! Wer ernsthaft einen Hauskauf erwägt, sollte das umfangreiche Informationsheft „Immobilienerwerb in Portugal" bei der Câmara Comércio Luso-Alemã (Handelskammer), Av. de Liberdade 38-2°, 1250 Lissabon (Fax 21 346 7150), bestellen.

Sport und Aktivitäten

Freizeitparks

Eine spannende Angelegenheit sind die diversen Erlebnisparks und -bäder an der Algarve. Alle widmen sich irgendwie dem nahe liegenden Thema „Wasser", gehen aber bei der Umsetzung höchst

017al Foto: wl

unterschiedliche Wege. Sie verlangen durchweg einen stolzen Eintrittspreis, den sich eine Familie mit Kindern wohl nicht jeden Tag leisten kann.

Aqualand – The Big One Besondere Erwähnung verdient sicherlich The Big One an der N-125 bei Alcantarilha. Der reine Wasserpark ist von Mai bis September geöffnet und bietet Extreme, die auch gestandene Mannsbilder Überwindung kosten. So etwa „Banzai Boggan" (⇗Exkurs), wo man, auf einer Art Brett hockend, aus 25 Meter Höhe fast senkrecht über eine Hohlrutsche ins 50-Meter-Wasserbecken rast und dieses auf der Wasseroberfläche durchschnellt. Oder etwa „Kamikaze", eine knapp 100 Meter lange Wasserrutsche, bei der man beim Eintauchen ins Wasser beinahe die Textilien verliert. Schon einmal auf einer Schaumstoffunterlage eine gewässerte Kurvenrutsche hinuntergefegt? „Flying Carpets" macht's möglich ...

Atemberaubender Spaß in „The Big One"

Banzai Boggan

10 Uhr, nur wenige Besucher in „The Big One“; Zeit genug also, einmal die hoch gelobte Attraktion „Banzai Boggan“ in Ruhe und ungestört auszuprobieren. Was ist zu tun? Aha, man soll sich eines dieser „Surfbretter“ nehmen und die spiralförmige Rampe erklimmen. Diese ist ziemlich rutschig, drei Schritte vor, zwei zurück – vor lauter Anstrengung kommt man gar nicht dazu, nach unten zu schauen; vielleicht besser so, es wäre Schwindel erregend. Endlich ist der „Gipfel“ erreicht. Schöne Aussicht hier oben, 25 Meter über dem Boden. So, was nun? Ah, der freundliche Angestellte winkt, man solle das Brett auf die leicht erhöhte Rampe legen und sich darauf setzen. Ok., gebongt. Was denn nun, was macht der Kerl da? Die Rampe wird hinten angehoben, man kippt leicht nach vorne und wird, auf dem Brett kauernd, von einer Blockierung aufgehalten. Oh nein, jetzt ist alles klar! Die Rampe geht unmittelbar in eine stählerne Rutsche über, die 25 Meter beinahe senkrecht nach unten ins Wasserbecken führt. Man kann sich an den beiden kleinen Griffen auf dem Brett kaum festhalten. Es ist ja noch früh, noch kaum Besucher im Park, deshalb spielt der Angestellte noch ein bisschen mit den Knöpfen, hebt und senkt ruckartig die Rampe, während dem zusehends beunruhigten Fahrgast das Blut in den Adern gefriert. Der Blick ist krampfhaft geradeaus gerichtet. Bizarrerweise drängt sich noch rasch die im Physikunterricht gelernte Formel vom freien Fall mit 9,81 Meter pro Sekunde im Quadrat auf, doch die Berechnung wird jäh unterbrochen. „Ready?“, fragt der Angestellte gnadenlos zum fünften Mal – um den der Ohnmacht nahen Touristen endlich in die Röhre fallen zu lassen. Endlich? Mitnichten: Im viel zitierten und selten erlebten Affenzahn saust das Brett mit dem verkniffenen, längst von etwaigen Toupés befreiten Reiter die Rutsche fast senkrecht hinunter. Schicksalsergeben erwartet man den knallharten Aufprall, doch die Stahlröhre knickt an der Wasseroberfläche waagerecht ab und entlässt den längst nicht mehr zu bremsenden Fahrgast in das 50-Meter-Becken, wo er je nach Geschick 20, 30 oder 40 Meter im Schnellboottempo zurücklegt. Die Besten schaffen es bis auf den Kunstrasen am flachen gegenüberliegenden Beckenende, wo sich stets eine stattliche Zuschauerschar einfindet, die nicht schlecht staunt ob der (unfreiwilligen) Leistungen der „Banzai Boggans“, der lebensmüden Reiter!

- **The Big One,** Tel. 800 204 014, bigone@mail.telepac.pt, geöffnet Mai–September tgl. 10–18.30 Uhr; Eintritt Erw. 14 €, Kinder von 5–10 Jahren 12 €, unter 5 Jahren frei.

Slide & Splash

Ähnlich wurde der Wasserpark Slide & Splash bei Lagoa gestaltet, wobei hier jedoch Labyrinth- und verdunkelte Rutschen im Mittelpunkt stehen.

●**Slide & Splash,** Tel. 282 340 800, Fax 282 341 826, Eintritt: Tageskarte Erw. 14, Kinder 11 €; Halbtageskarte Erw. 9, Kinder 7,50 €; geöffnet Mai–September tgl. 10–19 Uhr.

Zoomarine

Als eine gelungene Mischung aus Schwimmbad und Wassershow präsentiert sich Zoomarine zwischen Pêra und Guia, ebenfalls an der N-125. Neben Bädern und Karussells sind es hier vor allem die Delfin- und Seehundshows, die Jung und Alt faszinieren – wer mit Kleinkindern reist, ist hier am besten aufgehoben. Zoomarine hat als Park ganzjährig seine Pforten geöffnet, die Bäder sind jedoch von November bis März geschlossen.

●**Zoomarine,** Tel. 289 560 300, www.zoomarine.com; geöffnet tgl. 10–17 Uhr, Hochsaison bis 19.30 Uhr, Eintritt 18,90 €, Kinder und Senioren 11,30 €.

Aqua Show

Weniger extreme Rutschbahnen als mannigfaltiges Rundumvergnügen für die ganze Familie bietet Aqua Show (ca. 2 km nördlich von Vilamoura/ Quarteira an der Hauptstraße Richtung Loulé) u. a. mit diversen Bademöglichkeiten, Wachsfigurenkabinett und exotischem Vogelpark. Für Familien mit Kleinkindern besonders interessant.

●**Aqua Show,** Tel. 289-389396, geöffnet tgl. 10–18 Uhr, im Sommer bis 19 Uhr, Eintritt 16 €, Kinder und Senioren 11 €.

Omega Park

1500 m vor den Caldas de Monchique mag vor allem für Familien mit Kindern der neue Omega-Waldpark von Interesse sein. Neben Affen und Ziegen wird hier vor allem die Botanik des Berglandes gepflegt und erläutert.

●**Omega Park,** geöffnet tgl. 10–19 Uhr, Winter 10–17.30 Uhr, Eintritt 8 €, Kinder 5 €, Familienkarte 22 €.

Krazy World

An der N-269 schließlich, drei Kilometer nördlich von Algoz, wurde der Park Krazy World im Stile eines Erlebniszoos mit Schwimmbad, Krokodilen (diese baden glücklicherweise separat ...), Fahrgeschäften und Landtier-Zoo errichtet.

● **Krazy World,** Tel. 282 574 134, www.krazyworld.com; geöffnet tgl. 10–18 Uhr, Mai bis September bis 19.30 Uhr, Eintritt 17 €, Kinder und Senioren 10 €, Familienkarte (zwei Erwachsene, zwei Kinder) 39,50 €; Scooter-/Quadfahrten im Park werden gesondert berechnet.

Happy Farm

Zu erwähnen ist schließlich noch die Happy Farm (N-125 zwischen Tavira und Conceição rechts hinunter nach Cabanas). Das ursprünglich als Straußenfarm gegründete Areal bietet Abenteuer-Spielplätze, Pools, Kajak, Seen, Crazy-Minigolf, einen Minizoo usw.

● **Happy Farm,** Tel. 966 321 021, geöffnet tgl. ab 10 Uhr, Eintritt 9,50 € (Kinder 5 €).

Alle genannten großen Park-Bäder der Algarve haben ihren eigenen Reiz; grundsätzlich sind die vier letztgenannten besser geeignet für **Familien mit kleinen Kindern,** die beiden ersteren dagegen etwas für robuste Mägen, wobei aber auch diese eine Kleinkinderanlage haben. Ein kleiner Tipp: An Samstagen, also dem klassischen An- und Abreisetag für Urlauber, sind die Freizeitparks meist vergleichsweise leer.

Golf

Bedingt sicherlich auch durch die starken britischen Einflüsse, wurde der „stille Sport" auf den Parcours an der Algarve zu einer der beliebtesten Freizeitbeschäftigungen überhaupt. Für Kenner ist die Algarve mit ihren malerisch gelegenen, sehr gepflegten Plätzen und ihrem Bilderbuchwetter eines der Top-Golferziele in Europa. Etliche Golfresorts offerieren Schnupper- und Anfängerkurse.

Vilasol – einer der Paradegolfplätze der Algarve

018al Foto: wl

Alle Clubs bieten neben den Standardtarifen (je nach Anlage zwischen 50 und 100 € pro Partie) auch Sondertarife. Leihausrüstungen sind überall erhältlich. Für alle Plätze der Algarve sind Soft-Spikes erforderlich. Die Parcours sind in den Ortskapiteln aufgeführt und auch auf den Übersichtskarten eingezeichnet.

Selbstverständlich kann eine Golfreise bereits vorab organisiert werden – sehr sinnvoll, wenn man nur wenig Zeit zur Verfügung hat. Spezialisiert hat sich auf Golfreisen an die Algarve u. a. der Reiseveranstalter TUI, dessen Spezialkatalog „Golf & Green" in vielen Reisebüros erhältlich ist. Ein Standardprogramm, bestehend aus vier Übernachtungen mit Frühstück inkl. drei Runden Golf kostet ab etwa 600 €, je nach Ort und Unterkunft geht es bis in den vierstelligen Bereich hinein.

Einsteiger sollten das **Spezialreisebüro** Golf Tours St. Andrews in München (Tel. 089 74 879 740, Fax 74 879 746, www.golftour. de) kontaktieren, welches Golfreisen und Clubmitgliedschaften auch in niedrigeren Preisklassen arrangiert.

Buchtipps:
„Radreisen Basishandbuch“ und **„Mountainbiking“** aus der Praxis-Reihe des REISE KNOW-HOW Verlags

Radfahren

Auf den Nebenstraßen der Küste ist das Radeln, zumindest außerhalb der Sommermonate, recht angenehm – dennoch kann Portugal sicherlich nicht als Mutterland des Radfahrens bezeichnet werden. Zunächst einmal darf man sich nicht der Hoffnung hingeben, es gäbe ausgewiesene **Radwege.** Dazu muss sich der Radfahrer mit der Verkehrsregel vertraut machen, dass **motorisierte Verkehrsteilnehmer** stets **Vorfahrt** haben, was manchmal sehr gewöhnungsbedürftig ist. Und schließlich sind die **Straßenoberflächen** gerade auf den Nebenstrecken in einem oft sehr holprigen Zustand. Ein reiner Radurlaub an der Algarve ist daher nur etwas für Geübte.

Auf jeden Fall aber kann man sehr schöne **Ausflüge und Tagestouren** mit Leihrädern unternehmen (Verleihstellen sind bei den Ortsbeschreibungen aufgeführt) oder auch organisierte Touren durchführen. So bieten etwa Alternativ-Tour in Monchique (Tel. 965 004 337, alternativtour@mail.telepac.pt) sowie Outdoor Tours in Portimão (Tel. 282 969 520, www.outdoor-tours.net) geführte individuelle Touren ab zwei Personen mit unterschiedlichen Schwierigkeitsgraden inkl. Picknick und Informationen zu Flora und Fauna der Region an. Die Abfahrts-Spezialisten Foia Downhill Tours starten auf 902 Meter über Null (Serra de Monchique) und führen den begeisterten Radler auf zuverlässigen Mountain-Bikes bis ans Meer! Zweimal täglich (9 und 16 Uhr) ab Treffpunkt Praia da Rocha (Hauptstr. Av. Dos Communidades Lusíades) – unbedingt unter Tel. 916 736 226 vorher reservieren.

Wer per Rad unterwegs und auf **Ersatzteile** angewiesen ist, wende sich an Bike Shelb in Silves (Rua Moinho da Porta 4, Tel. 282 443 106, Fax 282 445 205).

Schwimmen

Buchtipp:
„Sicherheit im und auf dem Meer" aus der Praxis-Reihe des Reise Know-How Verlags

Meist ist wohl das Meer der Hauptgrund, weshalb sich der Reisende an die Algarve bemüht. Selbstredend steht daher der Strandbesuch – ob zum Faulenzen oder zur sportlichen Betätigung – beinahe täglich auf dem Urlaubsprogramm. Die Anzahl offiziell gezählter und einigermaßen zugänglicher Buchten und Badestrände der Algarve liegt weit jenseits der 100er-Marke! Zur Grobgliederung der unterschiedlichen Strandformen sowie zu den Wassertemperaturen siehe unter ⇗Geographie und Klima.

Wenn man auf die Anwesenheit von Rettungsschwimmern Wert legt, sollte man sich zunächst die beiden portugiesischen Begriffe **praia não vigilada** (Strand unbewacht) und **praia concessionada** (Strand beaufsichtigt) merken. An solch bewachten Stränden werden zudem farbige **Fahnen** aufgehängt; Rot signalisiert absolutes Badeverbot, Blau-Weiß bedeutet „Retter macht Brotzeit", bei gelber Flagge ist das Schwimmen im tiefen Wasser verboten. Ist die grüne Fahne gehisst, kann man sich auf uneingeschränkte Badefreuden einstellen.

An der rauen **Westatlantikseite,** dem (für den Autor) schönsten Küstenabschnitt, sind **Wellengang und Strömungen** am heftigsten, finden Taucher wegen der steilen Felsküsten aber auch die interessantesten Tauchgründe. Man sollte an diesen Stränden keinesfalls Bruder Leichtfuß spielen – weites Hinausschwimmen wäre wirklich verantwortungslos!

Je weiter man von Sagres nach Osten kommt, desto mehr verändert sich die Form der Buchten; waren sie bis Sagres klein und felsengesäumt, werden sie nun breiter, flacher und offener (Informationen zu den Stränden im Einzelnen finden sich in den Ortsbeschreibungen).

Stierkampf

Der Stierkampf, dessen historische Wurzeln in Kreta und Ägypten liegen und der vermutlich einst den sagenhaften Kampf des Menschen gegen den Minotaurus symbolisierte, hat auf dem europäischen Festland nur auf der Iberischen Halbinsel und in Südfrankreich Fuß fassen können. Während die *corrida de torros* in Spanien ein – in Mitteleuropa oftmals kritisiertes – blutrünstiges Ereignis darstellt, entwickelte sich im benachbarten Portugal eine gemäßigtere Variante, die ⇗**Tourada.**

Die Tourada

Neben dem Stier sind der **cavaleiro** (Ritter) sowie assistierend sein *toureiro* (Fahnenjunker) und mehrere *forcados* (tapfere Fußsoldaten) die Hauptakteure. Der *toureiro* weicht dem Stier tänzelnd aus und versucht, ihm die *farpas* und *ferros* (Lang- und Kurzspieße) in den Nacken zu werfen. Kommt der Reiter in Bedrängnis, wedelt der *toureiro* mit einem farbigen, oft **dunkelroten Tuch** und lenkt die Aufmerksamkeit auf sich. Das Ziel besteht darin, dem Stier alle Spieße in den Nacken zu stoßen. Wenn dies dem *cavaleiro* gelungen ist, tritt er ab und überlässt den **forcados** das Feld, einer Mischung aus Lebensmüden und Clowns, die sich dem Stier mit bloßen Händen stellen. Auch hier wird bei Gefahr der Stier vom *toureiro* (der in Portugal also kein eigentlicher Kämpfer ist) mit seinem Tuch abgelenkt.

Es ist oft zu hören und zu lesen, der portugiesische Stierkampf verlaufe dank des gesetzlichen Tötungsverbotes **unblutig** – dies ist spätestens seit 2002 nicht mehr der Fall. Schon vorher wurde das gelegentlich nicht so ganz genau genommen: Im September 2001 erschütterte ein Skandal das Land, als in Moita bei Lissabon der landesweit berühmte Matador *Pedrito de Portugal* trotz des Verbotes dem Stier den Todesstoß gab. Im Sommer 2002 erfolgte eine Gesetzesänderung, wonach „in Ausnahmefällen" der Todesstoß in der Arena legalisiert wurde. Unter heftigen Protesten von Tierschützern aus aller Welt darf seither der Stier im Schaukampf wieder legal getötet werden.

Stierkämpfe sind im Campo Pequeino (↗Lissabon) und an der Algarve meist samstags in den Arenen von ↗Lagos und ↗Albufeira zu sehen – Lautsprecherfahrzeuge machen auf den jeweils nächsten Termin in der Nähe aufmerksam. Gezeigt werden meist drei Kämpfe von maximal je einer halben Stunde Dauer; Karten für das Spektakel (ab 15 €) sind bei vielen Reisebüros und Touristeninformationen sowie am Kampfabend an den Arenen selbst erhältlich. Übrigens: An der Algarve werden Schaukämpfe ohne tödlichen Ausgang gezeigt!

Buchtipp:
„Tauchen in warmen Gewässern" aus der Praxis-Reihe des Reise Know-How Verlags

Tauchen

Der Tauchsport ist an der Algarve noch nicht zu einem Massensport geworden, so wie etwa im zentralen oder östlichen Mittelmeer. Der Atlantik ist spürbar kälter, der Seegang rauer. Nahe der Sandstrände erweist sich die Artenvielfalt naturgemäß als deutlich geringer, verglichen mit den felsigen, kalkhaltigen Böden der Westseite.

Hier ein paar **Richtpreise** für Tauchgänge und Equipment:

- **Flaschenfüllung:** 5–7 €
- **Weste, Automat:** je 5 €
- **6er Tauchpaket** (mit eigener Ausrüstung, nur Blei und Flasche): 150 €
- **6er Tauchpaket** (mit voller Leihausrüstung): 200 €
- **10er Tauchpaket:** 250 € (300 € bei Leihausrüstung)
- **Bootsausfahrten** werden meist gesondert (2 bis 3 € pro Tauchgang) berechnet, ebenso Nichttaucher auf dem Boot (ca. 15–18 €)
- **Grundkurs** (Anfängertauchschein inkl. Leihausrüstung): ca. 300 €

Die meisten Basen (Adressen in den Ortskapiteln) bieten geführte Tauchgänge (vom Ufer oder Boot aus), Leihausrüstung, Flaschenfüllung sowie teilweise auch Tauchkurse für Anfänger und Fortgeschrittene (meist nach PADI-Richtlinien) an. Viele der Niederlassungen stehen unter deutsch-portugiesischer Leitung und entsprechen internationalen Standards in Bezug auf Ausrüstung und Tauchsicherheit.

Wie bei uns auch, füllen entweder die Basen oder Feuerwehrstationen *(bombeiros)* die Pressluftflaschen auf.

Das Wasser ist relativ kalt (17–20 °C), die **Sichtverhältnisse** sind im internationalen Vergleich nur durchschnittlich; das Küstenprofil fällt zunächst acht bis zwölf Meter recht steil, danach mäßig flach ab.

Schnorcheln

Auch Schnorchelenthusiasten sollten an ihre eigene ABC-Ausrüstung (Brille, Flossen, Schnorchel) denken, jedoch lassen sich fehlende Teile auch problemlos an der Algarve erstehen. Grundsätzlich gilt: Es gibt umso mehr zu sehen, je weniger Sandboden man vorfindet; dies bedeutet, dass etliche kleine Felsbuchten – und hier zunehmend Richtung Westen, etwa an der Costa Vicentina – die besseren Bedingungen für Schnorchler bieten. Meist verbindet man das Schnorcheln mit einem „normalen" Strandbesuch; daher orientiert man sich am besten an den Strandbeschreibungen in den Ortskapiteln. Persönlicher Favorit des Autors ist übrigens der Praia do Castelejo bei Vila do Bispo; vom Kiosk-Restaurant nach links geht man bis zum Strandende, wo prima Felsgrund beginnt.

Wandern

An einigen Küstenabschnitten und im Bergland der Sierra de Monchique lassen sich interessante Wanderungen unternehmen; einziger „Hemmschuh" ist hier in den Sommermonaten die große Hitze. Einige Routen-Beispiele werden in den jeweiligen Ortsbeschreibungen vorgestellt.

Wer lieber in professioneller Begleitung wandert, sei auf die schon im Kapitel „Radfahren" erwähnte Firma Alternativ-Tour, Monchique (Tel. 965 004 337) verwiesen, die auch geführte individuelle Wander- und Trekkingtouren (ab zwei Personen inkl. Picknick) in unterschiedlichen Schwierigkeitsgraden anbietet. Es versteht sich von selbst, dass man für Wanderungen auf eigene Faust gutes Kartenmaterial (erhältlich in den Buchhandlungen vor Ort) benötigt.

Windsurfen und Bodysurfen

Zwar werden bei Lissabon (Guincho) alljährlich internationale Wettkämpfe ausgetragen, die Portugiesen selbst schenken dem Windsurfen jedoch kaum Beachtung. Der raue Atlantik mag dem Surf-Neuling auch nicht unbedingt entgegenkommen, wer sich aber fit genug fühlt, kann prinzipiell an allen großen Stränden auch windsurfen. Man sollte unbedingt seine eigene Ausrüstung mitbringen, da es an den wenigsten Stränden einen Surfbrett-Verleih gibt.

Viel beliebter ist bei den Portugiesen das so genannte **Bodysurfen.** Während man beim Surfen auf dem Brett steht, liegt man beim Bodysurfen darauf. Es scheint sich sogar zu einer Art Nationalsport entwickelt zu haben, allgegenwärtig sind in den Schwimmartikel- und Souvenirgeschäften die typischen kurzen Surfbretter. Wirklich gute Strände für diesen Zweck sind etwa Praia do Castelejo, Praia do Amado sowie der Praia do Baleeira bei Sagres.

Wer sich an der Algarve ganz besonders sportlich betätigen möchte, sei auf den Band **„Algarve Aktiv"** vom Autor dieses Buches verwiesen, der in der Praxis-Reihe des Reise Know-How Verlags erschienen ist.

Sprache

Das Portugiesische zählt zu den **romanischen Sprachen** und ist daher mit dem Französischen und Italienischen ebenso verwandt wie mit dem Spanischen. Die portugiesische Sprache ist also kein „Ableger" oder Dialekt des Spanischen, wie weithin angenommen wird, sondern vollkommen eigenständig in Wortschatz und Grammatik. Wer sich Kenntnisse des Portugiesischen aneignen möchte, sei auf den bei REISE KNOW-HOW erschienenen, sehr praxisorientierten Kauderwelsch-Band „Portugiesisch - Wort für Wort" (Band 11) mit AusspracheTrainer hingewiesen.

Allerdings sind an der Algarve nicht unbedingt Kenntnisse der Landessprache vonnöten: Zum einen scheinen in den Sommermonaten ebenso viele Touristen wie Einheimische im Süden Portugals zu leben, zum zweiten wird allerorten, aufgrund der starken Präsenz britischer Touristen, gut Englisch gesprochen.

Sprachkurse

Reine Sprachkurse (Portugiesisch) erfreuen sich keiner großen Nachfrage; die Kosten liegen bei rund 400 € für einen vierwöchigen Kurs in Kleingruppen. An der Algarve gibt es mehrere Sprachschulen, vom portugiesischen Ministerium wird aber lediglich der Anbieter Europa Algarve anerkannt.

- Reine Sprachkurse, aber auch Übersetzungsdienste u. Ä. bieten beispielsweise die Sprachinstitute **CLCC,** Rua D. Maria Luisa 122 in Portimão (Tel. 282-430250, geral @clcc.pt) oder **CLIMT,** Campus de Penha, Faro (Tel. 289-800114, esghtsec@ualg.pt).
- Informationen zu Sprachkursen erteilen das **Departamento de Português para Estrangeiros,** Av. de la República 41, Lisboa-Saldanha, Tel. 217 940 448, **Cambridge-Courses,** Avenida da Liberdade 173, Lisboa, Tel. 213 527 474 oder der **Fachverband Deutscher Sprachreiseveranstalter,** www.fdsv.de.

Studium und Arbeit

Über die **Studienmöglichkeiten** in Portugal informiert der **DAAD** (Deutscher Akademischer Austausch-Dienst, Kennedyallee 50, 53175 Bonn, www.daad.de), wobei aber die Anerkennung der unterschiedlichen Schulabschlüsse noch nicht vereinheitlicht wurde und somit beispielsweise ein deutsches Abitur vor Studienaufnahme zunächst vom portugiesischen Bildungsministerium in Einzelprüfung „abgesegnet" werden muss (Ministério de Educação, Av. 24 de Julha No. 138, 1350 Lissabon, Fax 21 393 8108); in Deutschland, Österreich oder der Schweiz begonnene Studien können dagegen in Portugal (z. B. als Auslandssemester) fortgesetzt werden.

Will man als Ausländer in Portugal arbeiten, wendet man sich am besten an das **Portugiesische Berufsberatungszentrum** (Kurt-Schumacher-Allee 16, 20097 Hamburg, Tel 040 24 852 330, Fax 24 852 333), wobei aber die Praktika- und Stellenvermittlung noch nicht sehr ausgereift ist. Auch die **Deutsch-Portugiesische Handelskammer** (Avenida da Liberdade, 38-2, 1200 Lissabon, Fax 21 346 7150) kann hier behilflich sein.

Möglichst verabschieden sollte man sich von dem Gedanken, an der Algarve eine **berufliche Existenz** so nebenbei aufbauen zu können – angeblich haben viele potenzielle Investoren Haus und Hof dabei verloren. Ein „Sich-Durchmogeln" ist nicht möglich; Lizenzverfahren, Kreditvergaben und Kontrollen werden streng gehandhabt. Dazu Honorarkonsul *von Baselli:* „Hier haben schon viele geglaubt, ein Faxgerät anschließen und einen Betrieb so nebenbei vom Strand aus managen zu können – die sind alle wieder verschwunden."

Auch EU-Bürger dürfen nur maximal **180 Tage visafrei** in Portugal leben. Da aber der Nachweis hierfür mangels Einreisekontrolle innerhalb der EU kaum mehr führbar ist (man kann ja vorgestern noch in Spanien gewesen sein ...), ist der **Schwarz-**

arbeit natürlich Tür und Tor geöffnet. Ausländer müssen sich daher vor der Aufnahme einer entgeltlichen Tätigkeit in Portugal mit dem Innenministerium (*Ministerio da Administração Interna, Serviço de Estrangeiros e Fronteras,* Av. António Augusto de Aguiar 20, 1000 Lissabon, Fax 21 524 053) zwecks Arbeitserlaubnis in Verbindung setzen.

Telefonieren

Telefonkarten

Die öffentlichen Fernsprecher an der Algarve sind überwiegend Kartentelefone. Die benötigten Karten, auf denen **Einheiten** (also keine Beträge wie hierzulande) angezeigt werden, gibt es in allen Zeitschriften- und Tabakläden (6, 9 oder 12 € für 50, 100 oder 150 Einheiten). Die Minute kostet ca. 35 Cent für Gespräche nach D/A/CH.

- **Portugal:** nationale Vorwahl 00351
+ komplette Ortsvorwahl + Rufnummer

Die früher übliche erste 0 der Ortsvorwahl wurde vor einiger Zeit durch eine 2 ersetzt; die **gesamte Vorwahl muss stets mitgewählt werden,** auch bei Ortsgesprächen.

Für die **Algarve** sind drei Vorwahlen von Bedeutung:

- **281** von Vila Real bis einschließlich Tavira
- **289** von Olhão bis Albufeira
- **282** von Lagoa bis zur Westküste
- Lissabon schließlich hat die Vorwahl **21**

Für Gespräche **aus Portugal** gelten folgende Vorwahlen:

- **Deutschland:** 0049
- **Österreich:** 0043
- **Schweiz:** 0041

Handy

Handyempfang hat man überall an der Algarve, die Kosten variieren je nach Roaming-Partner, Vertragskarte und Tageszeit zwischen 25 Cent und 1,95 €/Minute. Achtung: Wer sich im Ausland auf dem Handy anrufen lässt, zahlt die Weiterleitungsgebühr ab Inland bis Portugal, da der Anrufer stets nur den Inlandssatz zahlen muss (Mailbox abstellen)! Wesentlich preiswerter ist es, sich von vornherein auf **SMS** zu beschränken, der Empfang ist dabei in der Regel kostenfrei.

Billigtarifzeiten Zu verbilligtem Tarif telefoniert man in Portugal von 20 Uhr abends bis 8 Uhr morgens.

Auskunft Die Auskunft (englischsprachig) erreicht man unter der Nummer 800 296 296.

Notrufnummer Die allgemeine Notrufnummer lautet **112,** für Touristen wurde eine **24-Stunden-Hotline** unter Tel. 800 296 296 eingerichtet.

Tourismus

Noch in den 1960er Jahren gehörte die Algarve touristisch eher zu den „vergessenen Regionen" Europas. Erst die Regierung Salazar begann mit einer vorsichtigen Entwicklung der Südküste (der Flughafen von Faro wurde 1965 eröffnet), ohne dabei allerdings jene Massenbewegungen auslösen zu wollen, die sich in Italien und Spanien abzuzeichnen begannen. Hauptsächlich die spanischen Nachbarn sowie (schon aus historischen Gründen, ⇗Geschichte) die Briten sorgten im Laufe der nächsten Jahrzehnte für eine rasante Fortentwicklung des Reiseverkehrs mit jährlich zweistelligen Zuwachsraten und trugen letztlich dazu bei, dass die Algarve seither einen festen Platz im Reiseangebot aller wichtigen europäischen Veranstalter einnimmt.

Den für den ökonomischen Bestand der Algarve entscheidenden Einfluss des Tourismus auf die Region unterstreichen am besten ein paar Fakten: 1980 besuchten 2,73 Millionen, 1990 ca. 8 Millionen und zum Milleniumwechsel bereits 11,5 Millionen Touristen das Land – davon rund 6,5 Millionen Spanier, etwa 2 Millionen Briten sowie ungefähr 800.000 aus dem deutschsprachigen Raum.

Über die Hälfte aller Besucher zieht es dabei an die Algarve, 36 % bevorzugen eine Städtereise nach Lissabon oder die Atlantikinsel Madeira, und die übrigen rund 10 % schließlich verteilen sich auf die Azoren, Porto und den Rest des Landes. Diese Besucherströme bringen rund 5 Milliarden Euro (knapp fünf Prozent des gesamten portugiesischen Bruttosozialproduktes) ins Land, wobei der Löwenanteil auf die Algarve entfällt.

In den ersten Jahren des neuen Jahrtausends scheint allerdings trotz Fußball-EM 2004 eine **Stagnation der Besucherzahlen** eingetreten zu sein; aus Deutschland gab es 2005 ca. 30 % weniger Besucher als in den 1990er Jahren.

Der Tourismus bringt, wie überall auf der Welt, zwei Hauptprobleme mit sich: den Unterkunftsboom und den Müll. Bereits die Regierung Salazar propagierte jedoch den **„sanften Tourismus“**, also einen möglichst geringen Eingriff in den natürlichen Bestand der Region. Es wurde und wird an der Algarve zwar permanent gebaut, immerhin aber nicht jene die Landschaft verschandelnden Betonbunker, die der tatsächlich „sanfte Tourist“ weder von innen noch von außen sehen möchte, sondern ganze Dörfer, Ortsteile und Siedlungen in einem akzeptablen Stil.

Den zwangsläufig anfallenden **Müllbergen** scheinen die Verantwortlichen mit einer gut funktionierenden Müllabfuhr – teilweise sogar mit Mülltrennung – in den Städten durchaus beizukommen, wogegen von den über 70 offiziellen Stränden der Algarve nicht alle in einwand-, sprich: müllfreiem Zustand sind. Laufend veröffentlichte Strandkontrollen sowie die Einrichtung zahlreicher Naturschutzgebiete führen hier zu einer allmählichen Verbesserung.

019al Foto: wl

Auch günstigere Hotels wirken sehr ansprechend

Uhrzeit

In Portugal gilt die Greenwicher Zeit bzw. Sommerzeit, also die Mitteleuropäische Zeit (MEZ), jeweils **minus 1 Stunde.**

Unterkunft

Neben den klassischen Hotelunterkünften (staatlich eingestuft von * bis *****) der Pauschalreisen bietet die Algarve eine ganze Reihe zusätzlicher oder alternativer Unterkunftsmöglichkeiten.

Camping

Das klassische Camping *(acampamento, campismo)* ist an der Algarve nicht sehr verbreitet; es gibt nur wenige **Campingplätze;** diese sind in den Ortsbeschreibungen aufgeführt. Ein internationaler Campingausweis ist unabdingbar. Vorabinformationen, Preise und Buchungsmöglichkeiten gibt

020al Foto: wl

es unter www.roteiro-campista.pt. oder www.fpcampismo.pt.

Auf das prinzipielle **Campverbot** außerhalb ausgewiesener Plätze (Waldbrandgefahr) sei ausdrücklich hingewiesen. Die Praxis allerdings sieht anders aus: Allenthalben sieht man Wohnmobile und Wohnwagen „ausruhen", auch an bestimmten Stränden; auf diese wird in den Ortsbeschreibungen diskret hingewiesen ...

Jugendherbergen

In der Algarve wurden fünf Jugendherbergen *(Pousadas de Juventude)* gebaut, die jedermann offen stehen. Ein internationaler JH-Ausweis erleichtert den Zutritt, doch kann man auch direkt bei den Herbergen einen nationalen Ausweis erwerben. Die Übernachtung inkl. Frühstück kostet zwischen 6,50 und 11 €, eine gebührenpflichtige Reservierung (70 Cent/Person) kann nur in der Zentrale Movijovem (Av. Duque de Ávila 137, 10050 Lissabon, Tel. 213 138 820, Fax 213 528

Man kann es auch übertreiben ...

621) vorgenommen werden. Die einzelnen Häuser sind in den Ortsbeschreibungen aufgeführt. Reservierung möglich und empfehlenswert!

Tipp: Den Jugendherbergsausweis kann man auch als Familie beantragen! Welche Jugendherbergen in Portugal dem YHA-Verbund angeschlossen sind, kann man über die europäischen Verbände erfahren.

- **Deutsches Jugendherbergswerk,** Bismarckstr. 8, 32756 Detmold, Tel. 05231-74010, www.jugendherberge.de, 12-20 €.
- **Österreichischer Jugendherbergsverband,** Schottenring 28, 1010 Wien, Tel. 01 53353530, www.oejhv.or.at, 11,50-21,50 €.
- **Schweizer Jugendherbergen,** Schaffhauserstr. 14, 8042 Zürich, Tel. 01 3601414, www.youthhostel.ch, 22-55 SFr.

Privatzimmer (Quartos Particulares)

Am günstigsten kommt man privat unter; für 20–25 €/DZ sollte man zumindest außerhalb der Hauptreisezeit (Juli/August) immer etwas finden. Hierzu wendet man sich an die Touristeninformationen vor Ort, die über eine vollständige Liste aller Privatanbieter verfügen. Des Öfteren versuchen die Informationen, den Touristen in teurere Hotelanlagen zu bugsieren – da muss man einfach etwas hartnäckig sein.

Albergarias und Residenciais

Hotelpensionen (meist ohne Restaurant), die offiziell mit bis zu vier Sternen eingestuft werden. Residenciais sind etwas einfacher ausgestattet als die Albergarias (35–50 €/DZ).

Pensionen (Pensões)

Pensionen sind meist sehr schlicht ausgestattet, eignen sich aber gut als preiswerte Unterkünfte für Kurzaufenthalte. Kosten ca. 25–85 €/DZ; die Einstufung in Portugal erfolgt in die Kategorien „1a“ (beste) bis „4a“ (unterste).

Gasthöfe (Estalagems)

Gutbürgerliche Hotelgasthöfe, die sich durch ihre familiäre Atmosphäre vom Massenbetrieb unterscheiden (40–60 €/DZ). Sie unterliegen derselben Stern-Einstufung wie die Hotels.

Herrenhäuser und Bauernhöfe

Privateigentümer von Herrensitzen, Landhäusern und Bauernhöfen werden staatlich gefördert, wenn sie ihre Häuser renovieren und für Touristen öffnen. Die Preise liegen zwischen 40 und 120 €/DZ. Die staatliche Einstufung ist deutlich außen angebracht; hierbei gibt es drei Kategorien:

- **TH – Turismo de Habitação:** Vornehme Villen, meist architektonisch wertvoll und mit Antiquitäten ausgestattet. An der Algarve bietet die Casa do Pinhão in Lagos *turismo de habitação* an. Das Haus im Stadtgebiet thront in einmaliger Lage auf den Klippen direkt an einem winzigen Strand, dem Praia do Pinhão.
- **TR – Turismo Rural:** Ferien auf Landgütern, z. B. in der Quinta de São Bento, einem 1952 gebauten Landhaus der Herzöge von Bragança im Monchique-Gebirge, gelegen an der Straße zwischen Monchique und dem Foia.
- **AT – Agroturismo:** Vergleichbar mit Urlaub auf dem Bauernhof, mit Familienanschluss und Landwirtschaft. In Benafim beispielsweise bietet die Casa d'Avalade, ein Landgut mit eigenem Jagdgebiet, diese Form der Erholung an.

Für weitergehende Informationen und (in aller Regel unbedingt notwendige) Reservierungen zu diesen Unterkunftsformen wende man sich an die Fremdenverkehrsämter (⇗Informationen).

Burgen und Paläste (Pousadas)

Naja, das ist nichts für jeden Geldbeutel, aber vielleicht ein Tipp für die Hochzeitsreise: In kunstvoll restaurierten staatseigenen Klöstern, Burgen und Schlössern bietet man anspruchsvollen Gästen besonderen Luxus in reizvoller Landschaft. Die Übernachtung mit Frühstück kostet im DZ zwischen 110 und 200 €; zentrale Reservierungs- und Informationsstelle (auch für weitere Pousadas in Portugal) ist die Pousada de Portugal, Av. Sta. Joana Princesa No. 10, 1749-090 Lissabon, Tel. 21 844 2001, Fax 21 844 2085, guest@pousadas.pt. An der Algarve selbst gibt es bislang Pousadas in Sagres (Pousada do Infante), São Brás de Alportel, Estói und Tavira.

Für alle Unterkunftsformen (außer der Privatunterkunft) empfiehlt sich zumindest in der Hochsaison (Juli–August) eine schriftliche **Reservierung.**

021al Foto: wl

In manchen Fällen verlangen Wohnungsvermieter eine vorherige **Anzahlung,** da sie bei Nichterscheinen der Gäste ein Apartment kurzfristig nur noch schwer an den Mann bringen können.

Einschlägige Adressen zur Reservierung bzw. zur Anfrage vor Ort bei Reisen auf eigene Faust finden sich in den Ortsbeschreibungen, wo eine Auswahl aller Unterkunftsarten getroffen wurde; hierbei wird keinerlei Anspruch auf Vollständigkeit erhoben.

Apartments Zunehmender Beliebtheit – mittlerweile sogar schon bei Anbietern von Pauschalreisen – erfreuen sich **Ferienwohnungen** *(apartamentos turísticos)* mit ein bis drei Zimmern plus Bad und Küche (teilweise Kochnische), häufig auch mit Balkon oder Dachterrasse. Die Kosten für vier Personen liegen bei rund 50 € pro Nacht, wobei meist eine Woche als Buchungsminimum gilt. Große Anlagen dieser Art wurden vielerorts aus dem Boden

Kein Mangel an lauschigen Ferienwohnungen

gestampft; sie unterliegen ebenfalls der Sternchen-Einstufung und liegen im Bereich ***-****. Auch sie sind in den Unterkunftslisten der Fremdenverkehrsämter aufgeführt.

Daneben existiert auch noch eine große Anzahl an **Privatvermietern** von Ferienwohnungen – man blättere nur einmal die Samstagsausgaben der Tageszeitungen (Reiseteil) durch. Vielfach kann man auch durch Nachfragen im Bekanntenkreis den einen oder anderen Kontakt herstellen – irgendjemand hat mit ziemlicher Sicherheit eine Wohnung an der Algarve. Diese Apartments sind dann meist schöner gelegen und nicht so unpersönlich eingerichtet.

Wer außerhalb der wärmeren Monate reist, sollte wissen, dass die Häuser nicht so massiv und so gut isoliert sind wie in Nordeuropa; bei hohen Temperaturunterschieden zwischen Tag und Nacht sowie innen und außen können Kondenswasserprobleme an den „Kältebrücken" in Ecken, hinter Schränken, in Badezimmern und Küchen auftreten. Hotelzimmer und gute Apartments werden ausreichend per Elektroofen beheizt, viele Ferienwohnungen und -villen verfügen sogar über einen Kamin.

Soweit möglich, wird in den Ortsbeschreibungen auch auf Apartments unter Hinweis auf Lage und Besonderheiten verwiesen, so dass der Leser vorab zumindest eine ungefähre Vorstellung hat und dementsprechend reservieren kann. Wichtige große Anbieter zur Vorabreservierung sind u. a:

- **Da Silva Ferienhäuser,** Mommsenstr. 2, 10629 Berlin, Tel. (030) 881 6812, Fax (030) 881 7964, www.DaSilva.de
- **Sucasa Ferienhäuser,** PF 100, 84361 Birnbach, Tel. (08563) 962 014, Fax (08563) 962 10, www.sucasa.de
- **Individuelle Flugreisen,** Dieffenbachstr. 1, 61169 Friedberg, Tel. (06031) 62 062, Fax (06031) 63 110, www.portugal-entdecken.de

Kategorien

Um den Lesern eine vernünftige Orientierung zu ermöglichen, wird in den Ortsbeschreibungen in diesem Band einheitlich nach fünf Klassen kategorisiert, dargestellt durch hochgestellte Euro-Zeichen (€€€). Diese Einteilung erfolgt unabhängig von den jeweiligen Einstufungen vor Ort (Sterne) und bezieht sich ausschließlich auf die **Kosten** einer Unterkunft in der Hauptsaison, nicht etwa auf deren Qualität. Die Preise gelten für zwei Personen pro Nacht bzw. Woche. Außerhalb der Hauptferienzeiten sind Abschläge von 30 % und mehr üblich.

Einstufung	**Hotel**	**Hotel/Wo.**	**Estalagem**	**Albergaria/ Residencial**
€€€€€	> 200 €	ab 750 €	–	–
€€€€	120–200 €	500–750 €	100–150 €	85–120 €
€€€	60–120 €	300–500 €	50–100 €	60–85 €
€€	40–60 €	200–300 €	30–50 €	40–60 €
€	–	–	–	25–40 €
	Pensão	**Quarto (Privatzimmer)**		**FeWo/Wo.**
€€€€€	–	–		ab 600 €
€€€€	70–90 €	–		ca. 450 €
€€€	55–70 €	–		ca. 320 €
€€	40–55 €	20–30 €		ca. 250 €
€	20–40 €	15–20 €		–

Versicherungen

Siehe Kapitel „Gesundheit" zum Thema Kranken- und Auslandskrankenversicherung.

Egal welche weiteren Versicherungen man eventuell abschließt, hier ein **Tipp:** Für alle abgeschlossenen Versicherungen sollte man die Notfallnummern notieren und mit der Policenummer gut aufheben! Bei Eintreten eines Notfalles sollte die Versicherungsgesellschaft unverzüglich telefonisch verständigt werden!

Ob es sich lohnt, weitere Versicherungen abzuschließen wie eine Reiserücktrittsversicherung, Reisegepäckversicherung, Reisehaftpflichtversicherung oder Reiseunfallversicherung, ist indivi-

022al Foto: wl

duell abzuklären. Aber gerade diese Versicherungen **enthalten viele Klauseln,** so dass sie nicht immer Sinn machen.

Die Reiserücktrittsversicherung für 35–80 € lohnt sich nur für teure Reisen und für den Fall, dass man vor der Abreise einen schweren Unfall hat, erkrankt oder schwanger wird, gekündigt wird oder nach Arbeitslosigkeit endlich einen neuer Arbeitsplatz bekommt, Schwangerschaft, das Eigentum abfackelt u. Ä. Nicht gelten hingegen: Krieg, Unruhen, Streik, etc.

Die Reisegepäckversicherung **lohnt sich seltener,** da z. B. bei Flugreisen verlorenes Gepäck oft nur nach Kilopreis und auch sonst wird nur der Zeitwert nach Vorlage der Rechnung ersetzt wird. Wurde eine Wertsache nicht im Safe aufbewahrt, gibt es bei Diebstahl auch keinen Ersatz. Kameraausrüstung und Laptop dürfen beim Flug nicht als Gepäck aufgegeben worden sein. Gepäck im unbeaufsichtigt abgestellten Fahrzeug ist ebenfalls nicht versichert. Die Liste ist endlos ...

Eine Privathaftpflichtversicherung hat man in der Regel schon. Hat man eine Unfallversicherung, sollte man prüfen, ob diese im Falle plötzlicher Arbeitsunfähigkeit aufgrund eines Unfalls im Urlaub zahlt. Auch durch manche **Kreditkarten** oder **Automobilclubmitgliedschaft** ist man für bestimmte Fälle schon versichert. Die Versicherung über die Kreditkarte gilt jedoch immer nur für den Karteninhaber!

Wer sich unsicher ist, welche Versicherung und welche Versicherungsgesellschaft in Frage kommt, kann sich über Tests der **Stiftung Warentest** in Deutschland und **Konsument.at** in Österreich weiter informieren. Über ihre Webseiten kann man Testberichte herunterladen, Online-Abonnent werden oder Hefte zum Thema bestellen: www.warentest.de; www.konsument.at.

Weitere Informationen erhält man auch in Deutschland bei der **Verbraucherzentrale** (www.verbraucherzentrale.com) und in Österreich bei der **Arbeiterkammer** (www.arbeiterkammer.at).

Veranstalter: Pleite!

Wer eine Rundreise oder eine Pauschalreise bucht, sollte sich idealerweise vergewissern, ob der Veranstalter **gegen eine Insolvenz versichert** ist. Spätestens bei der ersten (An-)Zahlung sollte man vom Veranstalter bzw. Reisebüro einen **Sicherungsschein** ausgehändigt bekommen.

Das Risiko einer Insolvenz ist bei namenhaften Veranstaltern eher gering, bei so genannten **Billigveranstaltern** jedoch durchaus möglich. Im Zweifelsfall erhält man bereits bezahlte Reiseleistungen nicht zurückerstattet – beispielsweise den Rückflug ...

Bei den deutschen Verbraucherzentralen kann man die **Broschüre „Recht auf Reisen“** für 7,15 € erwerben, die im Fall von Ärger mit Veranstaltern weiterhilft (www.verbraucherzentrale. com).

Lautstarke Werbung für die nächste Tourada

023al Foto: wl

Land und Leute

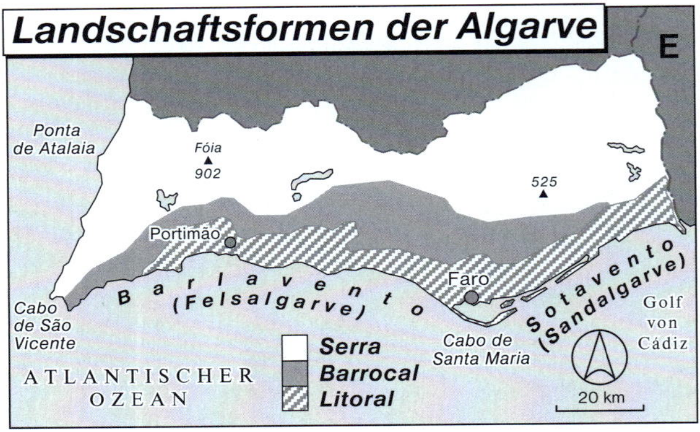

Geographie

Portugal (Fläche: 91.500 km²) liegt im äußersten Südwesten Europas und bildet zusammen mit dem einzigen Landnachbarn Spanien die **Iberische Halbinsel.** Entlang deren südwestlicher Atlantikküste erstreckt sich auf einer Breite von 155 Kilometern und einer Tiefe von 50 Kilometern das bevorzugte portugiesische Tourismusgebiet, die Algarve. Sie umfasst eine Fläche von 4991 km², also rund 6 % der Gesamtfläche Portugals.

Im Osten des Landstrichs trennt der Rio Guadiana die Algarve von der spanischen Provinz Andalusien. Im Norden schließt sich die portugiesische Provinz Alentejo an, während der Atlantische Ozean den Westen und Süden der Algarve umspült, darunter auch den **westlichsten Festlandspunkt Europas,** das ↗**Cabo de São Vicente.**

Landschaftsformen

Die Algarve prägen drei natürliche Landschaftsformen, die sich in ihrer Besiedelung und touristischen Erschlossenheit deutlich unterscheiden. Fast zwei Drittel der Provinz, namentlich das gesamte Hinterland einschließlich der westatlantischen Küstenseite, nimmt das aus Sandstein und Tonschiefer bestehende Hügelland der **Serra** ein. Es ist nur dünn besiedelt und erreicht seinen höchsten Punkt in der Serra de Monchique mit dem Pico da Foia (902 Meter).

Südlich der Serra schließt sich der leicht hügelige, vorwiegend von Kalkböden geprägte und sehr fruchtbare Landstreifen des **Barrocal** an, der rund 20 % der Algarve-Gesamtfläche ausmacht und nahezu vollständig der landwirtschaftlichen Nutzung dient.

Von Lagos bis zur spanischen Grenze schließlich verläuft der **Litoral** genannte, aus unterschiedlichen Bodenarten gebildete Küstenstreifen mit seiner nahezu ausschließlich auf den Tourismus zugeschnittenen wirtschaftlichen Infrastruktur.

Unabhängig von der geographischen Gliederung wird die Küste der Algarve auch in drei von Wind und Böden abhängige Abschnitte eingeteilt: Die eher schroffe **Westküste** mit ihren markanten Schieferplatten-Steilküsten ist nur dünn besiedelt und in sehr geringem Maße touristisch erschlossen. Vom südwestlichsten Punkt des europäischen

Der, die, das ...?

Vielen gar nicht bekannt dürfte die Tatsache sein, dass der schöne Süden Portugals streng genommen nicht „die Algarve", sondern **„der Algarve"** heißt. Und dies sowohl in der Landessprache *(El Algarve)* als auch beim arabischen Begriff, auf den die portugiesische Bezeichnung zurückgeht: *Al-Gharb* (Der Westen) nannten die Mauren den südwestlichsten Bereich Portugals und meinten damit die geographische Lage ihres Herrschaftsbereiches im Süden der Iberischen Halbinsel (⇗Geschichte). Im 13. Jh. wurde Al-Gharb unter *König Afonso III.* zurückerobert und als eigenständiges (Doppel-) Königreich der Krone Portugals einverleibt – er und seine Nachfahren führten daher den Titel „König von Portugal und vom Algarve". In der deutschen Sprache, in der sehr viele Substantive mit der Endung „Konsonant + e" feminin sind, bürgerte sich allmählich entgegen grammatikalischer Korrektheit der Begriff „die Algarve" ein.

Festlandes, dem Cabo de São Vicente, bis etwa Faro erstreckt sich die berühmte **Felsalgarve** (auch **Barlavento,** port.: „Im Winde gelegen"), benannt nach den vor allem in der Abendsonne golden-rötlich schimmernden, von etlichen Sandstränden unterbrochenen malerischen Felsformationen aus Kalk- und Buntsandstein. Der **Sotavento** (port.: „Dem Wind abgekehrt") oder **Sandalgarve** genannte Bereich zwischen Faro und der spanischen Grenze ist überwiegend von flachen Sandstränden, Dünen und Pinienhainen geprägt.

Klima und Reisezeit

Es versteht sich von selbst, dass man nicht pauschal aus den klimatischen Bedingungen auf die ideale Reisezeit schließen kann. Sachzwänge und individuelle Vorlieben (Ferienzeiten, Hitzeempfindlichkeit o. Ä.) spielen bei der Planung des Urlaubs sicherlich die Hauptrolle. Die nachstehenden Informationen sollen denn auch mehr der Hintergrundinformation und Reisevorbereitung (z. B. mitzuführende Kleidung) dienen.

Buchtipp: **„Sonne, Wind und Reisewetter"** aus der Praxis-Reihe des Reise Know-How Verlags

Von den Hitzespitzen im Hochsommer abgesehen, ist das Klima an der Algarve sehr ausgeglichen, so dass der Süden Portugals ein beliebtes Ganzjahres-Reiseziel darstellt. Selbst im Winter sinkt das Thermometer selten unter die 10 °C-Marke, und ein angenehmer Nordwind mildert auch die hohen Sommertemperaturen etwas.

Lufttemperatur, Sonnenscheindauer und Regentage entsprechen eher dem **nordafrikanischen Klima** als dem mediterranen. Dabei schützt das nördliche Bergland (Wetterscheide) die Südküste vor kalten Nordwinden, so dass eine **Jahresdurchschnittstemperatur** von immerhin **18 °C** bei einer Luftfeuchtigkeit von 50–75 % erreicht wird. Das **Wasser** dagegen ist, vor allem im Hochsommer, einige Grade kälter, als man es vom Mittelmeer gewohnt ist. Zwar kann von Mai bis November „erfrischend" gebadet werden, doch sollte man wissen, dass die Gewässer im Westen meist noch um 1–2 °C kühler sind als nahe der spanischen Grenze, wo sich der Atlantik allmählich mit dem Mittelmeer vermischt.

Niederschlagsmenge

Vom zu erwartenden Regen braucht man eine geplante Algarve-Reise sicher nicht abhängig zu machen, da die durchschnittliche Niederschlagsmenge nur rund ein Drittel dessen beträgt, was in den Alpenanrainerländern vom Himmel fällt. Die welt-

Mittlere tägliche Maximum- und Minimumtemperaturen in °C

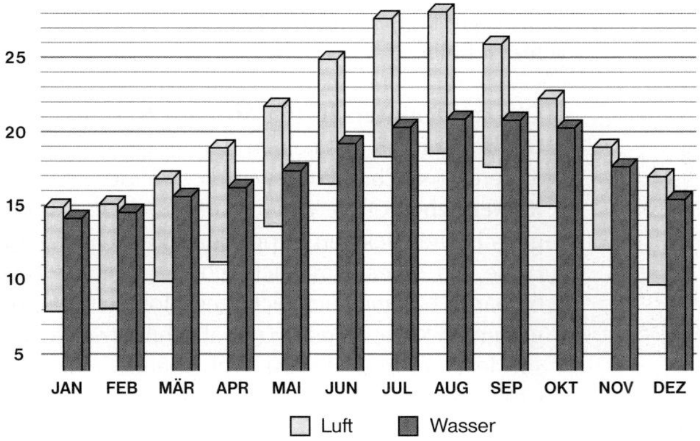

Mittlere Niederschlagsmenge pro Monat in mm

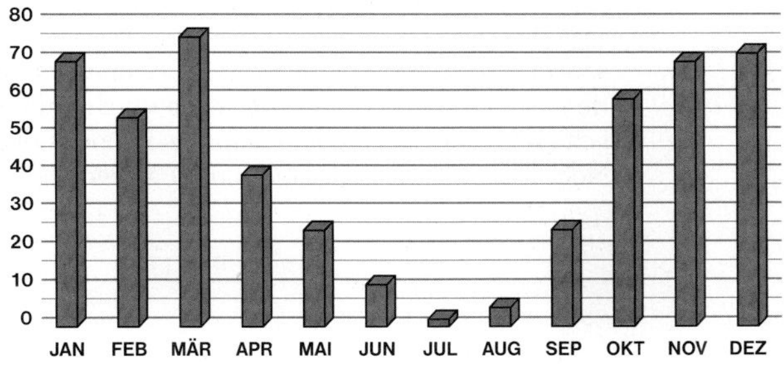

weiten Klimaverschiebungen machen jedoch auch vor der Algarve nicht halt: Rein statistisch fällt zwar der meiste Regen im Winterhalbjahr von November bis März, in den letzten Jahren bekam jedoch vorwiegend die erste Aprilhälfte (Ostern) das meiste Wasser ab, so dass Sonnenanbeter im Osterurlaub gelegentlich die Sonnenbrille mit dem Regenschirm vertauschen müssen.

Klima im Winter

Das Winterhalbjahr ist keineswegs kalt, der Niederschlag erhöht jedoch die **Luftfeuchtigkeit,** weshalb es in Unterkünften ohne Heizmöglichkeit ungemütlich werden kann. Der Regen fällt in diesen Monaten nicht permanent, sondern in starken Schauern und lässt dann wieder Raum für längere wärmere Phasen mit 17–20 °C bei sehr angenehmer Frühlingssonne.

Nebel

Die **sonnenintensivsten Monate Juni bis September** kennen fast keinen Regen, wohl aber ein anderes, manchmal unerwartetes Phänomen: den **Küstennebel.** Ohne Vorwarnung wacht man morgens in der dicksten Suppe auf, die sich erst im Laufe des Tages allmählich lichtet. Derartige Nebelbänke hängen auch nicht geschlossen über der gesamten Küste, sondern nur abschnittsweise. Besonders häufig sind diese Nebelbänke leider am Cabo de São Vicente.

Saison

Nominell wird bei vielen Veranstaltern, Unterkünften usw. zwischen Hauptsaison (1.7.–15.10.), Vorsaison (1.4.–30.6. und 16.12.–15.1.) sowie Nebensaison (16.10.–15.12. und 16.1.–31.3.) unterschieden. Die **Preise** der Vorsaison liegen durchschnittlich 20 % unter denen der Hauptsaison und in der Nebensaison nochmals um rund 20 % niedriger.

Flora und Fauna

Pflanzenwelt

Trotz der oft hohen Temperaturen und regenarmen Phasen ist im Hinterland genug Feuchtigkeit vorhanden, um ganze **Wälder** mit Eukalyptus, Korkeichen, Kastanien- und Ölbäumen, Kiefern, Fichten und Steineichen gedeihen zu lassen. Auch Johannisbrot und **Obstbäume,** der Erdbeerbaum, Mimosen, Zistrosen, Lavendel und **Blumen** (Oleander, Hibiskus, Bougainvillea) wachsen im Überfluss. In den Tälern des Hinterlandes liegen zudem **Feigen- und Olivenbaumhaine, Orangenplantagen,** es werden **Zitrus-** und **Mandelbäume** angepflanzt. Die berühmte Mandelbaumblüte überzieht vor allem im Januar und Februar das Hinterland mit einem Blütenschleier aus Rosa und Weiß; auch die Blumenpracht des Frühlings sucht ihresgleichen.

Korkeichen

Welchen Baum oder welche Pflanze der Besucher gerade in Blüte erlebt, ist natürlich jahreszeitabhängig; einen wunderschönen Baum kann man zu jeder Zeit bewundern: die Korkeiche *(Quercus suber).* Sie kann kinderleicht an der geschälten Rinde identifiziert werden. Die Korkeiche muss nach der Anpflanzung zunächst 20 Jahre wachsen, dann darf alle neun Jahre der Stamm zu zwei Dritteln abgeschält werden. Ein Drittel muss am Baum verbleiben, da dieser sonst absterben würde. Nach dem Schälen wird die letzte Ziffer der aktuellen Jahreszahl auf dem Stamm vermerkt. Die Rinde wird weiterverarbeitet zu **Weinflaschenkorken.** Zentren der Korkverarbeitung waren einst Monchique, São Brás de Alportel und ⇗Silves; das dortige Museum (Museu da Cortica in der „Fabrica de Inglês") sowie eine Internetseite (www.portugal-live.de/silves.htm) bieten weitere Informationen zur Nutzung dieses „Nationalbaums".

024al Foto: wl

Weitere Nutzpflanzen

Mit dem Rückgang der Naturkorkgewinnung sah man sich nach alternativen Nutzpflanzen um und wurde mit dem **Eukalyptusbaum** *(Eucalyptus globulus)* fündig. Dieser wird großflächig zur Aufforstung gerodeter Flächen, vor allem aber für die (ökologisch problematische) Gewinnung von Zellulose angepflanzt. Er benötigt extrem viel Wasser, hat entsprechend tiefe Wurzeln und laugt den Boden radikal aus, was zum **Austrocknen ganzer Landstriche** führt. Die Wiederherstellung des ökologischen Gleichgewichts und die Regeneration des Bodens nimmt über 50 Jahre in Anspruch, weshalb der Eukalyptusanbau vor allem bei Naturschützern heftig in die Kritik geriet.

Der **Feigenbaum** *(Ficus carica)* stammt zwar aus dem Orient, ist aber schon Jahrtausende an der Algarve heimisch. Die süßen blauen oder grünen Früchte werden im August/September geerntet.

Der **Olivenbaum** *(Olea europaea)* dagegen kam erst mit den Mauren an die Algarve; geerntet wird, wenn sich die Frucht blauschwarz färbt. Aus der Olive wird entweder Öl gewonnen, oder man verwendet sie als pikante Speisenbeilage (konserviert oder frisch).

Rund um das Mittelmeer, aber auch in subtropischen Gefilden trifft man häufig auf den **Johannisbrotbaum** *(Ceratonia siliqua)* mit seinen großen, schotenartigen Früchten. Die im Reifezustand dunklen Schoten enthalten süßlich schmeckende Samen und finden Verwertung als Viehfutter, sie

025al Foto: wl

werden aber auch gelegentlich zu Brotmehl oder Bindemittel für Milchspeisen und Speiseeis verarbeitet. Das Besondere am getrockneten Samenkorn des Johannisbrotbaumes ist allerdings etwas ganz anderes, nämlich sein **spezifisches Gewicht,** welches exakt einem **Karat** (0,2 Gramm) entspricht. Schon in vielen alten Kulturen, beispielsweise in ägyptischer und sumerischer Zeit, verwendete man den Johannisbrotbaum-Samen als geeichtes Gewicht zum Abwiegen von Gold und Edelsteinen.

Von den Nadelbäumen ist insbesondere die **Pinie** *(Pinus pinea)* weit verbreitet, deren Samen

Mit Vorsicht zu genießen: die Opuntie

Noch immer wichtiges Nutztier an der Algarve: der Esel

essbar sind. Wegen seines hohen Gehalts an ätherischen Ölen gilt der Baum als besonders brandgefährdet.

Der **Orangenbaum** *(Citrus sinensis)* kam im 16. Jh. durch die Kontakte Portugals zum Reich der Mitte (Macau) aus China nach Europa. Das Hinterland der Ostalgarve und der Raum Silves sind Hochburgen der Plantagenwirtschaft; geerntet wird sowohl im Juni als auch im Dezember. Zu dieser Zeit werden frische Apfelsinen häufig zu einem günstigen Preis an kleinen Straßenständen angeboten (unter 1 €/kg).

Der ebenfalls von den Entdeckern aus Amerika mitgebrachte **Feigenkaktus** *(Opuntia ficus-indica)* trägt essbare, saftige Früchte, die als ca. sieben Zentimeter lange, gelbe oder rote „Stacheleier" an den Kaktusgliedern wachsen; vor dem Verzehr müssen sie (vorsichtig!) geschält werden.

Tierwelt

Säugetiere

Esel und **Mulis** kommen in den abgelegeneren landwirtschaftlich genutzten Regionen des Hinterlandes zum Einsatz. Weitere Nutztiere sind **Schafe**

026al Foto: wl

und **Ziegen,** die jedoch immer seltener gehalten werden, da die Bepflanzung der Ländereien mit Eukalyptus deutlich gewinnträchtiger ist. Andere, wild lebende Säugetiere wie **Hasen, Wildschweine, Füchse und Rehe** sind sehr selten geworden – böse Zungen behaupten, es gäbe in Portugal mehr Jäger als Beute! Die Jagdsaison dauert vom 15. August bis zum 27. Februar (jeweils donnerstags, sonntags und an Feiertagen).

Eine Besonderheit der einheimischen Tierwelt ist der **Portugiesische Wasserhund** *(cão de água português),* der einem schwarzen Pudel ähnelt und dank seiner Schwimmhäute zwischen den Zehen ca. fünf Meter tief tauchen kann. Eine Zuchtstation für diese seltene Rasse befindet sich im Naturpark Ria Formosa (Informationen auf der Internet-Seite des Centro Educação Ambiental de Marim, www.portugal-live.de/centroria.htm).

Echsen und Schlangen

Gelegentlich wird man einmal eine Echse entdecken können – es handelt sich dann entweder um den nützlichen **Mauergecko** (Insektenvertilger) oder, wenn man Glück hat, um ein **Chamäleon.** Selten zeigt sich auch der nachtaktive **Europäische Skorpion,** dessen Stich sehr schmerzhaft, aber nicht tödlich ist. Auch **Schlangen** kommen ab und zu unter den Schatten spendenden Steinen und Felsbrocken hervor, meist handelt es sich um ungiftige Nattern. Die giftige **Europäische Eidechsennatter** wird bis zu zwei Meter lang, sie kommt sowohl auf Brachland, in niedrigem Unterholz als auch auf Gestein und in verlassenen Gebäuden vor. Sie gilt als für Menschen ungefährlich, da sie ihre Beutetiere zunächst schnappt und erst dann mit tief hinten im Kopf sitzenden Giftzähnen tötet; diese können menschliche Gliedmaßen nicht erreichen. Die einzig gefährliche Giftschlange, die **Stülpnasenotter,** kann man sehr leicht an ihrem charakteristischen Horn am Kopf identifizieren – wenn man dem sehr seltenen Tier denn begegnet.

Vögel

Die Algarve gilt als Dorado für Ornithologen, da etwa ab September ganze Heerscharen von Zugvögeln aus Nord- und Mitteleuropa auf ihrem Weg in wärmere Gefilde die Algarve überfliegen oder hier Zwischenstation machen. Täglich ziehen zu dieser Zeit rund 50.000 Vögel über den Süden Portugals, wobei es sich um **Singvögel** (z. B. Baumpieper, Gartenrotschwänze, Berglaubsänger), **Raubvögel** (z. B. Wespenbussard, Schlangenadler, Zwergadler) und Sumpfvögel (z.B. Schwarzstorch, Rohrweihe) handelt. In der Naturschutzzone Castro Marim sind ferner **Flamingos, Regenpfeifer** und sogar **Königsfischer** beheimatet. An den felsigen Küstenabschnitten trifft man auf unzählige **Möwen,** im Hinterland auch auf **Blauelstern** und **Heckensänger.**

Wer Kontakt zu Fachleuten vor Ort sucht, kann sich an die *Sociedada Portuguesa para os Estuda das Aves* (SPEA), *Mr. Simon Wates,* Tel. 282 798 044, wenden.

Fische

Von den **Süßwasserfischen** sind in Portugal Forellen, Karpfen, Hechte und Neunaugen anzutreffen, während im Meer von den Speisefischen die küstennah lebenden **Sardinenschwärme** für die Küstenfischerei die bedeutendste Rolle spielen (weitere Speisefische ⇗Essen und Trinken). Für Fische, aber auch Muscheln bieten die Sandstrände der Ostalgarve einen deutlich ungünstigeren Lebensraum als die Felsküsten im Westen. Neben **Taschenkrebsen** und diversen **Muscheln** (u. a. Venus-, Mies-, Herz-, Dreiecks- und Schwertmuscheln) leben vor den Küsten Portugals vor allem **Degenfisch, Schwertfisch, Thunfisch, Tintenfisch** und diverse **Brassenarten.**

Taucher, Schnorchler und Badegäste müssen sich nur vor einem Fisch besonders in Acht nehmen: dem **Petermännchen** (lat. *Trachinus draco,* port. *Peixe aranha).* Der kleine rötliche Fisch gräbt sich so im Sand ein, dass nur Augen und Rückenflosse zu erkennen sind. Seine vordere Rückenflosse ist sehr spitz und darüber hinaus mit Giftdrüsen versehen. Tritt man versehentlich darauf, bleibt zwar der Stachel nicht im Fuß stecken, das gefährliche Gift verursacht jedoch heftige Schmerzen. Zwischenfälle mit Petermännchen sind an der Algarve zwar sehr selten, im Falle eines Falles empfiehlt sich aber nach der unfreiwilligen Bekanntschaft unbedingt der Gang zum Arzt, da es in Einzelfällen zu Schockreaktionen wie Kreislaufkollaps kommen kann.

Geschichte

Vor- und Frühgeschichte

Spuren menschlichen Daseins lassen sich in Portugal rund **20.000 Jahre** zurückverfolgen. Ritzzeichnungen in Felsen sowie Höhlenmalereien deuten auf eine frühe Besiedlung der Region hin. Mit der **Kupferzeit** (ca. 5000 v. Chr.) setzt die Urbarmachung des Bodens durch Brandrodung ein sowie die so genannte **Megalithkultur,** für die Grabstätten und Tempel aus großen, roh geschlagenen Steinblöcken charakteristisch sind.

Ab etwa 2500 v. Chr. besiedeln die **Iberer,** von Nordafrika über Gibraltar kommend, die später nach ihnen benannte Halbinsel. Es handelt sich um einen Volksstamm umstrittener Herkunft, dessen Ursprünge mal in Nordafrika, mal im Nahen Osten vermutet werden. Verwandtschaften zu einem im Altertum gleichnamigen Volksstamm im heutigen Georgien konnten bislang nicht nachgewiesen werden, sind aber auch nicht gänzlich von der Hand zu weisen. Die „iberischen" Iberer verbreiten sich jedenfalls rasch und siedeln auch im Raum der Algarve, wo sie ab etwa 1000 v. Chr. mit dem Seehandelsvolk der **Phönizier,** ab 600 v. Chr. auch mit den **Griechen** in Kontakt kommen (Zinn- und Bernsteinhandel).

Etwa gleichzeitig (ca. 1000–700 v. Chr.) wandern **keltische Stämme** von Norden her zu und vermischen sich mit den Iberern zu den Keltoiberern und **Lusitanern,** wobei letztere später den ethnischen Hauptanteil der Portugiesen ausmachen. Sie errichten erstmals befestigte Verteidigungspunkte auf Hügeln, die so genannten **Citânias.** Im fünften und vierten vorchristlichen Jahrhundert fällt die Iberische Halbinsel jedoch in den Machtbereich der nordafrikanischen Großmacht **Karthago** und gerät somit in den Blickpunkt des Interesses zweier damaliger Weltmächte: Karthago und Rom.

Römer und Goten

Der **Zweite Punische Krieg** zwischen Karthago und Rom (218–201 v. Chr.) bringt für die gesamte Iberische Halbinsel richtungsweisende Veränderungen mit sich: Nach dem Sieg der Römer über Karthago fällt um 200–180 v. Chr. auch Lusitania als Teil der Provinz *Hispania Ulterior* an Rom und erfährt starke romanische Einflüsse in Kultur und Sprache. Um 150 v. Chr. erwächst in den lusitanischen Stämmen unter der Anführerschaft des noch heute als Nationalheld verehrten *Viriatus* vermehrter **Widerstand** gegen die römische Bevormundung. Durch ein Komplott wird *Viriatus* 139 v. Chr. gemeuchelt, was die Bewegung der Aufständischen erlahmen lässt und die endgültige „Befriedung" unter *Julius Caesar* von 61–45 v. Chr. ermöglicht. Unter *Augustus* (63 v.–14 n. Chr.) wird die Provinz Hispania in die Provinzen **Baetica** (Andalusien) und **Lusitania** (etwas größer als das heutige Portugal) geteilt und somit die Eigenentwicklung Portugals begründet. Zahlreiche Straßen, Anlagen und Gebäude an der Algarve gehen auf die Römer zurück, so etwa die N-125, die römischen Bäder in Estói oder Brücken in Silves.

Für das 3. Jh. n. Chr. sind bereits christliche Zeugnisse belegt, und unter dem Migrationsdruck

Portugals Tempelritter und der Ordem de Christo

Nach dem (erfolglosen) Ende der Kreuzzüge wurden die Militärorden, die ursprünglich zum Schutz der Wallfahrer ins Leben gerufen worden waren, allmählich überflüssig. Allerdings waren sie durch ihren unermüdlichen, zweifelsohne auch tapferen Dienst und Kampf für das Christentum mit Ländereien und Privilegien reich belohnt worden. Während der **Deutschritterorden** fortan als Bollwerk in Preußen fungierte und der **Johanniterorden** auf Rhodos (später Malta) einen Vorposten gegen die „Türkengefahr" bildete, konzentrierten sich die Templer auf den Ausbau einer florierenden Wirtschaftskraft. Sie waren schließlich sogar die ersten Christen, die **gegen Zinsen Geld verleihen** durften.

Während also Johanniter und Deutschherren als Funktionsträger auch weiterhin geduldet waren, wurde die Finanzkraft der Templer, möglicherweise auch ein sensationelles Geheimnis (↗Religion), zum Ausgangspunkt eines der dunkelsten Kapitel europäischer Ordensgeschichte. *Ludwig IV.* („der Schöne") hatte Anfang des 14. Jh. das damalige Frankreich mit Hilfe eines teuren Beamtenapparates straff organisiert, was jedoch zu chronischem Geldmangel führte. Er ließ am 13. Oktober 1307 in einer streng geheimen Nacht- und Nebelaktion **alle Templer Frankreichs gleichzeitig verhaften,** durch Folterungen zahlreiche Geständnisse zu aus der Luft gegriffenen Anschuldigungen erpressen, und eignete sich vermutlich große Geldmengen und viele Reichtümer des Ordens an. Gleichzeitig hatte er *Papst Clemens V.* in der Hand; er bewirkte dessen Befehl an die Regenten Europas, in allen Ländern ähnlich vorzugehen (alle Orden unterstanden der päpstlichen Justiz). 1312 wurde der **Templerorden** letztlich aufgelöst und **verboten** – der schwache Papst konnte sich immerhin dazu durchringen, den verbliebenen Grundbesitz den Johannitern (und nicht Frankreich) zuzusprechen.

Auch der portugiesische Templerorden mit Sitz in Tomar (100 Kilometer nördlich von Lissabon) wurde aufgelöst; da jedoch ein Großteil des wichtigen und bedeutenden höfischen Adels dem Orden angehörte, vollzog sich die Auflösung auf rein formaler Ebene ohne Folter oder Konfiszierungen – und das auch nur, um Papst und *Ludwig IV.* zufriedenzustellen. Außerdem waren die Templer ein wichtiger Aktivposten während der Reconquista.

Nachdem sich die Aufregung gelegt hatte, wurde unter *König Diniz I.* im Jahre 1319 in Castro Marim (bei Vila Real) der so genannte **Christusritterorden** gegründet – wobei alle Besitzungen und Gelder der portugiesischen Templer diesem „neuen" Orden zufielen. Auch die Ritter blieben dieselben, so dass durch diesen gewitzten Zug der portugiesische Teil der Templer unbehelligt weiter existierte; sogar Burg Tomar wurde 1356 wieder bezogen. Als neues Symbol wurde dem alten Templerkreuz (ein achtzackiges rotes Kreuz auf weißem Grund) einfach noch ein dünnes weißes Kreuz hinzugefügt – fertig.

Formale Zielsetzung des Christusritterordens war die **Bekämpfung des Islam** sowie die **Erweiterung des portugiesischen Machtbereiches,** was im 15. und 16. Jh. erheblich zur Kolonialisierung der Überseebesitzungen beitrug. Nicht zuletzt bedeutende Könige (z. B. *Manuel I.*) und Seefahrer (u. a. *Dom Infante Henrique, Vasco da Gama, Bartolomeu Diaz* und *Pedro Cabral*) gehörten dem Orden an.

Auch in anderen europäischen Ländern konnten die Templer bald weiter existieren, allerdings ohne die verlorenen Besitzungen; zudem waren viele Ritter in andere Orden übergetreten. Erst *Napoleon Bonaparte* rehabilitierte den Templerorden um 1810 zur Gänze.

Portugal wurde erneut zum Zentrum der Templer, als der belgische Großmeister *E.C. Vandenberg* wegen der Besetzung Belgiens durch die Nationalsozialisten (1940) alle Ordensunterlagen in das neutrale Portugal schaffen ließ. 1942 trat er aus Sicherheitsgründen zu Gunsten des Portugiesen *Dom A. Pinto de Sousa-Fontes* zurück, der dem Orden bis heute vorsteht.

Seit 1991 ist **Jerusalem wieder Sitz des Ordens,** der sich seit 1996 *Ordo Militiae Templi Hierosolymitani* (Christlicher Ritterorden vom Tempel zu Jerusalem) nennt und 5000 Mitglieder hat; das Generasekretariat liegt in Köln (www.tempelritterorden.de). Prominentestes deutsches Mitglied des portugiesischen Ordem de Christo war übrigens der „kölsche Alte" *Konrad Adenauer.*

der **Völkerwanderung** dringen Alanen, Vandalen und Sueben um 410 n. Chr. nach *Portucale* vor, ehe die Westgoten von 418–585 ganz Lusitanien erobern, in Faro einen Bischofssitz errichten und Toledo zu ihrer Hauptstadt ernennen. Unter den Westgoten entwickelt sich das Christentum in Portugal ungehindert, bis im Jahre 711 von Süden her über die Straße von Gibraltar ein neuer Feind naht: die Mauren.

Mauren und Reconquista

Die Iberische Halbinsel wird 711 binnen kürzester Zeit fast vollständig erobert, Portugal dem **Emirat von Cordoba** zugeschlagen. Hauptstadt der Algarve wird Xelb (Silves), welches – wie das gesamte Land – unter der **Hochkultur der nordafrikanischen Mauren** erblüht: Handel, Landwirtschaft, Kunst, Medizin, Wissenschaft und Seefahrt erfahren eine revolutionäre Entwicklung, bis dato unbekannte Nutzpflanzen wie Feige, Dattel und Oliven gelangen nach Europa. Da die arabischen Mauren *(mouros)* die Fremdvölker (Juden, Christen) ungehindert ihren Glauben ausüben ließen, entwickelte sich ein wohlhabendes und friedliches Nebeneinander insbesondere in den Städten.

Ausgehend vom Königtum Kastilien-León, werden im 11. Jh. Rückeroberungsbemühungen **(Reconquista)** verstärkt, womit die „Zweite Front der Kreuzzüge" (neben dem Heiligen Land) errichtet wird. Insbesondere der Templerorden erlangt bei der Reconquista eine herausragende Bedeutung auf der gesamten Iberischen Halbinsel, was ihn während der späteren Verfolgung hier besonders schützt (⇗Exkurs).

1139 wird das arabische Heer mit Hilfe fränkischer und germanischer Kreuzritter bei Ourique von *Afonso Henriques* geschlagen, woraufhin er sich „König von Portucale" nennt und bis 1147 Lissabon und Santarém erobert. Einem seiner Nachfolger, *Sancho I.,* gelingt 1189 mit Hilfe berühmter

Kreuzritter wie *Richard Lionheart* oder *Friedrich Barbarossa* kurzzeitig die Eroberung der maurischen Hochburgen Silves und Albufeira, doch erst *Sancho II.* und *Afonso III.* können die Reconquista um 1240–1249 zu einem erfolgreichen Ende bringen und 1250 die Algarve an das Königreich Portugal anschließen, womit das Land ungefähr seine heutige territoriale Ausdehnung erreicht.

Entdeckungen und Kolonien

König João I., Großmeister der ⇗Christusritter und Begründer der Avis-Dynastie, regiert gemäß dem Ordensziel, der Verbreitung des Christentums in alle Himmelsrichtungen. Die Ausweitung des Reiches und die Eroberung überseeischer Besitzungen beginnt jedoch erst mit seinem Sohn, *Dom Infante Henrique el Navigador,* bekannt unter dem Namen **Heinrich der Seefahrer** (*1394). Er ist an der ersten Kolonialeroberung in Marokko (1415) beteiligt und wird 1419 zum Gouverneur der Algarve ernannt. Sein Faible für Nautik und Seefahrt (obgleich er selbst nicht zur See fuhr) führt nicht nur zur Gründung der berühmten Seefahrerschule in ⇗Sagres, sondern ermöglicht auch zahlreiche aufwendige Expeditionen und Erkundungsfahrten. So werden 1432 die Azoren entdeckt und dem Reich einverleibt, 1434 das Kap Bojador in Südmarokko von *Gil Eanes* umschifft und 1444 mit der Entdeckung des Senegal der Gewürz- und Sklavenhandel begründet. Unter *König Manuel I.* (1495–1521) beginnt die eigentliche Expansion und Gründung von **Handelsniederlassungen** in Indien, Ostasien, Brasilien und Afrika. 1488 schafft *Bartolomeu Diaz* die Umsegelung des Kaps der guten Hoffnung und bereitet so den Weg für den wichtigsten portugiesischen Entdecker – *Vasco da Gama* (⇗Exkurs).

Zu den berühmten portugiesischen Entdeckern dieser Epoche gehört, neben *Christoféro Colombo,* der 1492 in Amerika landet, und dem Ostin-

Vasco da Gama (1468–1524)

Die Geschichte der Entdeckung der **Seeverbindung von Europa nach Indien** begann mit der abenteuerlichen Reise des *Pedro de Covilhão,* der – als Araber verkleidet – 1484 auf arabischen Handelsschiffen mitsegelte und so nach Indien gelangte. Auf seine Berichte stützten sich die nachfolgenden Entdecker: Auf der Suche nach dem Seeweg um Afrika herum war *Bartolomeu Diaz* 1487 bereits bis Südafrika gesegelt, wegen Meuterei war die Reise dann aber gescheitert.

Nachdem sich *Kolumbus'* Westroute nach Indien 1492 ebenfalls als „Irrweg" erwiesen hatte, wollte der portugiesische König *Manuel I.* (1495–1521) die Suche nach der Ostroute wieder aufnehmen. Er wählte als Expeditionsleiter *Vasco da Gama,* der mit vier Schiffen im Juli 1497 die Reise antrat. Das größte Hindernis nach der Umrundung des Kaps der guten Hoffnung waren die **Araber,** die bislang das Handelsmonopol im Indischen Ozean inne hatten. Nach etlichen Schwierigkeiten kaperte *da Gama* im April 1498 ein arabisches Schiff und tauschte es in Malindi (nahe des heutigen Mombasa) gegen einen arabischen Lotsen ein. Dieser führte die kleine Flotte binnen 23 Tagen nach **Calikut** (nahe Cochin): Der Seeweg nach Indien war somit von *da Gama* für Portugal „entdeckt". Dies begründete die langjährige Vormachtstellung Portugals unter den europäischen Seefahrernationen.

Da Gama wiederholte die Reise 1502, wurde für seine Verdienste mit dem Titel eines Grafen von Vidigueira ausgezeichnet und schließlich 1524 als **Vizekönig** nach Ostindien entsandt, wo rasch zahlreiche portugiesische Handelsstationen gegründet worden waren. Er starb im Dezember des gleichen Jahres in Kotschin (Indien). Sein Leben und seine Taten inspirierten den portugiesischen Dichter *Luís de Camões* (↗Exkurs im Kapitel „Lissabon") zum Seefahrerepos „Lusiaden".

dienfahrer *Vasco da Gama* auch *Pedro Álvares Cabral,* der am 22. April 1500 Brasilien und somit Portugals wichtigste Goldgrube entdeckt. 1508 folgt die Entdeckung der Malediven durch *Francisco de Almeida,* womit die wichtige Zwischenstation zu den Gewürzinseln (Molukken, 1512) und zur Straße von Melakka (1511) gefunden war. Den

Der mysteriöse Martin Behaim

In die Riege der großen Entdecker der Zeitenwende fanden nur wenige Deutsche Aufnahme. Eine jener großen Ausnahmen war *Martin Behaim* (1459–1507), dessen Leben und Werk eng mit den Geschicken Portugals verbunden war; seine Biografie liegt jedoch bis heute teilweise im Dunkeln.

1484 floh er wegen diverser Vergehen vor der deutschen Obrigkeit nach Portugal, wo er sich am **Königshof** als Schüler des Nürnberger Astronomen und Mathematikers *Johannes Müller* (besser bekannt als *Regiomontanus)* vorstellte. So fand er Aufnahme unter die **Hofastronomen und Wissenschaftler,** die den künftigen Entdeckern wesentliche Kenntnisse der Astronomie, Positionsbestimmung und Nautik vermitteln sollten. *Behaim* wird in diesem Zusammenhang eine entscheidende Rolle für die **Vorbereitung der See-Expeditionen** *Cãos* (Südwestafrika), *Magellans* und *Kolumbus'* nachgesagt, an ersterer soll er sogar persönlich teilgenommen haben. Für seine Verdienste soll er später zum Ritter des Christusritterordens (⇗Geschichte, Religion) erhoben worden sein.

Nach seiner Heirat mit einer Portugiesin kehrte er nach Nürnberg zurück und baute dort 1491 den **ältesten erhaltenen Globus.** 1493 siedelte *Behaim* endgültig nach Portugal über, wo er im Jahr 1507 an der Pest starb.

Triumph der Portugiesen vervollständigt *Fernão de Magelhão* (Magellan), der von 1519 bis 1522 die Erde umsegelt und den Beweis für die von *Galilei* postulierte Kugelform erbringt. 1557 schließlich gelingt es, das südchinesische Aomen (Macau) von China zu pachten; im Vertrag von 1887 schließlich wird der koloniale Status bestätigt, was Portugal über Jahrhunderte einen Vorsprung im Chinahandel verschafft. Lissabon, bereits im 16. Jh. zur reichsten Stadt Europas aufgestiegen, bietet nun Waren aus aller Herren Länder feil. Allerdings ist für Eroberungen und Verwaltung ein erheblicher Personalaufwand vonnöten; bei allen Vorteilen, die die Kolonialmacht Portugal genießt, führt dies doch zu einer erheblichen Belastung der Bevölkerung im Mutterland.

Spanische Fremdherrschaft

Die prächtigste Phase des portugiesischen Kolonialismus endet mit *König Sebastião,* der 1578 von Lagos aus einen „Kreuzzug" gegen die marokkanischen Berber unternimmt und während der für die Portugiesen vernichtenden Schlacht von Alcaçer Quebir fällt. Mangels Thronfolger wird vom Adel der **spanische König** – in diesem Fall *Philip II.* – nominiert, womit die so genannte „Fremdherrschaft" beginnt. Englische Piraten nutzen die Verwirrung und fallen wiederholt in Sagres, Lagos und Faro ein (1587 bis 1596).

In der Regierungszeit *Philips'* als König beider Länder beuten die Spanier ihre iberischen Nachbarn mehr oder minder aus und vermehren die eigenen Besitzungen auf Kosten der Portugiesen.

Unter der Führung des Herzogs von Bragança wird die spanische Fremdherrschaft im **Aufstand vom 1. Dezember 1640** (Nationalfeiertag) beendet; als *João I.* restauriert er die portugiesische Krone und begründet das bis 1910 bestehende Haus von Bragança. In zahllosen militärischen Expeditionen versucht Spanien, Portugal erneut zu annektieren, wird aber von den Portugiesen mit englischer Militärhilfe zurückgeschlagen. Alle derartigen Bestrebungen Spaniens werden mit dem **Friedensvertrag von 1669** endgültig beendet.

Die Bragança-Dynastie

Zwei Faktoren prägen die Regentschaft des Hauses Bragança: Zum einen **verarmt** Portugal in Folge der Fremdherrschaft mit den anschließenden Absicherungskriegen, zum zweiten gerät das Land (da Gegenleistungen für die britische Unterstützung gefordert wurden) in eine rigorose **Abhängigkeit von England,** welche die engen Beziehungen zwischen beiden Ländern bis in die Gegenwart begründet. Zwar gelingt 1699 unter *João V.* die Erschließung der lange begehrten brasilianischen Goldminen, doch ist der unvermeidliche Niedergang durch verschwenderische Hofhaltung und die „Altlasten" nicht mehr aufzuhalten. Auch der so genannte Methuen-Vertrag von 1703 trägt zur fatalen Lage bei: Dieser nach dem britischen Botschafter in Portugal, *Sir John Methuen,* benannte Vertrag gestattet es Großbritannien, als einzige ausländische Nation Textilien auf den portugiesischen Markt zu bringen und den berühmten Portwein ohne Zahlung einer Exportsteuer zu erwerben.

Höfischer Prunk und Absolutismus erfahren in Portugal unter *José I.* (1750–1777) ihren Höhepunkt, während sein Premierminister *Marquês de Pombal* (⇗Exkurs im Kapitel „Lissabon") seine berühmten Wirtschaftsreformen durchführt, um die zunehmende Abhängigkeit von England zu beenden. Auch das verheerende Erdbeben von 1755, in dem weite Teile Lissabons und der Algarvestädte zerstört wurden, fällt in diese Ära. Zwar lässt der Marquês sowohl die Hauptstadt als auch Städte der Algarve (insbesondere Vila Real de Santo António 1774) gemäß seinen Vorstellungen wiedererrichten, doch werden seine Reformen nach dem Tode *König Josés I.* aufgehoben. Nach dem Erdbeben wird Faro zur neuen Hauptstadt der Algarve erhoben, womit die politische und wirtschaftliche Bedeutung von Silves allmählich schwindet.

Königliches Exil und Miguelistenkriege

Die Truppen *Napoleon Bonapartes* besetzen Portugal zwischen 1807 und 1811 und errichten eine erneute kurze Fremdherrschaft, während derer *König João VI.* nach Brasilien übersiedelt. Zwar schlagen englisch-portugiesische Truppen die

Franzosen bei Coimbra entscheidend, doch wird der britische General *W.C. Beresford* erst Oberbefehlshaber aller portugiesischen Truppen und von 1816 bis 1820 quasi ein Gouverneur Portugals zum Nutzen Britanniens. Der Einfluss Englands prägt weite Teile der portugiesischen Gesellschaft und führt ab 1820 zu **Aufständen in Nord- und Zentralportugal** mit dem Ziel einer liberalen Verfassung.

Noch immer in Brasilien weilend, akzeptiert *João VI.* die **Ausrufung einer liberalen Verfassung** (u. a. mit Pressefreiheit, Wahlrecht und Verbot der Inquisition) und kehrt nach Lissabon zurück. Sein Sohn *Pedro IV.* bleibt in Brasilien und ruft dessen Unabhängigkeit aus, *Pedros* Bruder *Miguel* widerruft jedoch 1828 die neue Verfassung und löst damit die so genannten „Miguelistenkriege" zwischen den Konservativen (um *Miguel*) und Liberalen (um *Pedro*) aus. *Pedro IV.* setzt sich 1834 durch und verbannt *Miguel* nach dem Sieg am Cabo de São Vicente ins Exil.

Erste Republik und Diktatur

In der zweiten Hälfte des 19. Jh. ist Portugal bemüht, den Anschluss an die führenden Nationen herzustellen, die **Industrialisierung** schreitet jedoch zu langsam voran. Vor allem Korkproduktion und Fischerei spielen an der Algarve eine zunehmend wichtige Rolle, logistisch unterstützt durch die Errichtung einer Eisenbahnlinie von Faro nach Lissabon.

Die **zunehmende Verarmung** im Vergleich zu den führenden Nationen Europas sowie die Unfähigkeit des Königshauses zu weitreichenden ökonomischen Reformen führt 1910 schließlich zu einer von weiten Teilen der Bevölkerung und des Miltärs getragenen Erhebung, während derer *Manuel II.,* der letzte König des Hauses Bragança, nach England flieht. In Saus und Braus lebend, doch politisch völlig machtlos, muss er am 5. Oktober aus der Ferne die **Ausrufung der Republik** miterleben; diese kann sich allerdings bei 44 Regierungswechseln in den folgenden 16 Jahren nicht stabilisieren.

Am 28. Mai 1926 putscht schließlich das Militär unter *Gomes da Costa,* unter dessen Nachfolger *General Carmona* der spätere Diktator **António de Oliveira Salazar** zum Finanz- und 1932 dann zum Premierminister ernannt wird. Mit Hilfe der von *Salazar* selbst aufgebauten Einheitspartei „União Nacional" ruft er die „Estado Novo", die neue Verfassung, aus und errichtet eine **faschistische Diktatur.**

Im Zweiten Weltkrieg strikt neutral, wird Portugal 1949 zum **Gründungsmitglied der NATO** und orientiert sich damit an Westeuropa.

In den 1960er Jahren sieht sich Portugal den Befreiungskriegen der ehemaligen Kolonien ausgesetzt, in denen nacheinander Angola (1961), Guinea-Bissau (1963) und Moçambique (1964) ihre Unabhängigkeit erklären.

An der Algarve nimmt ein zunächst vorsichtiger, gelenkter **Tourismus** seinen Anfang, gefördert durch den Bau des Flughafen von Faro (1965). Gesamtwirtschaftlich gelingt *Salazar* jedoch kein Durchbruch; 1968 erleidet er einen Gehirnschlag und wird von *M. Caetano* abgelöst.

Nelkenrevolution und Demokratie

Im Zuge der linksliberalen Bewegungen in Westeuropa mehren sich auch in Portugal die Stimmen gegen die Diktatur. Am 25. April 1974 putschen linksorientierte Offiziere durch Besetzung von Regierungsgebäuden und Sendeanstalten gegen das Regime und erklären es unter dem Jubel der Bevölkerung für abgesetzt. Der Begriff „Nelkenrevolution", der sich für dieses Geschehen eingebürgert hat, geht auf die Friedhofsblume zurück, die viele Befürworter des Putsches als Symbol für die Beendigung der Diktatur im Knopfloch trugen. Eine **sozialistische Verfassung** bei pro-westlicher Grundhaltung wird erarbeitet, Agrarreformen und Entlassung aller Kolonien (mit Ausnahme Macaus) folgen in den 1970er Jahren. Zu einem großen innenpolitischen Problem werden die rd. 750.000 Heimkehrer aus den einstigen Überseegebieten, die nicht alle rechtzeitig ihren Besitz liquidieren konnten und als mittellose Flüchtlinge in die eigene Heimat kommen. Wirtschaftspolitische Verbesserungen werden durch Verstaatlichung von Industriebetrieben, Banken und Versicherungen angestrebt.

Portugal im Kreis der EU

Nachdem zunächst die portugiesischen Sozialisten als Gewinner aus den Parlamentswahlen 1976 hervorgingen, wurden allmählich normale Zustände erreicht, die Landbesetzungen von 1974 revidiert und konservative Reformen umgesetzt. 1986 wurde Portugal **Vollmitglied der EU** (damals EG), angelockt sicherlich auch von den in Aussicht gestellten rund 11 Mrd. Euro Finanzhilfe. Zwar strich man 1989 schließlich den Verfassungsauftrag der klassenlosen Gesellschaft, doch blieben die Sozialisten auch in den 1990er Jahren die führende Kraft im Lande. Der liberalkonservative und ehemalige Bürgermeister von Lissabon, *Jorge Sampãio,* wurde Staatspräsident und übergab in dieser Eigenschaft am 20. Dezember 2000 die letzte Kolonie, Macau, an die Volksrepublik China zurück. Im Januar 2002 löste dann der **Euro** den Escudo ab, und als sei dies ein Zeichen für einen politischen Kurswechsel, sahen sich die Liberalkonservativen (PSD) im Zuge der Parlamentswahlen vom Februar 2002 gezwungen, unter ihrem neuen Premier *José Manuel Durão Barroso* eine Koalition mit der christdemokratischen Volkspartei (CDS/PP) einzugehen. Trotz viel versprechender Projekte (etwa die Fußball EM 2004) wurde diese Regierung bei der vorgezogenen **Parlamentswahl** im Februar 2005 wegen wirtschaftlicher Misserfolge allerdings wieder abgewählt und mit *José Socrates* erneut ein Sozialist (einfache Mehrheit mit 119 von 230 Sitzen) vom derzeitigen Präsidenten Sampãio mit der Regierungsbildung beauftragt. Hauptaufgaben der neuen Regierung für 2006 und 2007 sind der Abbau des Haushaltsdefizites sowie die Senkung der Arbeitslosenquote. Socrates spricht gegenüber der EU-Kommission in Brüssel davon, dass man 2008 die **Brüsseler Konvergenzkriterien** einhalten könne.

Kurioses am Rande

Der „Alte", Nachkriegskanzler *Konrad Adenauer,* hatte als Mitglied des nur 100 Ritter umfassenden vatikanischen „Ordens vom Goldenen Sporn" in Portugal das Recht, Kirchen wortwörtlich hoch zu Ross zu betreten! Dieser Orden aus dem 16. Jahrhundert gehörte zur Goldenen Miliz des Apostolischen Stuhls. 1963 war es für *Adenauer* mit seinem außerordentlichen Privileg vorbei, da der Papst ihn in den (höherwertigen) Christusritterorden (⇗Exkurs) „beförderte". *Edmund Stoibers* Laienmitgliedschaft im angeschlagenen Deutschen Orden ist also nichts Ungewöhnliches.

Staat und Politik

Administrative Gliederung

Portugal (offizieller Staatsname „República Portuguesa") gliedert sich in **18 Provinzen** *(distritos);* Madeira und die Azoren bilden daneben so genannte Autonome Regionen. Landeshauptstadt ist **Lissabon** an der Westküste Portugals. Die Algarve selbst ist in 16 Landkreise *(concelhos)* mit 84 Gemeinden *(freguesias)* gegliedert; ihre Hauptstadt ist Faro.

Wappen und Symbole

Flagge

Die Staatsflagge entstand erst zu Beginn der republikanischen Ära; ihr Hintergrund ist in den Farben Rot und Grün gehalten (Verhältnis 3:2), wobei Rot das Blut der endlosen Kriege und Grün die Hoffnung auf Frieden symbolisiert. Auf die Schnittstelle beider Farben wurde das **Wappen** gesetzt, dessen Motive teils auf Legenden, teils auf den realen historischen Hintergrund der Reconquista verweisen. Außerhalb der Staatsflagge wird das Wappen noch von zwei Ölzweigen umrahmt. Der goldene, mit Schleifen gebundene Kreis symbolisiert den Erdball, das einstige portugiesische Weltreich, dessen Zentrum in Portugal selbst lag. Dieses wird symbolisiert durch einen Schild mit sieben Kastellen außen, die für die von *Afonso I.* eroberten maurischen Städte stehen. Die fünf kreuzförmig angeordneten Schilde im weißen Inneren symbolisieren die fünf Emire, die bei der Schlacht von Ourique (1139) von *Afonso I.* getötet wurden. Jeder Schild trägt fünf Punkte; diese symbolisieren angeblich die Wunden Christi. Zählt man nun senkrecht und waagerecht (den mittleren beide Male) alle Punkte zusammen, so ergibt sich die Zahl 30 – die Summe, die Judas in Dinar für den Verrat an Christus erhielt. Einige Heraldiker sehen hierin die deutliche Handschrift des Ordem de Christo bzw. der Templer (⇗Exkurs im Kapitel „Religion").

Münzen Ähnliches gilt für die portugiesischen Münzen, auf denen neben dem Schriftzug „Portugal" stets sieben Kastelle und fünf Schilde sowie das Templerkreuz (1, 2, 5 Cent), eine stilisierte Weltkugel (10, 20, 50 Cent) bzw. eine stilisierte Kompassrose mit Christusritterkreuz zu sehen sind. Zur überragenden Bedeutung des Ordens für das portugiesische Spätmittelalter und die frühe Neuzeit vgl. Kapitel „Geschichte" und „Religion".

Nach der Vernichtung der Templer in Frankreich griff *Papst Julius III.* 1350 zu dem Trick, den Großmeister des Ordem de Christo stets aus dem Königshaus zu rekrutieren. Somit wurde das Christusritterkreuz (vormals Templerkreuz, ⇗Geschichte) auch zum königlichen, später zum Nationalkreuz Portugals und wurde vor allem auf Segelschiffen in die ganze Welt getragen.

Regierung und Parteienlandschaft

Mit dem Ende der Diktatur wurde Portugal zur **parlamentarischen Demokratie** mit einem im Fünfjahresturnus direkt vom Volk gewählten Präsidenten an der Spitze (bis 2006 *J. Sampãio)* und einer von einem Premier geführten Regierung. Als Ergebnis der Wahlen (alle 4 Jahre, Verhältniswahlrecht) zum 230 Sitze umfassenden Parlament wird das Land seit April 2005 von einer sozialdemokratischen Mitte-Links Regierung unter der Führung von Premierminister *José Socrates* (Partido Socialísta, PS, sozialdemokratisch) regiert. Diese Mitte-Links-Regierung hat es sich zum Ziel gesetzt, die Wirtschaft neu zu beleben und **politische Binnenstabilität innerhalb der EU** zu schaffen. Zudem sind beispielsweise Umweltschutz oder Vollbeschäftigung postulierte Verfassungsziele seit 1976. In der Aktualisierung des Reformprogramms für die Jahre 2004 bis 2007 strebt die aktuelle Regierung innenpolitisch außerdem Veränderungen in der öffentlichen Verwaltung, des Gesundheitswesens sowie in der Arbeitsgesetzgebung an.

So viel versprechend sich dies anhört, die Zielsetzung der „politischen Stabilität“ war schon seit der Zeit des Monokraten *Salazars* praktisch eine ständige politische Formel aller demokratischen Regierungen in Portugal. Und das Thema „wirtschaftliche Verbesserung“ spielt ohnehin stets eine Schlüsselrolle im Wahlkampf, erst recht seit der Misere, dass das Land innerhalb der EU (osteuropäische Staaten nicht berücksichtigt) mittlerweile auf einen hinteren Platz fiel.

Weitere politische Gruppierungen in der aktuellen portugiesischen Parteienlandschaft sind die Liberalkonservativen (PSD) unter der Führung von Ex-Premierminister *José Manuel Durão Barroso,* die Christdemokraten (CDS/PP), die dubiose monarchistische PPM (Partido Popular Monarqico), „Os Verdes“ (die Grünen) sowie die kommunistische Partido Comunista Português (PCP).

Wirtschaft und Handel

Gemessen am Indikator der Wirtschaftsleistung, dem Bruttoinlandsprodukt (BIP), steht Portugal mit rund 18.500 US$ pro Kopf (das entspricht etwa 60 % des EU-Durchschnitts) nach der Erweiterung von 2004 immer noch in der unteren Hälfte der Europäischen Union. Dabei muss selbst innerhalb des Landes zwischen strukturschwachen, ländlichen Gebieten und relativ wohlhabenden Regionen unterschieden werden. Die beiden **großen Zentren** sind **Lissabon** und **Porto,** in deren unmittelbaren Einzugsbereich rund ein Viertel der Gesamtbevölkerung lebt und einer durchaus lukrativen Tätigkeit in Industrie, Handel, Dienstleistung oder Verwaltung nachgeht. Deutschland ist nach Spanien der bedeutendste Handelspartner Portugals mit einem jeweiligen Anteil am Gesamtimport bzw. Gesamtexport von ca. 15 %.

Wirtschaftliche Eckdaten im Dreijahresdurchschnitt 2003–2005

Staat	Pro-Kopf BIP (Bruttoinlandsprodukt (US$)	Am BIP (Bruttoinlandsprodukt) beteiligt: Dienstleistung (in % vom BIP)	Industrie (in % vom BIP)	Landwirtschaft (in % vom BIP)	Wachstum	Tourismuseinnahmen (in Mrd. US$)
[USA]	38.500	70,0 %	27,0 %	2,1 %	3,9 %	72
[Schweiz]	32.500	k.A.	k.A.	k.A.	2,4 %	8
Österreich	28.500	64,6 %	30,4 %	3,1 %	3,0 %	12
Deutschland	27.200	65,1 %	28,4 %	4,2 %	1,7 %	17
Frankreich	26.500	67,4 %	26,6 %	3,4 %	3,0 %	31
Italien	26.000	63,4 %	31,4 %	3,2 %	1,6 %	30
Griechenland	19.500	66,9 %	17,9 %	11,3 %	3,4 %	5,5
Portugal	18.500	58,9 %	32,4 %	6,8 %	0,7 %	5
Malta	17.500	57,7 %	26,1 %	3,5 %	2,9 %	1
Polen	9.800	41,6 %	39,0 %	8,2 %	4,6 %	8
Zypern	16.000	67,1 %	22,5 %	6,9 %	5,2 %	2
(Kroatien)	9.800	56,1 %	25,5 %	10,4 %	2,8 %	3

(USA, Schweiz = Nicht-EU, Kroatien = Beitrittskandidat)

Größtes Ärgernis sind die alljährlichen Übertretungen der **Brüsseler Konvergenzkriterien,** insbesondere der defizitäre Staatshaushalt (Staatsverschuldung 2005: 6,83%, erlaubt sind 3%). Nicht dass man den „blauen Brief" aus Brüssel sonderlich ernst nehmen würde (es folgen keine Sanktionen), doch will die Regierung mithin die nötigen Strukturanpassungen vorantreiben, um die internationale Wettbewerbskraft des Landes zu heben, sie bemüht sich daher konstruktiv um einen stabilitäts- und wachstumsorientierten Wirtschaftskurs.

Binnenwirtschaftliche Strukturdaten in %	**2002**	**2003**	**2004**	**2005**	**2006 (Ziel)**
Wachstum (BIP)	0,5	-1,3	1,0	2,4	2,0
Inflation	3,5	2,3	1,9	2,3	2,2
Arbeitslosenquote	5,1	6,3	6,3	6,2	5,5

027al Foto: wl

Dabei ist das produzierende Gewerbe (Düngemittel-, Papier- und Haushaltsgeräteindustrie) aufgrund der Rohstoffarmut (lediglich Wolfram, Eisen, Zinn, Kupfer, Mangan, Gold und Kohle werden abgebaut) vorwiegend auf Importe angewiesen, was erheblich zum Einfuhrüberschuss beiträgt. Aufgrund der geringen Lohnkosten innerhalb der EU wurde das Land für Investoren in den Bereichen Leder, Textil und Schuhe interessant. Fischkonserven, Wein, Kork, Kleinmaschinen und Holz bilden die wichtigsten **Ausfuhrgüter.**

Vom Sonderfall Algarve abgesehen, lebt der überwiegende Teil der Bevölkerung in Dörfern und Kleinstädten in vergleichsweise bescheidenen Verhältnissen von Landwirtschaft und Weinbau. 50 % der Fläche Portugals werden von der nur in geringem Umfang zum Inlandsprodukt beitragenden **Landwirtschaft** genutzt.

Beengte und einfache Wohnverhältnisse sind noch immer typisch für Portugal

Bedingt durch kulturelle, wirtschaftliche und auch arbeitsqualitative Vormachtstellung der beiden Zentren Porto und Lissabon sieht sich Portugal seit Jahren **Problemen** wie städtischer Zuwanderung, Elendsvierteln, schlechter Infrastruktur, Analphabetentum und starken Gefällen zwischen Arm und Reich, aber auch Stadt und Land ausgesetzt. Daher war die Bereitschaft zum **EU-Beitritt** sehr hoch; der Strukturausgleich brachte die erwarteten Milliarden aus Brüssel, ohne jedoch die Unterentwicklung bislang wirksam beseitigen zu können. In Lissabon wird oft auf „geographische Nachteile Portugals" wie Hitze und Wassermangel verwiesen; ob man dieser Argumentation angesichts ähnlich gelagerter Klimata etwa auf Zypern oder Malta bei deutlich besseren Ergebnissen Glauben schenken kann, darf bezweifelt werden.

Letztlich wurde Portugal das riesige **Kolonialreich** zum Verhängnis, da das Mutterland für die Überseeverwaltung eine große Anzahl fähiger Leute verlor; zudem führte die im Mittelmeerraum nicht unübliche Laissez-faire-Mentalität zu einer Vernachlässigung des Strebens nach unabhängiger Versorgung innerhalb Portugals: Es war eben bequemer, Rohstoffe und Nahrungsmittel der Kolonien auszubeuten. Peinlichstes Beispiel war schon in den 1980er Jahren Macau, wo das Bruttoinlandsprodukt stets deutlich über dem des Mutterlandes lag, und die kleine Tochter der großen Mutter deutlich zeigte, wo der Barthel den Most holt.

Spätestens mit der Dominanz durch Britannien (⇗Geschichte) geriet Portugal ins ökonomische Hintertreffen, ein Makel, der dem Land noch heute, im vereinten Europa, anhängt.

Einen wirtschaftlichen Sonderweg geht die **Provinz Algarve,** bedingt durch den ungebrochenen Besucherstrom und die häufige Wohnsitznahme betuchter Mitteleuropäer. An den schönsten Küstenabschnitten des Landes verfügen die meisten der 350.000 portugiesischen Algarve-Bewohner über im Landesvergleich **überdurchschnittliche Löhne** und **Einkünfte aus dem Tourismussektor** und hinken dem europäischen Durchschnitt nicht hinterher. Allerdings darf man auch hier nicht übersehen, dass sich große Teile des Grundbesitzes in den Händen von Konsortien oder ausländischen Investoren und Privatleuten befinden. Dennoch ist der Wohlstand an der Algarveküste beachtlich und für den Besucher im Vergleich zum Hinterland augenfällig.

Umweltprobleme

Zwar sind die Umweltbelastungen durch Straßenverkehr, Industrie und Müll, von Porto und Lissabon abgesehen, sehr gering, insbesondere im Hinblick auf die Gewässer. Ein deutliches Missverhältnis der Altersstruktur in der Landwirtschaft, einhergehend mit Unkenntnis, teilweise auch Analphabetismus, bedingen jedoch oftmals den naiven **Einsatz von Düngemitteln und Pestiziden** nach dem Motto „Viel hilft viel" – jüngste (veröffentlichte) Konsequenz war eine Rückrufaktion von erheblich belastetem Olivenöl. Um Ängsten vorzubeugen: Womöglich kann man einen Fünf-Liter-Plastikkanister mit Wein oder Öl aus den Großmarktketten nicht unbedingt ruhigen Gewissens empfehlen – es handelt sich in solchen Fällen meistens um „Industrieerzeugnisse". Auf Märkten gekaufte oder lose Ware aus der Region sind jedoch stets unbedenklich genießbar!

Ein anderes heißes Eisen ist die Bepflanzung von zwei Dritteln der Aufforstungsfläche mit schnellwachsendem **Eukalyptus,** der für die Papierherstellung eine große Rolle spielt (⇗Flora & Fauna).

Ein weiteres Problem entwickelte sich mit den zunehmenden **Trockenperioden** der Vergangenheit. Nicht nur die Landwirtschaft, auch der Ge-

028al Foto: wl

samtwasserhaushalt litt, was ganze Regionen wirtschaftlich ruinierte. Radikale Bauern aus den Grenzgebieten zu Spanien forderten sogar schon die Hilfe des Nachbarlandes an und brüskierten damit die „lethargischen Wasserköpfe" in Lissabon. Notwendige Staudammprojekte werden auch weiterhin zugunsten von Autobahnen - dem Lieblingsprogramm aller Regierungen - vernachlässigt. Dabei ist es keineswegs so, dass man nichts tun könnte - „Trockenstaaten" wie etwa Israel oder Malta beweisen durchaus, dass es auch für die Landwirtschaft in trockenen Regionen Lösungen gibt.

Mensch und Gesellschaft

Bevölkerung

Von den rund 12 Millionen Portugiesen leben etwa 10 Millionen in Portugal selbst, weitere zwei Millionen in den ehemaligen Kolonien oder als Gastarbeiter in anglophonen Staaten. Die meisten von ihnen sind Nachfahren der Lusitaner (↗Geschichte) bzw. anderer Volksgruppen, die sich durch Zuwanderung (z.B. aus den Kolonien) mit diesen vermischten.

Im Unterschied zu den nördlichen Landesteilen, wo auch großgewachsene, hellhäutige Menschen anzutreffen sind, sieht man an der Algarve überwiegend **brünette und untersetzte Einheimische** (man spricht hier vom „mediterranen Typ").

An der Algarve leben ca. 380.000 Portugiesen, was einer **Bevölkerungsdichte** von 71 Einwohnern pro Quadratkilometer entspricht, wobei der touristische Zustrom nicht mitgerechnet wird.

Mentalität

Allgemein gelten die Portugiesen als sehr **freundlich und höflich,** dabei als weit weniger aufdringlich, laut oder „machohaft", als man dies vielleicht aus anderen Ländern der Region gewohnt ist. Als Besucher sollte man aber stets darauf achten, die **Privatsphäre** nicht zu verletzen; bei aller Freundlichkeit bleibt man Fremden gegenüber immer etwas reserviert. Eine Ausnahme bilden Kleinkinder – über diese kommt man meist sehr schnell in Kontakt zu den außerordentlich kinderlieben Portugiesen.

Das Wichtigste aber ist, dass der Besucher den ungebrochenen **Nationalstolz** des einstigen Seegiganten berücksichtigt und ihn nicht durch abwertende Bemerkungen über Land, Leute und deren Eigenheiten verletzt.

Alltagsleben

Auf die großen Ereignisse im Leben der Algarvios wurde im Abschnitt ↗„Feste & Feiertage" hingewiesen, viele charakteristische, auch für den Urlauber interessante Details lassen sich aber gerade im Alltagsleben wahrnehmen. Typisch südländisch und angesichts der im Sommer unerträglichen Hitze auch verständlich ist z. B. die lange **Mittagspause,** die teilweise von 12 bis 16 Uhr dauert. Zu dieser Zeit scheinen die Dörfer und Altstadtgassen wie ausgestorben und leer.

029al Foto: wl

Der **familiäre Zusammenhalt** ist nach wie vor sehr groß; die Familie bildet den Kern der sozialen Gemeinschaft. Während bei uns Familiennamen wie Müller, Meier oder Schulze nichts mehr über die Beziehung ihrer Träger aussagen, steht in Portugal hinter Namen wie Oliveira, Pinto oder da Silva immer eine Großfamilie, die nicht nur auf gemeinsame Vorfahren zurückblickt, sondern innerhalb derer auch heute noch tatsächlich engere Bande bestehen. Die jüngere Generation versucht sich jedoch, sofern durch einen städtischen Arbeitsplatz die Möglichkeit dazu besteht, zunehmend abzunabeln und einen eigenen Weg zu ge-

Klippenfischen – ein typisches Hobby

Das dunkle Kapitel – Kinderarbeit

Noch in den 80er und 90er Jahren des 20. Jh. lag die **Analphabetenquote** in Portugal bei 20 %, weil die Schüler mit 14 Jahren offiziell in die Arbeitswelt eintraten. Vorher war es noch schlimmer: Bereits nach sechs Jahren endete die **Schulpflicht.** Der daraus resultierende Teufelskreis: hohe Arbeitslosigkeit, immense Wohlstandsschere, krasse Gegensätze zwischen großer Landfamilie und kleiner städtischer Familie, die **niedrigsten Mindestlöhne in Westeuropa** (seinerzeit umgerechnet 40 €/Monat) bei Schulkosten von umgerechnet 20 € im Monat – Bildung wurde zum unerschwinglichen Luxus, ungebildete Kinder zum willfährigen Kapital der Großfamilien. In Textilfabriken à la Madras, auf Baustellen oder in Steinbrüchen verdingte sich die Jugend als Billiglohnkraft. Trick der Fabrikanten: Die Jugendlichen wurden als **„Auszubildende"** eingestellt – es regnete herrliche Zuschüsse aus Brüssel, da es als vorbildlich galt, im armen Portugal eine Fabrik zu betreiben und Arbeitskräfte auszubilden! Die Schuld ausschließlich in Brüssel oder Lissabon zu suchen, wäre gewiss verfehlt. Die Ware, vornehmlich Schuhe und Bekleidung, ging an namhafte Abnehmer in Deutschland, England oder in der Schweiz und wurde dort mit hohem Profit vertrieben. Und von ein paar „Verrückten" abgesehen, die mit einem Pappschild um den Hals vor den Türen der einschlägigen Handelsketten gegen den Erwerb portugiesischer Ware demonstrierten, kauften sie alle: die Verwaltungsbeamten, Richter, Lehrer, kaufmännischen Angestellten und Arbeiter der „entwickelten" Länder Europas ...

Nun gut, die Analphabetenrate in Portugal liegt seltsamerweise heute noch immer bei knapp 9 % (zum Vergleich: Polen 0,3 %, Tschechien 0,0 %), dennoch ist natürlich alles ganz anders. Längere Schulpflicht, strenge Beschäftigungsgesetze, Kontrollen von Fabriken und Baustellen – Kinderarbeit ist in Portugal heute offiziell ebenso unmöglich, wie es schwarze Parteikassen in Deutschland sind. Ob das vereinte Europa trotz moderner Gesetzgebung die Kinderarbeit im Armenhaus der EU wirksam zu unterdrücken vermag, ist wohl eine eher naive Frage ...

hen. Ein derartiger **Generationenkonflikt** ist zwar nichts Neues, führt aber zu einem Auseinanderklaffen der sozialen Schere zwischen den Jungen in der Stadt und den Alten auf dem Land.

Zu jeder Wohnung gehört längst auch ein **Fernseher,** das In-die-Röhre-Gucken ist das wohl beliebteste Freizeitvergnügen, und ein preiswertes obendrein. Ansonsten trifft man sich zu einem **Plausch** vor der Tür, spaziert die Promenaden entlang, beobachtet die örtlichen Fußballmannschaften beim Training oder spielt eine Partie **Boccia.** Am Sonntag treffen sich die Männer nach dem Kirchgang zum Frühschoppen in einer der vielen Bars und diskutieren die jüngsten Fußballergebnisse ihrer Lieblinge aus Porto oder Lissabon.

Bildung und Soziales

Seit der „Nelkenrevolution“ von 1974 wird erhöhter Wert auf die Ausbildung zum mündigen Bürger gelegt; immerhin waren selbst gegen Ende der Salazar-Diktatur noch immer knapp ein Drittel der über 16-Jährigen des Lesens und Schreibens unkundig. Noch heute wird in portugiesischen Amtsstuben in manchen Fällen die Beurkundung durch Fingerabdruck statt Unterschrift akzeptiert!

Die **Schulpflicht** beträgt neun Jahre, ab dem 10. Schuljahr beginnt die Spezialisierung des Schülers in berufsvorbereitenden oder studienrelevanten (allgemeinbildenden) Schwerpunktklassen; nach der 12. Klasse endet die Schullaufbahn. Weiterführende **Hochschulen** und Fachakademien gibt es u. a. in Lissabon, Porto und sogar Faro.

Politik ist noch heute überwiegend Männersache, wobei auch das Militär stärker repräsentiert ist als in Mitteleuropa üblich. **Frauen** lösen sich erst ganz allmählich aus der traditionellen Rolle als Hausfrau und Mutter. Immerhin sind die Löhne und Gehälter zwischen den Geschlechtern mittlerweile annähernd gleichgestellt worden, und

030al Foto: wl

eine moderne Sozialgesetzgebung ermöglicht durch Erziehungsurlaub die Berufstätigkeit auch für Mütter.

Staatliche **Krankenhäuser und Gesundheitszentren** gewährleisten eine medizinische Grundversorgung aller Bevölkerungsschichten; Qualität und Leistung hängen jedoch häufig vom Arbeitseifer der bis zum Einschlagen des letzten Sargnagels bereits versorgten Beamten ab.

Religion

Die Portugiesen gehören zu 94 Prozent der **römisch-katholischen Kirche** an, die vollständig vom Staat gelöst wurde (in der Praxis bedeutet dies, dass z. B. keine Kirchensteuer über das Finanzamt eingezogen werden kann). Die restlichen sechs Prozent verteilen sich auf meist eingewanderte Anhänger des protestantischen, jüdischen oder muslimischen Glaubens. Etliche überkomme-

Der katholische Glaube ist vorherrschend

ne, kirchlich geprägte Wertevorstellungen bröckeln insbesondere bei den Jüngeren allmählich ab, nicht zuletzt durch den Einfluss des Tourismus. Allerdings ist es immer noch verpönt, Kirchen in Shorts zu betreten, auch wenn die Bergpredigt vermutlich keine Kleiderordnung vorsah ...

Architektur

Wer an der Algarve architektonische Prachtbauten und kulturelle Zeugnisse der bewegten Geschichte Portugals erwartet, wird recht enttäuscht sein, wofür es eine Reihe von Gründen gibt. Zum einen waren Städtegründungen hier eher die Ausnahme – das Küstengebiet wurde von der Fischerei und kleinen Dörfern geprägt. Zum Zweiten galt „die Provinz" in Portugal seit jeher als unattraktiv; Prunkschlösser und Herrensitze, aber auch aufwendige Sakralbauten wurden vorwiegend in **Lissabon** gebaut, wo ja schließlich der „Nabel der Welt" lag. Während der Kolonialzeit übernahm gerade der einfache und mittlere Adel vom Land Posten in Übersee, weshalb das portugiesische Mutterland außerhalb der Hauptstadt personell, materiell, aber auch optisch ins Hintertreffen geriet. Und schließlich darf nicht vergessen werden, dass das verheerende **Erdbeben von 1755** sein Übriges tat, um die vorhandenen Güter erheblich zu dezimieren. Wie aus der Geschichte ersichtlich, war Portugal im 18. Jh. bereits so sehr im Niedergang begriffen, dass an eine neue Blüte kaum mehr zu denken war.

Es gibt daher an der Algarve **keine kunsthistorischen Zentren,** wo auf engem Raum Artefakte aus 2000 Jahren zu bewundern wären; wer sich jedoch etwas Zeit nimmt, findet aus allen Epochen zumindest ein paar Beispiele.

So wurden in Milreu bei Estói eine **römische Therme** und Gebäudefragmente mit sehr gut erhaltenen, für die Römer typischen **Mosaiken** ent-

Das Geheimnis des „Heiligen Grals"

In zahlreichen Kirchen der Iberischen Halbinsel, vor allem aber in jenen, die in einem direkten oder indirekten Zusammenhang mit dem Templer-/Christusritterorden (⬀Geschichte) stehen, sucht man vergebens ein Christuskreuz, vielmehr ist oft eine Art **„Marienkult"** betrieben worden und eine **Pyramide** mit einem mehr oder weniger offensichtlichen Gralsmotiv zu beobachten. Bemerkenswerten, wenngleich umstrittenen jüngeren Christus-Forschungen zu Folge (auf denen übrigens *Dan Browns* Welterfolg „Sakrileg" basiert) verfügten die Ordensherren über ein einzigartiges, streng geheim gehaltenes Wissen, welches nicht nur den damaligen Papst, sondern auch den König von Frankreich hätte stürzen können: Der seit Jahrhunderten mit abenteuerlichen Legenden umwobene, spätestens seit *Wolfram von Eschenbachs* „Parzival" mystifizierte Heilige Gral (fränkisch *San Gral, San Greal*) wurde lediglich durch orthografischen Trennungsfehler „heilig", eigentlich heißt es *Sang Real,* königliches Blut, dessen Hüter die Templer lt. dieser Theorie wurden. Gemeint ist eine ganz besondere königliche Linie: Die Witwe (!) des Jesus v. Nazareth, Maria Magdalena, floh nach der mutmaßlichen Kreuzigung mit den leiblichen Kindern Christi in den Raum des heutigen Südfrankreich und schweizerischen *Wallis* (nicht Wales, was irrtümlich zu der Artussage um den Gral führte). Diese Linie wurde durch Heirat mit dort ansässigen Westgoten, später den Merowingern königlich: Merowingerkönig *Dagobert II.* ehelichte die Westgotin *Gisela v. Razès,* die in Rênnes-le-Chateau lebte, jenem Ort, in dem sich später (ab 1885) höchst mysteriöse Ereignisse im Zusammenhang mit einem sagenumwobenen Templerschatz abspielen sollten.

Nach dem Ende der Merowingerherrschaft lebte die Linie (*Sigibert VI.* um 885) unter dem Namen *Plantard* in der Bretagne und in England fort, woraus u. a. der spätere englische König *Stephan* (um 1100, engl.: *Plantagenet,* aus lat.: *Plantard gentis,* aus dem Geschlecht Plantard) und *Gottfried von Bouillon* hervorgingen – jener Gottfried, der nach dem Sieg im ersten Kreuzzug den **Ordre de Sion** (nach dem Zionsberg in Jerusalem), die geistigen Grundlagen des späteren Templerordens gründete. Sein Bruder *Balduin* wurde 1100 zum König von Jerusalem gewählt. Auch *Hugo de Payens,* offizieller Gründer der **Templer** (1119) war „zufällig“ mit den Plantards eng verbunden, und 1156 ehelichte *Johann VI. de Plantard* Frau *Idoine* aus dem Hause Payens. Ihr Bruder Johann war Großmeister des Ordre de Sion (um 1188), dessen Linie sich sogar über die Lothringer und Habsburger bis in die Gegenwart fortsetzt. Der Linie Plantard de Saint-Clair sitzt der Prieuré de Sion unverändert vor, der Zweig Saint-Clair beispielsweise wurde in Schottland als San'Clair (*Sinclair*) ein Inbegriff des **Freimaurertums** (Symbol: Totenschädel und Knochen).

Merowingerkönig Dagobert II., mit dem die „königliche“ Phase begann, wurde 679 ermordet; sein Schädelknochen wurde eine der bedeutendsten Reliquien der Templer. Viele Schädeldarstellungen der Algarve, etwa in *Nossa Senhora de Guadalupe* (⇗Vila do Bispo), dürften auf ihn zurückgehen.

Diese Verknüpfung um die **Blutslinie Christi** dürfte ein Hauptgrund gewesen sein, warum König Philipp von Frankreich die Templer vernichten wollte (⇗Geschichte) – er fürchtete legitime Thronansprüche der Merowinger-Abkömmlinge. Nicht unerwähnt bleiben darf, dass „Ordre de Sion“ nichts anderes als „Zion“ (*jüdisch*) bedeutet – für die katholische Kirche war (und ist) es geradezu kirchenpolitischer Selbstmord zuzugeben, dass die heutigen Nachfahren Christi als Zionisten existieren (Führungsanspruch). Daher wurden nach Auffassung der jüngeren Christusforschung nicht nur die Evangelien „zensiert“, zahllose Urkunden und Schriften vernichtet bzw. bis heute im Vatikan unter Verschluss gehalten. Zur Untermauerung ihrer Theorie führen die Christusforscher auch den Fund eines 1958 auf dem Tempelberg entdeckten Briefes des Bischof *Klemens von Alexandria* an den Kleriker *Theodorus* an, in dem es wörtlich heißt: „Gegebenenfalls muss man unter Eid leugnen, dass das geheime Evangelium von Markus stammt, denn nicht alles Wahre darf den Menschen mitgeteilt werden“. So wird vermutet, dass auch die Einführung des Zölibats durch die katholische Kirche dem Zweck diente, jeglicher Hypothese, Jesus könne ein normales Eheleben geführt haben, vehement entgegenzutreten.

Da die Templer auf der Iberischen Halbinsel besonders geschützt waren, erklärt sich auch die offene, seltsam anmutende Vorliebe für Maria (Magdalena) und das Sang Real, das königliche Blut in templernahen Kirchen ...

031al Foto: wl

deckt. Fundstücke aus der **maurischen Epoche** sind in Silves zu bewundern - sowohl in der Burg (Kastellmauern) als auch im archäologischen Museum. Auch aus der **Gotik** des 12. und 13. Jh. sind noch Teile in Faro (Glockenturm) oder in Raposeira (Kapelle) erhalten geblieben. Ende des 15./Anfang des 16. Jh. wurde in Portugal unter *König Manuel I.* die nach ihm benannte, verspielt-ornamentale Stilrichtung der **Manuelinik** entwickelt, welche zahlreiche Prachtbauten, wie etwa das Hieronymus-Kloster in Lissabon, hervorbrachte. Während diese Entwicklung an der Algarve praktisch vollkommen vorüberging, war die Manuelinik für den Großraum Lissabon prägend (⇗Exkurs im Lissabon-Kapitel). Die europäische **Renaissance** spielt im Portugal des 16./17. Jh. praktisch keine Rolle, da man sich auf die Manuelinik konzentrierte und später aufgrund wirtschaftlicher Probleme kein Spielraum für Prachtbauten vorhanden war. Erst mit der Erschließung brasilianischer Goldvorkommen und dem Abschluss von Handelsverträ-

Überdauernde maurische Einflüsse in der Architektur

gen mit Britannien wurden um die Wende vom 17. zum 18. Jh. insbesondere zur Zeit von *König João V.* **barocke Paläste und Kirchen** gebaut. Einige der bekanntesten erhaltenen Barockkirchen der Algarve sind etwa São Lourenço do Almansil oder die Igreja do Carmo in Faro. Nach dem Erdbeben von 1755 und der weitgehenden Zerstörung ganzer Orte erfolgte ein Wiederaufbau entweder im Sinne des *Marquês de Pômbal* (⇗Lissabon) mit schachbrettartigem Grundriss (z.B. Vila Real de Santo António) oder im Stile des **Rokoko,** wofür der Palácio de Estói als Paradebeispiel gilt. Ein echtes „Abfallprodukt" des Erdbebens soll übrigens der für Portugal, aber auch einige der Kolonien typische kunstvolle, schwarz-weiße Pflasterboden sein, da die Trümmer angeblich gleich für derartige Mosaiken verwendet wurden.

Der **städtische Wohnungsbau** des 19. und 20. Jh. war von typischen dreistöckigen Wohnhäusern mit Flachdach *(açoteia)* geprägt, die noch heute in den Kleinstädten dominieren. Ob Stadt- oder Landhaus – es fallen jedem Besucher sofort die türmchenartigen **Schornsteine** *(chaminés)* auf, die in großer Zahl die Dächer zieren.

Mit der **Tourismuswelle** des späten 20. Jh. änderte sich auch das architektonische Bild der Algarve drastisch: In den touristischen Regionen wurden große Hotelbauten und Apartmentsiedlungen errichtet, Golfplätze und Freizeiteinrichtungen angelegt, Restaurants und Souvenirgeschäfte aus dem Boden gestampft. Hinzu kommen etliche Villen und Privatgrundstücke wohlhabender Europäer, die ihren Lebensmittelpunkt in wärmere Gefilde verlagern und mit ihren modernen Domizilen doch einen eher angenehmen Beitrag zur Optik der Algarveküste leisten.

Insgesamt darf man die **gegenwärtige Architektur** und deren praktische Umsetzung an der Algarve keinesfalls mit den verbauten, hässlichen Küstenregionen anderer Mittelmeeranrainer vergleichen. Gerade in mittleren und kleineren Urlauberzentren wurde sehr darauf geachtet, ein gewisses Flair zu erlangen und – auch bei größeren Anlagen – eine harmonische Integration der Bauten in die Küstenregion zumindest anzustreben.

Kunst und Musik der Gegenwart

Fado

Schon der Begriff Fado (von lat. *fatum* = Schicksal) deutet eine Grundrichtung dieser wohl typischsten portugiesischen Musikrichtung an, die etwa als „schwermütiges Chanson" charakterisiert werden kann. Die Akteure treten meist dunkel gekleidet auf und erzählen in den **Balladen** von Missständen, der Heimat, von Schicksalen oder der Liebe, das Ganze mit traurigen Begleitklängen, originär auf der spanischen Gitarre. Die Atmosphäre unter den Besuchern passt sich zwangsläufig an – es herrscht stets beinahe andächtige Stille. Auf wirklich gute, traditionelle Fado-Lokale trifft der Besucher fast nur noch in Lissabon; viele so genannte Fado-Abende, die an der Algarve angeboten werden, sind nur ein fader Abklatsch.

Wann der Fado entstand, ist nicht vollständig geklärt; gemeinhin gilt das Jahr 1840 mit dem Matrosenlied **„Fado do Marinheiro"** als der Zeitpunkt, welcher die elementaren Charakteristika des Fado unsterblich werden ließ. Zu den bekanntesten **Fadoeiros** gehören *Carlos Alberto Ascensão de Almeida* („Carlos do Carmo"), *Lucília do Carmo* (die Mutter von Carlos), *Camané, Amália Rodrigues, Maria da Fé, Fernando Farinha, Nuno da Camaro Pereira, Mísia, Mafalda Arnauth* und *Maria Ana Bobone*. Ein Fado-Abend mit einer der genannten Größen der „portugiesischen Seele"

032al Foto: wl

kann zu einem unvergesslichen Erlebnis werden. Der Abend wird übrigens traditionell mit folgenden Worten eröffnet: „Silêncio, que se vai cantar o fado" („Ruhe bitte, es wird Fado gesungen").

Popmusik

Außerhalb der Landesgrenzen sind portugiesische Songs nur höchst selten zu hören, und nur sehr wenigen Gruppen gelingt es, internationale Bekanntheit zu erlangen. Die Pop-Gruppe **Madredeus** erlangte internationale Bekanntheit durch den Film „Lisbon Story" von *Wim Wenders*. Die Band um Leadsängerin *Teresa Salgueiro* macht vor allem mit Liedern des Albums *„Um Amor Infinito"* (Eine unendliche Liebe) längst auch außerhalb Portugals Furore. Richtig fetzige Musik wird natürlich auch gespielt, u. a. von *Peste e Sida* (Punk), *Joker* (Hardrock) oder *GNR* (Rock). Die lokalen Rundfunksender und nationalen Charts favorisieren jedoch die Interpreten und Gruppen der Schlagermusik, wie etwa *Trovante, José Afonso, Sérgio Godinho* oder die *Delfins,* was dem ruhigen und

033al Foto: wl

gemächlichen Portugal wohl am ehesten entspricht. Seit der Fußball Europameisterschaft kennt man natürlich auch *Nelly Furtado* und ihren EM-Titelsong „Futebol".

Malerei und Literatur

Malerei

Selbst in der „zweiten Garnitur" bedeutender Maler und Künstler – also jenseits von *Renoir, Picasso* oder *van Gogh* – muss man recht lange stöbern, um auf international bekannte Namen aus Portugal zu stoßen. Als lebende Legende und Aushängeschild der portugiesischen Malerei zählt zweifelsohne **Eduardo Alarcão,** dessen naiv-grelle Impressionen von Lissabon – meist mit der gelben „Eléctrico" (Straßenbahn) als Motiv – deutlich an den Lebensstil der 1950er Jahre erinnern. Einst Bohèmien und Casanova, lebt der über 70-jährige noch immer aktive Maler heute in Lissabon.

Bildhauerei

Als der bekannteste Skulpteur ist **José Franco** (*1920) zu nennen, dem „goldene Hände" nachgesagt werden. Sein bekanntestes und werbewirksamstes Projekt schuf er 1945 in Mafra bei Lissabon unter dem Titel „Aldeia Típica do Sobreiro“: eine großflächige Freiluftplastik in Form eines kompletten zeitgenössischen ländlichen Dorfes mit allen Details. Von den zeitgenössischen Bildhauern erlangte **João Cutileiro** in den 1960er bis 80er Jahren einen guten Ruf; an der Algarve können in Lagos seine Skulptur des Königs *Sebastião,* in Silves der maurische Park bewundert werden.

Literatur

Zu den bedeutendsten Dichtern des 20. Jahrhunderts und der Gegenwart zählen **Fernando Pessoa, Mário de Sá-Carneiro, José Saramago** (*1922) sowie **Lídia Jorge** (*1946). Die beiden Letzteren haben vor allem die „Nelkenrevolution“ von 1974 literarisch verarbeitet. *Fernando Pessoa* dagegen erlangte weniger durch Aufsehen erregende Werke Beachtung als vielmehr durch seine in diesem Umfang selten dokumentierte Schizophrenie: Der Dichter lebte unter (mindestens) vier vollständig mit einer Biografie ausgestatteten, eigenständigen Heteronymen („Rollen“).

Film

Der portugiesische Film steht deutlich im Schatten des Wirkens anderer westeuropäischer Nationen. Aus der nationalen Filmgeschichte gingen bislang kaum Filmstars, große Regisseure oder international beachtete Filme hervor, lediglich **Joana Bárcia** macht als echtes Sternchen über die Landesgrenzen hinaus von sich reden. Im deutschsprachigen Raum wurde beispielsweise der sehr sehenswerte Film „O Rio do Ouro“ (1998, dt.: Der goldene Fluss) von *Paolo Rocha* ausgestrahlt. Von den älteren Schauspielern dürfte allenfalls *Raúl Solnado,* der größte Komödiant des Landes, den Filmfreunden außerhalb Portugals ein Begriff sein.

Moderne Kunst in Lagos

034al Foto: wl

Die östliche
Algarve

Zwischen Castro Marim und Alcoutim K2/3

Ein gänzlich anderes Landschaftsbild als Meer oder hügeliges Hinterland bietet die Algarve nördlich von Castro Marim bis Alcoutim, das den nordöstlichsten Punkt der Provinz bildet. Eine Hauptrolle spielt dabei der wasserreichste Fluss der Algarve, der **Rio Guadiana,** der hier auch gleichzeitig die Grenze zum benachbarten Spanien bildet.

Ab Castro Marim der N-122 nach Norden (Richtung Beja) folgend, erreicht man nach wenigen Kilometern den Stausee **Barragem de Beliche** (hinter Junqueira links beschildert); dieser Abstecher führt direkt über den Damm bis Azinhal. Rund um den Abfluss gedeihen Zitrusfrüchte und Oliven, ansonsten wirkt die gesamte Region eher karg. Hinter dem Dörfchen **Azinhal** (hier sorgen die Snackbar Tepiscos und das Casa de Pasto Central an der Hauptstraße fürs leibliche Wohl) kann man entweder der Inlandstrecke über Odeleite oder der (empfehlenswerteren) Route am Fluss entlang folgen. Erstere führt über den kleinen Ort **Odeleite** mit dem gleichnamigen Stausee, die schönere Strecke, die malerische Panoramablicke bietet, zweigt vier Kilometer hinter Azinhal nach rechts (Richtung Alcaria) zum Rio Guadiana ab. Als erste Ansiedlung folgt **Foz de Odeleite,** ein Anlegepunkt für Ausflugsboote von Monte Gordo/Vila Real. Hier sind auch sehr gut beschilderte **Wanderungen** am Bachbett des Ribeira de Odeleite entlang bis nach Odeleite möglich (am Ortseingang links findet sich eine Wanderkarte). Im fünf Kilometer entfernten Guerreiros liegt am Ortsausgang linker Hand das kleine **Museu do Rio** (Flussmuseum, täglich 10–13 und 14–18 Uhr geöffnet, Eintritt 1 €) mit alten Bildern und Alltagsutensilien der Flussbewohner früherer Jahrzehnte.

Schon von weitem erspäht man bald die majestätisch oberhalb des Flusses thronende spanische

Festung **Sanlucar de Guadiana,** die dem nordöstlichsten Reiseziel der Algarve, Alcoutim, unmittelbar gegenüberliegt.

Alcoutim K2

Die seit über 5000 Jahren besiedelte Region um Alcoutim (heute 3400 Einwohner) entwickelte sich mit seinen reichen Eisen- und Kupfervorkommen schon im Altertum zu einem bedeutenden **Bergbaugebiet,** dessen Rohstoffe bis über die Zeit der Mauren hinaus auf dem Rio Guadiana abtransportiert wurden. Im Zuge dieses regen Handelsverkehrs entstand zunächst der Ort selbst; nach der Reconquista beauftragte *König Dinis* im Jahre 1304 den Ordem de Sant'Iago (Jakobus-Orden) mit dem Bau der **Burg,** die während der

Alcoutim - nordöstlichster Vorposten der Algarve

035al Foto: wl

kastilisch-portugiesischen Kämpfe des 14. Jh. eine wichtige strategische Rolle spielte und im 17. Jh. letztmals ausgebaut wurde. Die Mauern sind nur auf der Flussseite begehbar, von hier hat man einen schönen Ausblick über den Ort, den Fluss und das spanische „Gegenüber" Sanlucar de Guadiana. Das kleine **Archäologische Museum** im Inneren (Eintritt für Burgbesuch und Museum 2,50 €, geöffnet Mo–Sa 9–18 Uhr) zeigt einige Waffen und andere metallene Funde aus dem Umland. Interessierte können sich anhand einer Fundkarte über die so genannten *nucleos muséologicos* informieren, archäologische Fundstätten im Umland, die tagsüber gesondert besucht werden können (⇗Zwischen Alcoutim und Martim Longo). Unten am Ufer ist noch die mehrfach restaurierte und umgebaute dreischiffige **Pfarrkirche** sehenswert, ursprünglich ein Bauwerk der Frührenaissance aus der Mitte des 16. Jh.

Praktische Tipps

Orientierung

Aus Richtung Castro Marim oder Martim Longo kommend, erreicht man eine Brücke über das Nebenflüsschen Ribeira de Cadavais; lässt man diese im wahrsten Wortsinn „links liegen", gelangt man gleich rechts auf den **Praça da República,** den kleinen zentralen Ortsplatz. Geht man zum Flussufer, liegen die Burg rechter, die Pfarrkirche linker Hand.

An- und Weiterreise

Alcoutim ist mit öffentlichen Verkehrsmitteln nicht gut zu erreichen; so mancher Reisende mietet darum etwa in Monte Gordo ein Rad und legt die knapp 40 Kilometer in Eigenregie als Tagesausflug zurück. **Busse** von/nach Vila Real verkehren nur zweimal täglich; **Ausflugsboote** pendeln im Sommer wesentlich häufiger zwischen Monte Gordo und Alcoutim (z. B. Alcatiã Domus, an der Anlegestelle, Tel. 966 831 001). Fähren pendeln viermal täglich ins spanische Sanlucar (9 Uhr und 3-mal am Nachmittag, 90 Cent einfach).

Unterkunft

- **Pousada de Juventude de Alcoutim** €, Tel. 281 546 004; man überquert die Brücke und hält sich dann rechts.
- **Estalagem Guadiana** €€€, Tel 281 540 120, liegt bei der Jugendherberge und ist neu renoviert.

Essen und Trinken

● Einfach und günstig isst man in der Snackbar **O Caçador,** die **Casa de Pasto Rogerio** bietet unter anderem preiswerte Nudelgerichte, und das **Restaurante Afonso** darf sich traditionell das beste Haus am Platz nennen – alle drei liegen am Praça da República.

Nützliches

● **Touristeninformation:** in der kleinen Gasse zwischen Praça da Republica und Ufer; geöffnet Mo–Fr 9–12.30 und 14–17.30 Uhr, Juli–Sept. täglich, Tel. 281 546 179

● **Polizei:** Rua 25 de Abril 12, Tel. 281 546 208

● **Räder** und **Kanus** verleihen die Jugendherberge sowie Alcatiã Domus unterhalb der Kirche am Ufer (falls hier geschlossen ist, geht man ab Praça da Republica die Rua Misericordia entlang bis zur Kreuzung; dann geradeaus die Treppe hinauf; nach 50 Metern erreicht man die Zentrale).

● Die kleine **Marina** liegt unterhalb der Kirche; auch Segler können den Rio Guadiana weit hinauffahren, da es keine Brücken gibt (außer der hohen über die IP-1).

Zwischen Alcoutim und Martim Longo I/J2

Die Landschaft zwischen Alcoutim und Martim Longo ist vorwiegend von weiten, für die Gegend eigentlich untypischen Getreidefeldern geprägt. An der kaum befahrenen, alleeartigen N-124 weisen Schilder mit der Aufschrift *„nucleo muséologico"* auf **archäologische Fundstätten** hin, etwa Clarines (westgotisch), Farelos, Pereiro und Santa Justa (Jungsteinzeit). Entlang der gesamten Strecke sieht man immer wieder seltsam anmutende, kreisrunde Mauerformationen – es handelt sich um Pferche für kleine Schaf- und Ziegenherden. Im vollkommen untouristischen, ausschließlich landwirtschaftlich geprägten Dorf **Martim Longo** bieten das Café Gonçalves oder die Casa Pasta Lopes Erfrischungen und warme Mahlzeiten.

Freilichtmuseum Cava dos Mouros

Im Landkreis Alcoutim gibt es viele alte (längst verlassene) **Bergwerke,** etwa Cortes Perreiras, Alcaria Queimada oder Laborato. Eines wurde zu einem 250 Hektar großen **Freilichtmuseum** umgestaltet, das über steinzeitliche Besiedlung, Metall-

036al Foto: wl

abbau und Fördermethoden informiert; auch an Kindervergnügungen wie Eselsritte usw. wurde gedacht. Die Cava dos Mouros („Maurische Mine") genannte Anlage liegt fünf Kilometer südlich von Martim Longo Richtung Vaqueiros (man überquert eine Brücke, gleich dahinter folgen links noch 1,5 Kilometer Piste) und ist von März bis Oktober täglich von 10.30 bis 18 Uhr geöffnet, sonst bis 16.30 Uhr. Der Eintritt beträgt 6,50 €, für Kinder und Senioren 5 € (der Eselsritt kostet 6 € extra); Tel. 289 999 229, Fax 289 999 436. Karten und Transportmöglichkeiten arrangiert auch die Agencija de Viagens Algaserra, Tel. 281 48 176 in Martim Longo.

Von Martim Longo aus bietet sich dann die Inlandsroute via Cachopo Richtung São Brás oder nach Tavira an.

Cava dos Mouros

Castro Marim K3

Wer an der Ostalgarve wohnt, sollte unbedingt einen Abstecher nach Castro Marim einplanen, das einen der kulturellen Höhepunkte der Region darstellt. Ein kleines Dorf in beeindruckender Landschaft, unmittelbar umrahmt von zwei trutzigen Festungen – das hat etwas ganz Besonderes.

Aufgrund seiner damaligen Insellage geschützt (noch heute ist der Ort großflächig von Salinen, Sumpf und Marschland umgeben), war Castro Marim bereits in der Jungsteinzeit (ab 5000 v. Chr.) besiedelt und von phönizischen Händlern zum **Handelsstützpunkt** erweitert worden. Unter den Römern und Mauren entwickelte sich Castro Marim zu einem wichtigen Zentrum der Metallverschiffung (⇗Alcoutim).

Die Mauren bauten im 8. Jh. die heute noch hervorragend erhaltene **Feste** auf dem Burgberg: eine kleine quadratische Burg mit vier runden Wachtürmen an den Ecken. Rund um diese Festung siedelte die Bevölkerung, zu deren zusätzlichem Schutz nach der Reconquista im 13. Jh. die heute weitgehend begehbare Außenmauer errichtet wurde. Auf dem Areal sind u.a. Reste der Stallungen, Wohnbauten und der Burgkirche Sant' Iago zu sehen. Zur damaligen Zeit wurde, ausgehend von Frankreich, der **Templerorden** aufgelöst (⇗Geschichte); in Portugal kam man diesem Gebot nach und umging es zugleich, indem der alte Orden einfach umbenannt wurde. Die frisch gebackenen „Christusritter" wurden 1319 hierher verlegt. Sie befestigten die Anlage erneut bis zur Uneinnehmbarkeit, und bis ins 17. Jh. blieb die Burg Vorposten gegen die Spanier. Während der **Inquisition** diente die Anlage als Kerker für die gesamte östliche Algarve. Nach dem Erdbeben

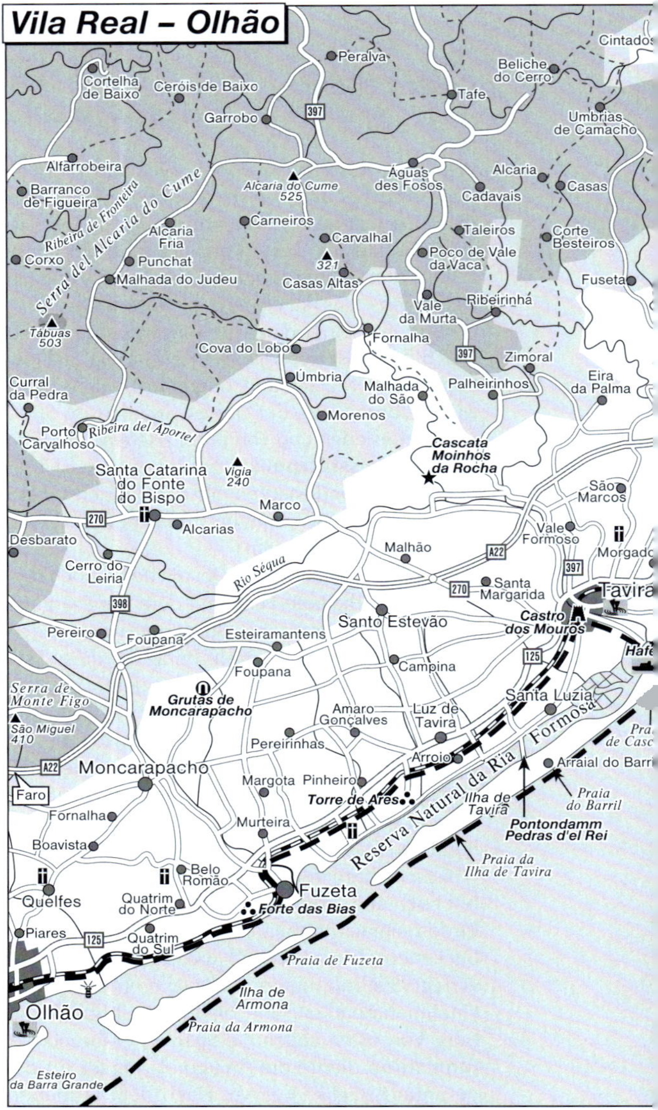
Vila Real – Olhão
Peralva
Cortelha de Baixo
Ceróis de Baixo
Garrobo
397
Tafe
Beliche do Cerro
Umbrias de Camacho
Alfarrobeira
Barranco de Figueira
Ribeira de Fronteira
Serra del Alcaria do Cume
Alcaria do Cume 525
Águas des Fosos
Alcaria
Cadavais
Casas
Carneiros
Alcaria Fria
Carvalhal
Taleiros
Corte Besteiros
Corxo
Punchat
321
Poço de Vale da Vaca
Malhada do Judeu
Casas Altas
Fuseta
Ribeirinha
Vale da Murta
Tábuas 503
Fornalha
Cova do Lobo
Zimoral
Úmbria
Curral da Pedra
Malhada do São
Palheirinhos
Eira da Palma
Morenos
Porto Carvalhoso
Ribeira del Aportel
Cascata Moinhos da Rocha
Santa Catarina do Fonte do Bispo
Vigia 240
São Marcos
Marco
270
Alcarias
Vale Formoso
Desbarato
Malhão
A22
Cerro do Leiria
Rio Séqua
Santa Margarida
Tavira
398
Castro dos Mouros
Santo Estevão
Pereiro
Foupana
Esteiramantens
125
Campina
Serra de Monte Figo
Grutas de Moncarapacho
Santa Luzia
São Miguel 410
Amaro Gonçalves
Luz de Tavira
Formosa
Pereirinhas
Arroio
Arraial do Barril
Moncarapacho
Faro
Margota
Pinheiro
Reserva Natural da Ria
Torre de Ares
Ilha de Tavira
Praia do Barril
Fornalha
Murteira
Pontondamm Pedras d'el Rei
Boavista
Praia da Ilha de Tavira
Belo Romão
Fuzeta
Quelfes
Quatrim do Norte
Forte das Bias
Piares
Quatrim do Sul
Praia de Fuzeta
Olhão
Ilha de Armona
Praia da Armona
Esteiro da Barra Grande

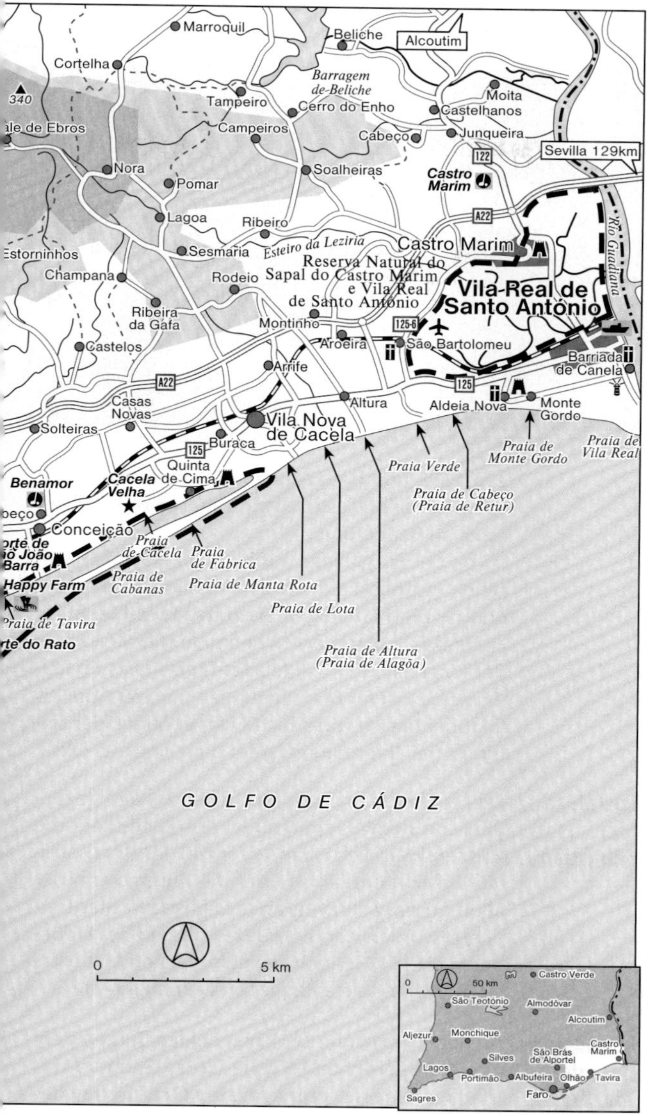
Marroquil
Beliche
Alcoutim
Cortelha
Barragem de-Beliche
340
Tampeiro
Cerro do Enho
Moita
Castelhanos
ale de Ebros
Campeiros
Cabeço
Junqueira
Sevilla 129km
122
Nora
Soalheiras
Castro Marim
Pomar
A22
Lagoa
Ribeiro
Rio Guadiana
Esteiro da Leziria
Castro Marim
Estorninhos
Sesmaria
Reserva Natural do Sapal do Castro Marim e Vila Real de Santo António
Champana
Rodeio
Vila Real de Santo António
Ribeira da Gafa
Montinho
125-6
Castelos
Aroeira
São Bartolomeu
Barriada de Canela
Arrife
A22
125
Casas Novas
Altura
Aldeia Nova
Monte Gordo
Solteiras
Vila Nova de Cacela
Buraca
125
Praia de Vila Real
Praia de Monte Gordo
Praia Verde
Quinta de Cima
Benamor
Cacela Velha
Praia de Cabeço (Praia de Retur)
beço
Conceição
Praia de Cacela
Praia de Fabrica
ão João Barra
Happy Farm
Praia de Cabanas
Praia de Manta Rota
Praia de Lota
Praia de Tavira
te do Rato
Praia de Altura (Praia de Alagõa)
GOLFO DE CÁDIZ
0
5 km
0
50 km
Castro Verde
São Teotónio
Almodôvar
Alcoutim
Aljezur
Monchique
Castro Marim
Silves
São Brás de Alportel
Lagos
Portimão
Albufeira
Olhão
Tavira
Faro
Sagres

037al Foto: wl

von 1755 und dem Aufbau der modernen Stadt Vila Real verlor Castro Marim, ähnlich wie ↗Silves, rasch an Bedeutung.

Von der Burganlage aus hat man einen fantastischen Ausblick auf die umliegende Landschaft und den Rio Guadiana bis zum Meer. Die Burg, am ersten Septemberwochenende stilvolle Kulisse der so genannten „Mittelalter-Tage" *(Dias do idade média)*, ist für Besichtigungen nur von April bis Oktober täglich von 9 bis 17 Uhr geöffnet, der Eintritt ist frei; Information hinter dem Eingang links.

Fortaleza São Sebastião

Dieser älteren und gut erhaltenen Anlage gegenüber auf dem Nachbarhügel des Ortes liegt die Fortaleza São Sebastião, die im 17. Jh. als zusätzliche Bastion der längst über die Burgmauern der alten Festung hinweg angewachsenen Stadt errichtet worden war; sie wurde während des Erdbebens von 1755 jedoch in einem solchen Maße beschädigt, dass sie aufgegeben werden musste.

Nossa Senhora dos Mártires

An der Hauptstraße zwischen beiden Burgen steht die im 18. errichtete Kirche Nossa Senhora dos Mártires, **eine der prunkvollsten Ortskirchen der**

Algarve. Sie wurde von den Christusrittern finanziert und reich mit Holzböden und Marmor ausgekleidet; in einer Seitenkapelle wurde die Titularfigur aus dem 16. Jh. untergebracht.

Naturreservat Sapal

Während das Gebiet östlich von Castro Marim von weitläufigen Salinenfeldern geprägt ist, wurde das gesamte Areal im Südwesten, begrenzt von der N-125, zum Naturreservat erklärt. Die Fläche von über 2000 Hektar wird vorwiegend von Sumpf, Fluss- und Meeresarmen sowie Schiefer- und Sandsteinformationen eingenommen – ein ideales Terrain für über **400 Pflanzen-** und über **150 Wasservogelarten** vom Storch über die Königsente bis hin zum Flamingo. Ein Besuch dieses Gebietes ist nur in Begleitung eines kundigen Führers möglich; Informationen und Anmeldungen direkt bei der Parkverwaltung zwei Kilometer nördlich Richtung Beja in Monte Francisco (gleich hinter der Autobahnbrücke rechts), Tel. 281 510 689 und 281 510 680.

Nützliches

- **Touristeninformation:** Rua Moreira, geöffnet Mo–Fr 9.30–12.30 und 14–17.30 Uhr, Tel. 281 531 232
- **Polizei:** Rua São Sebastião 53, Tel. 281 531 004
- **Kulinarisches** bieten die Pastelaria Europa, Rua Sebastião, und das Restaurante Dois Irmãos ein Stück weiter.
- **Busanbindung** (vor der Markthalle) nach Vila Real alle 1 bis 2 Stunden
- **Golf:** Algarvelux, Tel. 281 510 330, Fax 281 510 338

Vila Real de Santo António K3

Stadtgeschichte

Bei der durch Fähre und Autobahnbrücke mit Spanien verbundenen „Kunststadt" Vila Real (15.000 Einw.) handelt es sich nicht, wie der Begriff vielleicht vermuten ließe, um eine Hochburg der schönen Künste, sondern um einen künstlich auf ebenem Boden mit schnurgeraden, rechtwinklig angelegten Sträßchen errichteten politischen Kraftakt des einstigen königlichen Ministers *Marquês de Pombal* (⇗Lissabon). Mehrere Gründe sprachen für die Errichtung der Stadt: Zum einen existierte hier oder in unmittelbarer Nähe schon im 16. Jh. ein Fischerdorf namens Vila de Santo António (dieses wurde jedoch während des Erdbebens von 1755 nahezu vollständig zerstört). Zum zweiten wollte man unter *König José I.* (1714–1777) den Spaniern jenseits des Grenzflusses mit einer mächtigen Stadt signalisieren, dass man für Übergriffe – bis 1763 herrschte quasi Kriegszustand – bestens gewappnet war. Und schließlich sollte der Warenhandel über den Grenzfluss Rio Guadiana gelenkt und staatlich kontrolliert werden. Zu diesem Zweck wurde im März 1774 mit dem Bau von Vila Real begonnen, wobei Funktionalität nach klassischen Vorbildern (etwa Griechenland, Valletta und auch die Baixa in Lissabon) im Vordergrund standen.

Gerade die vollkommene optische Andersartigkeit der Stadt im Vergleich zu den anderen Orten der Algarve macht Vila Real de Santo António zu einem lohnenswerten Ausflugsziel (etwa auf dem Weg nach Monte Gordo oder Castro Marim).

Das Zentrum der Kunststadt: Parça Marquês de Pombal

038al Foto: wl

Östliche Algarve

Sehenswertes

Praça Marquês de Pombal

Sehenswert sind in Vila Real die gitterartig angelegten Sträßchen rund um den Praça Marquês de Pombal, benannt nach dem Initiatoren des Stadtneubaus. Seinen zentralen, zu Ehren des Gründungsregenten *José I.* aufgestellten **Obelisken** ziert die königliche Krone. Von hier aus laufen Bodenmosaiken strahlenförmig in alle Richtungen auseinander; Orangenbäume und Sitzbänke umrahmen den quadratischen Platz. An der Nordseite wurde die **Hauptkirche Igreja Paroquial** ab September 1774 als eines der ersten Bauwerke errichtet. Der Zentralaltar der einschiffigen Kirche birgt kein Kreuz, sondern einen Marienschrein mit Gralsmotiv (⇗Religion). Ebenfalls am Praça de Pombal kann man das **Museu Manuel Cabanas** besuchen (Di–So 10–18 Uhr, Eintritt 1,50 €), welches hauptsächlich Holzschnitte des Regionalkünstlers *Cabanas* (1879–1969) zeigt, aber auch interessante Druckvorlagen für Konservendosen sowie Fotos und Gemälde von Persönlichkeiten aus Kunst und Politik beherbergt. Die Rua Dr. Teófilo Braga mit ihren Seitensträßchen bildet die **Haupteinkaufszone** mit zahlreichen Boutiquen, Andenkenhändlern und Cafés; sehenswert ist hier noch das große **Kulturzentrum** (Centro Cultural de Antonio Aleixo) im neomaurischen Stil. Spazieren gehen und das Treiben am Fluss beobachten kann man sehr hübsch an der neu angelegten Promenade entlang der Avenida da República.

Praia de Vila Real

Den Praia de Vila Real (auch Santo António genannt) erreicht man über die hoppelige Dammstraße zum Ponta da Areira, wo der Rio Guadiana in den Atlantik mündet. Er ist zwar nicht unbedingt der schönste Strand, hat aber dafür das wärmste Wasser weit und breit zu bieten. Vom südöstlichsten Punkt der Algarve, dem Ponta da Areira, hat man einen eindrucksvollen Blick über Monte Gordo und das spanische Ayamonte bis zur Autobahnbrücke.

Praktische Tipps

An- und Weiterreise

- **Bus:** Anbindung mehrfach täglich (auch Express) zu den Hauptorten der Algarve bis Lagos; Regionalbus (ca. alle 2 Stunden) nach Castro Marim; zweimal täglich bis Alcoutim; 11–25-mal tgl. nach Monte Gordo; gegen 9 und 17 Uhr nach Huelva/Spanien
- **Zug:** 10–12 Züge tgl. bis Lagos bzw. Lissabon
- **Fähre** (nach Spanien): 8.20–19 Uhr alle 40 Minuten, 1 €, Kinder 50 Cent, Rad 50 Cent, Moped 2–3 €, PKW 3,50 €

Unterkunft

- **Camping** siehe Monte Gordo
- **Pousada de Juventude** €, Rua Dr. Sousa Martins 40, Tel. 281 544 565; ca. 10 €/Pers.
- **Pensão Pereira** €, Rua Dr. Sousa Martins 57, Tel. 281 543 325, 20 €/Zi., gut und originell.
- **Residencial Felix** €, Rua Dr. Manuel Arriaga 2, Tel. 281 543 791; angenehm und zentral gelegen.
- **Hotel Guadiana** €€€, Av. da República 94, Tel. 281 511 482, Fax 281 511 478; sehr empfehlenswert.
- In Nr. 17 Rua Dr. Sousa Martins liegt die sehr hübsche **Pension Alojamento o Curaçao da Cidade** €, wo schlichte, saubere Zimmer 23 € kosten.

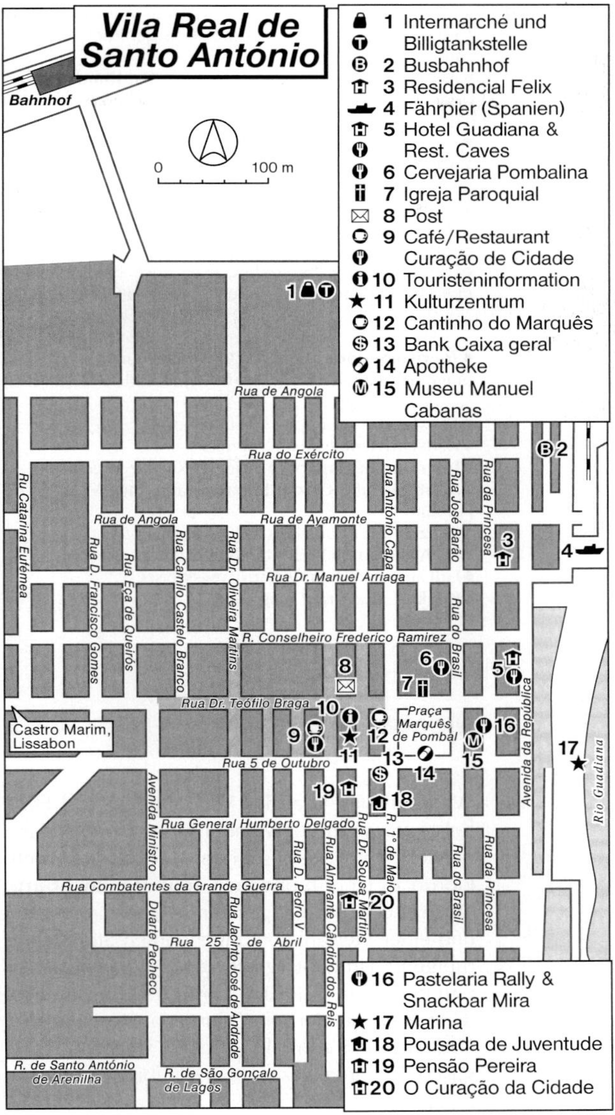

Östliche Algarve

Essen und Trinken

- Am Morgen hat nur das Café-Restaurante **Curaçao de Cidade** in der Rua Cândido dos Reis geöffnet. (Reis mit Meeresfrüchten!)
- Am Praça de Pombal liegt das **Café Cantinho do Marquês** in toller Umgebung, es öffnet aber erst später am Vormittag.
- Für Mittags- und Abendgerichte empfiehlt sich das kleine **Caves de Guadiana** (neben dem Hotel) mit seinen Fleisch- und Fischspezialitäten.
- Günstige Kleinigkeiten sind in der **Snackbar Mira** und der **Pastelaria Rally** (beide nebeneinander in der Rua Princesa) zu haben.
- Die **Cervejaria Pombalina** (Rua Jose Barão) spricht mehr die mittlere und gehobene Klientel an, ist also keine „Bierhalle".

Nützliches

- **Touristeninformation:** am Centro Cultural, Rua Teófilo Braga, Tel. 281 510 050, Mo–Fr 10–13 und 16–19.30 Uhr; Sa nur vormittags
- **Taxistand:** am Fährpier/Busbahnhof
- **Zeitschriftenkiosk:** am Fährpier
- **Intermarché-Supermarkt:** in der Rua de Angola
- **Apotheke** und **Geldautomaten:** am Praça Marquês de Pombal
- **Polizei:** Rua Manuel Arriaga 19, Tel. 281 544 355
- **EC-Automat** und **Billigtankstelle** im Intermarché
- **Lidl** am westlichen Ortsausgangskreisel
- **Bank:** Caixageral, Ecke Rua 1° de Maio/Rua 5 de Outubro

Monte Gordo K3

Während Vila Real das Verwaltungs- und Handelszentrum an der Mündung des Rio Guadiana darstellt, entwickelte sich der Nachbarort Monte Gordo zu einer mondänen **Touristenhochburg.** Doch angesichts mangelnder Sehenswürdigkeiten und einer Vielzahl von angenehmen Stränden in ruhigerer Umgebung gibt es eigentlich keinen Grund für einen Besuch in Monte Gordo, es sei denn, man hat hier sein Quartier aufgeschlagen.

Älteste und zentrale Anlagen sind das Hotel Vasco da Gama, das weithin sichtbare Aparthotel Praia Monte Gordo sowie das **Casino.** Dazwischen, wie auch Hunderte von Metern in beide Richtungen, erstreckt sich eine breite **Promenade** mit Geschäften, Cafés, Restaurants, Boutiquen und nützlichen Einrichtungen (Post, Bank, Alisuper). Sehenswürdigkeiten gibt es keine, hier will man flanieren und im Casino (Eintritt frei) spielen.

Praia de Monte Gordo

Die Touristeninformation liegt zentral am sehr ordentlichen **Stadtstrand** (hier gibt es mehrere Snackbars), daneben locken Stände mit Tüchern und Bade-Utensilien; der Strand ist z. T. bewacht und beliebt bei spanischen Tagesausflüglern. **Spaziergänge** sind bis zur Ponta da Areira (⇗Vila Real) bzw. bis zur Halbinsel vor Cacela Velha möglich.

Praktische Tipps

An- und Weiterreise

- **Lokalbus** (11–25-mal tgl.) nach Vila Real, 2- bzw. 3-mal tgl. nach Tavira und Faro
- **Guadiana-Boote:** entweder bis Foz de Odeleite (Rio Sul, Rua Teixeira, Tel. 281 510 200, ca. 40 €/Rückfahrkarte) oder bis Alcoutim (MS Peninsular, Tel. 965 543 953, ca. 48 €), jeweils inklusive Transport nach Vila Real, wo alle Boote ablegen

Unterkunft

- **Camping Monte Gordo** €, am Ortsausgang/Uferstraße Richtung Vila Real linker Hand gelegen, Tel. 281 510 970
- **Pensão-Restaurante Promar** €€, Rua D. Francisco de Almeida 76, Tel. 281 542 250
- **Pensão Paiva/Residencial** €€€, Rua Onze, Tel. 281 511 187, Fax 281 511 668
- **Hotel Vasco da Gama** €€€, Avenida Infante D. Henrique, Tel. 281 510 900, Fax 281 510 901, www.maisturismo.pt
- **Hotel Alcazar** €€€, Rua de Ceuta, Tel. 281 510 140, Fax 281 510 149, hotelalcazar@mail.telepac.pt
- **Apartamentos Praia Monte Gordo** €€€, Infante D. Henrique, Tel. 281 513 881, Fax 281 513 890
- **Aparthotel Guadiana** €€€ (mit eigenem Shopping-Center), Avenida Infante Dom Henrique, Tel. 281 530 530, Fax 281 511 156, aptguadiana@mail.telepac.pt

Essen und Trinken

- Einfach, günstig und gut isst man auch tagsüber in der **Snack-Bar Branco e Preto** am Strand, die **Pizzeria Dourado** sorgt mehr für abendliche Genüsse.
- An der Westseite der Promenade verdient das **Restaurante Honoratus Garden** besondere Erwähnung; es bietet gehobene Qualität in angenehmem Ambiente.

Nützliches

- **Touristeninformation:** zentral am Strand (nahe Casino), Tel. 281 544 495
- **Einkaufszentrum:** im Aparthotel Guadiana; hier auch **Fahrradverleih. Alisuper** nahe Guadiana-Hotel.
- **Bootstouren** auf dem Rio Guadiana wie auch Jeep-Safaris ins Hinterland arrangiert Riosul, Rua Tristão Vaz Teixeira, Tel. 281 510 201, Fax 281 510 209, riosul@mail.telepac.pt. Vorabinformationen auch unter www.riosultravel. com
- **Hochseeangeln:** Três Dês Pesca Desportiva, Tel. 281 512 819
- **Geld:** Caixa Geral (EC-Automat) neben Alisuper (Guadiana Hotel).

Zwischen Monte Gordo und Tavira J4/K3

Fährt man von Monte Gordo aus die N-125 in westlicher Richtung entlang, finden sich gleich ein halbes Dutzend ruhiger und gut beschilderter **Strände** auf dem Weg nach Tavira (die alten Namen stehen in Klammern). Die Strandzone selbst erstreckt sich durchgehend von Ponta da Areia bis Praia de Cabanas bzw. Tavira, bei allen aufgeführten Praias handelt es sich lediglich um verschiedene Abschnitte (mit den jeweiligen Zugangsmöglichkeiten). Mit öffentlichen Verkehrsmitteln sind diese Strände nur schwer zu erreichen, es sei denn, man lässt sich vom Regionalbus nach Tavira absetzen.

Praia de Cabeço (Retur)

Gebiet um die seit vielen Jahren bestehende Apartmentanlage Retur; es gibt ein kleines Strandlokal, Adão e Éva – und tatsächlich herrscht hier paradiesische Ruhe.

Praia Verde

Von Westen (Autobahnzubringer) kommend, ist der Strand gleich linker Hand ausgeschildert; man fährt vorbei am feinen Resort Praia Verde (überwiegend Privatwohnungen) und parkt oberhalb des Strandes am Restaurantbereich, der im maurischen Stil gehalten ist. Praia Verde gilt als einer der schönsten Strände der Ostalgarve – worüber man streiten darf. Cesinhos Snackbar bietet kühle Getränke und Kleinigkeiten.

Praia de Altura (Alagõa)

Der vollkommen neue Ort Alagõa besteht überwiegend aus ein- bis zweigeschossigen Reihenhäuschen englischer Aussiedler, er wirkt aufgeräumt und mondän. Man orientiert sich am (etwas deplatziert wirkenden) Hotel Eurotel – hinter den Dünen liegt der angenehme Strand, der allerdings nicht mit Praia Verde oder Manta Rota konkurrieren kann.

Unterkunft/Einkaufen:
- **Hotel-Residencial Azul Praia** €€, Urbanizacão Rota, Lote 17, Alagõa – Altura, Tel. 281 956 770, Fax 281 956 887
- **Aparthotel Eurotel** €€€, Praia da Altura, Tel. 281 325 041, Fax 281 325 571
- **Apartamentos Turisticos Turcongel** €€€, Praia da Altura, Tel. 281 956 145, Fax 281 956 274
- **Einkaufen:** Ecomarché-Supermarkt, gleich an der N-125 Richtung Vila Real

Praia de Lota

Der Strand ist schlecht ausgeschildert und nur über Praia de Manta Rota erreichbar. Dies hat aber den Vorteil, dass sich nicht allzu viele Besucher hierher verirren. Zwei Strandkioske bieten Erfrischungen an.

Praia de Manta Rota

Sowohl die Küstenstraße von Cacela Velha als auch die N-125 zweigt mehrfach nach Vila Nova de Cacelha ab. Von den großen Parkplätzen wird der äußere rechte oft von Wohnmobilen genutzt. Der Strand selbst ist wirklich top, ein halbes Dutzend Strandlokale sorgen für Erfrischungen und auch warme Mahlzeiten (sehr zu empfehlen ist hier das Restinga mit fairen Preisen).

Unterkunft/Einkaufen:
- Oberhalb des Strandes wurden zwei neue Apartmentanlagen errichtet, **Aldeia Mourisca** und **Dunamar** (Tel./Fax 281 951 075) – beide mit Ausflugsagenturen in der Rezeption. Im Resort gibt es einen Minimarkt und eine Pizzeria.
- Weiter oben im Ort (Richtung Praia Lota) bietet die **Residencial O Sito** €€ günstige Unterkunft, zur oberen Katego-

039al Foto: wl

rie gehört das **Estalagem Oásis Praia da Lota** €€€€, Tel. 281 951 644, Fax 281 951 644.

- Nebenan **Einkaufsmöglichkeit** im Alisuper-Minimarkt.

Praia de Fabrica

100 Meter vor Cacela Velha weist ein Schild in Richtung Fabrica; hier handelt es sich um eine **ehemalige Ziegelfabrik,** auf deren Gelände heute neue Apartmentsiedlungen gebaut werden sollen. Hier werden auch **Überfahrten zum Außenstrand** (Praia de Fabrica) angeboten – obgleich man das hüfthohe Wasser auch durchwaten kann.

Cacela Velha

Unmittelbar westlich des Praia Manta Rota beginnt bereits der **Naturpark Ria Formosa,** der sich bis hinter Faro erstreckt. Zudem sind Neubauten in Cacela Velha untersagt, das hübsch herausgeputzte **50-Seelen-Dörfchen** gleicht einem Freilichtmuseum. Es steht somit in einem reizvollen Kontrast zu den meisten anderen Orten der Südalgarve. Nur eine Hand voll Häuser liegen auf dem Hügel rund um die kleine Ortskirche; von hier aus hat man einen hübschen Rundumblick.

Einsame Landschaft vor Cacela Velha

Praia de Cacela Velha

Vor dem Friedhof führt rechts eine Treppe steil hinunter zum inneren Strand der Landzunge, der aber wenige Hundert Meter ostwärts mit dem Außenstrand verschmilzt. Erfrischungen bietet eine kleine Snackbar am Kirchplatz, eine Privatunterkunft € (Tel. 281 325 694) liegt an der Treppe zum Strand.

Conceiçao/ Praia de Cabanas

Im oberen Bereich an der N-125 (Conceição) reiht sich Neubau an Neubau – teils Ferienwohnungen, teils neues Wohnbaugebiet. Jeder Zweite scheint hier Makler zu sein, entsprechend steril wirkt das Ganze. Der untere Abschnitt Cabanas beherbergt an der Westseite die große Ferienwohnanlage Golden Ria und den **Freizeitpark Happy Farm/Crazy Golf** (⇗Freizeitparks), an der Ostseite (Ende des Weges, Feldweg) erstreckt sich der mäßig attraktive Hausstrand. Dazwischen liegt der Altort Cabanas mit zahllosen Restaurants, Geschäften und – Maklerbüros. An der kleinen Promenade darf nicht geschwommen werden; ohnehin ist es ratsam, den eigentlichen Praia de Cabanas auf der äußeren Landzunge aufzusuchen, der bei Ebbe auch hier fast zu Fuß erreichbar ist – ansonsten per Boot ab Tavira oder (im Sommer) mit kleinen Fischerbooten an der Promenade. Sehenswert ist die **Fortaleza de São João Barra,** eine gut erhaltene kleine Festungsanlage aus dem 18. Jh., die man erreicht, wenn man dem Feldweg vor dem „Hausstrand" noch 350 Meter weiter folgt. Nördlich von Conceiçao liegt der **Golfplatz** Benamor (Tel. 281 320 880, Fax 281 320 888).

Unterkunft:

- **Hotel Apartamento Golden Duna** €€, Cabanas, Tel. 281 370 972, Fax 281 370 926
- **Aldeamento Turístico Pedras da Rainha** €€€, Pedras da Rainha/Cabanas, Tel. 281 370 181, Fax 281 370 282, www.pedrasrainha.com
- **Apartamentos Turísticos Club Golden Ria** €€€, Cabanas, Tel. 281 370 517, Fax 281 370 513

Tavira J4

Das für Salzgewinnung und Fischfang bekannte Städtchen Tavira (ca. 10.800 Einw.) liegt beidseitig des Rio Gilão (auch Séqua genannt); es wird aufgrund seiner zwei Kilometer vom Atlantik entfernten **Binnenlage** eher selten als Urlaubs-Standort gewählt. Dennoch – vielleicht auch gerade deshalb – entpuppt sich der Ort als ein lohnenswertes Ziel, da Tavira eine besondere Gelassenheit und architektonische Harmonie ausstrahlt. Das Stadtbild erinnert mit seinen Brücken und der **„Hügelfestung"** optisch ein wenig an Städte wie Prag oder Würzburg. Bereits unter den Römern und Arabern ein wichtiger Hafen, wurde Tavira auch unter den portugiesischen Königen zum wichtigen Flottenstützpunkt, dessen Bedeutung jedoch seit dem Rückzug aus Marokko (1578) allmählich schwand, was von zunehmender Versandung und großen Schäden beim 1755er Erdbeben noch forciert wurde.

Sehenswertes

Igreja do Carmo

Die Ostseite von Tavira entwickelte sich hauptsächlich im 17. und 18. Jh. im Rahmen des städtischen Wiederaufbaus nach dem Erdbeben. Dass hierbei die kirchlichen Orden eine Vorreiterrolle spielten, zeigt die **Karmeliterkirche** Igreja do Carmo am gleichnamigen Platz mit dem nebenstehenden einstigen Kloster.

Largo de São Brás

Nur wenige Meter entfernt liegt der hübsche Platz São Brás, benannt nach der kleinen Kapelle am oberen Ende; eine echte Oase der Stille.

040al Foto: wl

Praça Padinha Am unteren Ende des Largo de São Brás führt eine Treppe hinunter zum Praça Padinha mit der Statue des einstigen Bischofs *Marcelino Franco Padinha* (Ende 19./Anfang 20. Jh.). An der Nordseite lohnt ein Blick in die reich mit Malereien verzierte **Renaissancekirche São Paolo** (17. Jh.).

Zentrumsbrücken/ Praça da República Über eine der beiden **Innenstadtbrücken** kommt man zum Praça da República, dem eigentlichen **Stadtzentrum.** Beide Brücken haben eine höchst unterschiedliche Geschichte: Die pontonähnliche Behelfsbrücke wurde nach Überschwemmungen 1990 zur Entlastung der älteren, auf sieben Bögen ruhenden römischen Brücke (eine Rekonstruktion aus dem 17. Jh.) ergänzt. Im Park oder den umliegenden Cafés kann man dem wenig hektischen Treiben in der Stadt zusehen; auch in den hübsch restaurierten Markthallen finden sich heute hauptsächlich Cafés und Souvenirgeschäfte.

Tavira – ein außergewöhnliches Stadtbild

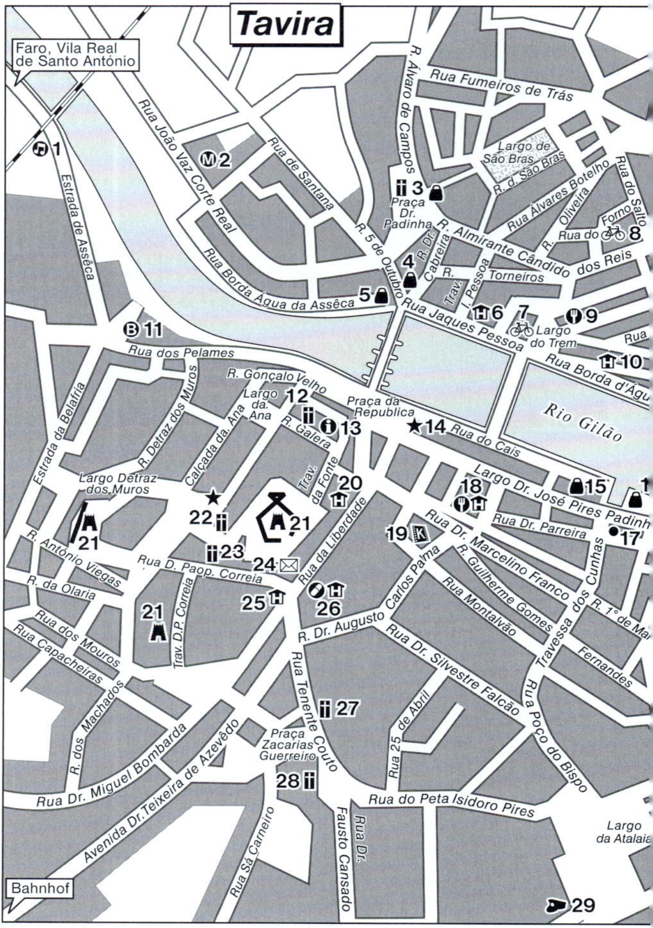
Tavira
Faro, Vila Real de Santo António
Bahnhof
Rio Gilão
Rua João Vaz Corte Real
Rua de Santana
Estrada de Assêca
Rua Borda Água da Assêca
R. 5 de Outubro
R. Álvaro de Campos
Rua Fumeiros de Trás
Largo de São Bras
R. d. São Bras
Praça Dr. Padinha
R. Dr. Cabreira
R. Almirante Cândido dos Reis
Rua Álvares Botelho
R. Oliveira
Rua do Salto
Rua do Forno
R. Torneiros
Trav. I. Pessoa
Rua Jaques Pessoa
Largo do Trem
Rua Borda d'Águ
Rua dos Pelames
R. Gonçalo Velho
Largo da Ana
Praça da Republica
R. Galera
Rua do Cais
Estrada da Belafria
R. Detraz dos Muros
Calçada da Ana
Trav. da Fonte
Largo Detraz dos Muros
Largo Dr. José Pires Padinh
Rua Dr. Parreira
Rua da Liberdade
Rua Dr. Marcelino Franco
R. Guilherme Gomes
Rua Montalvão
Travessa dos Cunhas
R. 1° de Ma
Fernandes
R. António Viegas
R. da Olaria
Rua D. Paop. Correia
Trav. D.P. Correia
Rua dos Mouros
Rua Capacheiras
R. dos Machados
Rua Dr. Miguel Bombarda
Avenida Dr.Teixeira de Azevêdo
R. Dr. Augusto Carlos Palma
Rua Dr. Silvestre Falcão
Rua Poço do Bispo
Rua Tenente Couto
Rua 25 de Abril
Praça Zacarias Guerreiro
Rua do Peta Isidoro Pires
Largo da Atalaia
Rua Sá Carneiro
Rua Dr. Fausto Cansado
1
2
3
4
5
6
7
8
9
10
11
12
13
14
15
17
18
19
20
21
22
23
24
25
26
27
28
29

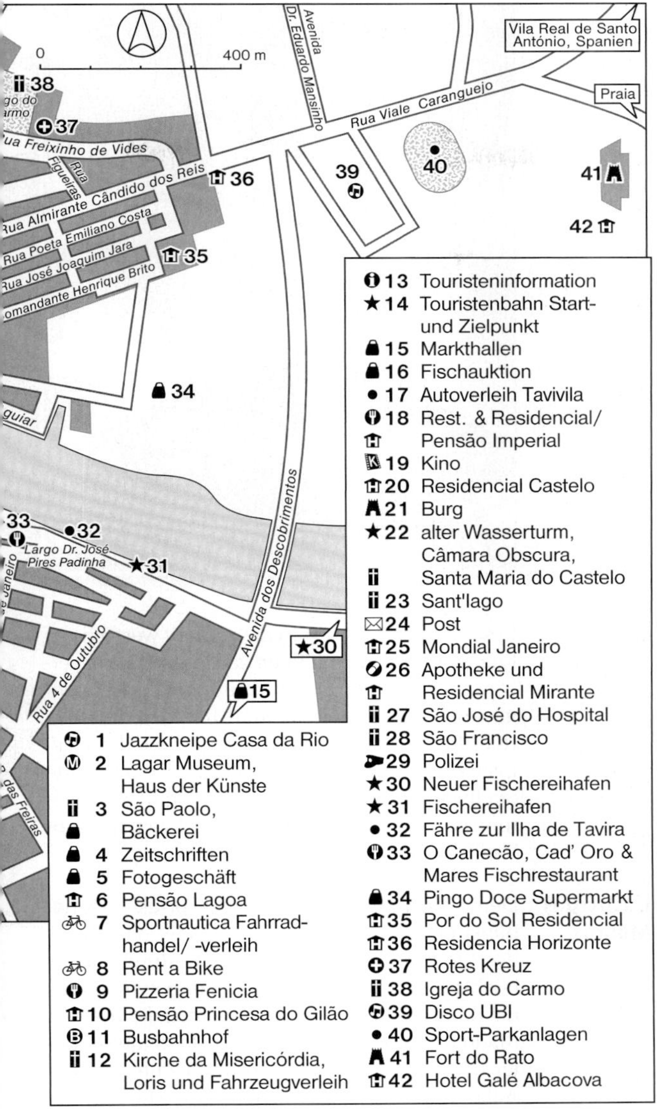

1 Jazzkneipe Casa da Rio
2 Lagar Museum, Haus der Künste
3 São Paolo, Bäckerei
4 Zeitschriften
5 Fotogeschäft
6 Pensão Lagoa
7 Sportnautica Fahrrad-handel/ -verleih
8 Rent a Bike
9 Pizzeria Fenicia
10 Pensão Princesa do Gilão
11 Busbahnhof
12 Kirche da Misericórdia, Loris und Fahrzeugverleih
13 Touristeninformation
14 Touristenbahn Start- und Zielpunkt
15 Markthallen
16 Fischauktion
17 Autoverleih Tavivila
18 Rest. & Residencial/ Pensão Imperial
19 Kino
20 Residencial Castelo
21 Burg
22 alter Wasserturm, Câmara Obscura, Santa Maria do Castelo
23 Sant'lago
24 Post
25 Mondial Janeiro
26 Apotheke und Residencial Mirante
27 São José do Hospital
28 São Francisco
29 Polizei
30 Neuer Fischereihafen
31 Fischereihafen
32 Fähre zur Ilha de Tavira
33 O Canecão, Cad' Oro & Mares Fischrestaurant
34 Pingo Doce Supermarkt
35 Por do Sol Residencial
36 Residencia Horizonte
37 Rotes Kreuz
38 Igreja do Carmo
39 Disco UBI
40 Sport-Parkanlagen
41 Fort do Rato
42 Hotel Galé Albacova

041al Foto: wl

Altstadt

Besonders sehenswert ist die Altstadt westlich der Rua da Liberdade mit ihren zahllosen steilen, verwinkelten Gassen. Durch eine schmale Treppengasse und das maurische **Stadttor Arco da Misericórdia** gelangt man zur gleichnamigen dreischiffigen Kirche der Barmherzigkeit, an deren Fassade Stadtwappen und Apostelfiguren, in deren Inneren die Holzdecken und aufwendigen Azulejo-Verkleidungen hervorzuheben sind.

Castro dos Mouros

Den – im wahrsten Sinne des Wortes – Höhepunkt eines Besuches in Tavira bildet das Castro dos Mouros, die **alte maurische Festung** auf der höchsten Erhebung der Stadt. Hier hatten bereits die Römer eine Befestigung errichtet, die von den Mauren erweitert und nach der Reconquista unter *Dinis I.* erweitert worden war. Heute sind die Außenmauern mit den Beobachtungstürmen begehbar (Vorsicht: ungesicherte Treppen!) und erlauben eine schöne Aussicht über Stadt und Fluss; mittelfristig soll hier eine Pousada entstehen. Geöffnet ist die Anlage Mo–Fr 8–17, sonst bis 17.30 Uhr; der Eintritt ist frei. Unmittelbar vor der Burganlage hatten die Mauren eine **Moschee** gebaut, die von den Portugiesen geschleift und durch die **Kirche Santa Maria do Castelo** ersetzt wurde. Der ursprünglich gotische Bau aus dem 13. Jh., von dem lediglich noch das Portal und einige Bögen im Altarbereich erhalten sind, wurde mehrfach umgebaut und nach dem Erdbeben von 1755 nach alten Vorlagen rekonstruiert. Unmittelbar darunter steht die mit ihren verspielten Seitenbauten an maurische Architektur erinnernde **Kirche Sant'Iago** (Jakob) aus dem 17. Jh.

Torre de Tavira/ Camera Obscura

Oberhalb der Kirche, im alten Wasserturm von 1931, wurde pünktlich zur Fußball-EM im Juni 2004 die jüngste Attraktion der Stadt eröffnet, der **Torre de Tavira/Camera Obscura:** Mit Hilfe von Spiegeln und 2 Linsen ähnlich dem Prinzip eines umgedrehten U-Boot-Periskops wird das Rundumpanorama live auf einen Großbildschirm im Turm projeziert. Dabei werden das Panorama und die bedeutenden Punkte der Stadt bei einer Drehung der Spiegel um 360° erläutert. Die optische Technik der „camera obscura" soll übrigens auf den chinesischen Universalgelehrten und Sektenprediger *Mo Zi* zurückgehen (etwa 480–390 Jh. v.Chr.) und über die portugiesischen Kontakte mit dem Reich der Mitte (Kolonie Macau) im 16. Jh. nach Portugal gekommen sein.

● **Geöffnet** 1.7. bis 30.9. 10–20 Uhr, sonst 10–18 Uhr, **Eintritt** 3,50 €, ermäßigt 2,50 €.

Verwinkelte Konstruktion von Sant'Iago

Strände

Praia de Tavira

Am Ortsausgang, Richtung Vila Real, führt ein beschildertes Sträßchen an Salinenfeldern entlang zum Hotel Galé Alvator und zum gut erhaltenen **Forte do Rato,** welches im 16. Jh. zur Überwachung der Hafenzufahrt errichtet wurde. Wenige Meter weiter steht man praktisch mitten zwischen den Dünen und Inseln am (weder bewachten noch bewirtschafteten) Strand, der hier allerdings nur selten besucht wird; die meisten Strandurlauber bevorzugen die Ilha.

Ilha de Tavira

Vom Largo Padinha wie auch vom Vorort Quatro Águas fahren Fährboote (nur Personen, ca. 80 Cent) zur elf Kilometer breiten Ilha de Tavira hinüber. Es gibt mehrere Anlaufpunkte mit eigenen Strandbezeichnungen, namentlich **Praia de Cascas, Praia da Ilha de Tavira** und **Praia do Barril;** das Westende der Insel (ohne eigene Bezeichnung) wurde zudem zum einzigen offiziellen **FKK-Gebiet** der Algarve ernannt. Kioske, Liegen- und Sonnenschirmverleihe sind an den bewachten Strandabschnitten reichlich vorhanden. Wer Ruhe auf weißem Sand und ausgedehnte Wanderungen durch Dünenlandschaften bevorzugt, ist hier goldrichtig.

Praktische Tipps

Orientierung

Wer mit eigenem Fahrzeug anreist, orientiert sich am besten an der großen **Innenstadtbrücke,** an der auf der Südseite große Markthallen (sieht aus wie ein Messegelände), auf der Nordseite ein großer Pingo Doce-Supermarkt liegen. An diesem Supermarkt empfiehlt es sich zu parken (im Zentrum gibt es nur wenige Parkplätze, die zudem kostenpflichtig sind) und von hier aus die Altstadt beidseitig des Flusses zu besuchen. Alternativ (aus Richtung Faro) an der Beschilderung „Ilha de Tavira" orientieren und unter der großen Brücke parken.

Malerische Ilha de Tavira

042al Foto: wl

An- und Weiterreise

- **Bus:** je 12 Anbindungen von 6.50–20.30 Uhr Richtung Vila Real und Faro; Lokalbus nach Santa Luzia
- **Bahn:** ca. 11 Züge jeweils Richtung Faro und Vila Real, auch abends
- **Fähren:** ab Quatro Águas und Largo Padinha-Pier in Tavira zur Ilha de Tavira (↗Strände)

Unterkunft

Camping:

- An der Ostseite der Ilha de Tavira wurde ein Campingplatz für rund 300 Zelte (ca. 6 €/Pers.) mit Kiosk und Snackbar angelegt. Eher für Traveller, weniger für Familien geeignet; Tel. 281 324 455.

Pensionen:

Für Bus- und Bahnreisende liegen mehrere Pensionen günstig an der Rua da Liberdade sowie unmittelbar am anderen Flussufer:

- So darf sich beispielsweise die **Residencial Princesa do Gilão** €€, Rua Borda d'Água Aguiar 10, Tel./Fax 281 325 171, einer malerischen Aussicht auf die Altstadt rühmen.
- Ähnlich hübsch, zwischen beiden Brücken, liegt die **Pensão Lagoa** €€, Rua Almirande Cândido dos Reis 24, Tel. 281 322 252.
- Schräg gegenüber den Markthallen kommt man in der **Pensão Marés,** Rua José Pires Padinha 134, Tel. 281 325 815, maresresidencial@mail.telepac.pt unter.
- Unterhalb des Kastells liegen nacheinander an der Avenida da Liberdade die **Pensãos Castelo** (Nr. 4), Tel. 281 320790, Fax 320799, **Mirante** €€ und **Mondial Janeiro** €€.

• Als günstige Unterkunft (zentral gelegen) empfiehlt sich die **Pensão Imperial** € (DZ ohne Bad) mit angeschlossenem Restaurant in der Rua José Pires Padinha 22 (Gasse Richtung Kino).
• Ähnlich preiswert ist das **Por do Sol** € in der Rua Comandante Henrique Brito.

Hotels:
• Preiswerte Zimmer bietet die **Residencial Horizonte** €€€, Rua A. Cândido dos Reis (neben der Kirche Nossa Senhora do Livramento), Tel. 281 325 035, Fax 281 325 037.
• **Galé Albacora** €€€€, ist eine hübsch außerhalb beim Fort gelegene restaurierte ehemalige Fischersiedlung; Tel. 281 380 800, www.tavira@vilagale.pt; mit eigener Ilha-Fähre.

Wohnungen:
• **Hotel Apartamento Eurotel** €€€, Quinta das Oliveiras, Tel. 281 324 324, Fax 281 325 571
• **Apartamentos Turísticos Nora Velha** €€€, Sítio da Nora Velha (Block A), Quinta do Morgado, Tel. 281 325 131, Fax 281 325 163; beide sind auch über die Touristeninformation in der Stadtmitte kontaktierbar; die Angestellten vermitteln telefonisch Quartier dort, ohne eine Vermittlungsgebühr zu verlangen.

Essen und Trinken

• **Selbstverpfleger** finden mehrere Supermärkte (Lidl, Pingo Doce) sowie eine gute Bäckerei im Ort (↗Karte). Der neue städtische Markt an der großen Brücke hat zwar kein besonderes Flair, bietet aber ein reichhaltiges Angebot an regionalen Erzeugnissen.
• Gut und günstig kann man in der **Pizzeria Fenicia** (Largo do Trem, Tel. 281 325 175) essen; auch das **Imperial** (↗Pensionen) bietet gute Gerichte für den kleinen Geldbeutel.
• Bekannt für sehr gute Fischgerichte sind die drei Restaurants **O Canecão, Cad'Oro** und **Mares** (Tel. 281 325 819); sie liegen nebeneinander, gegenüber vom restaurierten Markt.
• Wer nur kurz in der Stadt ist, sollte unbedingt im **Bica** in der Rua Almirante Cândido dos Reis 22 einkehren; hier gibt es portugiesische Hausmannskost wie Eintopf oder Schaschlikvarianten ab 5 €.

Nützliches

• **Touristeninformation:** Rua da Galeria (Treppe zur Altstadt), geöffnet Mo–Fr 9.30–13 und 14–17 Uhr, sehr kompetente und hilfsbereite Mitarbeiter, Tel. 281 322 511
• **Postautomat:** am Praça da República, Amt an der Rua da Liberdade
• **Erste Hilfe:** Largo do Carmo (direkt neben der Karmeliterkirche); **Krankenhaus** am Ortsausgang Richtung Santa Luzia (Küstensträßchen)

- **Polizei:** Calçada de Santana 5, Tel. 281 325 704
- **Fährboot-Auskunft** (für Ilha de Tavira): Tel. 964 515 073
- **Stadtrundfahrt:** alle halbe Stunde fährt eine Touristenbahn an den wichtigsten Sehenswürdigkeiten entlang (2 €).
- **Fahrzeugverleih:** Loris, neben der Touristeninformation, Tel. 964 079 233 (PKW und Scooter) und Tavivila Rent a Car, Rua Parinha, Tel. 969 003 043
- **Fahrradverleih:** Sportnautica, Rua Jaques Pessoa (Nordseite zwischen den Brücken) oder Rent a Bike, Rua do Forno, Tel. 281 321 973; hier können auch geführte Radtouren gebucht werden.
- **Abendunterhaltung:** Disco UBI & Bubi Bar, Rua Vale Carangueijo oder Jazzkneipe Casa da Rio, Estrada da Asséca
- **Tauchbasen:** Aqua Bubble, Apartado 185, Tel. 281 962 307, Fax 281 962 307; Coral Sub, Tel. 281 793 495

Zwischen Tavira und Fuzeta I/J4

Zwei Kilometer westlich von Tavira liegt der Fischerort **Santa Luzia** mit einem eigenen (ausgeschilderten), allerdings nur mäßig attraktiven Strand auf dem Festland. Erfrischungen bieten hier die Marisqueria Capelo und die Cervejaria O Chico an.

Tipp: Es gibt noch eine Möglichkeit, auch ohne Fährboot zur Ilha de Tavira (⇗Tavira) zu kommen: in der Feriensiedlung **Pedras d'El Rei** (drei Kilometer westlich von Tavira, Tel. 281 325 352, Fax 281 324 020) verbindet ein schmaler **Pontonsteg** das Festland mit der Insel. Auf der anderen Seite kann man dann entweder per Touristenbahn (1 €, Kinder 50 Cent) oder zu Fuß den kurzen Weg zum ausgezeichneten **Praia do Barril** mit Freizeitanlage und Bewirtschaftung zurücklegen. Für Einkäufe und Erledigungen muss man jedoch auf die Orte Santa Luzia oder **Luz** zurückgreifen. In Luz liegen Post, Minimarkt, die Pensão Palmeira Dourada sowie das beliebte Restaurante O Forno an der Hauptstraße.

Fuzeta 14

Die steigende Beliebtheit dieses einzigen größeren Ortes (2000 Einw.) zwischen Tavira und Olhão erklärt sich weniger aus etwaigen Sehenswürdigkeiten als vielmehr aus seinem traditionell anmutenden Ortsbild. Der kleine Fischerhafen und der Ortskern scheinen nahezu **unberührt von touristischer Entwicklung.** So kann man etwa am Ufer oder auf den Booten Hunderte von Tonkrügen sehen, mit denen Tintenfisch gefangen wird.

Dennoch hat sich der Ort mittlerweile zur wichtigsten Fährstelle für die vorgelagerte Insel Ilha de Armona gemausert; im Zuge dieser Entwicklung wurde die hübsche Promenade neu und modern gestaltet und sogar ein Campingplatz zentral in Ufernähe angelegt. Die Pfarrkirche von Fuzeta erlangte am 19.6.1998 einige Bekanntheit, als der spanische König *Juan Carlos* hier an einer Messe teilnahm.

Strände

Der „Hausstrand" liegt unmittelbar hinter dem Campingplatz und erweist sich als durchaus annehmbar für einen Hafenort.

Praia de Fuzeta

Das eigentliche Ziel hiesiger Wasserratten liegt auf der vorgelagerten **Ilha de Armona** (an der Ostseite der Insel): der Strand Praia de Fuzeta. Auskunft und Tickets gibt es am Kartenkiosk neben der Snackbar O Cubanito an der Promenade; die Boote (nur Personen) fahren täglich von 9.30 bis 12.30 und 14.30 bis 18 Uhr (Sa, So bis 19.15 Uhr), Kosten 1,10 €, Kinder 55 Cent; Telefonauskunft unter 289 794 210. Armona ist einsam und schattenlos, lediglich an der Westseite (Praia de

043al Foto: wl

Armona, ⇗Olhão) stehen ein paar Fincas und zwei kleine Schänken. Die dem Meer zugewandte Seite bietet fast menschenleere feine Sandstrände.

Praktische Tipps

Orientierung

- Das Zentrum liegt im kleinen Viereck zwischen Flussarm (Hafen), der Uferstraße Av. 25 de Abril (hier Camping), der Av. da Liberdade zum Praça da República und der Rua Barosso zurück zum Hafen (Markthalle/Fischmarkt).

Unterkunft

- **Camping:** absolut zentral und günstig (ca. 6 €/Pers.), Tel. 289 793 459, ganzjährig geöffnet
- **Pensão Liberdade** €, 200 Meter vor dem Bahnhof rechter Hand an der Hauptstraße, Tel. 289 793 297

Fischer in Fuzeta

044al Foto: wl

Essen und Trinken/ Nachtleben

- Snacks und Kleinigkeiten bieten die Snackbars **O Cubanito** und **O Farol** an der Promenade sowie die Cafés am Praça da República (z.B. **Pescador**).
- In der mittleren Preisklasse kann das **A Lota** beim Markt empfohlen werden.
- Das **O Ponte Grande** (Rechtskurve der Av. 25 de Abril bis zur kleinen Brücke über die Schienen folgen) wird für seine hervorragenden Grillplatten weithin und zu Recht gerühmt.
- Abendunterhaltung bietet u.a. die Bar **O Abalo** in der Av. 25 de Abril.

Nützliches

- **Bushaltestelle:** Av. 25 de Abril (bei Bar O Abalo); die meisten Busse halten jedoch nur in Alfandangha (= Alfâdega) an der N-125/Zufahrt Fuzeta (1,5 Kilometer zum Ufer). Dort fahren 10–11 Busse täglich in beide Richtungen, in Fuzeta selbst nur 2–3-mal täglich.
- **Bahn:** Der Bahnhof liegt ca. einen Kilometer vor dem Zentrum an der Zufahrtsstraße; es fahren 15 Züge täglich in beide Richtungen.
- **Post, Bank:** Av. 25 de Abril (gegenüber Campingplatz)
- **Minimarkt, Metzgerei:** Av. da Liberdade, nahe Praça da República
- **Apotheke:** am Praça da República

Oktopus wird in Tonkrügen gefangen

Olhão H4

Fast könnte Olhão (ca. 24.000 Einw.) eine Zwillingsschwester von ↗Portimão sein: Beide Städte sind die einzigen nennenswerten verbliebenen **Fischereihäfen** der Algarve, beide erfreuen sich eines traditionellen, von touristischen Einflüssen weitgehend unberührten Lebens, und beide können sich vorzüglicher **Strände** in der näheren Umgebung rühmen. Während aber Portimãos unmittelbar benachbarter Praia da Rocha zu einer die Traditionen missachtenden touristischen Entwicklung führte, liegen die Strände von Olhão auf **vorgelagerten Inseln** ohne jegliche Infrastruktur. Somit erfreut sich die Stadt, und mit ihr der interessierte Besucher, eines nahezu unveränderten kleinstädtischen Lebens wie vor Jahrzehnten.

Die erst im 14. Jh. an damals frisch erschlossenen Quellen gegründete Stadt wird von den meisten Reisenden wegen der Fähranbindung zu den Inseln und wegen des nahen ↗**Naturparks Ria Formosa** am Ortsrand besucht. Ansonsten locken ein netter Uferpark und eine verwinkelte Fußgängerzone in die Heimatstadt des Dichters *João Lucio,* dessen Büste in der kleinen Grünanlage vor den Kirchen zu sehen ist.

Sehenswertes

Am Südende der Avenida da República fällt unmittelbar die **Capela Nossa Senhora dos Aflitos** ins Auge, eine mit Azulejos ausgekleidete Gebetsstätte der Fischer, die hier um gute Fänge und ruhige Fahrt bitten. Unmittelbar an die Rückseite wurde die einschiffige, vorwiegend im barocken Stil gehaltene **Pfarrkirche Nossa Senhora do Rosário** ab 1699 angebaut. Bemerkenswert im prunkvollen Inneren ist der optische Tiefeneffekt,

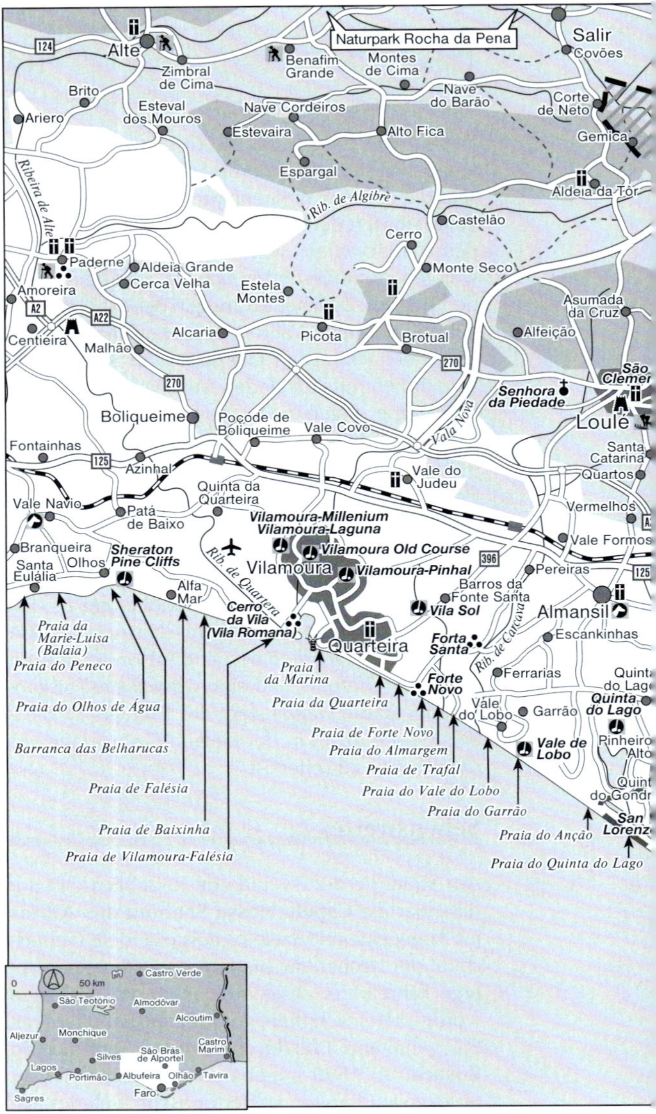
Naturpark Rocha da Pena
Alte
Salir
Covões
Benafim Grande
Montes de Cima
Zimbral de Cima
Brito
Ariero
Esteval dos Mouros
Nave Cordeiros
Nave do Barão
Corte de Neto
Estevaira
Alto Fica
Gemica
Espargal
Aldeia da Tôr
Ribeira de Alte
Rib. de Algibre
Castelão
Cerro
Paderne
Aldeia Grande
Monte Seco
Cerca Velha
Amoreira
Estela Montes
Asumada da Cruz
Centieira
Malhão
Alcaria
Picota
Brotual
Alfeição
Senhora da Piedade
São Clemen
Loulé
Boliqueime
Poçode de Boliqueime
Vale Covo
Vala Nova
Fontainhas
Azinhal
Santa Catarina
Vale do Judeu
Quartos
Quinta da Quarteira
Vale Navio
Patã de Baixo
Vermelhos
Vilamoura-Millenium
Vilamoura-Laguna
Vale Formos
Branqueira
Sheraton Pine Cliffs
Vilamoura Old Course
Santa Eulália
Olhos
Vilamoura
Vilamoura-Pinhal
Pereiras
Rib. de Quarteira
Alfa Mar
Barros da Fonte Santa
Almansil
Vila Sol
Cerro da Vila (Vila Romana)
Rib. de Carcava
Escankinhas
Quarteira
Forta Santa
Praia da Marie-Luisa (Balaia)
Praia do Peneco
Praia da Marina
Ferrarias
Forte Novo
Quint do Lag
Quinta do Lago
Praia do Olhos de Água
Praia da Quarteira
Vale do Lobo
Garrão
Pinheiro Alto
Praia de Forte Novo
Barranca das Belharucas
Praia do Almargem
Vale de Lobo
Praia de Trafal
Praia de Falésia
Praia do Vale do Lobo
Quint do Gondr
Praia do Garrão
San Lorenz
Praia de Baixinha
Praia do Anção
Praia de Vilamoura-Falésia
Praia do Quinta do Lago
124
A2
A22
270
125
396
0
50 km
Castro Verde
São Teotónio
Almodôvar
Alcoutim
Aljezur
Monchique
Castro Marim
Silves
São Brás de Alportel
Lagos
Portimão
Albufeira
Olhão
Tavira
Faro
Sagres

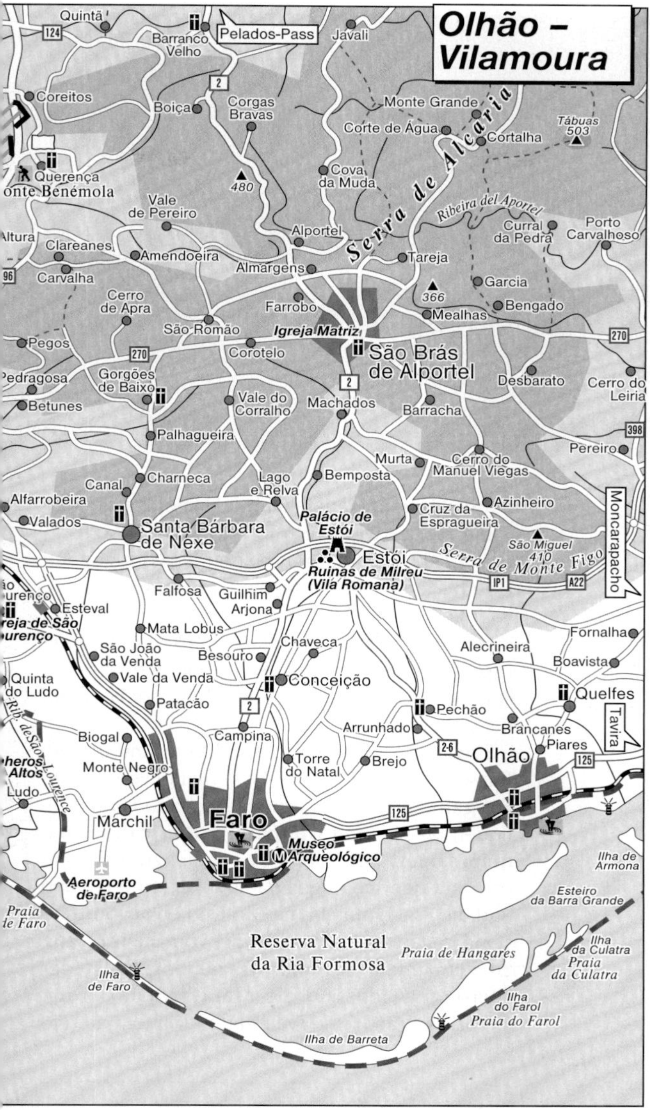
Olhão – Vilamoura
Quintã
Barranco Velho
Pelados-Pass
Javali
Coreitos
Boiça
Corgas Bravas
Monte Grande
Corte de Água
Cortalha
Tábuas 503
Querença
Fonte Benémola
480
Cova da Muda
Serra de Alcaria
Vale de Pereiro
Ribeira del Aportel
Curral da Pedra
Porto Carvalhoso
Alportel
Clareanes
Amendoeira
Tareja
Almargens
Carvalha
Garcia
366
Cerro de Apra
Farrobo
Bengado
Mealhas
São Romão
Igreja Matriz
270
Pegos
Corotelo
São Brás de Alportel
Gorgões de Baixo
Desbarato
Cerro do Leiria
Betunes
Vale do Corralho
Machados
Barracha
398
Palhagueira
Pereiro
Murta
Cerro do Manuel Viegas
Charneca
Lago e Relva
Bemposta
Canal
Alfarrobeira
Azinheiro
Cruz da Espragueira
Valados
Santa Bárbara de Nexe
Palácio de Estói
São Miguel 410
Moncarapacho
Estói
Serra de Monte Figo
Falfosa
Guilhim
Ruinas de Milreu (Vila Romana)
IP1
A22
Esteval
Arjona
Mata Lobus
Fornalha
Chaveca
São João da Venda
Besouro
Alecrineira
Boavista
Quinta do Ludo
Vale da Venda
Conceição
Quelfes
Patacão
Pechão
Tavira
Biogal
Campina
Arrunhado
Brancanes
2-6
Piares
Monte Negro
Torre do Natal
Brejo
Olhão
125
Ludo
Marchil
Faro
Museo Arqueológico
Ilha de Armona
Aeroporto de Faro
Esteiro da Barra Grande
Praia de Faro
Reserva Natural da Ria Formosa
Praia de Hangares
Ilha da Culatra
Praia da Culatra
Ilha de Faro
Ilha do Farol
Praia do Farol
Ilha de Barreta

045al Foto: wl

der hinter dem Hauptaltar mit kleiner werdenden Säulen erzielt wird. Vom Turm (tgl. außer So 9–11 und 15–17 Uhr) hat man einen hervorragenden Überblick über Fischereihafen und Innenstadt.

Gegenüber, am Praça de Restauração, liegt das neue **Museu de Citade** (Städtisches Museum) mit Exponaten zur Stadtgeschichte; ein Schwerpunkt liegt auf der besonderen Bedeutung der Fischerei für Stadt und Region.

Südlich der beiden Gotteshäuser, rund um die Rua do Comércio, erstreckt sich eine verwinkelte **Fußgängerzone** mit kleinen Geschäften und Boutiquen bis hin zum **Uferpark Jardim Patrão Joaquim Lopez.** Hier bietet es sich an, zu bummeln oder auf den schattigen Parkbänken zu verweilen und die Azulejotafeln mit Motiven etwa vom Aufstand gegen die Franzosen oder vom Tunfischfang zu betrachten. Zentraler Anziehungspunkt der Uferpromenade sind die **Markthallen,** die mit ihren Ecktürmen und wehrhaften Mauern auf die

Maurische Einflüsse prägen die Markthalle

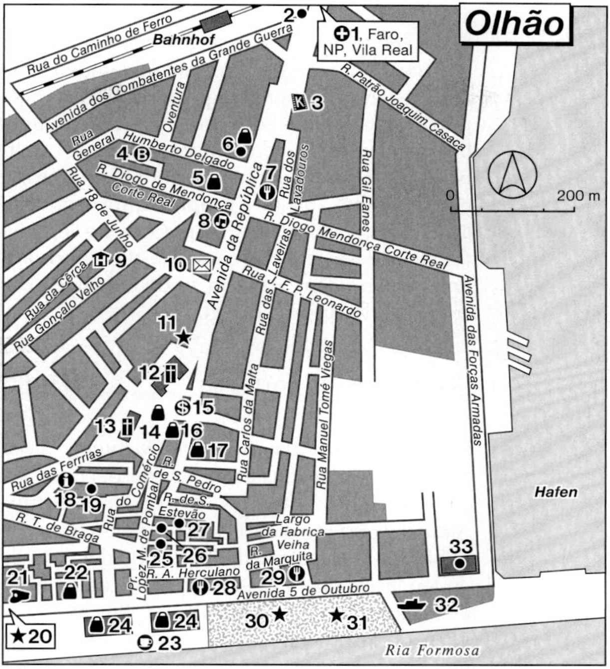

- 1 Krankenhaus
- 2 Praça João Serra
- 3 Kino Cinealgarve
- 4 EVA Busbahnhof
- 5 Supermarkt
- 6 Reisebüro & Fischgeschäft
- 7 Pan & Kake Snacklokal
- 8 Vereinslokal CF Olhão
- 9 Pensão Boémia
- 10 Post
- 11 João Lucio Denkmal
- 12 Nossa Senhora dos Aflitos/ Na Sa do Rosário
- 13 Na Sa da Soledade
- 14 Zeitschriftenhandel
- 15 Bank
- 16 Film-/Fotogeschäft
- 17 Minimarkt
- 18 Touristeninformation
- 19 Largo Maestre
- 20 Marina, Amphitheater, Jardim Oueste
- 21 Polizei
- 22 Fischgeschäft
- 23 Marktcafés
- 24 Markthallen
- 25 Rua Vasco da Gama
- 26 Rua da Albuquerque
- 27 Rua da Morgado
- 28 Rest. Isidoro
- 29 Snackbar Piteu, Rio Formosa
- 30 Jardim J. Lopez
- 31 Joaquim Lopez Denkmal
- 32 Fährtickets (Ilhas)
- 33 Hafenverwaltung

Einflüsse nordafrikanischer Architektur an der Algarve verweisen. An Samstagen erlebt man rund um den Markt in den Vormittagsstunden eine volksfestähnliche Stimmung, wenn zahllose fliegende Händler ihre Textilwaren vom Ledergürtel bis zur Jeans feilbieten. Am Westende des Uferparks entsteht derzeit neben der neuen **Marina** ein modernes, kleines **Amphitheater** für Freilichtaufführungen aller Art. Am Ostende liegt der traditionelle **Fischerhafen** sowie der **Fährbootanleger,** von dem aus man zu den Stränden der vorgelagerten Inseln gelangt.

Naturpark Ria Formosa H5–K3

Fährt man am Ortsausgang in Richtung Tavira (von der N-125 rechts ab, beschildert), bietet sich ein Besuch des Naturparks Ria Formosa *(Parque Natural da Ria Formosa,* PNRF) an, der sich von Faro bis Vila Real entlang der Küste und der vorgelagerten Inseln über insgesamt rund 18.000 Hektar erstreckt. Der außerordentliche Reichtum an Pflanzen, insbesondere in Verbindung mit Sumpf- und Dünenlandschaft, ließ ein ideales **Revier für Zug- und Wasservögel** entstehen. Über 200 Vogelarten wurden hier gezählt, eine Tatsache, die alljährlich internationale Kapazitäten auf dem Gebiet der Ornithologie anzieht. In Olhão wurden ein **Naturlehrpfad** sowie eine Parkverwaltung und ein Informationsgebäude eingerichtet (geöffnet tgl. durchgehend 9–17 Uhr, die Parkverwaltung *Sede de PNRF* hält von 12.30–14 Uhr Siesta); Eintritt muss wegen großer Erweiterungsarbeiten für das provisorische Informationszentrum gezahlt werden (2 €, Kinder 1 €), bis 2005 soll die Anlage komplett umgestaltet werden. In den Informationsabteilungen sind u. a. Fotoausstellungen und Parkmodelle untergebracht, aber auch der seltene Wasserhund *(cão de água português)* mit Schwimmhäuten, der mehrere Meter tief tauchen

046al Foto: wl

kann, ist hier zu sehen. Es lohnt auch ein Rundgang (45 Minuten) auf dem Lehrpfad, wo man unter anderem eine ehemalige römische Pökelstation besichtigen kann; hinter Palisaden wurden Vogelbeobachtungswarten errichtet, auf denen man u. a. Störche, Reiher und Stelzen zu Gesicht bekommt. Sehr interessant ist ferner eine alte, voll funktionsfähige Gezeitenmühle, bei der das Flutwasser großflächig aufgefangen wird, sodass es bei Ebbe durch den Rückfluss die Turbinen in Bewegung setzt.

● **Lands,** Rua Bento de J. Caraça 22, Faro, Tel. 289 817 466, lands@post.com, bietet sehr interessante Ganztagestouren per Kajak inkl. Mittagspicknick durch das Naturparkgebiet für maximal 10 Teilnehmer. Die Tour findet nur Sa und So statt, kostet 40 €/Person und muss 2 Tage vorher (am besten vorab per Mail) gebucht werden.

Marschland im Naturpark Ria Formosa

Strände

Vom Fährpier in Olhão fahren um 7, 11, 15 und 18.30 Uhr Personenfähren zur Ilha de Farol (2,50 €) und Ilha da Culatra (2 €, Kinder jeweils 50 %) sowie um 8.30, 12, 15 und 17 Uhr zum Praia de Armona (Ilha de Armona, ⇗Fuzeta). Im Sommer (Juni–Mitte Sept.) je 7-mal tgl. von 7–20 Uhr, Armona 9–13-mal tgl.

Ilha Culatra

Die fahrzeugfreie Ilha Culatra wird von gut 700 Muschelzüchtern bewohnt, das Dörfchen verfügt über eine eigene Schule und eine Pfarrkirche. Auf der Südseite lädt das offene Meer ein, auf der Nordseite der Inseln der saubere Bodden der naturgeschützten Ria Formosa.

Ilha de Farol

Die Ilha de Farol („Leuchtturminsel") ist unbewohnt und bietet zwei Strände, den **Praia de Farol** sowie den **Praia de Hangares.** Die unbewachten Strände bieten keine Gastronomie.

Praktische Tipps

Orientierung

Busreisende und Selbstfahrer erreichen die Innenstadt direkt an der N-125 an einem **Kreisverkehr** mit modernem Würfel-Monument. Gleich darauf unterquert man die Schienen (Bahnhof rechts) und wird über die Avenida da República (hier parken) Richtung Ufer geleitet.

An- und Weiterreise

- **Bahn:** Der Bahnhof liegt zentral, je 17 Züge fahren von 6.40–22.40 Uhr in beide Richtungen.
- **Bus:** Der Busbahnhof ist nur werktags von 7–19 Uhr besetzt, Anbindung besteht von 7.35–19.50 Uhr bis zu je 12-mal tgl. in Richtung Vila Real und Faro sowie nach Cacela Velha.

Unterkunft

- **Camping:** Gleich vor der Zufahrt zum Naturpark Ria Formosa liegt ein angenehmer, ganzjährig geöffneter Platz mit Schwimmbecken und Sportmöglichkeiten; Tel. 289 700 300.
- **Pensão Bicuar** €, Avenida Vasco da Gama 5, Tel. 289 714 816; schlicht, zentral gelegen
- **Pensão Bela Vista** €, Rua Teófilo de Braga 65–67, Tel. 289 702 538, Fax 289 702 538

• **Pensão Boémia** €€, Rua da Cêrca 20, Tel. 289 721 122, Fax 289 714 513, nahe dem Busbahnhof
• **Hotel Ria Sol** €€, Rua General Humberto Delgado 37, Tel. 289 705 267, Fax 289 705 268

Essen und Trinken

• Fast Food bieten **McDonald's** an der N-125 (Ortsausgang Richtung Faro) oder das preiswerte **Pan & Kake** (Av. da República) mit leckeren Sandwiches und Toasts.
• Rund um den Markt sorgen zahllose Cafés, Bars und Restaurants für das leibliche Wohl. Gut und günstig isst man hier in der **Snackbar Piteu,** exotische Gerichte, beispielsweise Straußenfleisch aus Cabanas, kredenzt das **Ria Formosa** am Markt.
• Wer traditionelle Fisch- und Fleischgerichte bevorzugt, kommt im **Isidoro,** in der Av. 5 de Outubro, voll auf seine Kosten.

Nützliches

• **Touristeninformation:** am Largo da Lagoa, geöffnet Mo–Fr 9.30–13 und 14–17.30 Uhr, Tel. 289 713 936
• **Unterhaltung:** Abendliche Zerstreuung bieten beispielsweise das kleine **Kino Cinealgarve** oder das **Vereinslokal des CF Olhão** (Billard), beide in der Av. de República.
• **Tauchen:** Centro de Act. Subaquáticas do Algarve, Rua 18 de Junho 118, Tel. 289 707 755, Fax 289 707 755
• **Einkaufsmöglichkeiten** gibt es in der Fußgängerzone, am Markt (Lebensmittel) oder in den Supermärkten Lidl und Modelo am Ortsausgang Richtung Faro (am Kreisverkehr).
• **Post:** Ecke Av. da República/Rua 18 de Junho
• **Taxis:** an der Verkehrsinsel bei der Post
• **Polizei:** Av. 5 de Outubro, Tel. 289 703 089
• **Hospital:** Rua Gulbenkian (am „Würfelkreisel"), Tel. 289 700 260

Estói H4

Das an sich verschlafene Straßendorf Estói bietet geschichtlich Interessierten gleich zwei bedeutende Monumente aus verschiedenen Epochen. Da die 600-Seelen-Gemeinde zentral zwischen Olhão, Faro und São Brás de Alportel sowie unmittelbar an der IP-1 liegt, lässt sich ein Abstecher mühelos jederzeit unternehmen.

Anreise

Estói liegt gut beschildert an der N-2 zwischen Faro und São Brás de Alportel; man nimmt die Autobahnabfahrt Faro-Ost (nicht die zum Flughafen). Die Anlage Milréu liegt links vor der Ortseinfahrt, das Schloss erreicht man, wenn man vor der Dorfkirche Igreja Matriz links hineinfährt.

Nützliches

- Der **Bus** nach Faro fährt vom Kirchplatz aus. Hier liegen auch zwei **Dorfschänken** und die besten Parkmöglichkeiten für Besucher des Schlosses.

Ruínas de Milréu

Den Ergebnissen der bisherigen Ausgrabungen zufolge handelte es sich bei der Anlage von Milréu um einen mehrschichtigen, rund 2000 Jahre alten Wohn- und Erholungskomplex wohlhabender Römer. Im Laufe der letzten 130 Jahre wurden eine römische Villa, Thermen, Mosaiken und die Mauern einer frühchristlichen Basilika freigelegt. Darüber hinaus wurden Ziermosaiken entdeckt, welche auf die Existenz eines Nymphäums (Wasserheiligtums) hindeuten. Die Mehrzahl der beweglichen Funde wird heute im Archäologischen Museum von ⇗Faro ausgestellt. Zwar sind die einzelnen Abschnitte ordentlich beschildert, wer jedoch kein Fachmann ist, dem genügt vielleicht auch ein (kostenloser) Blick auf die Mosaiken von ⇗Abicada bei Portimão.

- Geöffnet täglich 9.30–12.30 und 14–18 Uhr (im Winter bis 17 Uhr), Mo und an Feiertagen geschlossen; Eintritt 2 €, Senioren und Kinder 1 €

Palácio de Estói

Das Interessante an diesem 1793 vom *Visconde de Carvalhal* errichteten **Rokoko-Lustschlösschen** ist die Tatsache, dass der Palácio als einziger seiner Art an der Algarve erhalten blieb. Durch den auf mehreren Ebenen angelegten Palmengarten erreicht man eine mit Azulejos verkleidete Freitreppe zum Hauptpalast sowie den Goldfischteich, der von Büsten portugiesischer Berühmtheiten *(Luís de Camões, Marquês de Pombal,* ⇗Lissabon) umgeben ist. Nach Abschluss der - dringend gebotenen - Renovierungsarbeiten könnte der Palácio de Estói ein großer Besuchermagnet werden. Das 1989 von der Stadt Faro gekaufte Gebäude soll bis 2005 zur Pousada umgebaut bzw. renoviert werden - sofern die Finanzmittel dies erlauben. Es ist bis dahin mit Einschränkungen der Besuchsmöglichkeiten für einzelne Abschnitte zu rechnen.

● Geöffnet täglich 9.30–12.30 und 14–17.30 Uhr, So und an Feiertagen geschlossen; Eintritt 3 €, Senioren und Kinder 1,50 €

047al Foto: wl

Serra de Monte Figo und Moncarapacho 14

Ein kleiner Abstecher mit toller Aussicht bietet sich zwischen Estói und Moncarapacho in Richtung São Brás d'Alportel/Azinhero an. Fährt man, von Estói kommend, in Azinhero rechts und sofort wieder links den schmalen Asphaltweg hinauf (der Straßenzustand wird zunehmend besser!), erreicht man den antennenbewehrten Gipfel des **São Miguel** (410 Meter), die höchste und ausschließlich von Zwergkaninchen bewohnte Erhebung der Serra de Monte Figo. Von oben (keine Bewirtschaftung) hat man einen großartigen Blick über Olhão und die vorgelagerten Inseln des Naturparks Ria Formosa. Wer nicht weit ins Hinterland fahren möchte, kann auch von hier aus einen spektakulären Panoramablick genießen.

Moncarapacho 14

Dieses vollkommen untouristische Örtchen am Fuß des Berges bietet sich als Raststation an. Im Zentrum, rund um die Markthalle, findet man eine Tankstelle, die Café-Snackbars Avenida und Mercado sowie das Internet-Café Mic. Hinter dem Markt (ausgeschildert) liegt ein kleines **Pfarrmuseum** (geöffnet Mo–Fr 11–17 Uhr, Eintritt 1,50 €), welches neben Sakralreliquien auch lokale archäologische Funde beherbergt. Gleich nebenan kann man in der bekannten Pizzeria Otto sehr günstige Pizzen und weitere Gerichte schmausen. 100 Meter weiter rechts stößt man auf die dreischiffige **Pfarrkirche** am Largo Isidouro. In die beiden Seitenschiffe wurden je zwei mit Azulejos ausgekleidete Kapellen integriert; besonders hübsch gelang die Capela do São Francisco Xavier links vom Eingang. Rund um die Kirche liegen Post und Minimarkt, ein Alisuper findet sich am Ortsausgang Richtung Luz de Tavira.

São Brás de Alportel H4

Nördlich der IP-1 bei Faro und Olhão erhebt sich nach Nordosten die **Serra da Alcaria** bis auf 541 Meter, nordwestlich die **Serra de Caldeirão** auf bis zu 590 Meter. Das hügelige Gebiet ist von kleinen zersiedelten Agrardörfchen (Zitrusfrüchte, Oliven, Wein und Getreide) geprägt. Einzige größere Siedlung dieses Landkreises ist die untouristische **Kreishauptstadt** São Brás de Alportel (245 Meter über NN, 8000 Einw.), wo die N-2 aus Norden nach Faro/Olhão und die N-270 (Loulé – Tavira) am zentralen Ortsplatz Largo de São Sebastião zusammentreffen; die Parkmöglichkeiten sind begrenzt. Hier fährt auch ein Bus nach Faro.

Stadtrundgang

Der Platz dient ideal als Ausgangspunkt für einen Rundgang, genauer: die dortige **Apotheke.** Vor dieser nämlich führt die enge Rua Teófilo Braga zum Largo da Igreja (Kirchplatz) mit der **Igreja Matriz.** Sie entstand vermutlich auf den Trümmern einer dem Ortspatron *São Brás* gewidmeten Kapelle, wurde im 18. Jh. mehrfach umgestaltet und nach der Zerstörung durch das Erdbeben von 1755 unter *Bischof Francisco Gomes do Avelar* neu aufgebaut. Das schlichte Innere ist mit Heiligenbildnissen und -schnitzereien verziert, u. a. sind der Erzengel Michael und die heilige *Eufemia* hier verewigt. Vom Kirchvorplatz hat man einen hübschen Ausblick bis aufs Meer hinunter.

Der baumgesäumten Rua Dr. Pinto folgend, liegt nach ca. 150 Metern ein hübscher Park rechter Hand, der **Jardim da Verdena** (tgl. 8–20 Uhr, Okt.–April bis 17 Uhr), Teil des benachbarten ehemaligen Bischofspalastes. Die seit Mitte des 16. Jh. in Faro residierenden Bischöfe der Algarve suchten einen nahe gelegenen, kühlen Sommersitz

051al Foto: wl

und ließen deshalb Anfang des 18. Jh. den **Palácio Episcopal** in São Brás errichten. Geht man am Largo do Mercado weiter bis zur Kreuzung und dort links die Rua Nova da Fonte entlang, erreicht man die Hauptstraße Dr. Sancho (= N-270) mit dem **Ethnographischen Museum** schräg rechts gegenüber (geöffnet Mo–Sa 10–13 und 14–17 Uhr, Sa nur nachmittags, Eintritt 2 €, Senioren und Kinder 1 €). Informiert wird über Trachten und Brauchtümer der Algarve, aber auch über landwirtschaftliche Geräte und das wichtige Thema Korkgewinnung.

Ein kleines Schwätzchen

Praktische Tipps

Unterkunft

- **Pousada de São Brás** €€€€, Tel. 289 842 305, 1,5 Kilometer nördlich an der N-2 rechter Hand, guest@pousadas.pt
- **Estalagem & Apartments Sequera** €€€, Rua Sousa Gago (gegenüber der Apotheke), Tel. 289 842 294, preiswert und ordentlich
- **Estalagem O Fernado** €€, Rua Sousa Gago, Tel. 289 842 283; ebenfalls nett
- **Pensão São Brás** €, Rua L. Bivar, Tel. 289 842 213, einfach, aber angenehm

Essen und Trinken

- Im **O Fernado** in der Rua Gago speist man gutbürgerlich, die Snackbar **Atlantico** nebenan (sehr günstig) wird vorwiegend von Einheimischen besucht. Gut isst man auch in der modernen **Pastelaria Kuick** in der Av. da Liberdade.

Nützliches

- **Touristeninformation:** am Largo Sebastião/Ecke Rua Bivar, Mo–Fr 9–12 und 14–17.30 Uhr
- Ein **Supermarkt** liegt in der Av. da Liberdade (nahe der Apotheke), gegenüber gibt es **Zeitungen.** Ein Intermarché liegt direkt an der Schnellstraßen-Zufahrt (Ortsausgang)
- **Post:** vom Supermarkt 50 Meter weiter links in der Rua Louro
- **Fotoladen:** am Largo Sebastião
- **Schwimmbad:** unterhalb des Jardim da Verdenha
- **Polizei:** N-270, Sítio da Calçada, Tel. 289 842 210
- **Erste Hilfe:** Rua João de Deus, Tel. 289 840 440

Zwischen São Brás de Alportel und Cachopo H4/I 3

Fährt man von São Brás nach Norden, gelangt man, der N-2 folgend, über den 589 Meter hohen **Pelados-Pass** in die Nachbarprovinz Alentejo. Elf Kilometer vor dem Pass kreuzt die N-124, die von Portimão über Silves bis nach Alcoutim im Nordosten der Algarve führt. Westlich dieser Kreuzung liegen die schönen Wanderziele der **Naturparks** ⇗**Fonte Benémola** und ⇗**Rocha da Pena.**

Nach Osten verläuft die Strecke über die **Serra de Alcaria** und den Aussichtspunkt **Fonte da Rata** (541 Meter). Drei Kilometer weiter östlich liegt das neue Wandergebiet von **Feiteira,** welches rund ein Dutzend vorzüglich ausgeschilderter Wanderwege zwischen fünf und 45 Kilometern bietet. Zwar hängt bei Feiteira ein guter Wanderplan aus, doch empfiehlt es sich, eine exakte Wanderkarte über die Junta Fregueisa de Cachopo (Rua P. Oliveira 40, Tel./Fax 289 844 112) oder die Camara Municipal de Tavira, zu dessen Bezirk Feireira gehört (Praça da República, Tel. 281 320 500, Fax 289 324 752) zu erwerben. Im Unterschied zum recht touristischen Monchique kann Feiteira getrost als Geheimtipp für Wanderer bezeichnet werden, die fernab von überlaufenen Pfaden eine Tour im Mittelgebirge des Hinterlandes unternehmen möchten.

Cachopo 13

Cachopo (ca. 300 Einw.), auf 493 Höhenmetern gelegen, wurde erst in den vergangenen Jahren als Heilquellenort etwas bekannter. Interessant sind hier die Fontes Férrea am Ortsausgang Richtung São Brás, ein kleines **Bergschwimmbad** mit Picknickplatz und nur an Wochenenden geöffnetem Snacklokal. Im Ort selbst gibt es einen Minimarkt, das Café Tomé sowie das beliebte Restaurante A Charrua an der Hauptstraße.

Von hier aus verläuft eine attraktive, aber sehr kurvige Strecke weiter bis ↗Martim Longo/Alcoutim, wobei die Szenerie allmählich vom dichten Grün (Eukalyptus) zum kargen Berg- bzw. goldgelben Getreidefeldpanorama übergeht.

Faro H4

Als Sitz der Kreis- und Provinzverwaltung wie auch durch den Dienstleistungssektor des Flughafens wurde Faro (rund 51.000 Einw.) zum **administrativen und wirtschaftlichen Zentrum der Algarve.** Arbeitsplätze bieten zudem einige wenige Industriebetriebe, der Hafen (Güterumschlag) sowie die einzige **Universität** der Algarve. Ein touristischer Boom auf Faro blieb bislang aus, die meisten Urlauber reisen nach der Ankunft unmittelbar an ihre eigentlichen Urlaubsziele der Algarve weiter.

Zwar bietet die Stadt auf der vorgelagerten ⇗Ilha de Faro einen an sich beachtlichen Strand, und auch die historische Altstadt ist mehr als sehenswert – Faro jedoch als den ultimativen Urlaubsort zu bezeichnen, ginge denn doch am Kern vorbei. So sind es überwiegend Individualreisende, deren Rückflug in den Abendstunden liegt, die ihren letzten Urlaubstag für einen Stadtbummel in Faro nutzen, um dann von der Innenstadt aus in wenigen Minuten per Bus zum drei Kilometer entfernten Flughafen zu fahren.

Stadtgeschichte

Vermutlich war der Ort bereits Anlegestelle römischer Galeeren, zumindest weisen die im nahegelegenen ⇗Estói gefundenen Thermen auf eine frühe **römische Besiedlung** der Gegend um Faro hin. Nach der Eroberung durch die **Westgoten** (418) zum Bischofssitz ernannt, entwickelte sich die Stadt unter dem gotischen Namen **Santa Maria de Ossonoba** schon früh zu einem Zentrum der Algarve. Aufgrund seiner geographischen Lage war Faro nur schlecht zu verteidigen, und so

Faro
1, Albufeira, Lissabon
Rua Aboim Ascenção
Rua Teófilo A.
Rua S. Sebastião
Rua Infante D. Henrique
Rua Cons. Sebastião Teles
Rua Dr. Miguel Bombarda
Rua da Moagem Estacão
Rua Ventura Coelho
Largo da Estacão
Rua Franscico Barreto
Rua Teofilo Braga
Rua Serra Pinto
Travessa do Alportel
Largo do Carmo
Rua do Alportel
Rua Truz da s Mestras
Largo de S. Pedro
Rua Gil Eanes
Rua da Bargueta
Rua Conselheiro Bivar
Rua Compromisso
Rua Filipe Alistão
R. José Estevão
Avenida da República
Praça Ferreira Almeida
R. 1°. Maio
Praça Franciscco Gomes
R. da Marinha
Rua Ivens
R. Ten. Valadim
R. Dr. F. Gomes
Bahnhof
Hafen
Jardin Manuel
Bívar
R. João Dias
Rua Misericór
R. Do Alb
F. Manuel
Rua Comand.
Rua Rasquinho
R. Repous
Largo da Sé
Praça Afonso III
R. Norb. Silva
R. Castelo
R. do Trem
R. Nova Castelo
Ria Formosa
Ilha do Farol
2 3 4 5 6 7 8 9 10 12 13 14 15 16 17 18 19 20 21 22 23 24 25 27 28 31 32 33 38 39 40 41 42 43 44 46 47

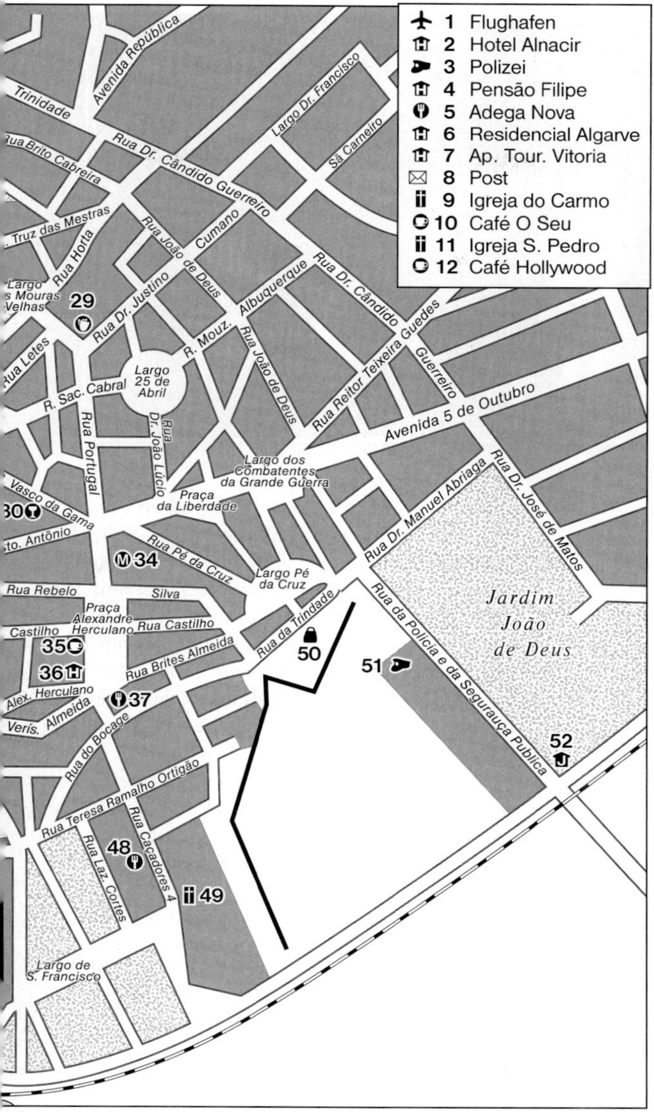
1 Flughafen
2 Hotel Alnacir
3 Polizei
4 Pensão Filipe
5 Adega Nova
6 Residencial Algarve
7 Ap. Tour. Vitoria
8 Post
9 Igreja do Carmo
10 Café O Seu
11 Igreja S. Pedro
12 Café Hollywood
Avenida República
Trinidade
Rua Brito Cabreira
Rua Dr. Cândido Guerreiro
Largo Dr. Francisco
Sá Carneiro
Truz das Mestras
Rua Horta
Rua João de Deus
Cumano
Rua Dr. Justino
Largo
s Mouras
Velhas
29
Albuquerque
Rua Dr. Cândido
Guerreiro
Rua Reitor Teixeira Guedes
R. Mouz.
Rua João de Deus
Rua Letes
R. Sac. Cabral
Largo 25 de Abril
Rua Dr. João Lúcio
Rua Portugal
Avenida 5 de Outubro
Largo dos Combatentes da Grande Guerra
Praça da Liberdade
Vasco da Gama
30
to. Antônio
34
Rua Pé da Cruz
Largo Pé da Cruz
Rua Dr. Manuel Abriaga
Rua Dr. José de Matos
Jardim João de Deus
Rua Rebelo
Silva
Praça Alexandre Herculano
Castilho
Rua Castilho
35
36
Rua Brites Almeida
Rua da Trindade
50
51
Rua da Polícia e da Segurança Publica
Alex. Herculano
37
Verís.
Almeida
Rua do Bocage
52
Rua Teresa Ramalho Ortigão
Rua Caçadores 4
48
Rua Laz. Cortes
49
Largo de S. Francisco

048al Foto: wl

spielte die Stadt der maurischen Epoche (714–1249) eine eher untergeordnete Rolle. Die **Mauren** bevorzugten Hügelorte für den Bau ihrer Burgen und machten Xelb (⇗Silves) zu ihrem Zentrum. Nach der Reconquista unter *König Afonso III.* (1249) dauerte es noch 500 Jahre, ehe im Zuge des Wiederaufbaus (nach dem Erdbeben 1755) Faro zur **Hauptstadt der Algarve** erkoren wurde. In dieser Funktion war es später zwangsläufig die Provinzhauptstadt, die den Zuschlag bei der Errichtung eines Algarve-Flughafens unter *Salazar* (Eröffnung 1965) erhielt. Beim Wiederaufbau von 1756 baute *Bischof Francisco Gomes do Avelar* auf die Fähigkeiten des italienischen Stararchitekten *Francisco Fabri,* der im Zentrum u. a. den Arco da Vila schuf, aber auch außerhalb Faros wirkte (so entwarf er z. B. die Pfarrkirche von ⇗Estói).

Beschaulicher Plausch in der Hauptstadt

13	Tasca Rasca	32	Apotheke und Fotoladen
14	Snackbar Sojus, Residencial Avenida	33	Air Portugal
15	Bbhf & Agentur Mundial	34	Museu Etnográfico
16	Museu da Marinha	35	Welwitschia Eiscafé
17	Top Tours Reiseagentur	36	Pensão Tivoli
18	Hotel Eva	37	Snackbar O Afonso
19	Agenturen Abreu und Caima	38	Touristeninformation
20	Residencial Madalena	39	Stadttor Arco da Vila
21	Casa das Sandes und McDonald´s	40	Kathedrale
22	Europcar und Fotoladen	41	Rest. Mesa das Mouros
23	Denkmal F. d. Almeida	42	Taverna da Sé
24	Hotel Faro	43	Galeria Adentro
25	Residencial Pinto	44	Städt. Galerie
26	Adega Dois Irmãos & Sol E Jardim	45	Festung
27	Supermarkt	46	Archäolog. Museum
28	Quartos Dandy	47	Afonso III
29	Teatro Letes	48	Pizzeria Adérito
30	Snackbar Piteu	49	Igreja São Francisco und Franziscanerkloster
31	Buchhandlung B 1732 & Spielhalle Automatico	50	Markt
		51	Polizei
		52	Pousada da Juventude

Sehenswertes

Innenstadt und Jardim M. Bivar

Alle Besucher der Innenstadt (PKW, Bus, Bahn, Boot) kommen rund um den **Yachthafen** an, um von hier aus das Zentrum zu erkunden; alle Sehenswürdigkeiten hier sind bequem zu Fuß erreichbar. Eine zentrale „Prachtstraße" gibt es zwar nicht, dafür beeindruckt aber das **Obelisken-Monument** am Praça Francisco Gomes zu Ehren des ehemaligen Marine-Ministers *Ferreira d'Almeida* sowie der benachbarte, mit seinen Blumen und Palmen zu einer Rast einladende Grüngürtel Jardim Manuel Bivar. Die prächtige Häuserzeile landseitig des Gartens umfasst u. a. die Banco de Portugal sowie die **Igreja de Misericordia** aus dem 14. Jh., die nach dem Erdbeben von 1755 vollständig neu erbaut wurde.

2004 wurde das Estado Algarve im Rahmen der Fußball-EM eröffnet (nahe Autobahn).

Arco da Vila

An der Südseite des Jardim Manuel Bivar betritt man die eigentliche, teils von Mauern, teils von massiven Häuserfassaden umgebene Altstadt durch das **Stadttor** Arco da Vila. Das mächtige Portal mit der Statuette des Stadtpatrons *Thomas von Aquin* stammt aus dem späten 18. Jh. und erinnert mit seinem freihängenden, seit Jahren von einem Storchennest gekrönten Glockentürmchen ein wenig an eine Kapelle.

Largo da Sé (Kathedralplatz)

Dem Sträßchen gut 100 Meter entlang der stilvoll restaurierten Verwaltungsgebäude folgend, erreicht man den Altstadtkern am mit Orangenbäumen bewachsenen Largo da Sé. Die **Kathedrale,** vermutlich auf Überresten westgotischer und maurischer Andachtsstätten im 13. Jh. ursprünglich im gotischen Stil errichtet, wurde mit Ausnahme des wehrhaften Glockenturms 1755 weitgehend zerstört. Im Zuge von An- und Aufbauarbeiten wurden Stilelemente des Barock sowie der Renaissance integriert, wobei insbesondere die drei Seitenkapellen der Nordseite völlig aus dem Rahmen gewöhnlicher Kathedralenarchitektur fallen. Bei aller äußerlichen Verspieltheit wirkt der dreischiffige Innenraum licht und großzügig; vergoldete Schnitzereien und Azulejos in den Kapellen verleihen ihm eine landestypische Gestaltungsnote. Der Hochaltar im Stil der Renaissance bildet ein harmonisches Zusammenspiel mit dem kassettierten Tonnengewölbe (tgl. außer So 10–17 Uhr, Eintritt 2 € inkl. Kathedrale, Turm und Museum).

Weitere prachtvolle, ebenfalls nach 1755 wiedererrichtete Bauwerke säumen den Kathedraleplatz: Die Westseite wird vom **Bischöflichen Seminar** eingenommen, während das Sträßchen zum Arco da Vila vom **Bischofspalast** und vom **Rathaus** gesäumt wird.

049al Foto: wl

Praça Afonso III.

Nur weniger Meter südöstlich der Kathedrale öffnet sich erneut ein kleiner Rasenplatz, auf dem ein **Standbild** des portugiesischen Königs *Afonso III.* zu sehen ist, welcher maßgeblich an der Rückeroberung des Landes von den Mauren beteiligt war. Am Platz kann das **Archäologische Museum** *(Museu arqueologico)* auf dem Areal eines ehemaligen Klarissenklosters besucht werden. Einige Exponate datieren bis in die Römerzeit zurück und stammen vorwiegend aus ⇗Estói, z. B. die Hadriansbüste aus dem 2. Jh. Ein umfassender Teil der Ausstellung geht auf die Privatsammlung von *Ferreira d'Almeida* zurück, hier vor allem Gemälde sowie Kunstgegenstände des 18.- 20. Jh. aus ganz Portugals und der Algarve im Besonderen.

● Geöffnet Mo-Fr 9-12 und 14-17 Uhr, Eintritt 1,50 €, Kinder 75 Cent.

Das Zentrum der Altstadt - die Kathedrale von Faro

Largo de São Francisco

Vom Archäologischen Museum erreicht man über das östliche Stadttor Arco do Repouso (*repouso* bedeutet „Pause“; angeblich rastete *Afonso III.* nach seinem Sieg hier) den großen Largo de São Francisco – vorwiegend als Parkplatz genutzt, gelegentlich aber auch als Fest-, Markt- und Konzertstätte. Besonders während der **Faro-Messe** (Mitte Oktober) wird der Largo de São Francisco zum Festplatz. Am Nordostende liegt die äußerlich eher unscheinbare Igreja de São Francisco aus dem 17. Jh. Das einschiffige Kircheninnere ist jedoch ausgesprochen prunkvoll gestaltet. Die Wände im vorderen Abschnitt bis zur Mittelkuppel werden von prächtigen Heiligenbildnissen gesäumt, wohingegen der hintere Abschnitt vollständig mit Azulejos ausgekleidet wurde. Das angeschlossene ehemalige Franziskanerkloster dient übrigens heute als Kaserne (!).

Fußgängerzone

Der gesamte verwinkelte Bereich zwischen den Praças Francisco Gomes, Ferreira de Almeida und da Liberdade wurde zur Fußgängerzone erklärt, sodass hier der eigentliche Einkaufs-, Bummel- und Restaurantkern von Faro entstand. Alle für den Reisenden wichtigen Geschäfte (Apotheke, Film, Buchhandlung etc.) sind hier zu finden.

Ethnologisches Museum

Am Ostende der Fußgängerzone, dem Praça da Liberdade, lohnt ein Blick ins **Museu Etnográfico Regional.** Zu sehen sind Alltags- und Gebrauchsgegenstände sowie Fotosammlungen zum Leben an der Algarve aus der Zeit vor der touristischen Erschließung. Wer einige der in diesem Buch beschriebenen Ausflüge ins Hinterland unternommen hat, wird vielleicht feststellen, dass so manches von dem, was hier als historisch dokumentiert wird, bis heute im Lande gegenwärtig blieb.

- Geöffnet im Sommer tgl. 9–12.30 und 14–17.30 Uhr, im Winter ab 10 und bis 17 Uhr; Eintritt 1,50 €, Kinder und Senioren 75 Cent.

050al Foto: wl

Östliche Algarve

Igreja São Pedro

Rund 250 Meter nördlich der Fußgängerzone steht die dreischiffige Igreja de São Pedro auf einem Platz gleichen Namens. Sie entstand als Bezirkskirche im 16. Jh. und wurde im Innern teilweise mit Azulejomotiven ausgeschmückt; der Namenspatron *St. Peter* ziert als Skulptur das Portal.

Largo do Carmo

Unmittelbar nördlich schließt sich der Largo do Carmo mit der in mehrerlei Hinsicht bemerkenswerten **Karmeliterkirche Igreja do Carmo** an. Die mit zwei Glockentürmchen versehene Barockkirche aus dem frühen 18. Jh. war im Jahre 1808 Ort der Verschwörung gegen die napoleonische Besetzung von Faro. Geradezu makaber mutet die 1816 auf dem über die Sakristei zugänglichen Friedhof errichtete **Knochenkapelle** *(Capella dos ossos)* an: Gewölbe und Wände wurden von den Karmelitern mit Hunderten echter Totenschädel und Knochen ausgekleidet.

- Geöffnet Mo–Fr 10–13 und 15–17 Uhr, Sa nur vormittags, Eintritt 75 Cent.

Unkonventionelle Abkühlung am Largo de São Francisco

Ilha de Faro H5

Die sich nahtlos an die Strände von ↗Garrão anschließende langgezogene **Halbinsel** ist nur in Faro über einen schmalen Damm erreichbar (oder zu Fuß am Strand entlang). Der Strand selbst ist recht passabel und wirkt mit den hölzernen Wochenend- und Ferienhäuschen sowie den reizvollen Sanddünen beinahe norddeutsch. Ab Busbahnhof verkehrt ein Linienbus regelmäßig via Flughafen („Aeroporto") zur Insel („Praia de Faro"); auch per Boot vom Hafen in Faro (Porta Nova) aus kann man auf die Ilha de Faro übersetzen. Selbstfahrer folgen unmittelbar am Flughafen der Beschilderung „Praia de Faro" über den ampelgeregelten einspurigen Damm. Am Hotel Aeromar führt ein Sträßchen nach rechts (400 Meter) und links (1500 Meter) jeweils zu einem Parkplatz mit Kiosk – die linke Seite (hier Campismo da Praia de Faro, Tel. 289 817 876, Fax 289 819 101, geöffnet Mai–Dez.) ist sicherlich die schönere, auch wenn der nahe Flughafen mächtig stört.

Praktische Tipps

An- und Weiterreise

- **Bus:** Mehrfach täglich Direktverbindung zu allen Hauptorten der Algarve, Regionalbusse nach Loulé, Boliqueime, São Brás de Alportel, Olhão, Moncarapacho; Busbahnhof in der Av. da República; Stadtbusse: Tageskarte für 2,50 € (7–22 Uhr)
- **Bahn:** Bahnhof zentral, Direktverbindungen Lissabon, Vila Real und Lagos mehrfach täglich
- **Flugverbindungen:** (↗Anreise im Kapitel „Reisetipps von A–Z"); Stadtbusse (gegenüber EVA) verbinden Busbahnhof und Flughafen.
- **Boot:** Vom Hafen (Porta Nova) verkehren 4-mal täglich Fährboote zu den Inseln ↗Ilha de Faro, ↗Ilha da Barreta und ↗Ilha Farol am Südrand des Parque Natural de Ria Formosa; Auskünfte unter Tel. 917 634 1813. Der Hafenmeister hat seinen Sitz am Seefahrtsmuseum.
- **Selbstfahrer:** Vom mehrspurigen Zubringer fährt man Richtung Zentrum, dann über zwei Kreisel geradeaus bis zum Bahnhof (gut ausgeschildert). Man parkt hier oder am Largo São Francisco, am Yachthafen ist es kostenpflichtig.

Unterkunft

- **Camping:** auf der Ilha de Faro, Stadtbusse zum Zentrum
- **Pousada da Juventude** (JH) €, Rua da Policia e da Segurança Publica, Tel. 289 826 521, Viererzimmer 9,50 €/Pers., DZ 26,50 € (2 Pers.), in der Nebensaison 18 €. Die Snackbar hat ganztägig, die Rezeption hat durchgehend geöffnet; hübsch am Jardim João de Deus gelegen.
- **Residencial Avenida** €€, Avenida da República 150 (gegenüber EVA-Busbahnhof), Tel./Fax 289 823 347
- **Quartos Dandy** €€, Rua J. Esterão, Tel. 289 123 842, sehr schlicht, zentral.
- **Pensão Filipe** €€, Rua Infante Henrique, Tel. 289 824 182, ältlich, teils Etagenbad
- **Residencial Madalena** €€, Rua Conselheiro Bívar, Tel. 289 805 806, Fax 805 807, sauber, ruhig, zentral gelegen
- **Pensão Tivoli** €€, Rua Alexandre Herculano, Tel. 289 829 825, zentral und ruhig
- **Residencial Pinto** €€, Rua 1° do Maio 27, Tel. 289 807 417, sehr zentral zu allen Einrichtungen/Ausflugszielen
- **Hotel Alnacir** €€, Estrada da Senhora da Saúde 24, Tel. 289 803 678
- **Apartamentos Vitória** €€, Rua Serpa Pinto 60, Tel. 289 806 583, Fax 289 805 883, apartamentos@mpiresvitoria.com hübsche kleine Apartmentanlage; Mindestmietzeit 3–4 Tage
- **Residencial Algarve** €€€, Rua Infante Dom Henrique 52, Tel. 289 895 700, reservas@residencialalgarve.com. Sehr gepflegt und ruhig
- **Hotel Faro** €€€, Praça Francisco Gomes 2, Tel. 289 803 276, Fax 289 803 546, comercial@hotelfaro.pt. Absolut zentral mit Blick auf den Yachthafen
- **Hotel Eva** €€€€, Av. da República, Tel. 289 803 354, Fax 289 802 304, eva@tdhotels.pt
- **Hotel Aeromar** €€€€, Ilha de Faro, Avenida Nascente 1, Tel. 289 817 542, Fax 289 817 512, aeromar@net.sapo.pt

Essen und Trinken/ Nachtleben

Faro bietet eine sehr breite Angebotspalette zu eher gemäßigten Preisen, da man hier mehr auf das heimische Klientel denn auf touristische Massen ausgerichtet ist. Auffallend hier die vielen russischen Gastronomiebetriebe.

- Cafés und Eiscafés scheinen allgegenwärtig; hervorzuheben sind etwa das nicht überteuerte **Welwitschia** (Praça A. Herculano) oder das bei jüngeren Einheimischen sehr beliebte **Café O Seu** am Largo do Carmo.
- **Selbstversorger** decken sich auf dem Markt (Rua Trindade) ein, tolle belegte Baguettes bietet **Casa das Sandes** (Rua Conselheiro Bívar, am Praça F. Gomes), und beim benachbarten **McDonald's** weiß man, was man (nicht) hat ...
- Kleinigkeiten bieten u. a. die **Snackbar Sojus,** Av. da República oder die **Snackbar Piteu** in der Rua Vasco da Gama.
- **Tasca Rasca,** Rua G. Eanes, Ecke Rua do Forno; optisch schlichtes, qualitativ gutes Fischlokal (gemischte Platte 7 €,

052al Foto: wl

Sardinen 4 €); Spezialität: gefüllter Tintenfisch; Tel. 289 825 996.

- Die gute und preiswerte **Pizzeria Adérito** liegt in der Rua de Caçadores (nahe São Francisco).
- Ebenfalls sehr gute Kleinigkeiten bietet die **Snackbar O Afonso** (Rua de Caçadores/Ecke Rua do Bocage); die Lage ist nicht ideal, dafür ist es hier preiswert.
- Die **Adega Nova** (Rua Francisco Barreto) hat sich auf Fisch spezialisiert; ein wahres Gedicht ist hier die Seeteufelcataplana mit Krabben und Muscheln für 25 €.
- Das Zentrum der schickeren Lokale der Fußgängerzone liegt rund um den Praça Ferreira de Almeida. Hier sind etwa das **Adega dos Irmãos** für seine leckeren Fleischgerichte vom Grill oder das benachbarte **Sol e Jardim** (mit abendlicher Livemusik) für sein angenehmes Ambiente bekannt. Das **Nortenha** um die Ecke dagegen steht für portugiesische Hausmannskost.

● Ruhiger und beschaulicher, dafür etwas teurer sind die Restaurants rund um die Kathedrale, etwa das **Mesa das Mouros** oder die **Taverna da Sé.** Beide sind sehr zu empfehlen.

● Für abendliche Unterhaltung sorgen die zahllosen Abendkneipen wie etwa das **Café Hollywood** (gediegen), die **Portofino Bar** (jugendlich, am Hotel Faro) oder die mächtige **Spielhalle** in der Rua Temente Valadim.

Nützliches

● **Touristeninformation:** Rua da Misericórdia 8–12 (in der Nähe des Arco da Vila)

● **Konsulat der Bundesrepublik Deutschland:** Urb. Infante D. Henrique, Lote 11, R/C, Tel. 289 803 148, Fax 289 801 346, Info@Honorarkonsul-Faro.de, www.Honorarkonsul-Faro.de

● **Fahrzeugverleih:** am Flughafen, Europcar-Filiale auch am Praça F. Gomes

● **Post:** Largo do Carmo, tgl. 8.30–18.30 Uhr, Sa bis 12 Uhr, So geschlossen

● **Polizei:** Largo de S. Sebastião 18, Tel. 289 801 828

● **Hospital:** Urbanização Graça Mira, Lejana de Cima, Tel. 289 830 300

● **Reiseagenturen** (Ausflüge, Tickets etc.) liegen rund um die Av. da República; sehr vielseitig ist die Agencia de Viagens Caima (Tel. 289 589 602) oder der EVA-Vertragspartner Top-Tours.

● **Tauchen:** Hidroespaço – Actividades e serviços, Estrada de S. Brás, Tel. 289 862 500 und 919 495 782, Fax 289 862 500; Nautiterra, Av. Almeida Carrapato, bloco b-r/c esq., Tel. 289 807 197, Fax 289 807 197

● **Buchhandlung B 1732** (die größte der Algarve): Rua Temente Valadim

● **Stadtmarkt** in der Rua Trindade (ab 7 Uhr), gegenüber Handwerksgalerie Casa do Serra (Ausstellung und Vertrieb regionaler Handwerksprodukte)

● Am ersten Kreisverkehr ab Zubringer liegen beidseitig das **Forum Algarve** und **Faro-Shopping,** zwei große Einkaufs- und Unterhaltungszentren.

„Untermieter" am Stadttor von Faro

053al Foto: wl

Die westliche
Algarve

Garrão, Quinta do Lago, Vale de Lobo G4

Um es kurz zu machen: Wer dort wohnt, gehört allenfalls versehentlich zu den Lesern dieses Buches. Allein in der touristisch schwachen Saison 2001 gaben sich hier mit *Björn Borg, Julio Iglesias, Claudia Schiffer, Hugo Sanches, Henri Leconte, Luciano Pavarotti, Bobby Charlton, George Michael, Emilio Sanchez* und dem portugiesischen Präsidenten *Sampaio* Zeitgenossen aus Sport, Kultur und Politik die Klinke in die Hand, die nicht gerade zur zweiten Garnitur der **Prominenz** zählen und kaum mit dem Individualreiseführer in der Hand im Quinta do Lago auftauchen würden.

Das sehr gepflegte und stetig erweiterte Areal bietet mehrere Golfplätze, **Freizeitangebote aller Art** (Tennis, Reitzentrum ...), wird von ganzen Nationalmannschaften zum Winter-Trainingsquartier gewählt, war auch schon Tagungsort der NATO – und bietet einige für Normalsterbliche noch erschwingliche Ferienapartments im Abschnitt Garrão/Vale de Lobo, während die Anlage Quinta do Lago als Mitglied der „Orient-Express"-Gruppe zum Garant für **exquisites Ambiente** und erstklassigen Service für die oberen Zehntausend wurde.

Sehenswertes

Das gesamte Areal wurde künstlich errichtet, bietet also keinen gewachsenen Ortskern; es gibt auch keine Uferpromenade (nicht einmal eine kleine), sodass Garrão von seinem Label der Exklusivität lebt. Zu sehen gibt es nichts außer gepflegten Apartmentanlagen inmitten mehrerer Golfplätze und, mit etwas Glück, den in die Jahre gekommenen *Björn Borg* beim Trainingsspiel, *Pavarotti* mit unverzichtbarem Schal tirilierend auf der Dachterrasse oder *Ozzy Osbourne* mit Freund Jim Beam im Liegestuhl.

Strände

Rund um das beliebte Ferien- und Golfgebiet nahe Faro findet der Wasserfreund sehr weitläufige Strände, die im Grunde alle zusammengehören, jedoch unterschiedliche „Einstiegspunkte" bieten.

Praia Vale de Lobo

Im Zentrum der Gesamtanlage selbst – nicht besser oder schlechter als andere auch, er liegt eben zentral.

Praia do Garrão

Der Strand schließt unmittelbar an das Areal an; hier gibt es spürbar mehr Resorts, es wird viel gebaut momentan. Orientierung: Richtung Ria Mar Resort, dann der Strandbeschilderung folgen. Es gibt ein halbes Dutzend Snackbars und einen Katamaranverleih. Der kilometerlange Sandstrand gehört noch nicht zum Schutzgebiet.

Praia do Anção

Vom Praia do Garrão geht es zurück zur befestigten Straße, dann gleich rechts der Beschilderung folgen. Der sehr schöne, weitläufige Strand verfügt über drei Bewirtschaftungen in großem Abstand und gute Parkmöglichkeiten. Er liegt bereits im Schutzgebiet mit Blick auf den Damm zur benachbarten Halbinsel Ilha de Faro.

Praktische Tipps

An- und Weiterreise

Direkte **Busanbindung** bis Loulé; nächste **Bahnstation** Estevan bei Almansil. **Selbstfahrer** folgen der Beschilderung an der N 125 in ⇗Almansil bis zu einem modernem Mehrfachtorbogen (hier am Kreisel liegen eine Sanitätsstation und ein Alisuper); Gäste erhalten eine Vale de Lobo-Card, die zur Benutzung des kostenlosen Anlagenbusses (tgl. 9–23 Uhr, alle 20 Minuten, verbindet Strände und Resorts) berechtigt.

Unterkunft

Das Nobelgebiet Garrão/Quinta do Lago/Vale de Lobo fehlt in keinem Ferienkatalog, entsprechend vielschichtig, wenngleich durchweg im oberen Preissektor angesiedelt, ist das Angebot an Wohnungen und Hotels.

Hotels:

- **Lê Meridien Dona Filipa** €€€€€, Vale de Lobo, Tel. 289-357 200, Fax 289-357 201, reservations@lemeridien-algarve.com
- **Ria Park** €€€€€, Vale do Garrão – Apartado 3410, 8135-951 Almansil, Tel. 289 359 800, Fax 289 359 888, hotel@riaparkhotel.pt
- **Hotel Quinta do Lago** €€€€€, 8135-024 Almansil, Tel. 289 396 666, Fax 289 396 393, info@quitadolagohotel.com

Apartmentanlagen:

- **Hotel-Apartamento Ria Park Garden,** Vale do Garrão, Tel. 289-394 593, Fax 289-394 282, www.riapark.com
- **Apartamentos Turísticos Centro Desportivo Vale de Lobo** €€€€, 8135-034 Almansil, Tel. 289 396 622, Fax 289 396 646, tourism@etvdla.pt
- **Apartamentos Turísticos Terraços da Ria Formosa** €€€€, Quinta do Lago, Apartado 52, 8135-024 Almansil, Tel. 289 396 515, Fax 289 396 574

Essen und Trinken

- Exquisite Gerichte der nationalen und internationalen Küche bieten die **Resort- bzw. Hotelrestaurants.**
- Empfehlenswerte eigenständige Lokale sind etwa das neue **Dom Duarte** unter Starkoch *Jean-Michel Pericou* (Fisch, französische Küche), Tel. 289 357 200 oder **Monty's Steakhouse & Piano Bar** mit vorwiegend englischer und portugiesischer Küche bei allabendlicher Livemusik; Tel. 289 353 424.
- Snacks, englisches Frühstück und Eiscreme bietet **La Crêperie,** Tel. 289 353 429.
- Deutlich günstiger isst man im nahen Almansil, **Selbstversorger** können im Alisuper (am Zufahrtskreisel, tgl. 8.30–19 Uhr) oder ebenfalls in Almansil einkaufen.

Golf

- **Quinta do Lago,** Soc. de Golfe, Tel. 289 390 7000, Fax 289 394 013
- **Vale de Lobo Lda.,** Tel. 289 353 535, Fax 289 353 003
- **Pinheiros Altos,** J.J. Worldwide Ltd., Tel. 289 359 910, Fax 289 394 392
- **San Lorenzo,** Le Meridien-Hotels, Tel. 289 396 522, Fax 289 396 908

Nützliches

- **Erste-Hilfe-Station:** am Zufahrtskreisel, Mo–Fr 9–18 Uhr, Sa 9.30–11.30 Uhr, Tel. 289 353 433, außerhalb der Öffnungszeiten unter Tel. 917 214 326
- **PKW-Vermietung:** Budget, am Zufahrtsbogen, Tel. 289 353 401
- **Post, Bank:** im Empfangsbereich des Parque do Golfe, auf halbem Weg Richtung Meer ab Zufahrtskreisel entlang der Avenida do Mar

Almansil G4

Almansil (teilweise Almancil oder Almançil geschrieben) ist ein in dreierlei Hinsicht bemerkenswertes größeres Dorf (5000 Einwohner) zwischen Faro und Loulé.

Zum einen dient der Ort als „Tor" zu den **Nobelanlagen** ⇗Vale de Lobo/Quinta do Lago, dessen weniger betuchte Bewohner Almansil gerne zum Einkaufen besuchen. Zum zweiten erfreut sich die **Go-Cart-Bahn** „Ayrton Senna" (vom Rennfahrer persönlich eröffnet) steigender Beliebtheit; sie wurde der brasilianischen F-1 Piste Jacarepágua nachgebaut (760 Meter Länge, Tel. 289 399 899, karting.grupo@mail.telepac.pt).

Kirche São Lourenço dos Matos

Und schließlich empfiehlt sich ein Besuch der Kirche São Lourenço dos Matos aus dem 15. Jh., die gemeinhin als Paradebeispiel für die sakrale Azulejokunst der Algarve gilt. Die Darstellung der Folter des **Laurentius** erlangte aufgrund ihrer anatomischen Genauigkeit und Detailtreue besondere Bekanntheit. Der Namensstifter wurde im Zuge der Christenverfolgungen im Jahre 258 auf einem Rost bei lebendigem Leibe langsam zu Tode gebraten, da er nicht dazu zu bewegen war, dem christlichen Glauben abzuschwören. Die Ausgestaltung von São Lourenço übernahm der Barockkünstler *A. Oliveira Bernardes* um 1725 mit vermutlich in den Niederlanden hergestellten Kacheln.

- São Lourenço ist Di–Sa von 10–13 und 14.30–18 Uhr geöffnet und kostet 1,50 € Eintritt, es sei denn, man schließt sich sonntags um 9 oder 11 Uhr den Messebesuchern an. Zufahrt: von Faro (N-125) kommend vor dem Ortseingang scharf rechts (es gibt zwei Zufahrtsmöglichkeiten).

053al Foto: wl

Sakrales Kleinod: São Lourenço de Almansil

Kulturzentrum

Das Kulturzentrum *(Centro cultural)* zeigt in Wechselausstellungen nationale und internationale **Malerei,** dient aber auch als **Konzertsaal** für Jazz und klassische Musik während der Sommermonate. Geöffnet tgl. 10–19 Uhr, Tel. 289 395 475.

Nützliches

- **Busse:** alle Regionalbusse Faro – Quarteira (jeweils ca. 9-mal täglich) halten in Almansil.
- **Verpflegung:** An der Hauptstraße sowie der Zufahrtsstraße zum Vale de Lobo (an Ampel) liegen Bäcker, Metzger, Fischgeschäft sowie die beiden Supermärkte Alisuper und Apolonia. In der **Café-Snackbar Palmeira** kann man deutlich günstiger essen als in den Nobelresorts.
- **Fahrzeugverleiher:** nahe den Lebensmittelgeschäften
- **Unterkunft:** Die beiden Pensionen **Santa Teresa** €€, Rua do Comércio 13, Tel. 289 395 525 und **Vila Formiga** €€€, Quinta Verde, Tel. 289 396 589, Fax 289 394 924, bieten vergleichsweise preiswerte Zimmer.
- **Reiten:** Quinta dos Amigos, Ausritte (ca. 20 €/h) und Apartments, Tel. 289 395 269

Loulé G4

Erst 1988 zur Stadt erhoben (heute ca. 9400 Einw.), gilt Loulé doch schon „ewig“ als wichtigster Ort am Fuße des zentralen Berglandes der Serra do Caldeirão. Wann genau die Ortsgründung erfolgte, ist ungewiss; viele Historiker gehen davon aus, dass Loulé bereits in der römischen Epoche unter dem Namen „Laurea“ (lat. „Lorbeerbaum, Sieg“) existierte. Später errichteten die Mauren dann das Kastell im heutigen Ortskern, welches nach der Reconquista von 1249 als Gefängnis diente.

Für die fast ausschließlich von der Landwirtschaft (Zitrusfrüchte, Feigen, Oliven, Mandeln) lebenden Bewohner des Umlandes stellt Loulé den wichtigsten **Marktort** des gesamten Umlandes dar. Heimische, aber auch ausländische Besucher kommen vor allem im Frühjahr zum landesweit berühmten **Karnevalszug** in Verbindung mit dem **Mandelblütenfest** nach Loulé. Aber auch außerhalb dieser Zeit steht die Stadt in einem wohltuenden Kontrast zur Küste und bietet einige interessante Sehenswürdigkeiten.

Sehenswürdigkeiten

Capela de Nossa Senhora da Piedade

Schon von der Autobahn aus sichtbar, erhebt sich ein kapitolähnliches Kuppelgebäude am Rande von Loulé. Hierbei handelt es sich um eine ästhetisch nicht unbedingt ansprechende Wallfahrtskirche, die direkt neben der ursprünglichen Kapelle der städtischen Schutzheiligen Nossa Senhora de Piedade errichtet wurde. Dieses hervorragend erhaltene Gebäude stammt aus dem späten 16. Jh., in ihr wird ein **Bildnis der Schutzheiligen** bewahrt, welches zu den Osterprozessionen durch die Straßen getragen wird. Ein Besuch lohnt schon

055al Foto: wl

wegen des schönen Ausblicks über das gesamte Umland und das Meer. Man erreicht die Kapelle wie folgt: Ab Autobahn fährt man bis zur Ampel/Tankstelle, dann links (am Modelo vorbei), wieder links Richtung Boliqueime; zu Fuß ab Zentrum sind es ca. 25 Minuten.

Altstadt

Das eigentliche Ortszentrum erstreckt sich zwischen Largo São Francisco und Largo Gago Coutinho, wo sich die Bewohner Loulés in der schönen **neomaurischen Markthalle** an der Prachtstraße Praça da República zum Einkaufen oder auf einen Schwatz treffen. Das **Rathaus** *(câmara municipal)* nebenan wurde erst 1988, nach der Erhebung zur Stadt, in einem alten, stilvoll restaurierten Handelshaus aus dem 18. Jh. untergebracht. Unmittelbar nebenan erreicht man über einen kleinen, modernen Hof das ehemalige **Kloster Nossa Senhora de Conceiçao** mit der gleichna-

Reste der Stadtmauer in Loulé

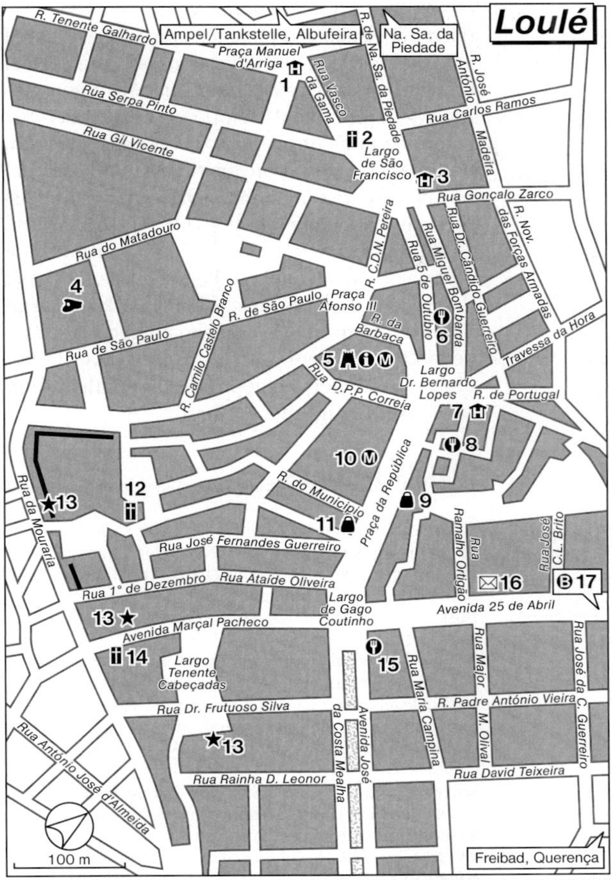

1 Hotel Loulé Jardim
2 Igreja São Francisco
3 Pensão Cavaco
4 Polizei
5 Castelo (Burg), innen Touristeninformation, Historisches Museum
6 Snackbar Nacional
7 Hospedaria Casa Beny
8 Rest. Casa dos Arcos
9 Film-/Fotogeschäft
10 Städt. Museum
11 Markthalle
12 Hauptkirche São Clemente
13 Stadtmauerfragmente
14 Igreja da Misericórdia
15 Rest. & Snackbar O Avenida
16 Post
17 Busbahnhof

migen Klosterkirche, deren vergoldeter Altarbereich mit Azulejos ummantelt wurde. Das **Kastell** – ausnahmsweise nicht auf dem höchsten Punkt errichtet – war Teil einer rund einen Kilometer langen Mauer um die Altstadt. Von den Zinnen hat man einen prächtigen Ausblick auf die Vorstadt, unterhalb ist die Touristeninformation untergebracht. Über den Innenhof gelangt man zum **Historischen Museum** (geöffnet Mo–Fr 9.30–13 und 14.30–17 Uhr, Eintritt 1 €) mit Exponaten zu Landwirtschaft und Handel der Region. Wer ein wenig Ruhe sucht, findet diese im kleinen **Park am Largo São Francisco** mit der gleichnamigen Franziskanerkirche aus dem 18. Jh. Loulé verfügt ferner über ein (länderspielgeprüftes) **Fußballstadion** sowie ein vorzügliches **Freibad.**

Praktische Tipps

An- und Weiterreise

- **Bus:** Außer mit dem eigenen Fahrzeug kann Loulé nur mit dem Regionalbus von/nach Faro oder Quarteira angefahren werden (je ca. 9-mal täglich). Ab Loulé (Busbahnhof Rua Nossa Senhora de Fátima, Tel. 289 416 655) ferner Busse u. a. nach Vale de Lobo, Quinta do Lago, Raum Querença und Raum Salir.
- **Selbstfahrer** halten sich an der Abfahrt Loulé/Quarteira auf dem neuen Zubringer Richtung Zentrum bis zur Ampel mit Tankstelle (hier kann man zuerst die ↗Kapelle Nossa Senhora da Piedade besichtigen), um anschließend rund um den Largo Gago Coutinho zu parken.

Unterkunft

Loulé wird fast ausschließlich von Tagesausflüglern besucht, Herberge bieten einige wenige Pensionen.

- **Hotel Loulé Jardim** €€€, Praça Manuel d'Arriaga, Tel. 289 413 094, Fax 289 463 177, loulejardimhotel@ip.pt
- **Pensão Cavaco** €€, Rua Dr. Cândido Guerreiro 32 (am Largo São Francisco), Tel. 289 416 455, sauber, ruhig und dennoch zentral
- Die günstige **Hospedaria Casa Beny** € am Largo Bernardo Lopez liegt ebenfalls zentral.

Essen und Trinken

- Kleinigkeiten bieten die **Hühnerbraterei** an der Ampelkreuzung zur IP-1 sowie die **Snackbar Nacional** in der Av. 5 de Outubro.
- Sowohl Kleinigkeiten als auch Mittags- und Abendgerichte können im baulich getrennten, aber unmittelbar zusam-

056al Foto: wl

mengehörenden **O Avenida** (links Snacks, rechts Restaurant) am Largo Gago de Coutinho verzehrt werden.

● Das beste (und dabei nicht überteuerte) Lokal ist das **Casa dos Arcos** in der Gasse Filipa Vilhena (am Largo Bernardo Lopez) mit Fleisch- und Fischspezialitäten der portugiesischen Küche (wenig touristisch!).

Nützliches

● **Touristeninformation:** im Castelo (Mo–Fr 9.30–13 und 14.30–17 Uhr), Tel. 289 463 900

● **Shopping:** Avenida 5 de Outubro mit Schuh- und Ledergeschäften, auch Kupferkessel usw. sowie rund um den Praça da República (hier Film-/Fotogeschäfte beidseitig);

● **Supermärkte** (Modelo, Lidl und Plus): am Ortsausgang Richtung IP-1

● **Polizei:** Travessa C. Bonett/Rua de São Paulo, Tel. 289 463 770

● **Hospital** *(Centro de saúde):* Avenida Laginha Serafim, Tel. 289 401 000

● **Reiten:** Crazy Ranch (Zufahrt ↗Nossa Senhora) am Ortsausgang

● **Aquapark Loulé** ↗Vilamoura/Quarteira

Loulé – beschauliches Städtchen im Hinterland

Serra do Caldeirão

D/E 2/3, F/G 2/3

Zwischen Loulé und Silves bis zur nördlich gelegenen Provinz Alentejo erstreckt sich das dünn besiedelte Mittelgebirge der Serra do Caldeirão. Auch was Besucherströme anbetrifft, erfreut sich allenfalls das heftig beworbene Alte einiger Popularität - ansonsten liegt die gesamte Region mit einem halben Dutzend höchst unterschiedlicher und interessanter Sehenswürdigkeiten abseits der touristischen Hauptrouten.

Querença/Fonte Benémola H3

Neun Kilometer nördlich von Loulé thront das urige kleine Höhendorf Querença (100 Einw.) auf einem Hügel am **Naturpark Fonte Benémola.** Im Örtchen selbst liegen eine bemerkenswerte Pfarrkirche mit Gralsmotiv und Freimaurerzeichen (Schädel mit gekreuzten Knochen, ⇗Religion), eine kleine Informationsstelle (tgl. 10–17.30 Uhr geöffnet; hier fährt der Bus nach Loulé ab) sowie das Café de Rosa und das Restaurante de Querença. Links hinter der Kirche führt ein Sträßchen hinunter zur T-Kreuzung (hier links), nach ca. zwei Kilometern folgt rechter Hand das Hinweisschild zum Naturpark.

Wanderung

Hier beginnt ein von Wildkräutern, Blumenwiesen und Zitrusfruchtparzellen gesäumter Wanderweg, dem man ca. 30 Minuten bis zu einem Picknickplatz am Flüsschen folgt (im Zweifel stets links halten!). Dahinter geht es (nun schmal, steil und steinig) ca. 15 Minuten bergauf zu mehreren *grutas* (Höhlen) mit schöner Aussicht über das kleine Tal; hier sollen im Mittelalter Imker gelebt haben. Oben folgt man entweder dem linken (um den Gipfel herum) oder dem rechten Pfad steil hinab zum Picknickplatz an einer Quelle. Hält man sich dort rechts (!), sieht man am Platz einen Damm über das Flüsschen, welches bei normalem Wasserstand hier vorsichtig überquert werden kann. Auf der anderen Seite nun dem Pfad nach links folgend, kann man nach wenigen Minuten Fußmarsch einen alten *cesteiro* (Korbmacher) besuchen. Von dort aus führt der Feldweg am Bach und an Orangenhainen entlang zurück zur Straße, der man nach links, an einem alten Gehöft vorbei, knapp einen Kilometer zurück zum Ausgangspunkt folgt. Diese einfache Wanderung (den mittelschweren Höhlenteil kann man auslassen) dauert ab Querença drei Stunden, ab Hinweisschild Fonte Benémola (Wanderweg) zwei Stunden.

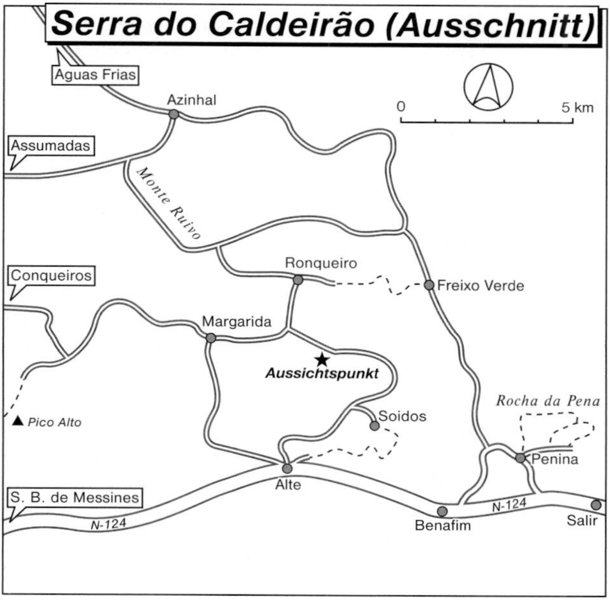

Salir G3

Die 300-Seelen-Gemeinde rühmt sich der ältesten erhaltenen maurischen Kastellanlage an der Algarve; diese blieb allerdings nur noch teilweise erhalten. Interessant sind ein Rundgang durch die **„maurische Siedlung“** am Kastell sowie ein Besuch der **Pfarrkirche** aus dem 18. Jh. (schöner Ausblick), wo man auch besser parkt als unterhalb des Kastells. Erfrischungen bietet die Snackbar an der Kirche; das Restaurante O Mouros am Kastell serviert vor allem Grill-Spezialitäten. Es fahren Busse von/nach Loulé und Quarteira.

Rocha da Pena G3

Zwischen Salir und Alte ist in Benafim, einem recht modern wirkenden Rückzugsgebiet wohlhabender Unternehmer der Touristenküste, das Wandergebiet des **Naturparks** Penina/Rocha da Pena ausgeschildert. **Penina** erweist sich als winziges, landwirtschaftlich orientiertes Bergdorf, in dem sich „Fuchs und Hase gute Nacht sagen“. Am Ortsende links beschildert (hier liegt auch die Bushaltestelle), führt ein Pistenweg zur Snackbar Das Grutas (hier parken) und zum Wegweiser eines Fünf-Kilometer-Rundwanderweges. Tatsächlich gibt es hier zwei Möglichkeiten:

Wanderung

Mittlerer bis hoher Schwierigkeitsgrad: Die Rampe aufwärts, dann immer geradeaus bis zum Ende (der Pfad wird immer unscheinbarer), ganz am Ende (Aussichtspunkt Nord) folgt rechter Hand ein kleiner Abstieg – diesem folgen, auch er endet bald scheinbar im Nichts (Ruinenmühlen liegen unterhalb in Sicht) – hier links (!) den sehr steilen Pfad/Hang hinunter (Achtung, nur etwas für Geübte!) bis zum Feldweg, hier rechts bis zu einer Gabelung – hier wieder rechts zum Ausgangspunkt (links geht es zu den Ruinen der Mühlen). Strecke: drei Kilometer, Dauer: 1–1,5 Stunden.

057al Foto: wl

Wanderung **Mittlerer Schwierigkeitsgrad:** Auch hier der Rampe aufwärts folgen, aber nach ca. 15 Minuten (sobald man oben angekommen zu sein glaubt) auf einen winzigen Kreisel mit einem Baum in der Mitte linker Hand achten, wo vier Pfade zusammentreffen (geradeaus siehe oben beschriebene Wanderung). Hier den Pfad scharf links (rot/gelber Balken) wählen – ab hier führt ein sehr gut markierter Pfad den Höhenzug entlang, wobei der Blick nach Süden immer besser wird. Der Pfad führt dabei wechselweise über Hochplateaus und am Grat entlang. Nach dem letzten Anstieg wird der Weg breiter, nach wenigen Hundert Metern achte man linker Hand auf das Wanderzeichen an einem kleinen Stein – hier geht es 150 Meter zum höchsten Punkt des Gebirgszuges hinauf. Dort wird man für alle Mühen mit einem fantastischen Rundumblick belohnt. Von hier aus geht es denselben Pfad wieder zum Weg zurück, und nun links immer im Bogen um den Berg herum zum

In Salir scheint die Zeit stillzustehen

Dörfchen Penina; hier schwenkt man gleich links auf die Rua de Espanha (die Bezeichnung „Rua" scheint hier etwas euphemistisch, da es sich eher um einen Weg handelt) – hier immer geradeaus bis zur „Hauptstraße", dort links und am Ortsende, kurz hinter der Bushaltestelle, wieder links bis zum Ausgangspunkt. Strecke: 4,9 Kilometer, Zeit: zwei Stunden; diese Wanderung ist sehr empfehlenswert!

Auf beiden Wanderungen wird man mit sagenhaften Blicken bis aufs Meer (bei klarer Sicht am Vormittag ist die Ilha de Faro deutlich erkennbar) und ins bergige Grenzland zur nördlichen Provinz Alentejo belohnt.

Alte F3

Zwar streben auch aus Alte (350 Einw.) die Jüngeren in Richtung Küste, einige traditionelle Arbeitsplätze konnten jedoch bewahrt werden; sie ermöglichen im Zusammenspiel mit den natürlichen Schönheiten des Berglandes um Alte einen vertieften **Einblick in das ländliche Leben.** So wurde der Tourismus in Alte besonders gefördert, und nicht zuletzt wegen der zahlreichen Süßwasserquellen sowie Wandermöglichkeiten erfreut sich das Dorf – allerdings als einziges der Region – seit Jahren tatsächlich reger Besucherströme, bleibt dabei aber deutlich ruhiger als das „Standardprogramm" ⇗Monchique.

Kurz hinter der Ortszufahrt gabelt sich die Straße, nach links führt das befestigte Sträßchen Richtung Margarida, rechts zum (sehr kleinen) Zentrum (Av. 25 de Abril) mit Fischmarkt, Restaurante Cantinho do Alte (Tel. 289 478 272), Erste-Hilfe-Station, dem eigenwilligen Café d'Artesanato (mit Souvenirshop), Pfarrkirche und Post. Hauptattraktion sind jedoch die **Quellen Fonte Pequena** und **Fonte Grande** am östlichen Ortsrand (beschildert). Die Fonte Grande wurden zu einem hübschen Picknickareal ausgebaut, ein Kiosk sowie

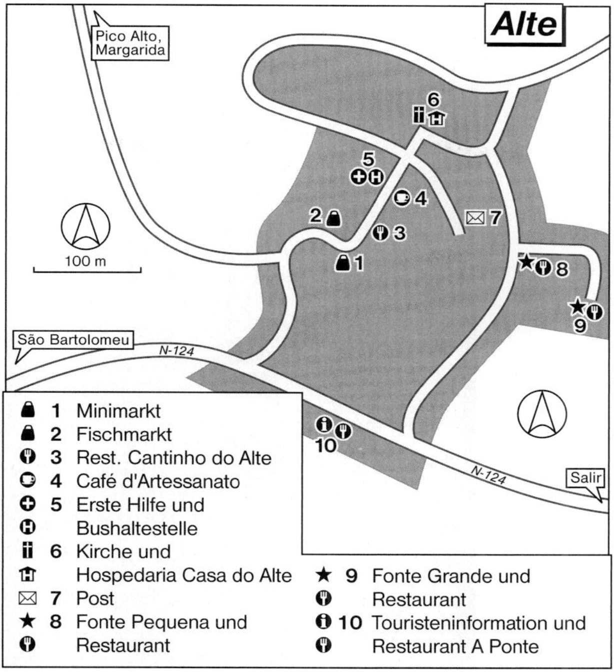

ein hübsches Gartenrestaurant sorgen für das leibliche Wohl.

Wanderung Um Alte bieten sich zahlreiche Wanderungen an; eine sehr empfehlenswerte führt oberhalb der Kirche zickzack zur Rua de Soidos, auf der man über die nach Soidos beschilderte Abzweigung (hier rechts halten) bis zum Ende des asphaltierten Weges (praktisch kein Fahrzeugverkehr) geht. Am Ende beginnt ein Feldweg (dieser ist nicht befahrbar), der im rechten Halbbogen rund um den 467 Meter hohen Rocha dos Soidos an kargen, ummauerten Parzellen entlang hinunter zum Flüsschen Ribeira de Alte, zu den Fontes Grande und zurück zum Ort führt (ca. 2,5–3 Stunden, leicht).

058al Foto: wl

Bergrouten Die befahrbaren Sträßchen sind in sehr gutem Zustand, derzeit wird auch eine Verbindung östlich E-01/IP-1 über Pico Alte und Margarida nach Alte gebaut. Die kleinen Weiler Aguas Frias, Assumada, Freixo Verde und Soidos sind Sackgassen; mit eigenem Fahrzeug empfiehlt sich eine Fahrt über Margarida oder den Rastplatz mit Aussichtspunkt oberhalb von Alte und weiter über Sarnadas oder Asinal (beide Routen sind sehr hübsch) nach Benafim und ↗Penina/Rocha da Pena.

Auf Besucher im Bergland eingestellt

Nützliches

- **Touristeninformation:** an der Umgehungsstraße Estrada da Ponte, Tel. 289 478 666, Mo–Fr 10–13 und 14–17 Uhr; daneben kunsthandwerkliche Ausstellung
- **Bus:** vor der Kirche am kleinen Spital, 4-mal tgl. von/nach Loulé, 2-mal tgl. von/nach Quarteira
- **Unterkunft:** Hotel Alte €€€, Montinho/Alte, Tel. 289 478 524, Fax 289 478 646, altehotel@mail.telepac.pt; hübsches Berghotel Richtung Margarida ca. 800 Meter außerhalb sowie Pensão Casa de Alte €€, Rua Dr. Figueiredo (an der Kirche), Tel. 289 478 426
- **Essen und Trinken:** Trotz der steigenden Beliebtheit ist Alte kein kulinarisches El-Dorado. Kleinigkeiten und Getränke bietet das Café Regional (eigentlich mehr ein Kitschkunsthandwerkladen), Tel. 289 469 332. „Gutbürgerliches bieten die beiden Lokale Cantinho do Alte, Tel. 129 644 182 sowie in der mittleren Preisklasse das Restaurant A Ponte, Tel. 289 439 991, wo gelegentlich sogar Fisch auf der Speisekarte steht.

São Bartolomeu de Messines E2

Auf dem Weg von Alte nach Silves wird die Brauereistadt São Bartolomeu de Messines passiert, ein wohltuend untouristisches Städtchen (ca. 9000 Einw.) am Westrand der Serra do Caldeirão. Einzige Sehenswürdigkeit ist die **Pfarrkirche** aus dem 16. Jh. mit Stilelementen der Manuelinik und Renaissance; die barocke Fassade wurde erst im Jahr 1716 angebaut.

Nützliches

- Gegenüber der Kirche zweigt die Rua da Liberdade ab, die **Haupteinkaufsstraße** von São Bartolomeu. Hier liegen Kino, Geldautomaten, Markt mit Intersul-Reisebüro und Bushaltestelle (Anbindung von/nach Albufeira, die nach Silves soll verbessert werden) sowie Minimärkte und Restaurantbetriebe.
- **Essen und Trinken:** Sehr günstige Kleinigkeiten bietet das Café Dia; das Casa de Pasto Ancora am Largo A. F. Mascarenhas/Ecke Liberdade liegt preislich etwas höher.
- **Unterkunft:** Wer hier strandet, findet eine Bleibe in der Albergaria-Residencial Cuica € (am Ende der Av. da Liberdade, 250 Meter die Hauptstraße links entlang), Tel. 328 466 278.
- Eine **Touristeninformation** gibt es nicht, im Notfall hilft die GNR, Rua Dr. Francisco Neto Cabrita 3, Tel. 328 233 9246.
- **Reiten:** Reitstall Quinta Penedo, Vale Fuzeiros, N-124 (drei Kilometer Richtung Silves), Tel. 282 332 466; Zwei-Stunden-Ausritt 25 €.

Barragem de Arade D2

Man stelle sich einen großen, hübschen Stausee mit Restaurants, Tretbooten und sonstigen Freizeitangeboten vor – und keiner geht hin! Bittere Realität am Barragem de Arade, wo der Fluss Arade für die Bewässerung der „Zitrus-Hochburgen" des Umlandes und als Trinkwasserspeicher gestaut wird. Das Projekt verschlang in den 1980er Jahren Millionen und Abermillionen, wurde als großes **Erholungsreservat** im Hinterland geplant; nur machte die anhaltende Wasserknappheit den größenwahnwitzigen Architekten und Politikern einen gewaltigen Strich durch die Rechnung: Allenfalls im Winterhalbjahr füllt sich das Reservoir; Touristen sieht man hier nur gelegentlich. So kann man hier in Ruhe die Korkeichen bewundern und den Stausee mehr oder weniger alleine genießen; es gibt keine Busanbindung.

Paderne E2

Der Ort Paderne selbst wurde vermutlich als Baderna von den **Mauren** gegründet, 1248 dann von den Portugiesen erobert. Rund um die **Pfarrkirche** aus dem 16. Jh. gibt es einige Dorfkneipen. Empfehlenswert ist hier das Café Capacho am unteren Ortsende. Günstig einkehren kann man auf der Fahrt in Richtung Quarteira/Faro auch in **Boliqueime,** einem Agrardörfchen mit kleiner Kirche und ein paar Schänken in der Straße links des Gotteshauses.

Der Ort selbst ist nur ein kleines, unbedeutendes Fleckchen auf der Landkarte, und kaum jemand käme auf die Idee, hier eine der **interessantesten Kurzrundwanderungen** der Algarve zu vermuten. Hier können Agrarland und historisch interessante Relikte unterschiedlichster Epochen auf kleinem Raum „erwandert" werden. Das Schwierigste an der Wanderung ist es, den Ausgangspunkt zu finden.

059al Foto: wl

Wanderung **Selbstfahrer** orientieren sich am Stadion (unten an der Hauptstraße); gleich dahinter folgt die Abzweigung „Fonte de Paderne"; der Straße zwei Kilometer folgen, hier liegt ein Waschhaus rechter Hand. 50 Meter weiter führt ein Feldweg (Holzschild) zum Castelo nach rechts, diesem folgt man bis unter die Autobahnbrücke; dort hängt ein Wanderplan aus (Fahrzeug hier stehen lassen).

Bus: Stadion und Friedhof „links liegen" lassen, dann gleich links (Schild „Escola") hinein, 500 Meter hinauf an Schule und Siedlung vorbei, dann beginnt ein Feldweg; diesem folgt man zwei Kilometer bis zu einer kleinen Straße; hier biegt man nach rechts; nach 300 Metern folgt ein Feldweg (Holzschild „Castelo" linker Hand) bzw. nach 50 weiteren Metern links das Waschhaus und die Quelle. Der zusätzliche Marsch bis zum Ausgangspunkt der Rundwanderung dauert gut 45 Minuten.

Traditionelles Waschhaus –
noch heute für viele die einzige Wasserstelle

060al Foto: wl

Die **Quelle** und das **Waschhaus** (Fonte de Paderne) wurden in ihrer jetzigen Form mehrfach umgestaltet; sie werden auch heute noch von den Bewohnern des Dorfes genutzt. Im Haus sieht man die eingelassenen Waschbretter. Der Feldweg bis zur Autobahnbrücke führt durch landwirtschaftlich genutzte **Plantagen** (Orangen, Pfirsiche), Verlaufen ist hier nahezu unmöglich. Unter der Brücke teilt sich der Weg (Fahrzeug hier parken), mittig steht eine Wandertafel zur Orientierung. Dieser rechte Weg endet nach wenigen Hundert Metern an einem Damm des Flüsschens Ribeira de Alte. Diesen kann man überqueren oder diesseits dem unscheinbaren Trampelpfad folgen – das Gebäude auf der anderen Seite diente einst als Wassermühle (heute als Gastwirtschaft). Ganz gleich auf welcher Seite, man folgt dem Flüsschen durch Schilf, Disteln, Mohn und Butterblumen bis zu einer alten römischen Brücke aus dem 2. Jh. – sie ist noch heute begehbar. Wei-

Römische Brücke bei Paderne

ter geht es auf der linken Uferseite, wo unmittelbar linker Hand ein gemauerter ehemaliger Feldbackofen steht. Der nun wieder breitere Weg windet sich schlangenförmig den Hügel hinauf bis zu einer Gabelung, der man nach links durch Holunder, Mohn und wilden Majoran zum **Castelo** folgt. Dieses wurde im 11. Jh. von den Mauren errichtet und 1149, wie Paderne selbst auch, von den Portugiesen erobert. Erst anschließend wurde im 14. Jh. die Kapelle Nossa Senhora de Capelo angefügt. Die Anlage ist zwar ziemlich verfallen, die Aussicht über den Rundwanderweg jedoch famos; wenn der Staat Geld übrig haben sollte – was unwahrscheinlich ist – soll das Kastell aufwendig restauriert werden. Ähnlich wie in ↗Silves war das Flüsschen übrigens seinerzeit per Schiff bis unterhalb der Burg befahrbar, daher machte man sich überhaupt die Mühe, hier ein Kastell zu errichten. Auch das Nachrichtensystem der Mauren war weit entwickelt – auf dem gegenüberliegenden Hügel ist ein verfallener Turm zu sehen (bei den Strommasten), von dem aus Sichtzeichen gegeben wurden. Vom Castelo aus folgt man dem Weg zurück zur Gabelung und geht nun links hinunter bis zur Autobahnbrücke. Der leichte Rundweg ab Wanderschild dauert etwa 1 bis 1,5 Stunden, Pausen nicht gerechnet.

Vilamoura-Quarteira G4

Wer einen mondänen Badeort mit Yachthafen, Spielcasino, weitläufigen Wohnkomplexen und Sportmöglichkeiten (Golf, Tennis, Wassersport) sucht, wird die Doppelstadt Vilamoura-Quarteira nicht ignorieren können. Das heutige Vilamoura wurde, ähnlich wie ↗Vale de Lobo, als bombastische Nobelanlage entworfen und gebaut; eigentlicher Wohnort der Anwohner ist der inzwischen unmittelbar anschließende Ortsteil Quarteira im Osten.

Vilamoura G4

Der heutige Yachthafen von Vilamoura wurde vermutlich als Anlegestelle schon von den Phöniziern, in späteren Zeiten von den Römern, vor allem aber den Mauren genutzt, die von hier den Ribeira de Quarteira hinauf bis ⇗Paderne fuhren. Hiervon zeugt das gut beschilderte archäologische Areal **Cerro da Villa** (tgl. 9.30–12 und 14–19 Uhr, 2 € Eintritt) an der Westseite der Marina, wo vor allem Mosaiken des 1.–5. Jh. (römisch) und Fundstücke der Mauren (8.–11. Jh.) zu sehen sind. Unter den Portugiesen versandete der Hafen, bis sich findige Tourismusinvestoren der alten „Maurenstadt" (wie der Ort übersetzt heißt) erinnerten und auf freiem Gelände den heutigen Kunstort mit palmengesäumter Boulevard-Einfallstraße, exquisiten Golfplätzen (Laguna, Pinhal und Old Course), Ferienwohnanlagen, Luxushotels und Casino bauen ließen.

Strände

Praia da Marina

Absolut zentral gelegen, unmittelbar am Hotel Ampalius an der Avenida da Marina; ein sehr gepflegter, bewachter Strand mit Snackbars und kostenpflichtigem Parkplatz (1,50 €/Tag).

Praia de Vilamoura-Falésia

Westlich des Yachthafens wurde ein Zugang zum Falésia-Strand angelegt; eine Fußgängerbrücke führt über den versandeten Fluss zum Strand. Hinweis: der Strandabschnitt ist eigentlich fälschlich als „Falésia" ausgeschildert, der echte Praia da Falésia liegt weiter westlich hinter Praia Rocha Baixinha – man wollte einfach den berühmten Strandnamen nach Vilamoura verlegen!

Praktische Tipps

Orientierung

Aus Richtung Portimão erreicht man über eine begrünte vierspurige Prachtstraße mit Zufahrten zu den Golfanlagen die auffällige, schlossähnliche Apartmentanlage Mouratlantico rechter Hand sowie einen Kreisverkehr. Hier sind scharf nach rechts Cerro da Villa, Praia da Falésia und die Westseite der Marina ausgeschildert. Links am Kreisel umgeht man das Zentrum und gelangt nach Quarteira, geradeaus geht es ins eigentliche Zentrum, bestehend aus einer Ringstraße (Avenida da Marina) mit Casino, Hotels und der Ostseite des Yachthafens.

Unterkunft

Es gibt in Vilamoura rund 200 Hotel- und Apartmentkomplexe; hier eine kleine Auswahl an der Av. da Marina bzw. in den Golfanlagen – alles recht teuer; günstiger wohnt man in ↗Quarteira.

- **Marinotel** €€€€€, Av. da Marina, Tel. 289 389 988, Fax 289 389 869, marinotel@mail.telepac.pt; exquisit, zwischen Yachthafen und Strand
- **Atlantis** €€€€€, am Casino, Tel. 289 389 937 u. -77, Fax 289 389 962, hav.reservas@virtual-net.pt. Klein, aber chic
- **Hotel Ampalius** €€€€, Av. da Marina, Tel. 289 388 008, Fax 289 380 911; unmittelbar am Hausstrand Praia da Marina
- **Dom Pedro Golf** €€€€, Av. da Marina, Tel. 289 300 700, Fax 289 315 482 (nahe Casino) und **Dom Pedro Marina** €€€€, Tel. 289 389 802, Fax 289 315 482, dp.marina@mail.telepac.pt
- **Vila Galé Hotel** €€€€, Av. da Marina, Tel. 289 320 0000, Fax 289 320 0050, marina@vilagale.pt
- **Apartaments Terraços do Mar** €€€, Rua Melvin Jones, Tel. 289 313 727, Fax 289 314 671, am Pinhal-Golfplatz, 15 Minuten zu Fuß zum Casino (Zentrum). Rundum ein Dutzend weiterer Anlagen
- **Apartaments Parque Mourabel** €€€, Caminho do Lago, Tel. 289 300 900, Fax 289 300 909; am Nordende der vierspurigen Prachtstraße, hier insgesamt ca. 20 Wohnanlagen
- Ein dritter großer Wohnbereich erstreckt sich zwischen der Ausfallstraße und dem Clubhaus Golf Pinhal, z.B. **Apartaments Ténis Golfmar** €€€, Rua Estados Unidos da América, Tel. 289 322 479, Fax 289 389350.

Essen und Trinken

- Neben **McDonald's** (Av. da Marina) empfiehlt sich für den mittleren Geldbeutel vor allem das **Caddyshack** (gegenüber Casino) mit Snacks und Kleinigkeiten sowie **Mourapizza** gegenüber vom Hotel Dom Pedro Marina.
- Ansonsten dominieren die Nobelrestaurants in den Golfanlagen und an der Av. da Marina. Viele Golfer empfehlen das **Old Course Restaurant** (am Clubhaus), Tel. 289 310

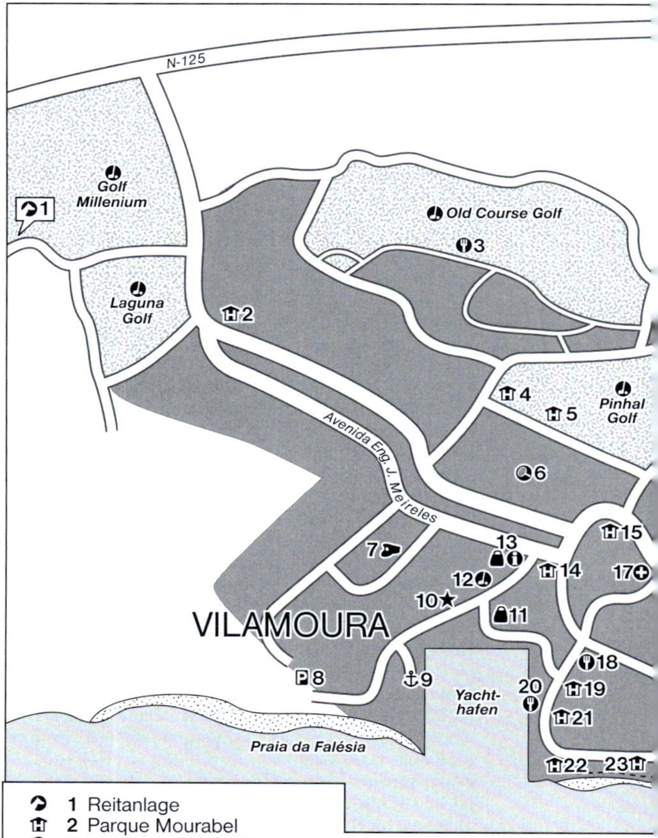

- 1 Reitanlage
- 2 Parque Mourabel
- 3 Rest. & Club Old Course
- 4 Verandas do Sol
- 5 Ténis Golfmar
- 6 Tenniszentrum
- 7 Polizei
- 8 Parkplatz
- 9 Nautico Yachtclub
- 10 Cerro da Vila (röm. Stätte)
- 11 Marina Shopping Center
- 12 Minigolf
- 13 Minimarkt und Touristeninformation
- 14 Clube Mouratlantico
- 15 Kino & Lusotur
- 16 Terraços do Mar
- 17 Erste-Hilfe-Station
- 18 McDonald´s
- 19 Vila Galé Hotel
- 20 Pizzeria Mourapizza
- 21 Dom Pedro Marina
- 22 Marinotel
- 23 Hotel Ampalius
- 24 Bistro Caddyshack
- 25 Casino

Vilamoura-Quarteira

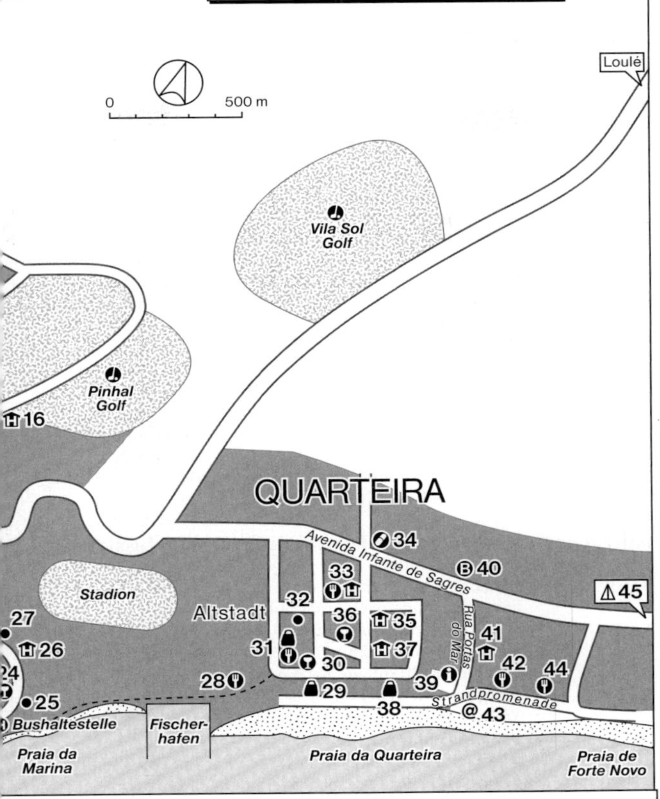

26 Dom Pedro Golf
27 Forum
28 Fischbratereien
29 Markt
30 Battista Bar/Pub
31 Supermarkt,
Snackbar O Buzo
32 Tasca do Antonio
33 Rest. Senhor Kilo und
Residencial Manso
34 Apotheke,
Ampelkreuzung
35 Residencial Romeu
36 Joker Bar
37 Pensão Miramar
38 Alisuper
39 Touristeninformation
40 Busbahnhof
41 Hotel Dom José
42 Casa das Pastas Rest.,
Didaktic Apartments
43 Internet-Point
44 Rest. Seahorse
45 Camping Orbitours (1 km)

341, wegen seiner exzellenten internationalen Küche bei gepflegter Atmosphäre.

Sport

- **Golf:** Millenium, Tel. 289 310 188, Fax 289 310 183; Laguna, Tel. 289 310 180, Fax 289 310 183; Old Course, Tel. 289 310 341, Fax 289 310 321; Pinhal, Tel. 289 310 390, Fax 289 310 393; Vila Sol, Vila Sol Empreendimentos, Tel. 289 300 505, Fax 289 316 499
- **Aquapark:** 2 km außerhalb Richtung Loulé (Ortsteil Semina) liegt unmittelbar neben dem Vila-Sol-Golfclub das neue Aqualand „Aqua-Show" (↗Aquaparks im Kapitel „Reisetipps A–Z: Sport und Aktivitäten")
- **Minigolf:** Wer nicht dem „großen" Golfspiel frönt, mag vielleicht den Roma Golf Park besuchen: In herrlich kitschigem, antik römischen Ambiente kann auf 36 Bahnen im Kleinen eingelocht werden. Kunden meinen: die schönste Minigolfanlage Europas! Tgl. geöffnet, pro Spiel 7 €. Info unter Tel. 289 300 800, rgp@sogestao.pt
- **Marina:** Clube Nautico (Westseite), der größte Yachthafen der Algarve, Tel. 289 388 882
- **Wassersport:** Am Westhafen bietet Watersports (Tel. 289 388 149) von Paragliding über Jetski und Wasserski bis zum Speedboat-Verleih alles, was das Herz begehrt.
- **Tauchen:** Torpedo Diving Aldeia do Mar - Apt. 931, Tel. 289 314 098, Fax 289 314 098

Nützliches

- Eine **Touristenbahn** verbindet alle Resortanlagen/Hotels mit dem Zentrum.
- **Bus:** (zwischen Casino und Hotel Ampalius) etwa stündlich Verbindung nach Quarteira
- **Touristeninformation:** Av. Cerro da Vila (Zufahrt zum Cerro da Vila), Tel. 289 321 187, Mo–Fr 9–12 und 14–17.30 Uhr, hier auch Anfrage nach Apartments möglich
- **Tages- und Wochentörns** auf Bavaria oder Jeanneau-Yachten mit oder ohne Skipper können unter Tel. 282 912 993 gebucht werden.
- **Polizei:** Rua das Laranjeiras, Sector 5, Tel. 289 388 989
- **Erste Hilfe:** Rua do Sol/Ecke Estrada da Quarteira
- **Supermarkt:** am Nordende der Av. Cerro da Vila

Quarteira G4

Der Touristenstadt Vilamoura schließt sich nahtlos die zugegebenermaßen hässliche Wohnstadt Quarteira (ca. 9500 Einw.) an, die schon in den 1960er Jahren mit grauen Hochhausanlagen touristisch erschlossen wurde und mit dem preisgekrönten Nachbarn Vilamoura nicht mithalten

061al Foto: wl

kann. Zwangsläufig bildet Quarteira somit „nur" eine günstige Alternative für diejenigen, die preiswerter übernachten (oder essen), aber doch nahe Vilamoura wohnen wollen. Hier liegt auch der Busbahnhof mit Anbindungen von/nach Alte, Salir, Praia de Falésia und Loulé. Und last but not least liegen unmittelbar am Ostende (in Gehweite) ein paar kleine, aber feine Strände.

Strände

Praia da Quarteira

Nach dem Neubau der Uferpromenade wurde dieser Abschnitt des (Sand-) Ortsstrandes in **Praia da Zé** umbenannt, wird ordentlich gepflegt und verfügt neben Informationen zu Gezeiten und Wasserqualität über Sonnenschirm- und Liegenverleih sowie zahlreiche preiswerte Snacklokale.

Hübsch am Stadtrand: Praia de Forte Novo

Praia de Forte Novo

Am östlichen Ortsende geht es rechts zum Pinienwäldchen; hier liegt der hübsche, langgezogene Sandstrand, begrenzt von einem Weiher/Marschland; zwei Snackbars sorgen fürs leibliche Wohl, unter den Pinien sind gelegentlich Wildcamper zu finden.

Praia do Almargem

Östlich des Campingplatzes Orbitours Richtung ⇗Vale de Lobo zweigen noch zwei (beschilderte) Wege zu Strandabschnitten ab, die nur mit eigenem Fahrzeug erreichbar sind. Almargem liegt unmittelbar auf der dem Praia de Forte Novo gegenüberliegenden Seite des Weihers/Marschlandes – es ist im Grunde derselbe, ebenfalls bewaldete Strand.

Praia do Trafal

Nur wenige hundert Meter östlich liegt der per Feldweg (auch ab Küstenstraße erreichbar, kleines Schild) mit Almargem verbundene Praia do Trafal (mit Snackbar). Die drei letztgenannten Strände ähneln sich mit ihrem steinfreiem Sandstrand und Waldhintergrund sehr.

Praktische Tipps

Unterkunft

- Hier einige zentrale und preiswerte Alternativen zu Vilamoura – zu Fuß 15–20 Minuten vom Praia da Marina (⇗Vilamoura) entfernt:
- **Camping Orbitours,** östlicher Ortsausgang (nahe Praia de Forte Novo), Tel. 289 302 821; ganzjährig geöffneter Platz mit Minimarkt und Restaurant
- **Pensão Miramar** €, Rua Gonçalo Velho 8, Tel. 289 315 225, schlicht, aber durchaus akzeptabel
- **Pensão Manso** €, Rua Infante de Sagres 18, Tel. 289 313 242, Fax 289 313 242, schlichte Zimmer
- **Residencial Romeu** €€, Rua Gonçalo Velho 38, Tel. 289 314 114, sauber und gut
- **Hotel Dom José** €€€, Av. Infante de Sagres 143, Tel. 289 302 750, Fax 289 302 755; nahe Busbahnhof und Praia de Forte Novo
- An der Ostseite des Praia da Quarteira entstanden in den letzten Jahren reihenweise neue Wohnanlagen mit Apartmentunterkünften. Stellvertretend seien die Apartamentos **Didactic** €€ genannt, die neben dem Hotel Dom José an der Promenade liegen und unter Tel. 919-466 904, www.

didaktic-net/ferias vorab arrangiert werden können. Weitere Angebote zu Vilamoura/Quarteira findet man unter www.garvetur.pt.

Essen und Trinken

- **Selbstversorger** können ihre Bestände preiswert in den Supermärkten Alisuper (Llago de Mercado) und Locha Freza (Rua da Alagoa) auffüllen.
- In Quarteira findet man auch einfache „Volksküche", etwa im schlichten, aber empfehlenswerten Restaurante **O Buzo** (Rua da Alagoa) oder dem sehr beliebten Self-Service-Snackrestaurant **Senhor Kilo** (Rua G. Velho).
- Am Praia da Zé (Promenade) bieten die niederländischen Inhaber des recht neuen **Seahorse** u. a. leckere Pfannkuchen, Toasts und Snacks ab 1,40 €.
- Am Praia Forte Novo bietet die **gleichnamige Snackbar** in angenehmer, begrünter Biergartenatmosphäre mit altem Fischerboot große, leckere Grillplatten für 2 Personen (die für 3 reichen!) zu 22,50 €.
- Einige einfache **Fischbrater** am Markt bieten guten, fangfrischen Fisch in großen Portionen zu günstigen Preisen.
- Als anständige **Bierbars** empfehlen sich die Joker-Bar und der Battista-Pub (Tel. 289 313 221) im Zentrum.

Nützliches

- **Busbahnhof:** in der Av. Infante de Sagres; Loulé 4-mal täglich, Faro und Vila Real je 6-mal täglich; Stadtbus von/nach Vilamoura.
- **Touristeninformation:** Av. Infante de Sagres, Tel. 289 389 209, geöffnet Mo–Fr 9.30–13 und 14–19 Uhr; hier auch Privatzimmer-Vermittlung.
- **Polizei:** Rua de Timor, Tel. 289 315 662.
- **Fahrzeugverleih** (auch Fahrrad): Moto-Tours, Rua da Monica 64, Tel. 289 313 401 und Alamo (Tel. 289 388 364) an der Uferpromenade No 169.
- Eine **Touristenbahn** verbindet den Praia Forte Novo mit Vilamoura.
- **BPI Bank** (mit EC) neben dem Hotel Dom José.
- **Internet Point** 200 m westlich vom Hotel Dom José an der Promenade.
- Eine kleine **Tourist-Information** (tgl. 9.30–19 Uhr, Sa/So bis 13 Uhr und 14.30–18 Uhr) liegt am kleinen Platz der Rua Manuel José Pedro.
- Neben der Tourist-Information werden in der **Galeria de Arte** Wechselausstellungen mit unterschiedlichen Themen und Öffnungszeiten abgehalten.

Zwischen Vilamoura und Albufeira F/G4

Zwischen Vilamoura und Albufeira liegen ein halbes Dutzend ansehnlicher Strände, Dörfer und Resortanlagen – eine recht gut verteilte touristische Infrastruktur, die viele Besucher als angenehmer empfinden als das geballte Angebot von Albufeira. Auch sind die einzelnen Strände vergleichsweise gut per Bus erreichbar – entlang der Küstenstraße pendeln 12–19-mal täglich Lokalbusse von/nach Albufeira (sie fahren jedoch nicht bis Vilamoura!). Natürlich gibt es auch einen Haken: Günstige Unterkünfte sind hier rar (hier wohnen überwiegend Pauschalreisende), sodass sich eher Ausflüge ab ⇗Albufeira anbieten.

Praia das Belharucas

Die erste Abzweigung von der Küstenstraße führt nach Falésia, kein eigentlicher Ort, sondern ein sehr weit verzweigtes Strand-, Golf- und Resortgebiet. Gleich die erste Straße nach rechts zweigt zu einem wahren Kleinod ab, auch wenn es wegen der (derzeit) hässlichen Bauzäune zunächst gar nicht so aussieht. Dem Linksknick folgend, biegt das Sträßchen nach ca. 250 Metern scharf nach rechts ab – stopp, hier parken! Geradeaus führt ein hübscher, immergrüner Naturlehrpfad hinunter zum Praia das Belharucas, einem sehr schönen, schier unendlich langen Sandstrand mit mehreren Kiosken; wohl der beste Strand dieses Abschnittes.

Praia de Falésia

Vor dem Alpinus rechts und über den Kreisel hinweg wieder rechts (dann zickzack, nicht mehr beschildert!) erreicht man *den* Strand schlechthin, den heißgelobten Praia da Falésia. Wegen der steilen Klippen im Rücken des unendlich breiten und schnurgeraden Strandes kann (zum Glück) nicht

062al Foto: wl

bis zu den Felsen selbst gebaut werden – daher ist er auch angenehm ruhig. In zweiter und dritter Reihe entstehen jedoch permanent neue Wohnanlagen, sodass mittelfristig mit erheblichem Baulärm zu rechnen ist.

Unterkunft

- **Hotel Sheraton Algarve** €€€€€, Tel. 289 500 100, Fax 289 501 950, www.pinecliffs.com
- **Hotel Rio Falésia** €€€€, Pinhal do Concelho, Tel. 289 501 237, Fax 289 501 270, www.falesia.com
- **LTI-Hotel/Aparthotel Alfamar** €€€€, Tel. 289 501 351, Fax 289 501 404, www.lti-alfamarhotel.com
- **Apartamentos Turisticos Aldeia da Falésia** €€€, Pinhal do Concelho, Tel. 289 590 600, Fax 289 590 609, rdd85216@mail.telepac.pt
- **Pensão Mira Parque** €€, Estrada das Acoteias/Corguincho, Tel. 289 501 423, Fax 289 501 029

Essen und Trinken

- **Selbstversorger** finden einen Supermarkt gegenüber vom Falésia-Hotel sowie ein ausgezeichnetes Fischgeschäft vor dem Pine Cliffs Golf Resort.
- Entlang der Zickzack-Zufahrtsstraße zum Strand bieten mehrere vereinzelte **Restaurants** Speisen und Getränke an; weitere Restaurants und Kneipen ↗Olhos de Água.

Für viele ein Traumstrand – Praia de Falésia

Praia de Baixinha

Fährt man an der Falésia-Abzweigung (Bushaltestelle) weiter bis zum einsamen LTI-Hotel (zur Rezeption, dort parken, dann Schild „Praia" folgen), erreicht man schließlich den langen Abschnitt des Sandstrandes de Baixinha, der praktisch kaum besucht und auch nicht bewacht oder bewirtschaftet wird. Auch das LTI-Aparthotel (= Alfamar) liegt sehr ruhig und ist durchaus ansprechend.

Praia Olhos de Água

Der Strand liegt an der **Doppelsiedlung Torre de Medronheros/Olhos de Água,** deren oberen/hinteren Teil eine Villensiedlung bildet; Olhos selbst ist ein kleines Fischerdorf mit neuer Promenade in einer schmalen, teils felsigen Bucht. Auch wenn „malerische Beschaulichkeit" als Charakteristikum überzogen wäre, so zeugen doch die vielen Netze und Fischerboote auf der linken Seite der von Felsen gesäumten Bucht von einer angenehmen Distanz zu den Nachbarstränden.

Unterkunft

- **Hotel Riu Falésia** €€€€, Quinta do Milharo, Tel. 289 510 000, Fax 289 512 426, www.riu.es; auch €€€-Apartments.
- **Hotel Apartamento Oceanus** €€€, Torre da Medronheira, Tel. 289 580 380 Fax 289 502 569
- **Hotel Apartamento Olhos d'Água** €€€, Tel. 289 501 811, Fax 289 501 819
- **Apartamentos Turisticos do Parque** €€€, Tel. 289 502 812, Fax 289 502 930, www.algarveinfo.net/doparque
- **Apartamentos Naturmar, Torre da Medronheira** €€€, Tel. 289 501 761, Fax 289 501 538
- **Privatunterkünfte** sind wegen des knappen Angebotes extrem teuer (60–90 €!), z.B. **Casa Vitoria** (Tel. 289 501 184) oder **Jenny & Alan** (Tel. 289 502 124).

Essen und Trinken

- Günstig und gut speist man in der **Isaurinda-Snackbar,** sehr gute Fleisch- und Fischgerichte (portugiesische Küche) bietet das **O Cantil,** beide an der Zufahrtsstraße zum Ortsstrand.
- Abends ist es im **PickWick British Pub** (am Ufer) sehr gemütlich, auch die **Oasis Bar,** gegenüber vom oberen Parkplatz, kann man empfehlen.

- Bei Besuchern aus Albufeira gilt das **La Gigale** (an der Promenade) als besonderer Tipp; manchmal scheinen die Preise allerdings mehr die Top-Lage denn die Qualität der Speisen widerzuspiegeln.

Nützliches

- Auf halber Strecke der ca. einen Kilometer langen Zufahrtsstraße zum Ortsstrand liegt ein großer **Parkplatz** – unten gibt es kaum Parkmöglichkeiten! Gegenüber gibt es einen **Fahrzeugverleih,** ebenso vor dem Strand (z. B. Auto Green), einen **Supermarkt** findet man in Torre de Medronheiros (Hauptstr.).
- **Golf:** Sheraton Pine Cliffs, United Investment, Tel. 289 500 100, Fax 289 500 117

Praia Maria-Luisa (Balaia)

An einer Agip-Tankstelle geht es scharf links zur Club-Med-Anlage (hier parken, Plätze sind relativ knapp), davor links dem Weg zehn Minuten bis zum schönen, sehr gepflegten Sandstrand folgen; hier gibt es einen Katamaranverleih.

Entlang der immer noch lückenlos besiedelten Küstenstraße wurden insbesondere Ferienwohnungsanlagen sowie Resorthotels gebaut, z. B.:

Unterkunft

- **Aldeamento Turistico Quinta da Balaia** €€€, Branqueira, Tel. 289 586 575, Fax 289 586 582, www.quintada balaia.pt
- **Apartamentos Turisticos da Balaia** €€€, Praia Maria-Luisa, Tel. 289 501 512, Fax 289 501 314, balaia@mail.tele pac.pt
- **Domínio do Sol** €€€, Santa Eulália, Tel. 289 586 835, Fax 586840, dosol@mail.telepac.pt
- **Pensão Santa Eulália** €€, Estrada de Santa Eulália, Tel. 289 588 276, Fax 289 542 356, santaeulalia@jcr-group.com

Praia Santa Eulália

Der mondän wirkende, sehr beliebte und nette Vorortstrand Albufeiras wurde nach der kleinen Kapelle auf dem westlichen Hang benannt und dient auch als Hausstrand des Aparthotels Aldeamento Turistico Alfagar €€€, Tel. 289 540 220, Fax 542770. Es gibt einen großen Kiosk/Shop und einen Parkplatz (der im Sommer meist überfüllt ist).

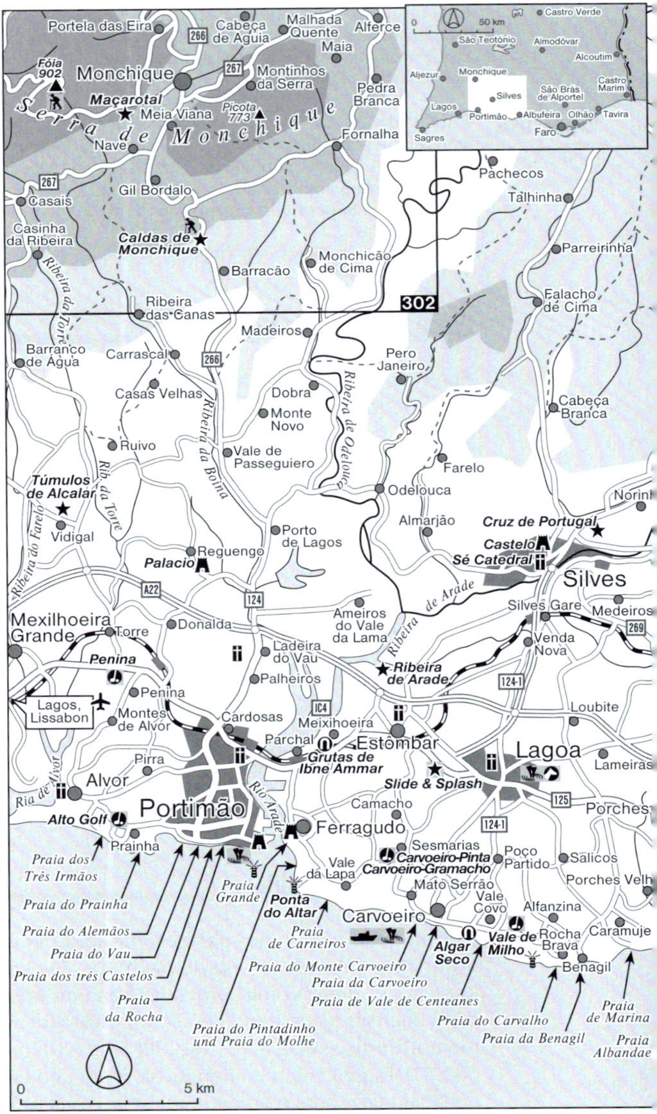
Portela das Eira
Cabeça de Aguia
Malhada Quente
Alferce
Maia
Fóia 902
Monchique
Montinhos da Serra
Pedra Branca
Maçarotal
Meia Viana
Picota 773
Serra de Monchique
Nave
Fornalha
Gil Bordalo
Casais
Casinha da Ribeira
Caldas de Monchique
Barracão
Monchicão de Cima
Ribeira da Torre
Ribeira das Canas
302
Madeiros
Barranco de Água
Carrascal
Casas Velhas
Pero Janeiro
Dobra
Monte Novo
Ribeira de Odelouca
Ribeira da Boina
Ruivo
Vale de Passeguiero
Farelo
Túmulos de Alcalar
Rib. da Torre
Odelouca
Vidigal
Almarjão
Cruz de Portugal
Porto de Lagos
Reguengo
Castelo
Sé Catedral
Palacio
Ribeira do Farelo
Silves
Ribeira de Arade
Silves Gare
Medeiros
Mexilhoeira Grande
Torre
Donalda
Ameiros do Vale da Lama
Venda Nova
Ladeira do Vau
Penina
Ribeira de Arade
Palheiros
Lagos, Lissabon
Montes de Alvor
Cardosas
Meixihoeira
Loubite
Parchal
Estômbar
Lagoa
Grutas de Ibne Ammar
Lameiras
Pirra
Alvor
Ria de Alvor
Rio Arade
Slide & Splash
Portimão
Camacho
Porches
Alto Golf
Ferragudo
Prainha
Sesmarias
Carvoeiro-Pinta
Carvoeiro-Gramacho
Poço Partido
Salicos
Vale da Lapa
Mato Serrão
Vale Covo
Porches Velh
Praia Grande
Ponta do Altar
Alfanzina
Carvoeiro
Caramuje
Praia de Carneiros
Algar Seco
Vale de Milho
Rocha Brava
Benagil
Praia dos Três Irmãos
Praia do Prainha
Praia do Alemãos
Praia do Vau
Praia dos trés Castelos
Praia da Rocha
Praia do Pintadinho und Praia do Molhe
Praia do Monte Carvoeiro
Praia da Carvoeiro
Praia de Vale de Centeanes
Praia do Carvalho
Praia da Benagil
Praia de Marina
Praia Albandae
0 5 km
Castro Verde
50 km
São Teotónio
Almodôvar
Alcoutim
Aljezur
Monchique
Castro Marim
Silves
São Brás de Alportel
Lagos
Portimão
Albufeira
Olhão
Tavira
Faro
Sagres

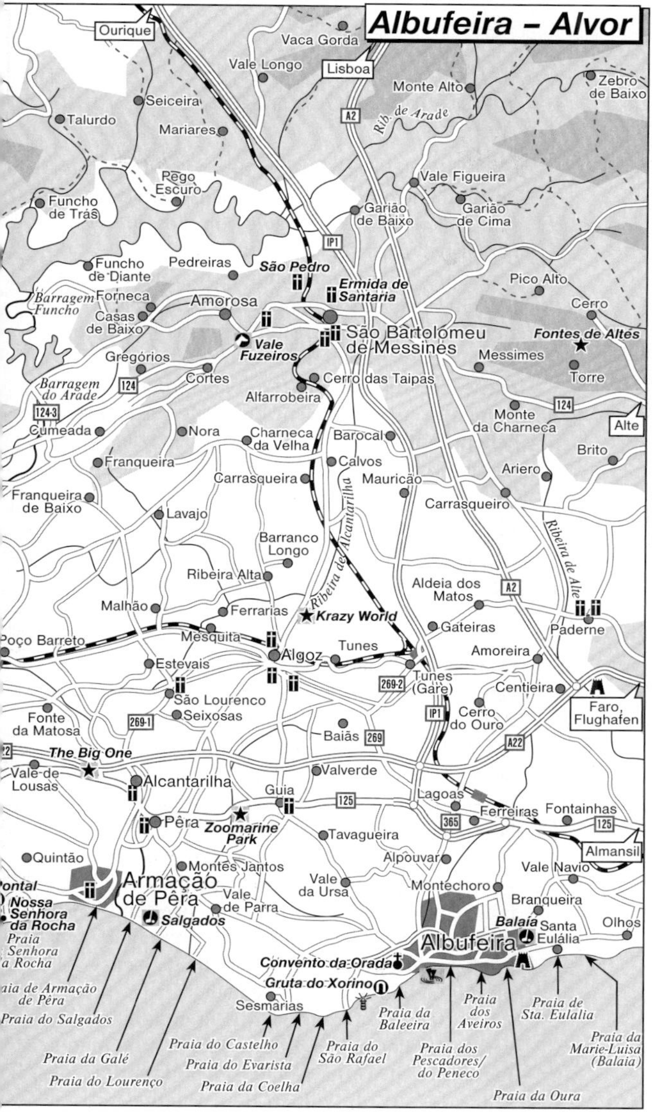
Albufeira – Alvor
Ourique
Vaca Gorda
Vale Longo
Lisboa
Monte Alto
Zebro de Baixo
Seiceira
Talurdo
Mariares
A2
Rib. de Arade
Pego Escuro
Vale Figueira
Funcho de Trás
Garião de Baixo
Garião de Cima
IP1
Funcho de Diante
Pedreiras
São Pedro
Ermida de Santaria
Pico Alto
Barragem Funcho
Forneca
Amorosa
Cerro
Casas de Baixo
São Bartolomeu de Messines
Fontes de Altes
Vale Fuzeiros
Messimes
Grégórios
Torre
Barragem do Arade
124
Cortes
Cerro das Taipas
Alfarrobeira
124-3
Monte da Charneca
Alte
Cumeada
Nora
Charneca da Velha
Barocal
Brito
Franqueira
Calvos
Ariero
Carrasqueira
Maurição
Franqueira de Baixo
Carrasqueiro
Lavajo
Ribeira de Alcantarilha
Ribeira de Alte
Barranco Longo
Ribeira Alta
Aldeia dos Matos
Malhão
Ferrarias
Krazy World
Paderne
Gateiras
Poço Barreto
Mesquita
Tunes
Amoreira
Algoz
Estevais
Tunes (Gare)
269-2
Centieira
São Lourenco
Faro, Flughafen
Seixosas
Cerro do Ouro
Fonte da Matosa
269-1
Baiãs
269
A22
The Big One
Valverde
Vale de Lousas
Alcantarilha
Guia
Lagoas
125
Fontainhas
Ferreiras
Pêra
Zoomarine Park
365
Tavagueira
Almansil
Quintão
Alpouvar
Montes Jantos
Vale Navio
Armação de Pêra
Vale da Ursa
Montechoro
Pontal
Nossa Senhora da Rocha
Vale de Parra
Branqueira
Salgados
Balaia
Santa Eulália
Olhos
Albufeira
Convento da Orada
Gruta do Xorino
Sesmarias
Praia Senhora da Rocha
Praia de Armação de Pêra
Praia do Salgados
Praia da Galé
Praia do Lourenço
Praia do Castelho
Praia do Evarista
Praia da Coelha
Praia do São Rafael
Praia da Baleeira
Praia dos Pescadores/do Peneco
Praia dos Aveiros
Praia da Oura
Praia de Sta. Eulalia
Praia da Marie-Luisa (Balaia)

Albufeira und Montechoro E3

Galt Albufeira noch in den 1960er und 70er Jahren als Geheimtipp, blieb nach Einsetzen des Massentourismus an der Algarve von diesem Ruf wenig übrig. Einst kleiner, aber feiner Bade- und Amüsierort der besser Situierten, übte Albufeira (17.850 Einw.) schnell eine schier unglaubliche Anziehungskraft auf Touristen aus ganz Europa aus. Wenn Faro das administrative und Silves das historische Zentrum der Algarve bilden, dann füllt Albufeira in jeder Hinsicht die Rolle des **touristischen Zentrums** aus, wobei eigentlich der „angeklebte" Vorort Montechoro die Hauptrolle spielt.

Geschichte

Vermutlich von **phönizischen Seehändlern** gegründet, wurde die Bucht unter den **Römern** ab 150 v. Chr. zu einem Zentrum der Salzgewinnung. Der Name Albufeira geht jedoch erst auf die **Mauren** (ab 716) zurück, die den Ort *Al-Buhara* („die Bucht") nannten und den Nordafrikahandel intensivierten. Nach zahlreichen erfolglosen Rückeroberungsversuchen fiel Albufeira um 1250 an Portugal; es verlor nach dem Zusammenbruch des Nordafrikahandels an wirtschaftlicher Bedeutung.

Auch die bloße Existenz der Stadt war mehrfach gefährdet: 1755 zerstörte weniger das berüchtigte Erdbeben als vielmehr eine anschließende **Flutwelle** große Teile des Ortes, und während der **Miguelistenkriege** Anfang des 19. Jh. ging ein Großteil der Gebäude in Flammen auf.

Eine längere ökonomische Regeneration bewirkte die Entwicklung der Fisch verarbeitenden **Industrie** mit Konservenfabriken und Werften, die Mitte des 20. Jh. jedoch dem Wettbewerb mit

063al Foto: wl

Spanien nicht mehr gewachsen waren und schließen mussten. Mit der hübschen Talkessel-Sandbuchtlage war Albufeira dann aber für eine rasante touristische Entwicklung prädestiniert, die in den 1970er Jahren einsetzte und das Stadtbild nachhaltig prägte. Als neue Amüsier- und Gastronomiebetriebe keinen Platz mehr in Albufeira (Altstadt) fanden, wurde in den 1990ern das Projekt **Montechoro** realisiert; dieser Ort ist heute eine stimmungsgeladene Amüsiermeile mit Discos, Bars, Restaurants und Souvenirgeschäften, die in dieser Form an der Algarve ihresgleichen sucht.

Sehenswertes

Um keinen falschen Eindruck zu erwecken: Ein Besuch Albufeiras (Altstadt) lohnt sich trotz des Trubels; die Altstadtgassen, der Klippenweg oberhalb des Strandes, der Tunnel zum Strand – all das ist durchaus sehenswert.

Albufeira – heimliches Zentrum der Algarve

- 1 BP, Camping
- 2 Lidl
- 3 Campismo Albufeira
- 4 Rathaus Camara Municipal („fliegende Untertasse“)
- 5 Bela Vista Boutiquenzentrum & McDonald's
- 6 Modelo Einkaufszentrum (Pizza Hut, Worten)
- 7 Hotel Ondamar
- 8 Oura Aparthotel
- 9 Clubhotel Montechoro
- 10 Sling Shoot
- 11 Supermarkt
- 12 Lineker's Bar
- 13 Stierkampfarena
- 14 Vilanova Supermarkt
- 15 Supermarkt
- 16 Kilt & Kelt Scottish Bar
- 17 Agencia de Viagens, Budget Rent a Car, Restaurant Portofino

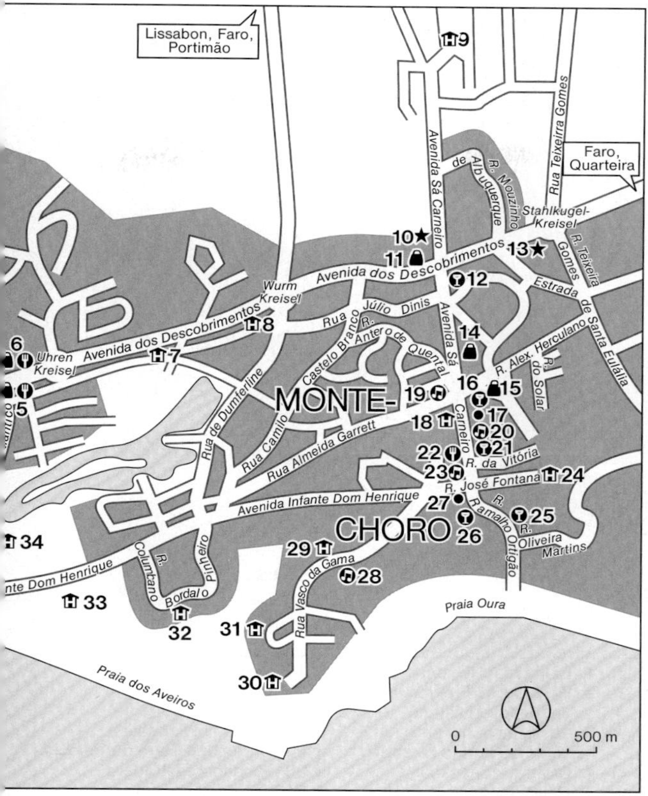

- 18 Hotel Aldeia
- 19 Disco Liberto
- 20 Disco Garage
- 21 Sultão Disco & Bar
- 22 Rest. El Rancho
- 23 Wild Company Disco
- 24 Apartamentos Ouratlantico
- 25 Bar Ra
- 26 Shamrock Inn
- 27 Panda & Autofirme Autoverleiher
- 28 Kiss Disco Club
- 29 Hotel Topázio
- 30 Atlantic Scuba Diving & Praia dos Aveiros Aparthotel
- 31 Hotel Auramar
- 32 Aparthotel do Porte
- 33 Cerro Alagoa
- 34 Brisa Sol

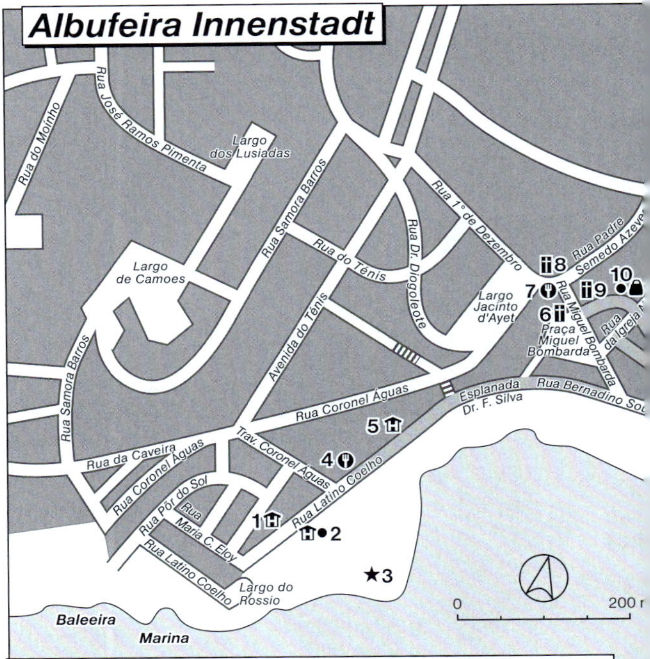

- 1 Diana Mar Residencial
- 2 Residencial Frentomar und Autovermietung
- 3 Aussichtspunkt und Gruta de Xorino (Grotte)
- 4 Bizarro – Snackbar
- 5 Hotel Rocamar
- 6 São Sebastião
- 7 Zansi Bar
- 8 Sant' Ana
- 9 Igreja Matriz
- 10 Visacar Autoverleih und Algarve Buchhandlung
- 11 Easy Rider Mopedverleih, Pension Capri
- 12 Bus
- 13 Algisa-Tours
- 14 Super-/Minimarkt
- 15 Autoverleih
- 16 Zansi II Rest., Happy Internet
- 17 Cave de Vinho de Porto
- 18 Pensão Albufeirense
- 19 Post
- 20 Pensão Silva
- 21 Touristeninformation
- 22 Uhrenturm Torre de Relógio
- 23 Misericórdia-Kapelle
- 24 Festungsmauern
- 25 California Shopping Arcade
- 26 Domino's Café
- 27 Net@Café
- 28 O Coninho Tauchen & Angeln
- 29 Privatunterkunft
- 30 Autoverleih
- 31 Hotel Baltum
- 32 Dance-Club 7 1/2
- 33 O Tasca, Os Azeiteiros
- 34 Snoopy

Fußgängerzone

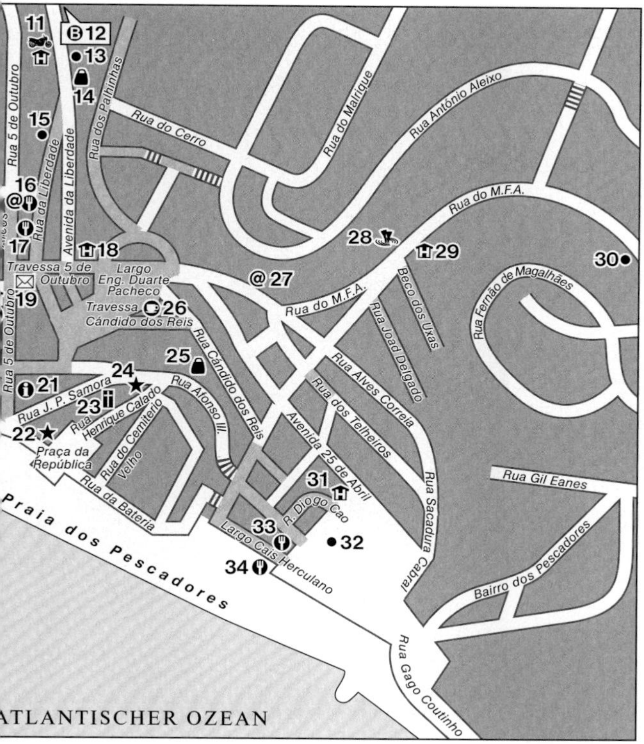

Kirche Sant'Ana Nach Erdbeben und Flutwelle wurde deutlich oberhalb der anderen Gotteshäuser am 26.7.1758 („Annentag") mit dem Bau der **dörflich wirkenden Kirche** begonnen. *Anna,* die Patronin der Mütter und Fischer, wurde als Schutzheilige gewählt, um den völkischen Charakter dieser Kirche zu unterstreichen.

Igreja Matriz Nach der Flutkatastrophe infolge des Erdbebens wurde auf den Grundmauern einer Vorgängerkirche die neue einschiffige (weniger erdbebengefährdete) **Hauptkirche** 1782 errichtet und 1800 von *Bischof Francisco de Avelar* geweiht. Der

064al Foto: wl

Hauptschrein zeigt die *Maria Immaculata* (die Jungfrau der unbefleckten Empfängnis) sowie eine Figurine und ein Bildnis des aus Albufeira stammenden Missionars *Vinzenz* bei seiner Arbeit in China. Eine der vier Seitenkapellen ist dem „Herzen Christi", eine weitere kleine Seitenkapelle dem Gralsmotiv gewidmet; Innenwände und Hauptportal sind x-fach mit dem Christusritterkreuz versehen (↗Religion, Geschichte).

Torre de Relogio

Kirche São Sebastião

Die Sebastian-Kapelle überstand das Erdbeben; sie birgt sowohl manuelinische (Seitenportal) als auch barocke Elemente (Hauptportal, Innenraum). Das angeschlossene **Sakralmuseum** ist täglich von 10.30–12.30 und 14.30–17 Uhr (im Sommerhalbjahr 20 Uhr) geöffnet.

Esplanade

Hinter São Sebastião/Praça M. Bombarda erstreckt sich die Esplanada Dr. F. Silva mehrere hundert Meter oberhalb des Strandes Richtung Largo do Rossio an der **Grotte Gruta de Xorino** entlang, die während der Brandschatzung der Miguelisten 1833 zur Zufluchtsstätte der Bevölkerung wurde. Ein Fußpfad führt am Largo do Rossio zum ⇗Praia da Baleeira.

Torre de Relogio und Fischerhafen

Der Esplanada Dr. F. Silva in östliche Richtung folgend, kreuzt man den Tunnel der Rua 5 de Outubro zum Strand und erreicht linker Hand einen schmiedeeisernen Glockenturm – den **Torre de Relogio,** der zum alten Bezirksgefängnis (einst das maurische Kastell) gehört.

Am Ende der Rua da Bateria führen Treppengassen hinunter zum **Largo Caìs Herculano,** dem alten Fischerhafen. Der altstädtische Charakter ist hier am besten erhalten, an den Fischmarkt erinnert noch die große Metallkonstruktion am Platz.

Von hier aus gelangt man über die Rua Gago Coutinho und Av. Infante D. Henrique nach Montechoro (2,5 Kilometer, es fährt kein Stadtbus).

Largo Engenheiro Duarte Pacheco

Der Platz mit Blumenrabatten, Springbrunnen, fliegenden Händlern, Souvenirgeschäften, Boutiquen und einem Dutzend Gastronomiebetrieben bildet das **Zentrum der Altstadt.** Geschäfte und Lokale reihen sich auch in den kleinen Gassen rund um den Platz (komplett Fußgängerzone) aneinander. Über die Travessa 5 de Outubro erreicht man die Rua 5 de Outubro (hier liegen Post und Touristeninformation), an deren Ende ein Tunnel zum **Ortsstrand** (Praia dos Pescadores) führt.

Montechoro

Ein Gang über die Vergnügungsmeile lohnt vor allem abends; die einzige „gestandene" Sehenswürdigkeit existiert kurioserweise nur auf den Stadtplänen: Das **Forte de São João,** ein portugiesisches Wachtfort aus dem 16. Jh. (am Ende der Rua Vasco da Gama), wurde zu Gunsten des Hotel Auramar eingeebnet!

Strände

Albufeira bietet eine gute Auswahl an leicht erreichbaren Stadtstränden. Manchmal finden hier von der Stadtverwaltung organisierte Amateurturniere (Beach-Volleyball, Strandfußball, Basketball usw.) statt.

Praia dos Pescadores

Unmittelbar im Zentrum liegt der Stadtstrand Praia dos Pescadores, auch **Praia do Peneco** genannt. Obgleich schmal, bietet er meist genügend Platz; zudem ist er sauber, so dass Baden hier keine Verlegenheitslösung darstellt.

Praia da Oura/Praia dos Aveiros

In Montechoro schließt sich der Praia da Oura, ein sehr schöner und geschützter Sandstrand mit Snackbars und Freizeitangeboten, an (10 Minuten Fußweg ab „The Strip" Avenida Sá Carneiro). Weiter westlich liegt der nur über einige Hotelanlagen zugängliche Abschnitt Praia dos Aveiros, der von Nichtanliegern praktisch nie besucht wird.

Praia da Baleeira

Westlich der Altstadt (⇨Esplanade) liegt in Gehnähe der seltener frequentierte, teils felsige und bislang nicht bewirtschaftete Praia da Baleeira.

Praktische Tipps

Orientierung/ An- und Weiterreise

●An der BP-Tankstelle (Av. da Liberdade, gegenüber Lidl) befindet sich der **Busbahnhof** mit Nahverkehrsanbindung nach Silves, Monchique, São Bartolomeu de Messines, Paderne, Algoz, Praia de Falésia, Stadtbusanbindung an den Ortsteil Montechoro, Expressbussen nach Lissabon, Faro, Vila Real und Lagos sowie einem Zubringerbus zum Bahnhof Ferreiras (sieben Kilometer nördlich). 15-mal täglich verbindet ein Stadtbus Albufeira mit Montechoro.

●Den Gesamtraum Albufeira durchquert die vierspurige **Avenida dos Descobrimentos.** Diese führt über vier markante Kreisverkehre mit modernen „Monumenten" - von West nach Ost Delfine, Uhren, Würmer und schließlich eine Art Stahlkugel. **Parkraum** ist rar! Entweder fährt man am „Delfinkreisel" direkt in die Weststadt hinunter und parkt dort, oder aber am unbefestigten großen Platz am Rathaus (*câmara municipal,* der Bau ähnelt einer fliegenden Untertasse). Alternativ kann man am Lidl parken, dort shoppen und dann die Av. da Liberdade hinunter zu Fuß gehen.

Unterkunft

Von der günstigen Pension bis zur Luxussuite wird in Albufeira mit über 155.000 Gästebetten alles geboten; viele Besucher wollen explizit dort wohnen, wo „etwas los ist" - die folgende Auswahl stellt zentrale Unterkünfte sowohl im Altstadtbereich, dem „Actionbereich" Montechoro als auch im dazwischen liegenden Wohnviertel São João vor.

●Zudem liegt vier Kilometer nördlich das **Camping Alpuvar,** ein ganzjährig geöffneter Vier-Sterne-Platz (PKW mit Zelt und zwei Personen ab 15 €), Tel. 289 589 505.

Altstadtbereich Albufeira:

●**Hotel Baltum** €€, Av. 25 de Abril 26, Tel. 289 589 102, Fax 289 586 146, einfaches, günstiges Hotel

●**Pensão Silva** €€, Travessa 5 Outubro 18, Tel. 289 512 669, absolut zentral

●**Pensão Albufeirense** €€, Rua da Liberdade 18, Tel. 289 512 079, Fax 514 318, einfach, etwas laut

●**Hotel Rocamar** €€€, Largo Jacinto D'Ayet 7, Tel. 289 540 280, Fax 289 540 281, www.hotelrocamar.com

●**Residencial Frentomar** €€€, Rua Latino Coelho 25, Tel. 289 512 005, teilweise mit Blick über die Bucht

●**Residencial Diana Mar** €€€, Rua Latino Coelho 36, Tel. 289 512 379, info@dianamar.com. Am Westende der Esplanade gelegen (ruhige Lage)

Bereich São João

●**Hotel Apartamento Brisa Sol** €€€€, Cerro da Alagoa, Tel. 289 589 418, Fax 289 588 254, www.maisturismo.pt

●**Hotel Apartamento Cerro Alagoa** €€€€, Rua do Municipio, Tel. 289 580 800, Fax 289 512 820, alagoamar@netc.pt

● **Hotel Apartamento Ondamar** €€€€, Av. dos Descobrimentos, Tel. 289 586 774, Fax 289 588 616, www.ondamarhotel.com
● **Oura Aparthotel** €€€€, Rua Dumfermline, Apartado 509, Tel. 289 588 530, Fax 289 513 072, ourahotel@iol.pt
● **Hotel Topázio** €€€, Areias de S. João, Apartado 578, Tel. 289 586 205, Fax 289 586 210, www.hoteltopazio.com
● **Aparthotel Auramar** €€€, Tel. 289 587 607, Fax 289 513 327, grupo.f.barata@mail.telepac.pt
● **Aparthotel Praia dos Aveiros** €€€, Auramar-Dependance am gleichnamigen Strandabschnitt mit Tauchbasis Atlantic Scuba Diving. Tel. 289 587 607, Fax 289 513 327
● **Aparthotel do Porte** €€€, R. Columbano Bordalo Pinheiro 34, Tel. 289 586 444, Fax 289 586 906

Abschnitt Montechoro:
● **Hotel da Aldeia** €€€, Avenida Dr. Carneiro, Tel. 289 588 861, Fax 289 588 864, www.portugalvirtual.pt/belver
● **Apartamentos Ouratlantico** €€€, Rua Jose Fontana, Tel. 289 510 400, Fax 289 585 269, strandnah, sehr angenehm
● **Hotel Montechoro** €€€€, Av. Dr. F. Carneiro, Tel. 289 589 423, Fax 289 589 947, www.maisturismo.pt. Am Nordrand, ruhig gelegen
● Weitere €€-€€€-Ferienwohnungen in Montechoro werden u. a. unter www.solmelia.com angeboten.

Essen und Trinken

Obgleich vorwiegend auf Laufkundschaft ausgerichtet, gehört die örtliche Gastronomie – sicher auch wegen der großen Konkurrenz – doch zu den angenehmeren Erscheinungen der Algarve. Die Auswahl ist wahrhaft gigantisch.
● Am „Strip" in Montechoro bietet **El Rancho** Spareribs, Steaks und andere Grillspezialitäten; Pasta und Pizza, auch zum Mitnehmen, serviert **Senhor Frog's** gegenüber (Tel. 289 514 612). Gute Fischgerichte (Lachs und Cataplana) hat **Portofino** im Angebot (Tel. 289 587 419).
● In der Altstadt liegen große Café-, Snackbar- und Restaurantzentren rund um den Largo Pacheco (z. B. **Cave de Vinho de Porto,** Rua da Liberdade, große, leckere Portionen, oder **Zansi II** mit ausgezeichnetem Frango Piri Piri) sowie in der Gegend um den Fischerhafen. Hier gibt es vorwiegend Fischlokale, die allerdings nicht ganz billig sind. Recht preiswert ist die **Snackbar Snoopy;** hervorragende Grillfischplatten für zwei Personen bietet **O Tasca** mit schöner Dachterrasse. Hier liegt auch **Os Azeiteiros,** *das* Fischrestaurant in Albufeira schlechthin. Am Westend (Esplanada) sitzt man prima in der **Snackbar Bizarro,** wo man preiswerte und leckere Kleinigkeiten verzehren kann.
● **Selbstversorger** finden Supermärkte an der Av. dos Descobrimentos, wo auch McDonald's und Pizza Hut vertreten sind. Ein preiswerter Minimarkt liegt in der Altstadt in

der Av. da Liberdade, in Montechoro an der Ampel schräg gegenüber Lineker's Bar und in der Rua A. Herculano.

Freizeit

- **Stierkampf:** jeden Samstagabend in der Arena in Montechoro; Vorverkauf bei den Reiseagenturen
- **Sling Shoot:** per Gummiband geschleuderte frei hängende Schaukel für zwei Personen 10–100 Meter über dem Boden; 20 € pro Person; in Montechoro
- **Golf:** Balaia Golf Village, Tel. 289 570 200, Fax 289 501 265, nahe dem gleichnamigen Strand
- **Minigolf:** Spaß garantiert die Anlage Maxi-Minigolf (Hüpfburg, Schlauchboote etc.); beim Hotel Montechoro, Eintritt frei, täglich ab 9 Uhr geöffnet, Tel. 289 542 025.
- **Reiten:** Vale Navio, 2,5 Kilometer Inlandsstraße ab „Stahlkugelkreisel", bieten Ausritte, Ferienhütten, Abholservice; Tel. 289 542 870.
- **Tauchen:** Atlantic Diving - Actv. Subaquáticas, Praia dos Aveiros, Lote 29 - Areias de S. João, Tel. 289 587 479, Fax 282 562 026; Estrela do Rio, Montechoro Beach Club, Areias de S. João, Tel. 965 077 854, Fax 289 589 332; Zebra Safaris, Arcadas de S. João, loja X, Tel. 289 583 300/1, zebrasafari@mail. telepac.pt
- **Vergnügungsparks:** mit Krazy World, Zoomarine Park und The Big One liegen gleich drei Parks in der näheren Umgebung von Albufeira (⇗Kapitel „Reisetipps von A–Z").

Nachtleben

Hier kommt nun ganz besonders Montechoro zum Zuge; absolutes Zentrum ist die „The Strip" (hat mit Striptease übrigens nichts zu tun) genannte Avenida Sá Carneiro, vor allem die Südseite Richtung Strand.

- Kultstatus erreicht hier **Lineker's Bar,** die Englands Fußballerlegende *Gary Lineker* („22 Mann, ein Ball, am Ende gewinnt Deutschland") gehört und von seinem Bruder *Wayne,* aber auch sporadisch von ihm selbst geführt wird; besonders während Fußballübertragungen unübertroffen. Ohnehin sind es derzeit die zünftigen britisch-irischen Pubs wie **Kilt & Kelt** (schottisch) und **Shamrock Inn** (irisch), die hier besonders beliebt sind.
- Etwas dezenter schlürft man seinen Cocktail in der ägyptisch angehauchten Bar **Ra.**
- Nach Mitternacht beleben sich Szenediscos wie der **Kiss Disco Club** (Rua Vasco da Gama, gegenüber vom Hotel Topázio), das originelle **Liberto,** das in einer ehemaligen Werkstatt gelegene **Garage** oder die **Sultão Disco & Bar.**
- Auch Albufeira selbst bietet dem jüngeren Publikum inzwischen etwas: Am alten Fischmarkt (Rua Alfonso III.) wurde jüngst die **„Disco 7 ½"** eröffnet, eine gelungene Mischung aus Pizzeria und Dance-Club. Je später die Stunde desto höher die Stimmung!

Einkaufen

- In Montechoro bieten vorwiegend **Souvenir- und Spirituosenhändler** ihre Waren an.
- In der Altstadt locken unzählige **Einzelhändler** (Leder, Kunsthandwerk, viel Kitsch!); große **Supermärkte und Einkaufszentren** finden sich entlang der Av. dos Descobrimentos (Modelo, Bela Vista Boutiquenzentrum usw.).
- Für einen ausgedehnten Einkaufsbummel lohnt ein Besuch im sechs Kilometer nordwestlich gelegenen ⇗**Algarve Shopping Centre** (an der N-125 bei Algoz).

Nützliches

- **Touristeninformation:** Rua 5 de Outubro, tgl. 9.30–12.30 und 14–17.30 Uhr, Tel. 289 585 279
- **Internet-Cafés:** Net@Café, Rua do MFA, arcosnetcafé @netc.pt und Happy Internet, Rua 5 de Outubro, (beim Restaurant Zansi II); 1,50 € für 30 Minuten
- **Polizei:** Estrada Vale Pedras, Tel. 289 515 420
- **Erste Hilfe:** Centro de Saúde de Albufeira, Urbanização dos Caliços, Tel. 289 587 550, Fax 289 589 801
- **Post:** Rua 5 de Outubro (Anfang Fußgängerzone)
- **Fahrzeugverleih:** Visacar Autoverleih, Tel. 289 590 760 (neben dem Secondhand-Buchladen unterhalb der Igreja Matriz); Pada und Autofirme (Ecke Rua José Fontana/Ramalho Ortigão).
- In der Rua MFA verleiht **Easy-Rider** (Tel. 289 501 102, Fax 289 541 078) Motorräder und Scooter.
- Gegenüber hat **Algisa-Tours** (Tel. 289 589 951, Fax 289 589 952) eigentlich alles, was das Herz begehrt: Autovermietung, Ausflüge, Stierkampf-Tickets, Ausflüge/Exkursionen (Lissabon usw.) und auch Fernreisetickets.

Zwischen Albufeira und Armação de Pêra D/E3

Algarve Shopping

Sechs Kilometer nordwestlich von Albufeira bei Guia an der N-125 liegt das disneylandähnliche Algarve-Shopping, das **größte Einkaufszentrum** der Algarve. Hier finden sich ein gigantischer Supermarkt (Continente) mit beeindruckender Fischabteilung, Boutiquen, Fachgeschäfte, ein Kino, eine Kegelbahn, eine Restaurantecke mit allen bekannten Fast-Food-Ketten und dem Pantéo Algarve, das internationale Spezialitäten zu sehr günstigen Preisen serviert (u. a. mexikanisch) – das alles in einer gepflegten, hübsch gestalteten Anlage.

065al Foto: wl

Westliche Algarve

- Ein **Shuttlebus** fährt Mo, Mi, Fr 4-mal täglich von/nach Vilamoura, Di, Do, Sa 4-mal täglich von/nach Albufeira.
- **EC-Automat** im Continente-Supermarkt

Praia São Rafael

Unmittelbar an der Küstenstraße am westlichen Ortsrand (Ende der Ausbaustraße) liegt eine auffällige Olimar-Ferienanlage. Durch die Anlage hindurch und dem Feldweg dann bis zum Ende folgend, erreicht man den blitzsauberen Praia São Rafael, eine hübsche, langgezogene Doppelbucht mit neuer Snackbar.

Unterkunft

- **Aldeamento Turistico São Rafael** €€€€, Sesmarias, Tel. 289 591 384, Fax 289 591 154
- **Pensão Maritim** €€, Vila Madalena – São Rafael, Tel. 289 591 005, Fax 289 591 345

Rieseneinkaufszentrum Algarve-Shopping

Praia da Coelha

1,5 Kilometer weiter zweigt vom Küstensträßchen (beschildert) ein Weg durch ein Wohngebiet hinunter zu einem Parkplatz ab. Von hier aus sind es ca. 15 Minuten zu Fuß an der Rückseite der Hapimag-Anlage entlang in die kleine, von steilen Klippen umrahmte Bucht des Praia da Coelha. Dies ist ein feiner, wenig besuchter Sandstrand mit Süßwasserdusche und dem Snacklokal Coelha Um; daneben führt ein Klippenpfad zum Castelho.

Praia da Galé

Der Strand ist auf der Nebenstraße nach Albufeira ausgeschildert; man fährt bis zum Kreisel am Alisuper – hier rechts zum Galé, geradeaus geht es zum Lourenço und links zum Castelho. Galé, der bekannteste der aufgeführten Strände, ist überwiegend sandig mit wenig Fels. Es gibt einen Tretbootverleih und mehrere Snackbars. In der zum Strand führenden Sackgasse kann man gut parken.

Unterkunft

- **Hotel Vila Galé/Residencial Vale Rabelho** €€€€, Lote 33, Praia da Galé, Tel. 289 590 180, Fax 289 590 188
- **Hotel Apartamento Vila Galé** €€€€, Praia da Galé, Apartado 108, Tel. 289 591 224, Fax 289 591 854

Praia do Lourenço

Ein kleiner Strand im Wohngebiet, der nichts Besonderes zu bieten hat. Es gibt eine Snackbar (Fisch); der Einstieg zum Wasser ist sehr felsig.

Praia do Castelho

Eine schöne, von Klippen umrahmte Sandbucht. Vom Galé-Kreisel kommend, fährt man an der Gabelung rechts in Richtung Sesmarias; die Hapimag-Anlage lässt man dann „links liegen"; vom Strand gibt es eine Klippenpfadverbindung zum ⇗Praia da Coelha.

Praia do Evarista

Durch den seltsamen Torbogen schräg gegenüber der Hapimag-Anlage dem asphaltierten Waldsträßchen folgen. Absolut ruhiger Strand mit einer neuen hölzernen Steg- und Kioskanlage, die im Auftrag der oben angesiedelten Ferienanlage errichtet wurde.

Praia do Salgados

Kurz vor Pêra fährt man an einer Mühle links Richtung Golf Resort (Tel. 289 583 030, Fax 289 591 112) und Strand; hier gibt es eine Snackbar und einen Tretbootverleih. Die Landschaft ist sehr dünig, viele Wohnmobile stehen hier. Vom Strand hat man einen guten Blick über die Salgados-Golfanlage und bis nach Armação.

Unterkunft

- **Apartamentos Turisticos Parque Monteverde** €€€, Vale da Parra, Tel. 289 591 215, Fax 289 591 396

Armação de Pêra D3

Diese relativ junge Siedlung aus dem 17. Jh. (3800 Einw.) glänzt weder durch viele touristische Höhepunkte noch durch gelungene Städteplanung, erfreut sich aber dennoch einer ungebrochenen Beliebtheit als Standort eines Algarve-Urlaubs. Hierzu tragen besonders die zentrale Lage, die umfassende touristische Infrastruktur, die Überschaubarkeit sowie der sehr schöne Stadtstrand bei.

Sehenswertes

Fortaleza

Die kleine **Festung** oberhalb des Strandes entstand im 18. Jh. zur Überwachung des bis dahin unbesie-

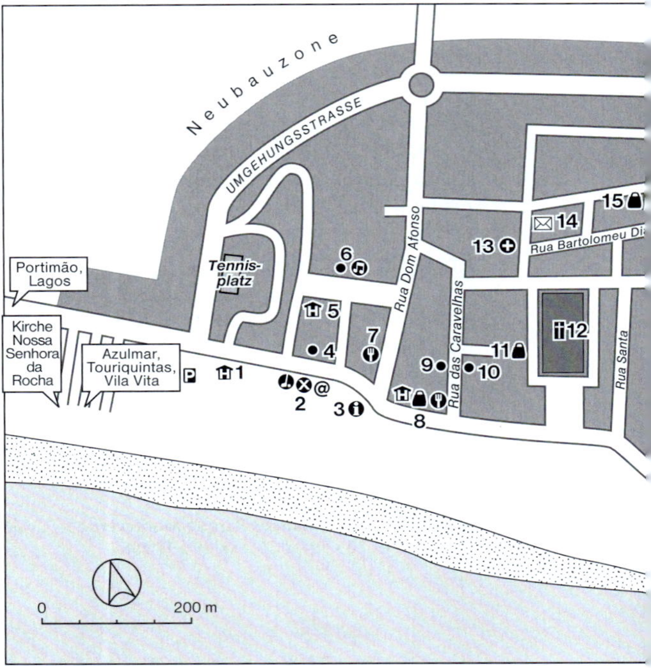

- 1 Hotel Garbe
- 2 Minigolf, Taxistand, Internet-Point
- 3 Touristeninformation
- 4 TF Fahrzeugverleih
- 5 Ap. Rosamar, Ap. Turistico Lindomar
- 6 Budget PKW & Nachtklub Cristal
- 7 Pizzeria Traviata
- 8 Ap. Algar, Minimarkt & Pinky's Snackbar
- 9 Amy Tours
- 10 Bars Cottage II & Porters
- 11 Film-/Fotogeschäft
- 12 Pfarrkirche
- 13 Erste Hilfe-Station
- 14 Post
- 15 Markt
- 16 Festung mit Rest. Santola & Polizei
- 17 Rest. Kam Kong
- 18 Pizzeria Gaby & Metzgerei
- 19 Spielhalle Caixinha
- 20 Disco Calixto
- 21 Rest. Hera
- 22 Bäcker
- 23 Fischgeschäft
- 24 Café Santos
- 25 Busbahnhof
- 26 Camping Praia Armação

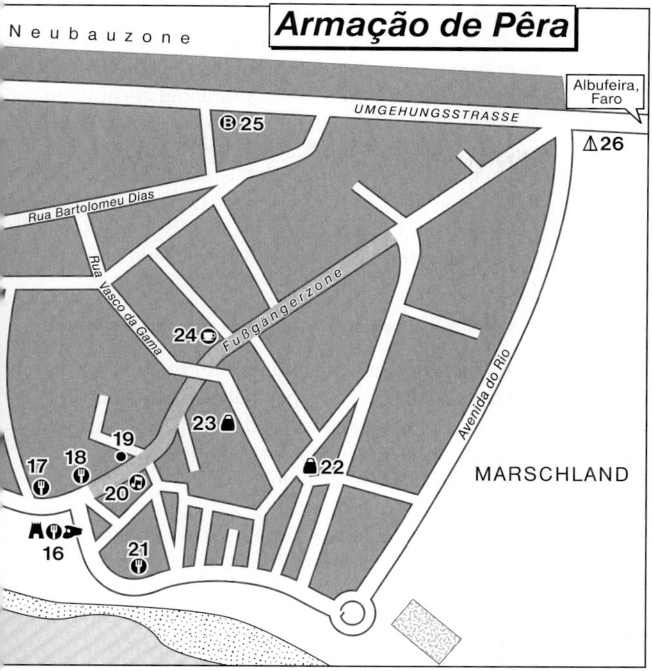

delten Küstenabschnittes zwischen Albufeira und Portimão. Im einstigen Quartier hat heute die GNR (Guarda Nacional Republicana) ihren Sitz; am Festungsportal wurde der Stadtheilige *Santo António de Arreias* als Azulejomotiv verewigt.

Promenade Oberhalb des Strandes wurde eine kleine Promenade mit Park und einer – allerdings kaum bespielbaren – Minigolfanlage angelegt; daneben liegen ein Taxistand und öffentliche Telefone.

Ermida de Nossa Senhora da Rocha Knapp 40 Meter oberhalb der gleichnamigen Bucht gelegen, steht die malerische **Kapelle** in deutlichem Kontrast zur sonst eher zweckmäßigen Architektur Armaçãos. Ihr Ursprung geht auf eine westgotische Andachtsstätte aus dem 7. Jh.

zurück; die oktogonale Kuppel gilt als einmalig an der Algarve. Unklar ist, ob Römer oder erst die Portugiesen eine Festung um die Kapelle bauten; die Fortaleza wurde 1755 vollständig zerstört, an ihrer Stelle wurde die neue Festung Armação gebaut. Von der Kapelle bietet sich ein herrlicher Blick über die Strände des Umlandes. Anfahrt: Von Porches kommend, geht es ca. einen Kilometer vor der Senke nach Armação nach rechts (ausgeschildert) durch endlose Neubausiedlungen.

Strände

Praia da Armação de Pêra

Armação bietet den größten Strand „direkt vor der Haustür"; dieser ist manchmal recht überfüllt. Von Osten her betrachtet, ist er der letzte ausgedehnte Strand bis Lagos – bis dorthin folgen „nur" noch zahllose kleinere Buchten.

Praia da Senhora da Rocha

Eine kleine Bucht westlich von Armação unterhalb der Kapelle. Eine beschilderte Stichstraße (Orientierung: Hotel Viking) führt bis in die enge Bucht, an der sich noch einige Fischerhütten und -boote finden (begrenzte Parkmöglichkeiten).

Praktische Tipps

Unterkunft

- Gleich zwei **Campingplätze** liegen am Zubringer von Armação nach Pêra: Praia Armação, Tel. 282 312 260, und Canelhas, Tel. 282 312 612; letzterer ist etwas ruhiger und schöner, dafür weiter entfernt vom Zentrum.

Sehr zentral und strandnah liegen:

- **Hotel Garbe** €€€€, Avenida Beira Mar, Tel. 282 315 187, Fax 282 315 087, www.hotelgarbe.com
- **Apartamentos Turísticos Lindomar** €€€, Rua D. João II., Tel. 282 315 567, Fax 282 352 228
- **Hotel Apartamento Rosamar** €€€, Rua D. João II., Tel. 282 312 377, Fax 282 008 315

Das eigentliche (neue) Urlauber-Wohnviertel Alporchinhos liegt zwischen Zentrum und der Kapelle Nossa Senhora – es entstehen alljährlich neue Straßenzüge. Man wohnt hier schöner, ist aber ohne fahrbaren Untersatz ziemlich „aufgeschmissen".

Hotel Vila Vita Parc €€€€€, Tel. 282 310 200, Fax 282 315 333, www.vilavitaparc.com

Aldeamento Turístico Vila Vita Parc €€€€, Tel. 282 313 068, Fax 282 320 333, Dependence des gleichnamigen Hotels

Apartamentos Turísticos Algar €€€, Tel. 282 313 504, Fax 282 313 504

Apartamentos Turísticos Perches Praia €€€, Conjunto Turístico Porches Praia – Alporchinhos, Tel. 282 314 847

Ein drittes Wohngebiet gehört administrativ zur Töpfersiedlung Porches, schließt aber nahtlos westlich an das Viertel Alporchinhos an; ein eigenes Fahrzeug ist hier empfehlenswert.

Hotel Viking, Praia Senhora da Rocha €€€€, Tel. 282 320 500, Fax 282 320 550, www.hotel-viking.com

Aldeamento Turístico Vila Senhora da Rocha €€€, Tel. 282 312 394, Fax 282 312 039, vilasrarocha@mail.telepac.pt

Albergaria Dom Manuel €€€, Tel. 282 313 803, Fax 282 313 266

Albergaria/Residencial Nossa Senhora da Rocha €€€, Praia Senhora da Rocha, Tel. 282 315 754, Fax 282 315 752

Kleinod vor den Toren von Armação:
Nossa Senhora da Rocha

Essen und Trinken

● **Selbstversorger** finden Bäcker und Metzger in der Fußgängerzone östlich des Forts sowie einen Minipreço-Supermarkt gegenüber der Touristeninformation.

● Ein **Viking-Supermarkt** liegt Richtung Porches (nördl. Ortsausgang) an der Zufahrt zu Nossa Senhora da Rocha.

● Für das Frühstück oder einen Café zwischendurch empfiehlt sich das **Café Santos** am Ende der Fußgängerzone – es öffnet als einziges schon um 8 Uhr.

● Mit Preisen von 5–6,50 € ist die **Pizzeria Gaby** ein preiswerter Tipp der Mittelklasse; gediegener speist man im **Santola Restaurante** (Grillplatten) am Fort oder (Fisch) im **Restaurante Hera** am Fischerhafen.

● Ein einsamer **Grillfisch-Imbiss,** etwas nördlich des Canelha-Platzes unmittelbar an der vor Pêra nach rechts führenden Abzweigung, dürfte die Camper der beiden oben angeführten Plätze faszinieren – hier gibt es sehr preiswerten, fangfrischen Grillfisch auf die Hand.

● Einfache Kleinigkeiten und Snacks auch zum Mitnehmen findet man in **Pinky's Snackbar,** während in der **Pizzeria Traviata** einfache italienische Gerichte serviert werden. Im **Restaurant KamKong** werden die Köstlichkeiten der chinesischen Küche, insbesondere Ente, zubereitet.

Nachtleben

● Angenehme Bierbars sind das **Cottage II** und das **Porters** in der Rua das Caravelhas.

● In der Fußgängerzone sprechen die Disco-Bar **Calixto** und die **Billard-/Spielautomatenhalle** mehr das jüngere

Faszinierende Küste zwischen Armação und Carvoeiro

067al Foto: wl

Publikum an, wohingegen der **Nachtklub Cristal** in der Rua Dom Afonso (gegenüber der Tankstelle) nicht unbedingt jugendfrei zu nennen ist.

- Neben der Caixinha-Spielhalle bietet das moderne **Ciné-Café** Kinounterhaltung (englischsprachige Filme, meist O.m.U.) mit angeschlossenem Bistro-Café.

Nützliches

- **Touristeninformation:** Rua Dom João II., Di–Do 9.30–19 Uhr, sonst Pause von 13–14 Uhr; Tel. 282 312 145
- **Post:** Rua B. Diaz, ein Block landeinwärts hinter der Kirche
- **Internetzugang:** Clube 39, Rua J.A. dos Santos, Armação do Pêra, Tel. 282 313 235, clube39@algarve-live.de; hier werden auch Harleys vermietet (*Pepe,* Tel. 966 011 939)
- **Guarda Nacional Republicana:** Largo da Fortaleza, Tel. 282 312 178
- **Bus:** Umgehungsstraße/Ecke Rua B. Diaz; mehrfach täglich Verkehr nach Silves, Portimão und Faro
- **Agenturen:** Amy Tours, Rua das Caravelhas, Mo–Fr 9–13 und 15–18 Uhr; bietet Ausflüge, Fahrzeugverleih usw.; Virtual Agencia de Viagens, Rua A. Gomez (neben Budget)
- **Fahrzeugverleih:** TF Car Rental, gegenüber Uferpark, Tel. 282 312 067 und Budget, Rua A. Gomez (neben Cristal Nachtklub)

Carvoeiro D3

Vom einst winzigen Fischerdorf in einer schmalen, tief eingeschnittenen Bucht hat sich Carvoeiro (4375 Einw.) insbesondere bei deutschen Urlaubern und Dauergästen zum aktuell vielleicht **beliebtesten Ferienort** entwickelt. In der Tat ist man mit Carvoeiro als Urlaubsstandort bestens beraten: keine städtische Hektik, gepflegte, kleine Sandstrände in und um den Ortskern, Felsformationen und Klippen, fast legendäre, aber nicht augenfällig übertriebene „deutsche" Strukturen (deutsche Ärzte und Ferienanlagen), eine zentrale Lage für Ausflüge – all dies ergänzt durch die übliche touristische Infrastruktur vom Scooter- und PKW-Verleih bis zu Restaurant- und Barbetrieben.

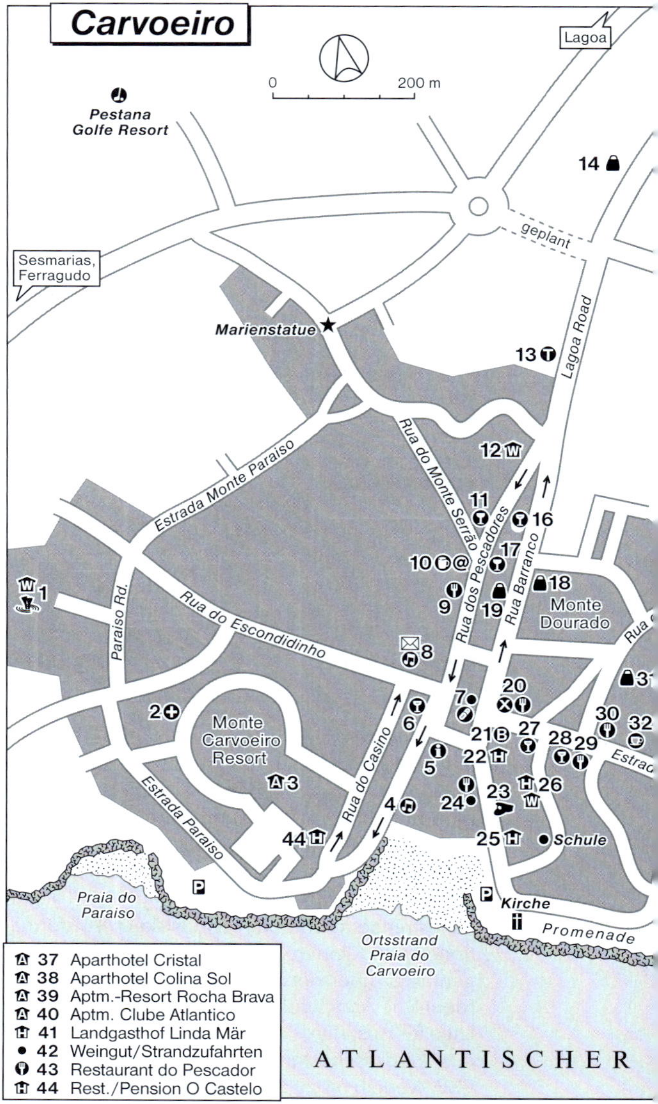
Carvoeiro
0
200 m
Lagoa
Pestana
Golfe Resort
14
geplant
Sesmarias,
Ferragudo
Marienstatue
13
Lagoa Road
Rua do Monte Serrão
12
Estrada Monte Paraiso
11
16
Rua dos Pescadores
17
Rua Barranco
10
@
18
1
9
19
Monte
Dourado
Paraiso Rd.
Rua do Escondidinho
8
Rua
31
7
20
2
6
30
32
Monte
Carvoeiro
Resort
Rua do Casino
21
27
28
29
5
22
Estrad
3
24
23
26
Estrada Paraiso
4
44
25
Schule
P
Praia do
Paraiso
Kirche
Promenade
Ortsstrand
Praia do
Carvoeiro
37 Aparthotel Cristal
38 Aparthotel Colina Sol
39 Aptm.-Resort Rocha Brava
40 Aptm. Clube Atlantico
41 Landgasthof Linda Mär
42 Weingut/Strandzufahrten
43 Restaurant do Pescador
44 Rest./Pension O Castelo
ATLANTISCHER

1 Resort Quinta do Paraiso & Tauchschule
2 Erste Hilfe
3 Aptm. Monte Carvoeiro
4 Bote Disco Club
5 Touristeninformation
6 Safari Bar
7 Apotheke & J.G. Tours
8 Jailhouse Bar & Post (Automat)
9 Snacklokal Gale de Ouro
10 Dirty Nelly Pub; Internetcafé
11 Cheers Bar & Pastelaria Americo
12 Wohnanlagenverwaltung K. Kalkbrenner
13 Tankstelle
14 Intermarché
15 Aptm. Aldeia da Colina
16 Mitch's Tapas Bar
17 Hemingway Bar
18 Algar Vinhas
19 Praça Velha Azulejos
20 Rest. Via Italia & Taxi
21 zentr. Bushaltestelle
22 Hotel Carvoeiro Sol
23 Polizei
24 Snacklokale & Duschen
25 Casa Brigitte
26 Pension & FeWo v. Baselli
27 Round up Saloon
28 Flic Flac Bar
29 Rest. O Cantinho
30 Casa Algavia
31 Markt/Bäcker/Metzger
32 Café Fino
33 Hotel Mirachoro
34 Agentur Bellevue & Crystal Car
35 Apartm. Algar Seco
36 Hotel Tivoli-Almansor & Tauchschule
Lagoa
Estrada Poço Partido
Porches
Praia da Albandareia
Praia da Marinha
Estrada de Benagil
Golfresort Club Mar
Rua do Moinhos
Benagil
Golf-resort Vale do Milho
Estrada do Farol
Algar Seco
Praia da Vale de Centeanes
Leucht-turm
Praia do Carvalho
Praia da Benagil
OZEAN

068al Foto: wl

Am Ortsstrand wird in der Hauptsaison jeden Abend Musikalisches aller Art dargeboten, tagsüber warten die Fischerboote geduldig auf Kunden für Ausflüge in die Grotten der umliegenden Klippen. Taucher schätzen die (deutschen) Basen vor Ort, Golfer gleich drei Parcours in und um Carvoeiro. Last but not least liegen mit The Big One und Slide & Splash gleich die beiden besten Freizeitbäder der Algarve quasi vor der Haustür.

Sehenswertes

Igreja Nossa Senhora de Encarnação

Auf der östlichen Klippe oberhalb des Ortsstrandes steht die kleine Igreja Nossa Senhora de Encarnação aus dem 19. Jh., ein eher stilles und unscheinbares Kirchlein, welches aber im August (Himmelfahrt, ca. 17 Uhr) zum Ausgangs- und Endpunkt prächtiger **Prozessionen** mit Blaskapellen und Marienschreinen wird.

Vorzeige-Felsformation: Algar Seco

Algar Seco

Keine zehn Minuten Fußmarsch an der Höhenpromenade entlang in Richtung Osten liegt Carvoeiros bekannteste Sehenswürdigkeit, die bizarren **Felsformationen** von Algar Seco. Die von den Gezeiten ausgehöhlten Grotten und Bögen bestehen aus Kalkstein, der je nach Sonneneinfall verschiedene Farbtöne annimmt; am schönsten ist es hier bei Sonnenuntergang. Am (qualitativ nicht überragenden) in die Felsen integrierten Restaurant führt ein Tunneldurchgang zu einem natürlichen Balkon direkt am Meer. Von Algar Seco bis zum Leuchtturm kann man in ca. 45 Minuten die Klippen entlangwandern - es geht steil auf und ab, der Pfad ist nicht ganz einfach zu finden.

Strände

Strände in Stadtnähe

Im Ort selbst gibt es einen mittelmäßigen Sandstrand **(Praia do Carvoeiro)** genau im Zentrum mit WC und Süßwasserdusche sowie Snackbars/ Restaurants; deutlich angenehmer ist der sich unmittelbar anschließende Nachbarstrand **Praia do Monte Carvoeiro** (man geht das Sträßchen Richtung Ferragudo „halbrechts" hinauf, nach fünf Minuten am Parkplatz abwärts). Noch beliebter ist der **Praia da Vale de Centeanes** an der Küstenstraße Richtung Benagil, ein sehr schöner Sandstrand mit Kiosk; Beschilderung in der Kurve am Hotel Colina Sol; wer nahe Algar Seco wohnt, kann auch zu Fuß gehen.

Mit fahrbarem Untersatz, aber auch per Bus sind einige feine, von Klippen umsäumte Sandbuchten in der Nähe erreichbar:

Praia do Carvalho

Von Carvoeiro fährt man Richtung Leuchtturm und immer geradeaus (an den Abzweigungen nach Benagil und Leuchtturm vorbei). Der asphaltierte Weg endet am Parkplatz oberhalb des Strandes. Es geht auch via Benagil am Ortseingang: bei der Beschilderung rechts abbiegen, dann zickzack

069al Foto: wl

durch das Neubaugebiet auf die Piste zum anderen Ende oberhalb des Strandes. Der Abstieg zum schönen Strand ohne Service-Einrichtungen führt durch eine Höhlentreppe - man muss ein wenig suchen.

Praia da Benagil

Der schmale Strand ist berüchtigt für seine enge, hufeisenförmige steile Zufahrtsstraße (wenig Parkmöglichkeiten). Er wird sehr gerne von Briten und Holländern besucht, doch findet man hier eher Familien als Fetengänger. Man kann hier eine angenehme Zeit mit Baden, Lesen und Sonnen verbringen. Das Strandcafé ist nur mittelmäßig.

- Oben an der Westseite empfiehlt sich das **Restaurant Do Pescador,** und 500 Meter westlich hinter dem Ortsausgang liegt der einsame **Landgasthof/Estalagem Linda Mar** €€, wo man sehr gut essen und ruhig wohnen kann; ein eigenes Fahrzeug ist von Vorteil.

Prahia da Marinha - preisgekrönter Traumstrand

Praia da Marinha

Der mehrfache **„Strand des Jahres"** in Portugal, dennoch überschaubar und nicht überlaufen; je nach Wasserstand teilt ein Kegelfelsen den Strand in zwei Buchten. Es gibt einen Kiosk mit Snackbar und einen Tretboot- und Jetskiverleih. Der Strand ist gut ausgeschildert (letzter Strand mit Busanbindung ab Carvoeiro).

Praia da Albandaeira

Eine kleine Doppelbucht mit starken Wellen, kleiner Bewirtschaftung und einem Höhlendurchgang zu einer absolut einsamen Bucht inmitten ausgewaschener Felshöhlen und Überhänge – sehr sehenswert. Anfahrt: Östlich von Benagil ist der Strand ausgeschildert; ein enges Einbahnsträßchen führt hinter dem größeren Weingehöft Caramujeira (gut beschildert) über 1,5 Kilometer zum Parkplatz; eine Busanbindung ist geplant, die Realisierung aber eher unwahrscheinlich.

Vom Parkplatz aus kann man in ca. 30 Minuten über die Klippen zur **Kapelle Nossa Senhora da Rocha** gehen, mit dem Fahrzeug muss man umständlich über die N-125 und Porches fahren. Umgekehrt passiert man aus Richtung Porches auf der N-125 kurz vor der internationalen Schule eine Ampelkreuzung – hier darf man nur links abbiegen; an der Schule dann wenden.

Praktische Tipps

An- und Weiterreise

- **Lokalbus** mit Anbindung nach Lagoa (7.35–19.30 Uhr, 20-mal tgl.) bzw. zu den Stränden auf der Ostseite (bis Marinha). Andere Algarveorte (auch Silves, Portimão usw.) sind über den neuen Busbahnhof von Lagoa zu erreichen.

Unterkunft

Hotels:

- **Hotel Carvoeiro Sol** €€€€, Tel. 282 357 301, Fax 282 357 211. Unmittelbar im Zentrum, auch PKW-Verleih und Organisation von Ausflügen
- **Hotel Almansor** €€€€, Tel. 282 351 100, Fax 351 345, www.tivolihotels.com; Dive Center angeschlossen.
- **Hotel Apartamento Cristal** €€€€, Tel. 282 358 601, Fax 282 358 648, www.cristalalgarve.com

- **Hotel Apartamento Colina Sol** €€€, Tel. 282 350 820, Fax 282 358 651, algarvesol@ip.pt. Unmittelbar oberhalb vom Praia de Vale Centeanes

Apartments:

- **Pestana Golfe Resort** €€€€€, Tel. 282 340 900, Fax 282 340 901. Nobles Golfresort mit allen Annehmlichkeiten (Pools, Tennis, Bowling etc.)
- **Apartamentos Turísticos Algar Seco** €€€€, Tel. 282 358 415, Fax 282 358 299, www.algarseco.pt. Großartige Klippenlage nahe Algar Seco, deshalb aber auch etwas überteuert, wenngleich sehr schön.
- **Apartamentos Turísticos Rocha Brava** €€€€, Tel. 282 358 775, Fax 282 358 542, www.rochabrava.com; schön und einsam beim Leuchtturm gelegen, dafür sind es aber auch gut zwei Kilometer bis zum Ortszentrum.
- **Apartamentos Turísticos Monte Carvoeiro** €€€, Tel. 282 350 800, Fax 282 357 725, nette entzerrte Feriensiedlung auf der Westseite oberhalb des Ortskerns
- **Aldeamento Turístico Aldeia da Colina** €€€, Poço Partido, Tel. 282 342 483, Fax 282 341 650, colinavillage @clix.pt. Günstig, aber nicht günstig gelegen
- **Apartamentos Turísticos Clube Atlântico** €€€, Tel. 282 358 850, Fax 282 357 725, www.carvoeiroclube.com; hier wohnen viele Golfer vom Vale de Milho.
- **Aldeamento Turístico Quinta do Paraíso** €€€€, Tel. 282 357 248, Fax 282 357 337, www.quinta-do-paraiso.pt. Golferanlage der Plätze Carvoeiro Pinta und Gramacho
- *Karl Kalkbrenner,* Estrada do Farol (am Ortseingang), Tel. 282 357 205, Fax 282 357 762, verwaltet professionell **Ferienwohnungen** €€ und €€€.
- Die *Agentur Bellevue* (Estrada de Farol/Ecke Zufahrt Algar Seco, Tel. 282 356 443, Fax 358 015, www.bellevue anlage.com) bietet neben sehr schönen **Ferienwohnungen im Bereich Algar Seco** auch Ausflüge und Exkursionen aller Art und Mietfahrzeuge.

Pensionen:

- **Pensão von Baselli** €€, Rua da Escola, Tel./Fax 282 357 159; absolut zentral, mit ruhiger hübscher Frühstücksterrasse. Die bienenfleißige *Frau von Baselli* wirkt mit norddeutschem Humor seit über 35 Jahren hier und verwaltet außerdem einige sehr nette Wohnungen €€€ mit Dachterrasse und Meerblick.
- **Casa Brigitte** €€, Rua Nossa Senhora de Encarnação, Tel. 282 356 318, liegt hübsch, zentral und bietet ausgezeichnete Doppelzimmer.
- **Pensão-Restaurante O Castelo** €€, Rua do Casino 59, Tel. 282 357 416
- **Pensão-Restaurante Mistral** €, Rua do Lagoa, Tel. 282 357 416

Essen und Trinken

● Man muss sich immer wieder wundern, wie voll die Restaurants in Carvoeiro allabendlich werden – für die örtliche Gastronomie Grund genug, vor allem auf das mittel- und hochpreisige Segment zu setzen. Hier gibt es besonders viele **teure asiatische Restaurants.**

● **Selbstversorger** können im Intermarché zwei Kilometer nördlich an der Straße nach Lagoa aufstocken. Im Ort bieten Minimärkte, Metzgereien und Bäcker alles Lebensnotwendige an. Frühaufsteher werden es schwer haben – einzig das **Café Fino** (Estr. do Farol) öffnet gegen 7.30 Uhr.

● Einfach und gut: Als echtes Takeaway sei das **Galo de Ouro** (9–15 und 18–22 Uhr, Tel. 962 946 281) empfohlen.

● Einheimische sieht man fast ausschließlich in der **Pastelaria Americo;** preiswerte, wenngleich nicht unbedingt landestypische Snacks bietet die **Cheers Bar** (hier werden auch günstige Apartments vermittelt, Tel. 282 356 600).

● Für das Gebotene günstig sind das traditionsreiche **O Cantinho** (ausgezeichnete Seeteufelcataplana für zwei Personen 23 €, auch portug. Spezialitäten wie *feijoada)* in der Estrada do Farol sowie schräg gegenüber das **Casa Algavia** (Nudelgerichte ab 4,50 €, Spezialität: *salmão con laranja,* Lachs in Orangensauce, für 8,20 €).

● Ausgesprochen hübsch sitzt man im mehretagigen Gärtchen von **Mitch's Tapas-Bar** in der Rua do Barranco.

● Sehr teuer, aber authentisch sind die Gerichte im italienischen **Via Italia** (oberhalb des Taxistandes).

Freizeit

● **Tauchen:** Zwei deutsche Tauchbasen mit kompetentem Personal bieten Bootstauchgänge rund um Carvoeiro an. Diver's Cove (vermitteln Ferienwohnungen) von *S. und S. Fend,* Quinta do Paraiso, Tel. 282 356 594, Fax 282 356 589, info@diverscove.de, sowie der Saarländer Tauch- und Motorradfreak *Axel Eilts-Ferreira* mit seinem Almansor Dive Center, Tel. 282 351 194, Fax 282 351 400, algarve diving@clix.pt an der Uferseite des gleichnamigen Hotels (Tauchgang 35 €, 23 € bei eigener Ausrüstung). Ein künstliches Riff vor Carvoeiro ist vorhanden, in Kooperation zwischen PADI und *Axel* wurde ein Wrack versenkt, das sich zum künstlichen Riff entwickeln soll.

● **Grottenboote:** am Ortsstrand, ca. 20 €/Boot für rund eine Stunde Grottenfahrt

● **Golf:** Gleich drei vergleichsweise preiswerte Plätze liegen in und um Carvoeiro:

Carvoeiro-Pinta (Pestana Golf & Resorts, Tel. 282 340 900, Fax 282 340 901); die von *Ronald Fream* entworfene Anlage wird von vereinzelten Mandel- und Olivenbäumen geziert; 18 L., Par 71, Länge 6152 Meter; Zulassung/Handicap: Herren 27, Damen 35

Carvoeiro-Gramacho (Gemeinsame Anlage mit Carvoeiro-Pinta), 18 L., Par 72, Länge 5919 Meter; Zulassung/Handicap: Herren & Damen 36

Vale de Milho (Gericonstroi S.A., Tel. 282 358 502, Fax 282 358 497), von Ex-Spitzenspieler *Dave Thomas* speziell für Anfänger angelegt; 9 L., Par 27, Länge 926 Meter; Zulassung/Handicap: „Golfkenntnisse“

Nachtleben

Carvoeiro kann sich natürlich nicht mit Montechoro messen, doch auch hier haben etliche Bars bis nach Mitternacht geöffnet.

- Urig bei guter Musik ist der **Round Up Saloon** (Estrada do Farol) mit dem deplatzierten Holzindianer.
- Moderner ist da die **Flic-Flac Bar** (deutsche Besitzer) weiter oben.
- Mehr den Biertrinker spricht der **Irlandês Dirty Nelly Pub** in der Rua dos Pescadores an.
- Die **Hemingway Bar** war früher eine der ersten am Ort, mittlerweile hat sie sich zur „Hausbar“ skandinavischer Touristen entwickelt.
- Livemusik bietet an Wochenenden die **Jailhouse Bar** (Sackgasse an der Post), auch die **Safari-Bar** heuert Livegruppen an, allerdings nur freitags.
- Der kleine **Bote Disco-Club** am Strand öffnet nur an Wochenenden in der Hauptsaison ab 22 Uhr.

Nützliches

- **Touristeninformation:** direkt am Ortsstrand, Mo–Fr 9.30–12.30 und 14–18 Uhr, Tel. 282 357 728
- Zwischen Ortsstrand und den Resorts beim Leuchtturm verkehrt eine **Touristenbahn** von 10.30 bis 19 Uhr (1 €).
- **Agenturen und Fahrzeugverleih:** bei der Unterkunftssuche, vor allem aber bei Ausflügen aller Art, Tickets für Wasserparks usw. helfen z.B. J.G. Tours (Tel. 282 350 630) oder Galtours (Rua Barranco). Gleich nebenan bieten Budget und Autocerro Mietwagen, weiter oben ferner der preiswerte Amoita Car Rental (Tel. 282 356 340) und für Scooter/Mopeds Motorent (Tel. 282 416 998, 50er ca. 100 €/Woche) ihre Fahrzeuge an. Alternativen sind die Fa. Bellevue (⇗Apartments) oder unmittelbar daneben Crystal Car (Tel. 282 359 196)
- **Erste Hilfe:** in der Rezeption der Anlage Monte Carvoeiro (deutsch, Tel. 282 357 720); es gibt mehrere deutsche Ärzte und Zahnärzte vor Ort (⇗Gesundheit).
- **Apotheke:** neben J.G. Tours (am Ortsstrand)
- **Polizei:** GNR Carvoeiro, Rua Nossa Senhora de Encarnação, Tel. 282 356 460
- **Post:** Rua dos Pescadores, Markenautomat (englische Bedienungsanleitung) davor
- **Internetzugang:** comput@sbar, Rua dos Pescadores, Tel. 282 356 170, computasbar@hotmail.com
- **Einkaufen** kann man in Carvoeiro in den zahlreichen Souvenirgeschäften, hervorzuheben sind hier der Praça Velha Azulejos oder Algar-Vinhas in der Rua do Barranco mit einer großen Auswahl aller portugiesischen Weine.

Sesmarias D3

Dem Küstensträßchen von Carvoeiro aus in westliche Richtung folgend, erreicht man zunächst das mit seinen Clubanlagen (Sesmarias Country Club, Vasco da Gama Club, Colina do Lapa) nobel wirkende Inlandsdorf Sesmarias. Der Ort ist ausgesprochen ruhig (da nicht unmittelbar an der Küste gelegen), besticht aber durch einen großartigen Blick auf die Berge von Monchique und das Meer. Es gibt ein kleines Café und einen Minimarkt an der Hauptstraße sowie eine Touristenbahn zu den Stränden Ferragudos.

Ferragudo C3

In den vergangenen Jahren setzte geradezu ein Run auf dieses an der ostseitigen Mündung des Rio Arade gelegene Fischerdorf (ca. 1750 Einw.) ein. Wohlhabende Städter aus Portimão, aber auch Touristen und Tagesbesucher kommen vermehrt in den hübschen Ort, der neben seinen Stränden, der Flusspromenade und den verwinkelten Gassen ein paar interessante Sehenswürdigkeiten zu bieten hat.

Sehenswertes

Fortaleza São João de Arade

An der Stelle einer ehemaligen römischen Pökelstation errichteten die Portugiesen zu Beginn des 17 Jh. diese **Festung** zur Überwachung der Flusseinfahrt. Der markante Bau (er ist in Privatbesitz und daher nicht zu besichtigen) trennt den Altort vom riesigen Sandstrand Praia Grande.

070al Foto: wl

Kastell am Fluss in Ferragudo

Igreja Nossa Senhora de Conceição

Die **Pfarrkirche** auf dem Hügel des alten Ortskerns bietet einen schönen Überblick über den Arade hinüber zu den ausgedehnten Hafenanlagen von Portimão. Die Kirche selbst stammt vermutlich aus dem 16. Jh., einige Teile des Interieurs datieren bis ins 14. Jh. zurück (Altäre). Die Bedeutung der Fischerei wird auf mehreren Azulejotafeln und Malereien hervorgehoben, besonders bemerkenswert ist allerdings auch hier der **Hauptaltar** in elfstufiger Pyramidenform mit seinem Gralsmotiv (⇗Religion, Geschichte). Die Kirche wie auch das Denkmal des Pfadfinder-Gründers *Baden-Powell* am Kirchplatz weisen das Christusritterkreuz auf.

Flohmarkt

Jeden zweiten Sonntag im Monat wird der gesamte Ortskern zum Paradies für Schnäppchenjäger und Flohmarktfans. Alles, aber auch wirklich alles von hölzernen Singer-Nähmaschinen über antike Telefone bis zu ausrangierten Angelruten wird hier auf den Straßen ausgebreitet.

Strände

Praia do Carneiros

Der Zugang ist zwischen Sesmarias und Ferragudo in der Senke links beschildert. Schöner breiter und tiefer, klippengesäumter Strand mit Kiosk.

Praia do Pintadinho

Ein beliebter Strand bei Ferragudo, der über die Küstenstraße ab Sesmarias zu erreichen ist (beim Restaurant O Sítio vor Ferragudo geht es links die Straße hinunter am Hotel Casa Bela vorbei bis zum kleinen Parkplatz). Das Wasser ist ruhig und nicht so salzig, da der bewachte und erst vor kurzem vergrößerte Strand eher am Rio Arade liegt als am Meer; viele Einheimische und Wassersportler wissen das zu schätzen. Es gibt einige nette Strandlokale. Markant ist der kleine **Leuchtturm** am linken Klippenrand.

Praia do Molhe

Ein kleiner Nachbarstrand unterhalb der Klippen mit weitem Rundblick über Portimão. Er wird wegen der steilen Klippen gerne von Anglern in den Vormittagsstunden genutzt; zum Baden ist er nur mäßig geeignet.

Praia Grande

Rund um das Kastell, hauptsächlich auf der Seeseite, liegt der attraktive, von Wellenbrechern geschützte Praia Grande mit Volleyballfeld und Bewirtschaftung (Restaurants Praia Grande und A Vau). Am Wochenende und an Feiertagen wird es hier sehr voll. Anfahrt: beim Parkplatz an Joe's Bar und dem „Wegweiserwirrwarr“ links halten.

071al Foto: wl

Praktische Tipps

Unterkunft

- **Campismo de Ferragudo-Camping,** Tel. 282 461 121, Fax 282 461 259, ganzjährig geöffnet, sehr ruhig, am Ortsausgang an der Küstenstraße Richtung Sesmarias ca. 150 Meter hinter der Abfahrt zum Praia Pintadinho links ausgeschildert. Mit Restaurant, Minimarkt, Busanbindung zum Ortskern bzw. bis Portimão; zwei gute Strände liegen in Laufweite (Pintadinho, Carneiros).
- **Hospedaria Portarade** €€, Rua da Ribeira (am Marktplatz an der Promenade), zentral und sauber.
- **Apartamentos Turísticos Praia Grande** €€€, Rua da Hortinha, Tel. 282 461 488, Fax 461 229, www.apartamentos turisticospraiagrande.pt.
- **Hotel Casabela** €€€€, Vale de Areia, Tel. 282 461 580, Fax 282 461 581

Essen und Trinken

- An der Promenade wird täglich frischer Fisch in allen Variationen zubereitet; am beliebtesten sind hier das **Sueste** und das **A Ribeira** – beide mit schmackhaften und großen Portionen.
- Kleinigkeiten bietet das **O Mercado** (am Marktplatz).
- Abendliche Unterhaltung findet man in **Joe's Bar** (ab 20 Uhr) am Parkplatz vor dem Praia Grande.
- **Selbstversorger** shoppen bei Lidl vor der Brücke nach Portimão.

Fischerhafen in Ferragudo

Estombar und Mexilhoeira Carregaçao D3

Zwischen Lagoa und Portimão liegen abseits der N-125 mit Estombar und Mexilhoeira Carregaçao zwei winzige Vororte. Estombar erreichte einige Bekanntheit durch den modernen **Aquapark „Slide & Splash“** (↗Sport/Aktivitäten, „Freizeitparks“). In Mexilhoeira Carregaçao (von Estombar kommend an der Ampelkreuzung geradeaus, von der N-125 kommend an der Ampel rechts) wird für den Besuch der **Grutas Ibn Abbas** heftig geworben: 200 m nach der Ampelkreuzung biege man rechts in eine Straße ein, die alsbald Piste wird und folge dieser über die N-125 hinweg durch die Marschlandschaft (viele Wasservögel) bis zum Ende, wo rechter Hand (beschildert) ein Trampelpfad 5 Minuten entlang zu den Grotten führt. Bei den Grotten selbst handelt es sich um **Tropfsteinhöhlen** mit subterrestrischen Wasseransammlungen (unterirdischer See). Leider wird die Gegend derzeit als wilde Müllkippe genutzt, so dass ein Besuch nur eingeschränkt zu empfehlen ist. Aber:

Tipp! Damit der Besuch nicht mit einer Enttäuschung endet, sollte man im Ort das *Village Inn* besuchen. Statt zu den Grotten abzubiegen, fährt man auf der Ortsstraße geradeaus bis zu einer lang gestreckten Verkehrsinsel und achte auf ein kleines gelbes Haus rechter Hand. Köstlichkeiten wie persisches Lammfleisch, Ingwergarnelen, gefüllte Pilze oder Backcamembert können in nettem dörflichen Ambiente zu wirklich günstigen Preisen genossen werden. Tel. 282 412 036, Sonntag und Montag geschlossen.

Lagoa D3

Die einstige Hochburg der **Algarveweine** – auch heute noch wird hier der bekannte Afonso III. abgefüllt – dient Selbstfahrern wie Busreisenden meist als Transitort an der N-125 für Fahrten nach Silves oder Carvoeiro. Für die Industrie der gesamten Region spielt der neue **Messepark Parque Algarvio** eine wichtige Rolle: Die jahrmarktähnlichen Messetage (Mitte bis Ende August) führen zum Verkehrschaos, entwickeln sich jedoch auch zum Schaufenster für hochwertige Produkte.

Praktische Tipps

Orientierung

Wer sich nicht auskennt, orientiert sich am besten wie folgt: Von Ost nach West liegen an der N-125 **drei Ampelkreisel:** Am ersten geht es rechts nach Silves, links zum Messegelände und zum Schleichweg Richtung Carvoeiro, am zweiten mit zwei **Tankstellen** biegt man links nach Sesmarias und Carvoeiro, rechts ins Stadtzentrum ab; hält man sich am dritten Ampelkreisel **am westlichen Ortsrand** links, gelangt man zum Abenteuerbad Slide & Splash bzw. zur Nebenstraße Richtung Portimão/Ferragudo.

Hinter der nördlichen Tankstelle des mittleren Kreisels liegt das **Zentrum** mit der Rua da Liberdade links (neuer Busbahnhof 150 Meter linker Hand, mehrfach täglich Anbindung entlang der Achse Lagos – Vila Real sowie nach Carvoeiro und Silves), der Rua 5 de Outubro rechts (kleiner Park mit Kiosk) und der Fußgängerzone Rua 25 de Abril geradeaus.

Unterkunft

Kaum jemand wohnt in Lagoa, das Angebot ist mehr als bescheiden; Individualreisende, die per Bus unterwegs sind, finden hier im Notfall eine Unterkunft.

- **Hotel Apartamento Alagoas** €€, Estrada Nacional 125, Tel. 282 352 243, Fax 282 352 268, www.graopara.pt
- **Motel Parque Algarvio** €€€, Estrada Nacional 125, Tel. 282 352 265, Fax 282 352 278

Nützliches

- In der und um die **Fußgängerzone** liegen Alisuper, die günstige Pastelaria Celinha, Café/Snackbar Orquidea, Fotoladen, Billard-Bar (Basilio Teles Nr. 39), Post und Apotheke. Am Nordende der Fußgängerstraße links liegt nach 100 Metern am Praça da República der günstige Fisch- und Obstmarkt sowie nebenan das unscheinbare, aber exklusive Restaurant Chrissy (Tel. 282 341 062), wo Suppen und Salate ab 5 bis 7 € kosten.

- **Wasserpark:** Slide & Splash (⇗Freizeitparks), ein Kilometer westlich
- **Reiten:** Quinta da Gill, an der N-125 zwei Kilometer östlich; Tel. 966 619 136, täglich 9–12 und 15–18 Uhr
- **Tauchen:** Divers Cove Portugal, Quinta do Paraíso – Praia do Carvoeiro, Tel. 282 356 594, Fax 282 356 589; beliebte Basis unter deutscher Leitung mit Ferienwohnung-Vermittlung

Silves D2

Die alte Hauptstadt der Mauren mit heute 14.000 Einwohnern wird nicht zu Unrecht als **schönste Binnenstadt der Algarve** bezeichnet. Das hügelige Umland der südöstlichen ⇗Serra de Monchique mit seinen ausgedehnten Orangen- und Weinplantagen, Feigen- und Mandelhainen, aber auch gemischten Eukalyptus- und Korkeichwäldern, vor allem aber die beeindruckende **Burg** neben der Kathedrale auf dem Hügel über der Altstadt verleihen Silves ein außergewöhnliches, beinahe majestätisches Flair; ein Besuch der Stadt sollte auf dem Besuchsprogramm eines jeden Algarvereisenden stehen.

Geschichte

Vermutlich von phönizischen Händlern am damals noch schiffbaren Fluss gegründet, nutzten erst die Karthager, später die Römer das „Castrum Silibis" als Handelsstation. Zur strategisch wichtigen **Hauptstadt der Algarve** wurde *Al-Silbes* erst unter den Mauren (ab 714), wobei sogar Lissabon in Größe und Bedeutung übertroffen wurde! Nach der blutigen Reconquista (1242–1249) wur-

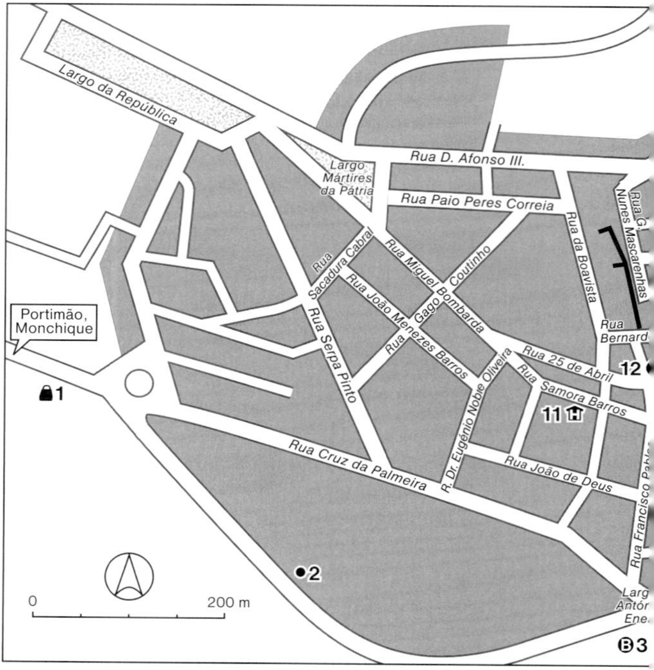

1 Modelo-Einkaufszentrum
2 Stadion
3 Busbahnhof
4 Ponte Romana Residencial und Restaurant
5 Alte Brücke
6 Stadtmarkt
7 Alisuper
8 Apotheke
9 Restaurant O Rui
10 Supermarkt
11 Pensão Sousa
12 Touristeninformation
13 Café Martins
14 Rathaus
15 Archäolog. Museum
16 Rest. Moinho da Porta
17 Igreja da Misericórdia
18 Kathedrale
19 Café Inglês
20 Castelo
21 Parkplatz
22 Countdown - Uhr
23 Colina dos Mouros
24 Lidl
25 Cruz de Portugal
26 Fábrica do Inglês (Kulturzentrum)

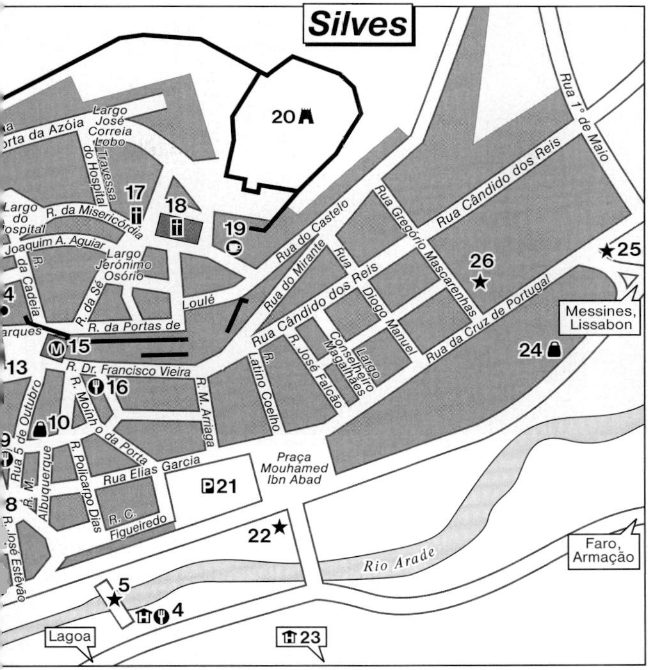

de Silves Bischofssitz – die neue geistliche Macht musste durch Präsenz des Würdenträgers untermauert werden.

Pest und Erdbeben, vor allem aber die **Versandung des Rio Arade** trugen dazu bei, dass Silves gegenüber den Küstenorten Portimão und Faro an Bedeutung verlor. So verlegte der Papst 1534 den Bischofssitz nach Faro (neue Hauptstadt der Algarve wurde 1577 Lagos), womit ein Niedergang im 17. und 18. Jh. nicht mehr aufzuhalten war. Erst großflächige Zitrusplantagen, Korkeichenpflanzungen und große Weingüter bedingten im 19. Jh. einen gewissen wirtschaftlichen Aufschwung als **Agrozentrum,** flankiert von der englischen Korkfabrik (⇗Fábrica do Inglês). Mit deren Schließung und der schwindenden Rentabilität

072al Foto: wl

der Landwirtschaft geriet Silves bis in die jüngste Vergangenheit zunehmend unter Abwanderungsdruck der Jüngeren in die Touristenzentren der Küste.

Natürlich ist der alte Glanz längst verblichen; die Stadtväter setzen jedoch darauf, durch eine umfassende **Modernisierung der Altstadt** Lebensqualität und touristische Attraktivität zu verbessern und somit auch ohne Meereslage den Bewohnern eine Alternative zur Landwirtschaft aufzuzeigen.

Silves, die erhabene alte Stadt

Am Praça Mouhamed Ibn Abad

Sehenswertes

Praça Mouhamed Ibn Abad

Zu Ehren des maurischen Gouverneurs von 1051–1091, der seinerzeit maßgeblich am Aufschwung der Stadt beteiligt war, entstand 2002 unmittelbar an der Hauptstraße der moderne Stadtpark mit neomaurischen Skulpturen.

Castelo

Auf einer Fläche von 12.000 Quadratmetern errichteten die Mauren zwölf mit Wehrgängen verbundene Türme, die im 15. Jh. verstärkt und zur heutigen **Festung** erweitert wurden. Die Burgmauern sind vollständig begehbar und bieten beeindruckende Ausblicke auf die umliegende Landschaft. Die 60 Meter tiefe Cisterna Grande wurde im 13. Jh. gegraben und diente der Stadt bis ins vergangene Jahrhundert als Wasserreservoir. In den unterirdischen Gewölben der einstigen Vorratsspeicher finden heute Wanderausstellungen aller Art (Kunst, Spielzeug etc.) statt.

● Geöffnet täglich 9–20 Uhr (im Winter 18 Uhr), Eintritt 1,50 €, mit Wanderausstellung 3 € (Kinder unter 12 frei)

Sé

Unmittelbar nach der Reconquista wurde hier eine maurische Moschee zerstört und ihre Steine zum Bau der **Kathedrale** im gotischen Stil verwendet. 1534 zur Bischofskirche erhoben, war die Sé lange Jahre die Hauptkirche der Algarve, ehe Teile beim Erdbeben von 1755 zerstört wurden. Die Hauptfassade beherrscht ein gotisches Portal, Fassade und Türmchen wurden im barocken Stil ergänzt. Das Innere des dreischiffigen Gotteshauses ist bewusst schlicht gehalten, wobei Holzdecke, Kreuzrippengewölbe wie auch die alte gotische Vierung besonders zur Geltung kommen. Die Grabplatten erinnern an Kreuzritter und einen ehemaligen Bischof.

- Geöffnet täglich 8.30–18.30 Uhr

Igreja da Misericórdia

Die hübsche einschiffige Kirche aus dem 16. Jh. (Manuelinik) mit dem bemerkenswerten Portikus an der Seitenfassade zeichnet sich im Inneren durch ihren Renaissance-Altaraufsatz aus (16. Jh.).

Archäologisches Museum

Das regionale Museu Municipal de Arqueologia birgt Funde aus Silves, São Bartolomeu und Loulé von der Steinzeit über die römische Epoche bis hin zur maurischen Blütezeit. Münzen und Alltagsgegenstände aus der Zeit nach der Reconquista runden die Ausstellung ab.

- Geöffnet täglich außer So 9–18 Uhr, Eintritt 1,50 € inkl. Zugang zur Stadtmauer

Stadttor/ Stadtmauer

Von der Burg abgesehen, hatten die Mauren drei weitere Zwischenmauern die Hänge hinuntergezogen, von denen heute nur noch Teile erhalten sind: so etwa am Archäologischen Museum sowie der Festungs-Stadtturm Torreão da Porta da Cidade (Zugang ↗Archäologisches Museum).

Fábrica do Inglês

Während Kathedrale und Burg die Wahrzeichen vergangener Tage sind, dient die „Englische Fabrik" als Aushängeschild des modernen Silves.

074al Foto: wl

Das Gelände der englischen **Korkfabrik** - hier wurden Korken für den Portweinexport nach England hergestellt - wurde zu einem **modernen Kulturpark** umgestaltet. Eine Minibrauerei, computergesteuerte Wasserspiele, ein Kinderspielplatz und feine Cafés unter Orangenbäumen unterhalb der Burg sind das Ambiente für zahlreiche kulturelle Open-Air-Veranstaltungen aller Art vom klassischen Konzert bis hin zum traditionellen Bierfest in der dritten Juliwoche. Restaurants von der Pizzeria über die Marisqueria und Churrasqueria bis zur Tapas-Bar verwöhnen den Gaumen.

- Geöffnet täglich außer Mo 9–17 Uhr, bei Abendveranstaltungen 5–8 € Eintritt. Das Korkmuseum hat Di–So von 9.30–12.45 und 14–18 Uhr geöffnet, Eintritt 1,50 €, Kinder ab 6 J. 1 €); Rua Gregório Mascarenhas, Tel. 282 440 480, www.fabrica-do-ingles.com

Cruz de Portugal

Am nordöstlichen Kreisel der N-124 (Richtung São Bartolomeu de Messines) steht ein merkwürdiges, überdachtes Kreuz. Die **Sakralskulptur** aus weißem Kalkstein entstand vermutlich im 16. Jh. und verquickt manuelinische mit gotischen Ele-

Das Cruz de Portugal

menten. Das Kreuz selbst zeigt auf der Vorderseite die Kreuzigung Jesu, auf der Rückseite den Leichnam in den Armen seiner Mutter. Die Jahreszahl 1824 auf dem Sockel betrifft nur dieses Sockelstück, mysteriös dagegen ist die eingravierte Jahreszahl 1004 unterhalb des Kreuzes – man vermutet entweder einen Gravierfehler (Verwechslung von 0 und 8) oder eine plumpe Falschdatierung.

Praktische Tipps

An- und Weiterreise

- **Busbahnhof** gegenüber der Markthalle; EVA-Büro an der Markthalle außen. Mehrfach tgl. Anbindung nach Lagoa/ Portimão und Faro
- **Zubringerbus** zum Bahnhof (zwei Kilometer Richtung Lagoa, Schilder „Silves – Gare") auf die Züge abgestimmt
- **Selbstfahrer** finden zentrumsnahe Parkplätze am Lidl oder zwischen Praça Mouhamed Ibn Abad und Markthalle entlang der Straße.

Unterkunft

- **Pensão Sousa** €, Rua Samora Barros 17, Tel. 282 442 502, Etagenbad, aber gut in Schuss.
- **Colina dos Mouros** €€€, Tel. 282 440 420, Fax 282 443 938; an der Südseite der Brücke mit Blick auf Burg und Kathedrale.
- An der alten römischen Brücke bietet das **Residencial Ponte Romana** (mit Restaurant), Tel. 282 544 528, DZ unterschiedlicher Komfortklassen zwischen 18 und 40 €. Das Restaurant ist montags geschlossen.

Essen und Trinken

- **Café Inglês,** erste Adresse in Silves, an Wochenenden Jazzabende (live), Tel. 282 442 585, famose Terrasse.
- Legendär für Fischgerichte ist **O Rui,** Rua Comandante Vilarinho (nahe Markt), Tel. 282 442 682; ebenfalls wundervolle Aussicht von der Terrasse .
- Das **Restaurante Moinha da Porte** in der gleichnamigen Rua Moinha da Porta/Ecke Rua Dr. Francisco Vieira ist das einzige echte Restaurant im oberen Bereich der Stadt. Internationale Küche.
- Die **Café/Snackbar Martins** bietet Snacks und Kleinigkeiten täglich bereits ab 7.30 Uhr.
- In der **Fußgängerzone** der Rua Elias Garçia liegen mehrere sehr günstige Cafés.
- Die meisten Besucher zieht es vor allem in den Nachmittagsstunden in die ⇗**Fábrica do Inglês** mit ihren Cafés und Restaurants.

● **Selbstverpfleger** finden einen Modelo Supermarkt am westlichen und einen Lidl (vor der Fábrica) am östlichen Ortsrand, vor allem aber lohnt ein Besuch des preiswerten Fisch- und Obstmarktes.

Nützliches

● **Touristeninformation:** Rua 25 de Abril, Tel. 282 442 255, Mo–Fr 9.30–13 und 14–17.30 Uhr
● **Polizei:** Rua Dr. Francisco Vieira 3, Tel. 282 442 414
● **Hospital:** Rua da Cruz de Portugal, Tel. 282 440 020

Serra de Monchique C1/2

Das gesamte Gebiet nördlich Silves und zwischen den beiden Nordrouten der IP-1 und N-120 wird vom „Dach der Algarve", dem bis zu 902 Meter hohen **Mittelgebirge** der Serra de Monchique, eingenommen. Vor allem im Hochsommer ist das Klima angenehmer als in den Ebenen; der Schatten spendende Bewuchs, die Thermalquellen, spektakuläre Aussichtspunkte, aber auch kulinarische Spezialitäten wie der Medronho (Erdbeerbaum-Schnaps) oder hausgemachte Wurst tun das Ihrige, um – rein statistisch – jeden dritten Algarvebesucher nach Monchique und die umliegenden Orte zu locken, wobei allerdings die meisten auf der Achse Caldas – Monchique – Foia „kleben bleiben".

An- und Weiterreise

● Die beste **Busverbindung** besteht zwischen Portimão (8–9-mal täglich) und Monchique über Caldas de Monchique; von Mitte Juni bis Ende August gibt es zusätzlich 2 Busse pro Woche (!) von Monchique zum Foia-Gipfel sowie einen Bus täglich von/nach Albufeira. Sporadische Anbindung besteht ferner auf der Strecke Monchique – Marmelete – Aljezur (2–4-mal täglich). Ansonsten ist man auf Schusters Rappen oder einen eigenen fahrbaren Untersatz angewiesen.

Selten befahrene Nebenstrecken

Selbstfahrer kommen meist über die N-266 ab Silves/Portimão; die Strecke ist in Ordnung, es gibt aber Alternativen:
● Wer über Silves fährt, kann acht Kilometer westlich, gleich hinter der Brücke des Ribeira de Odelouca (Schild „Laranjeira"), rechts die neue Nebenstrecke durch satte Zitrusplantagen nehmen und in Fornalha entscheiden, ob es links nach ↗Caldas oder geradeaus nach ↗Alferce gehen

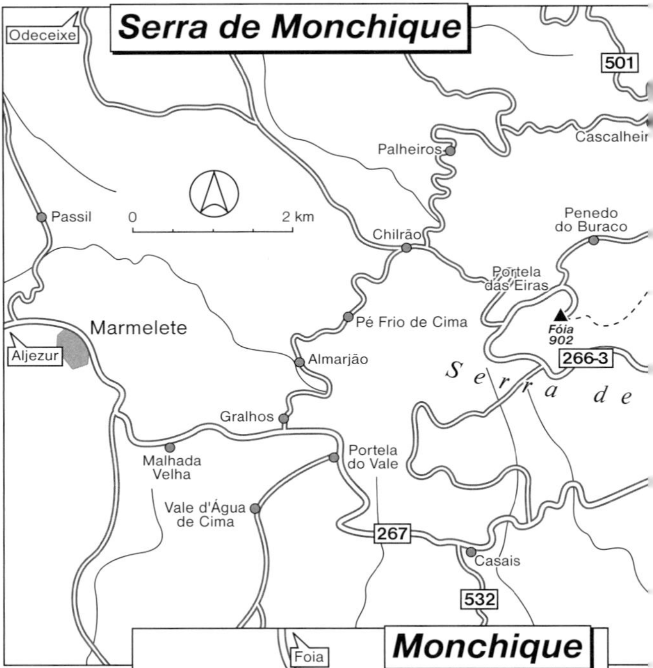
Serra de Monchique
Odeceixe
501
Cascalheir
Palheiros
Passil
0
2 km
Penedo
do Buraco
Chilrão
Portela
das Eiras
Pé Frio de Cima
Marmelete
Fóia
902
Aljezur
Almarjão
266-3
Serra de
Gralhos
Malhada
Velha
Portela
do Vale
Vale d'Água
de Cima
267
Casais
532

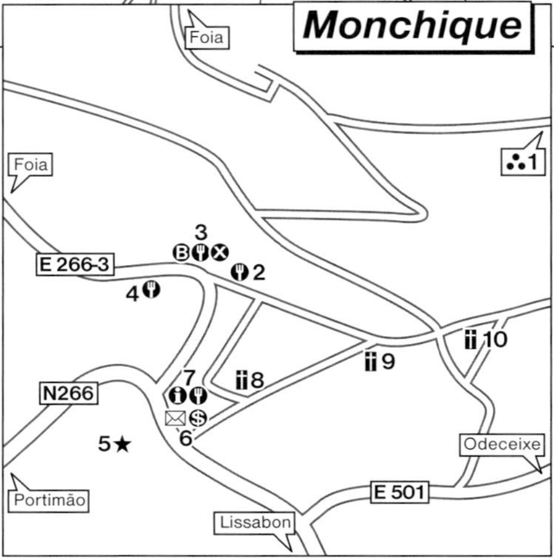
Monchique
Foia
Foia
1
3
E 266-3
2
4
10
9
7
8
N266
6
5
Odeceixe
Portimão
E 501
Lissabon

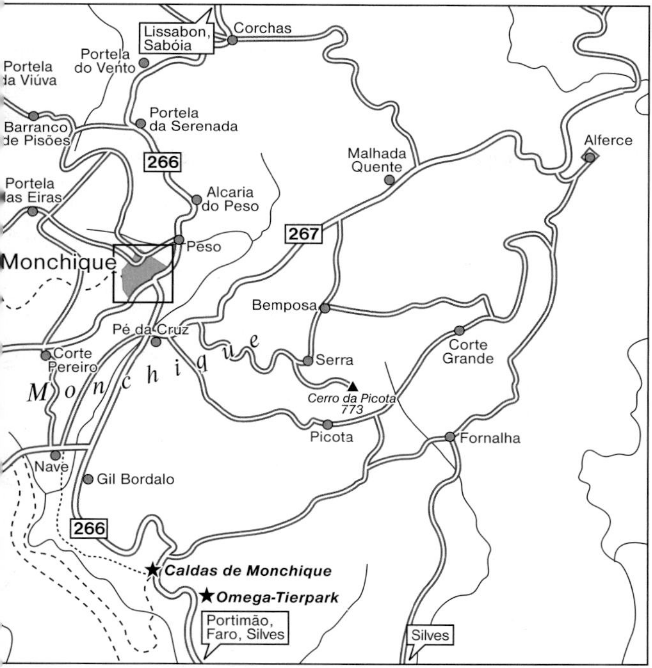

1 Franziskanerkloster-Ruine
2 Estrella da Serra
3 Busbahnhof,
Bella Vista Café/Pension und
Taxi
4 Miradouro da Serra
5 Park & Schwimmbad
6 Post und
Bank
7 Touristeninformation,
Snackbar A Nora
8 Igreja do Carmo
9 São Sebastião
10 Igreja da Misericórdia

soll. In letzterem Fall passiert man linker Hand das (deutschsprachige!) Hinweisschild auf Hausmacher-Wurst, Schinken, Brot, Kaffee und Räucherfisch ...

- Eine ebenfalls sehr schöne Strecke führt von der N-125 westlich von Portimão über ⇗Alcalar nach Casais; hier beherrschen zunächst Plantagen, dann Felder und schließlich Eukalyptuswälder die Szenerie. In Casais an der N-267 kann man entweder rechts über Nave nach Monchique fahren oder aber, besser noch, links in Richtung ⇗Marmelete; nach vier Kilometern geht es rechts (Richtung Portela) über Chilrão zum Foia-Gipfel.
- Die N-266-3 (in Monchique Richtung „Foia") dient als Auffahrt zum Gipfel für 99 % aller Foia-Besucher. Schöner ist die schmale und sehr kurvenreiche neue Nebenroute über Alcaria do Peso Richtung Chilrão. Diese Route ist bis auf vereinzelte Berggehöfte menschenleer und kann gegebenenfalls auch als sicherer Fußweg zum Gipfel genommen werden (ca. 15 Kilometer).
- Es bietet sich ferner an, einen Ausflug in die Berge mit einem Strandbesuch an der Nordwestküste der Algarve zu verbinden. Die N-267 führt via Marmelete nach ⇗Aljezur, noch schöner ist die legendäre N-501 via Peso, Portela, Foz do Farelo und Foz do Arroio zur N-120 bei Maria Vinagre (Odeceixe).

Caldas de Monchique C2

Im dritten Jahrhundert bauten die Römer in den Höhen der Serra de Monchique ein **Thermalbad** für Thalasso- und Rheumakuren. Von baulichen Veränderungen abgesehen, blieb die Heilquellentradition der Caldas de Monchique bis in unsere Tage unverändert. Hohe Persönlichkeiten wie *König Dom João II.* (1495) und gemeine Bürger genasen gemeinsam im Heilwasser. So ist denn auch Hauptsehenswürdigkeit der sehr hübsch gestaltete **Quellpark** (⇗Wanderung weiter unten) oberhalb der Abfüllanlage. Letztere steht übrigens im

Bekanntester Kurort Portugals – Caldas de Monchique

075al Foto: wl

Besitz des macanesischen Bankerclans Ho: Während *Edmund Ho* als Chief-Executive (regierender Oberbürgermeister) die politischen Geschicke Macaus lenkt, stieg Firmenmogul *Stanley Ho* ins Heilwassergeschäft ein und kaufte die Caldas.

An der Hauptstraße hat man vom **Aussichtspunkt Miradouro das Caldas** einen hübschen Überblick, man parkt am besten an einem der Restaurants (Panorama, daneben Agua da Sola, 150 Meter weiter O Castelo).

An der abfallenden Stichstraße in den Ort liegen die **öffentlichen Thermalbäder** vor der Kurve linker Hand, am Ortsende, die **Heil-Trinkwasserverteilstelle.**

Unterkunft

- **Albergaria do Lageado** €€, Caldas de Monchique, Tel. 282 912 616, Fax 282 911 310
- **Casa Amarela** €, Tel. 282 910 120, Etagenbad, sehr einfach

Nützliches

- **Tierpark:** *Omega-Park* (⇗Freizeitparks im Kapitel „Reisetipps A–Z: Sport und Aktivitäten")

Monchique C2

Nach der römischen Erschließung der nahe gelegenen Heilquellen siedelten sich allmählich Woll- und Leinenweber, aber auch Bergbauern in der Region an. Ein gemeinsames Handelszentrum wurde notwendig: Das Dorf Monchique mit heute 5000 Einwohnern entstand. Mit der Industrialisierung und dem Verlust der Textilmanufakturen entwickelte sich ersatzweise das Kunsthandwerk (Korbwaren, Schnitzereien) und in der jüngeren Vergangenheit auch eine Art Montan-Tourismus durch die „Monopolstellung" unterhalb des höchsten Berges der Algarve.

Es lohnt sich, einen kleinen Rundgang durch den steilen, atemberaubend gelegenen Ort zu unternehmen oder sogar zu Fuß zum Foia-Gipfel zu laufen.

Igreja do Carmo

Im frühen 16. Jh. im manuelinischen Stil errichtet, zeichnet sich die gesamte Gestaltung der dreischiffigen Pfarrkirche durch gewundene Verschnürungen aus. Die Skulptur der Mutter Gottes aus dem 18. Jh. stammt vom Barock-Sakralkünstler *Machado de Castro*. Die Azulejomotive stellen u. a. die Heiligen *Franziskus* und *Michael* dar. Der kastanienhölzerne Altaraufsatz stammt aus dem alten Franziskanerkonvent.

Igreja da Miseri-córdia

Die (leider meist verschlossene) Barmherzigkeitskirche birgt interessante Prozessionspaneele sowie beeindruckende meterhohe Gemälde und Schnitzereien. Die Figur des heiligen *Franziskus* wurde nach der Auflösung des Konvents in der Kirche aufgestellt.

Ruinas do Convento do São Francisco

Der eigentlich Nossa Senhora do Desterro („Mutter Gottes der Verbannung") genannte **Franziskaner-Konvent** stammt aus dem 17. Jh., wurde aber beim Erdbeben von 1755 so sehr zerstört, dass eine Restaurierung nicht mehr lohnenswert schien.

076al Foto: wl

Westliche Algarve

Der Konvent wurde aufgelöst, einige Sakralschätze den örtlichen Kirchen übereignet. Heute haftet der überraschend gut erhaltenen Ruine auf dem höchsten Punkt von Monchique beinahe etwas Schauriges an. Der Zickzack-Weg (20 Minuten ab Hauptstraße) hinauf ist ab Igreja da Misericordia die Rua F.J. Melo entlang mit einem Wanderzeichen gut markiert (er führt als Fußweg weiter bis zum Foia-Gipfel), vom Gelände des Konvents bzw. vom Waldhügel hat man einen schönen Blick über das Tal von Monchique.

Miradouro do Revezquente

Gegenüber der Igreja da Misericordia (aus der S. Gil kommend scharf rechts) folgt man der Treppe hinunter, wendet sich unten nach links und erreicht nach 50 Metern einen hübschen **Aussichtspunkt** mit Blick über den Ortskern.

Hübsche Parkanlage in Monchique

Park und Schwimmbad

An der Durchfahrtsstraße zwischen Largo dos Chorões und Markt finden Selbstfahrer einige Parkplätze. Direkt unterhalb wurde kürzlich ein hübscher, terrassenartig angelegter Park sowie nebenan ein Bergschwimmbad (tgl. 10–19 Uhr im Sommer) gebaut. Bänke und Blumen laden zum Verweilen in der angenehmen Höhenluft ein.

Praktische Tipps

Unterkunft

- **Estalagem Abrigo da Montanha** €€€, Estrada de Fóia, Tel. 282 912 131, Fax 282 913 660, www.abrigodamontanha.com. Zwei Kilometer außerhalb an der Hauptroute zum Foia, mit Meerblick.
- **Albergaria Bica-Boa** €€€, am nördlichen Ortsausgang (Hauptstr.) rechter Hand, Tel. 282 912 360; mit angeschlossenem (sehr gutem und preiswertem) Restaurant und Bar.
- **Pensão Estrela de Monchique** €, Rua do Porto Fundo 46, Tel. 282 913 111, sehr zentral, preiswert und tip-top
- **Pensão Miradouro da Serra** €, Rua Combatentes do Ultramar, Tel. 282 912 163; etwas älter, die günstigste Unterkunft vor Ort.

Nützliches

- **Touristeninformation** am Largo do Chorões, Mo–Fr 9.30–13 und 14–17.30 Uhr, Tel. 282 911 189; rund um den Platz auch **Alisuper, Apotheke, Taxistand** und **Busbahnhof** sowie das **Internet-Café Espaço**
- **Post** und **Bank:** Rua do Açougue, hier liegt an der Ecke Durchgangsstraße auch die Markthalle
- Sehr angenehm bei preiswerten Snacks sitzt man im **Café/Snackbar A Nora** (neben der Tourist-Information)

Foia-Gipfel C2

Mit 902 Metern der **höchste Punkt der Algarve,** zieht der Gipfel alljährlich Zigtausende von Besuchern an. Von den Felsen (leicht zu erklimmen) hat man den besten Blick: Bei klarer Sicht von Faro bis Sagres, Portimão liegt genau mittig. Souvenir- und Restaurantbetrieb, vor allem aber die zahllosen Antennen von Radio und Luftwaffe stören die Idylle etwas. Zwei hübsche Aussichtspunkte liegen entlang der Hauptzufahrtsstraße, ansonsten empfiehlt sich landschaftlich eher die Alternativroute über Chilrão. Der Fußweg ab Monchique ist ungefähr sieben Kilometer lang und überwindet fast 450 Höhenmeter (organisierte Touren ↗Picota-Gipfel).

Unterkunft

• **Estalagem Santo António da Fóia** €€€€, Alto da Fóia, Tel. 282 912 158, Fax 912 878

Picota-Gipfel C2

Der Foia ist wegen seiner Höhe die Attraktion; der viel stillere, dabei aber keineswegs uninteressantere Gipfel des Picota (774 Meter) wird dagegen viel seltener besucht. Auch hier sollen allerdings Straßen (ähnlich wie beim Foia) gebaut werden, sodass sich ein Besuch empfiehlt, ehe die Massen kommen.

Von Monchique Richtung Alferce fahrend, zweigt 500 m hinter Monchique ein asphaltiertes Sträßchen zum Picota-Gipfel ab. Die jüngsten Waldbrände haben hier kaum Bäume belassen. Es wird eine Weile dauern, bis wieder ein sehenswerter Waldbestand gewachsen ist.

Touren

Für Foia und Picota bieten mehrere Firmen aus Portimão und Monchique geführte **Mountainbike- und Wandertouren** an, z. B. Alternativ-Tour, Monchique (Tel. 965 004 337, 282 911 041). Die Abfahrts-Spezialisten Foia Downhill Tours starten auf 902 Metern über Null und führen den begeisterten Radler auf zuverlässigen Mountainbikes bis ans Meer! Zweimal täglich (9 und 16 Uhr) ab Treffpunkt Praia da Rocha (Hauptstr. Av. Dos Communidades Lusíades) – unbedingt unter Tel. 916 736 226 vorher reservieren. Wander- und Radtouren zum Foia oder Picota bieten auch Outdoor-Tours, Apartado 133, Portimão, Tel. 282 443 511.

• **Richtpreise:** Ganztageswanderung Picota: 25 € inkl. Verpflegung und Transport, Radtour 33 € ab Foia inkl. Transport (ca. 3,5 Std.).

Alferce

Über die N-267 erreicht man Alferce mit einem (prima ausgeschilderten) neuen Dorfpark, genannt Spelho de Agua („Wasserspiel"), und einem kleinen Heimatmuseum. Erfrischungen bieten das Café O Carlos und das Café O Zé. Fährt man von hier aus die Alternativroute Richtung Silves, passiert man nach ca. zwei Kilometern (links beschildert) die **Ruinen Cerro do Castelo,** eine Bergfeste, die vermutlich auf die Römer zurückgeht.

Marmelete B2

Der N-267 nach Westen Richtung Aljezur folgend, windet sich die malerische Strecke bis Marmelete auf 530 Höhenmeter. Am ruhigen Ortszentrum mit der Pfarrkirche bietet die Snackbar Luz Erfrischungen an, am Ortsausgang das etwas bessere Restaurante Sol de Serra (beide relativ einfach). Gegenüber vom Sol de Serra führt ein Asphaltweg 50 Meter den Hügel hinauf zur Kapelle Santo António, einer ehemaligen Einsiedelei mit Aussichtspunkt.

Rundwanderung Caldas – Nave – Caldas

Anstatt bei den Caldas in den Ort zu fahren, folgt man noch 400 Meter der Straße bis zu einer Rechtskurve mit Leitplanke (rechter Hand liegt das Lokal O Castelo). In der Leitplanke wurde eine Öffnung belassen – hier oder an dem Lokal kann man parken.

Hier in der Leitplanke lag der ursprüngliche Pfad des ersten Wegabschnittes nach rechts hinunter – dieser ist mittlerweile überwuchert, nur noch ganz Abenteuerlustige wagen diesen Weg bis Nave (Orientierung: das Bachbett hinauf; der Bach trifft auf jene Brücke in Nave, die oben ohnehin passiert wird). Er soll mittelfristig wiederhergestellt werden, bis dahin empfiehlt es sich, der Hauptstraße gut 20 Minuten aufwärts zu Fuß zu folgen. In Nave angekommen, an der einzigen Abzweigung nach links („Marmelete“) und hier nach 300 Metern hinter einer Art Betonscheune wieder nach links dem befestigten Weg bis zum Ende

077al Foto: wl

(500 Meter) folgen. Hier heißt es aufgepasst: auf dem Feldweg sofort nach links, und zwar ganz links den dünnen Pfad an der Feldmauer entlang nehmen (rechter Hand Zitronenfeld) und 100 Meter weiter gleich vor dem Korkeichwäldchen rechts gehen (man umgeht das Feld). Rechter Hand sieht man eine alte Bewässerungsanlage. Immer gerade zum Bächlein hinunter (meist trocken, Steine zum Überqueren), dann an der Mauer orientieren, die Mauer rechter Hand liegenlassend dem Pfad hinauffolgen bis zu einem kleinen verlassenen Gehöft; hier gerade über den kreuzenden Weg hinüber und im Rechtsbogen zum Ende des hier breiteren Feldweges – dieser Teil (ca. 10-15 Minuten) war der komplizierteste. Nun trifft man auf ein befestigtes Nebensträßchen –

Bewässerungssystem bei Nave

hier links (ca. 15 Minuten) bis zum Ende des Sträßchens. Unmittelbar hinter dem kleinen Häuschen nach rechts leicht hinab (Orientierung: Nicht den linken Pfad mit den Kettenpfählen nehmen) und diesem Weg immer als Hauptweg folgen. Vorbei an einem kleinen Weinfeld, dann durch Pinien- und Eukalyptuswald; der Weg gabelt sich nach knapp 500 Metern: Links hinauf liegt ein Aussichtspunkt mit Bienenkästen, rechts geht der Hauptweg weiter. Etwa zehn Minuten weiter zweigt rechts ein Weg zu einem weiteren Aussichtspunkt ab (diesen ignorieren – links liegt der Hauptweg). Gut fünf Minuten später öffnet sich erstmals der Blick auf Caldas de Monchique linker Hand, gleich darauf nimmt man an der Weggabel den linken Weg hinauf, der sich nun stetig abwärts den Hang hinunterwindet und den Blick auf teilweise recht ansehnliche Domizile der wohlhabenderen Bergbewohner freigibt. Ziemlich exakt 90 Minuten nach dem Start der Wanderung, die sich – von kurzen Ausnahmen abgesehen – stets abwärts orientierte, hat man den kleinen Bach (Minibrücke) erreicht, überquert diesen und folgt am anderen Ufer dem unbefestigten Weg links hinauf. Nach schweißtreibenden zehn Minuten öffnet sich der Weg und trifft auf ein Kopfsteinpflastersträßchen, welches schon zu ⇗Caldas de Monchique bzw. der Abfüllanlage gehört. Hier scharf links hinauf zum Ortskern folgen: Hier liegen das Quellenhotel, eine englische Telefonzelle, die Bar O Tasco sowie die eigentliche Quelle („Fonte dos Amores“). Der Fußweg führt nun beidseitig entlang einer hübschen Rast- und Wasseranlage (Picknickplatz), die Quelle sprudelt aus einem Häuschen oben links (grüne Metalltür). Gegenüber führt eine Treppe hinauf zur Straße, der man noch 500 Meter nach links zum Ausgangspunkt folgt. Die gesamte Strecke nimmt etwa 2,5 Stunden in Anspruch und ist insgesamt einfach, da man der Täuschung unterliegt, sie führe überwiegend abwärts.

Portimão und Praia da Rocha C3

Die wichtige Fischereistadt Portimão (ca. 30.000 Einw.) besteht aus zwei Ortsteilen, wie sie unterschiedlicher kaum sein könnten. Am Rio Arade liegt der **Fischerhafen** und die typische **Wohnstadt,** deren Anziehungskraft in ihrer Authentizität liegt, und der Altstadt unmittelbar westlich an der Küste vorgelagert das **mondäne und moderne Strandgebiet** Praia da Rocha, welches mit seinen hohen Hotel- und Apartmentkomplexen neben Armação oft als Paradebeispiel dafür angeführt wird, wie man die Algarve doch bitte nicht entwickeln möge.

Geschichte

Die Flussmündung zog bereits phönizische Handelsboote an, ihnen folgten Griechen und Karthager. Erst unter den **Römern** (lat. Portus Manus = port. Porti Mão) wurde jedoch eine ausgedehnte Hafenanlage gebaut, die Besiedlung des Umlandes ist durch die Anlagen von ⇗Alcalar und ⇗Abicada bezeugt. Die eigentliche kulturelle und wirtschaftliche Blüte erlangte Portimão unter den **Mauren,** die jenen hervorragenden Ruf als Fischereihafen begründeten, der dem Ort noch heute anhaftet. 1242 von christlichen Rittern übernommen, wurde der Hafen erweitert, Karavellen für die Entdeckungsfahrten der Seefahrer gebaut, und reich beladene Schiffe der Ostindienfahrer löschten hier ihre Ladung. Mit dem Niedergang des portugiesischen Kolonialreiches im 18./19. Jh. und dem Erdbeben von 1755 begann der wirtschaftliche Verfall; erst die Fischereiindustrie führte Mitte des 20. Jh. wieder zu einem Aufschwung.

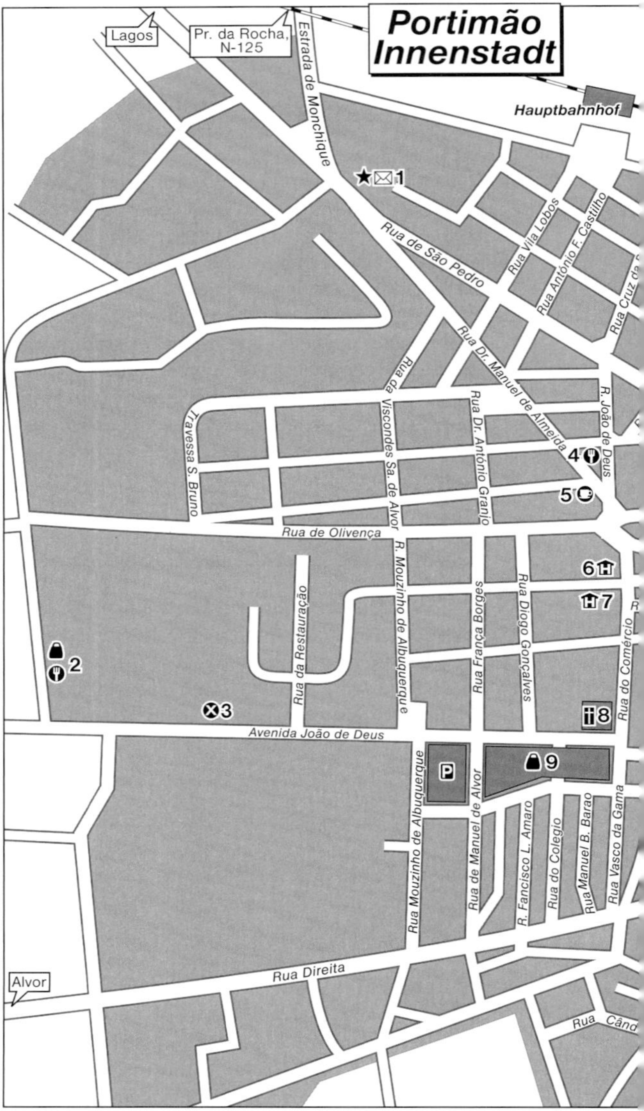
Portimão Innenstadt
Lagos
Pr. da Rocha, N-125
Estrada de Monchique
Hauptbahnhof
1
Rua de São Pedro
Rua Vila Lobos
Rua António F. Castilho
Rua Cruz da
Rua Dr. Manuel de Almeida
Rua da Viscondes Sa. de Alvor
Rua Dr. António Granjo
R. João de Deus
Travessa S. Bruno
4
5
Rua de Olivença
R. Mouzinho de Albuquerque
Rua da Restauração
Rua França Borges
Rua Diogo Gonçalves
6
7
Rua do Comércio
2
3
8
Avenida João de Deus
P
9
Rua Mouzinho de Albuquerque
Rua de Manuel de Alvor
R. Fancisco L. Amaro
Rua do Colegio
Rua Manuel B. Barao
Rua Vasco da Gama
Rua Direita
Alvor
Rua

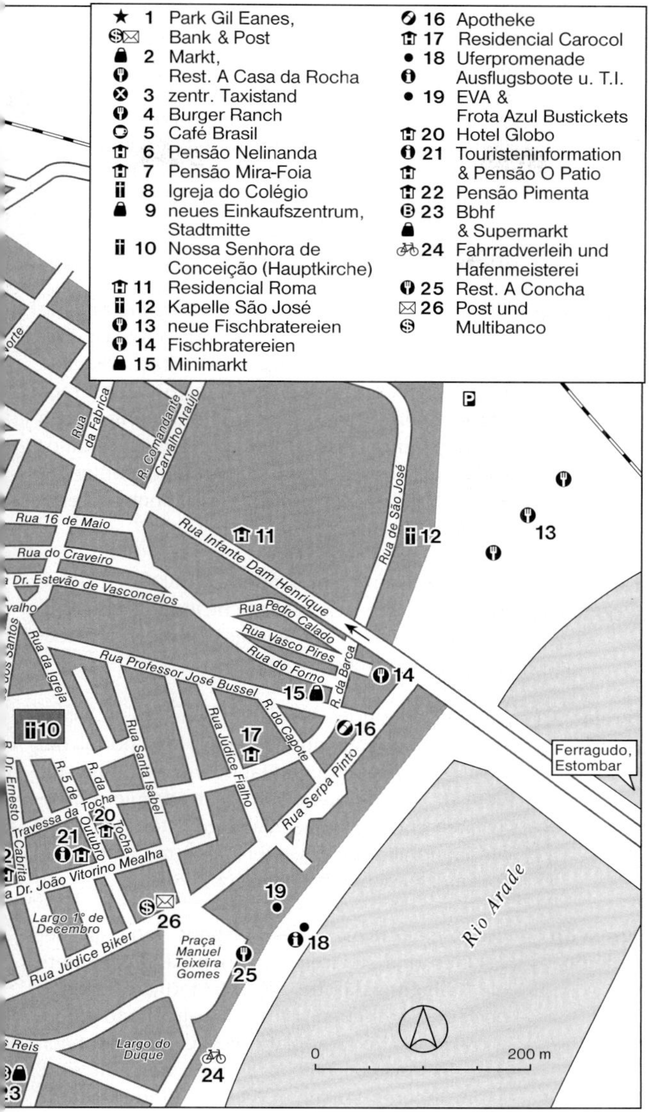
1 Park Gil Eanes,
Bank & Post
2 Markt,
Rest. A Casa da Rocha
3 zentr. Taxistand
4 Burger Ranch
5 Café Brasil
6 Pensão Nelinanda
7 Pensão Mira-Foia
8 Igreja do Colégio
9 neues Einkaufszentrum,
Stadtmitte
10 Nossa Senhora de
Conceição (Hauptkirche)
11 Residencial Roma
12 Kapelle São José
13 neue Fischbratereien
14 Fischbratereien
15 Minimarkt
16 Apotheke
17 Residencial Carocol
18 Uferpromenade
Ausflugsboote u. T.I.
19 EVA &
Frota Azul Bustickets
20 Hotel Globo
21 Touristeninformation
& Pensão O Patio
22 Pensão Pimenta
23 Bbhf
& Supermarkt
24 Fahrradverleih und
Hafenmeisterei
25 Rest. A Concha
26 Post und
Multibanco
Rua da Fabrica
R. Comandante Carvalho Araújo
Rua de São José
Rua 16 de Maio
Rua do Craveiro
Rua Infante Dam Henrique
Dr. Estevão de Vasconcelos
Rua Pedro Calado
Rua Vasco Pires
Rua do Forno
R. da Barca
Rua da Igreja
Rua Professor José Bussel
R. do Capote
Rua Júdice Fialho
Rua Santa Isabel
Rua Serpa Pinto
R. 5 de Outubro
R. da Tocha
Travessa da Tocha
Dr. João Vitorino Mealha
Largo 1° de Decembro
Rua Júdice Biker
Praça Manuel Teixeira Gomes
Largo do Duque
Ferragudo, Estombar
Rio Arade
0
200 m

Unter Touristen und Einheimischen genießt Portimão gleichermaßen einen ausgezeichneten Ruf als „Sardinenstadt", in der man sehr gut und günstig Fisch essen kann. Zentrum und Uferpromenade (beides weitläufige Fußgängerbereiche) befinden sich in einem Stadium der modernen Umgestaltung, ohne dass die Stadt ihr traditionelles, „portugiesisches" Flair zu verlieren droht.

Sehenswertes

Promenade Zunächst empfiehlt sich ein Spaziergang entlang der ausgedehnten Uferpromenade mit Blick über den Fluss, einem schattigen Park (Praça Visconte Bivar) und dem modernen, großzügigen Praça Manuel Teixeira Gomez. **Ausflugsboote** bieten Grotten- und Flussfahrten an, Bars und Cafés locken mit Erfrischungen, am Nordende (unter der Brücke) grillen traditionelle Sardinenbratereien köstliche Fischgerichte.

Largo 1° de Dezembro Der ansonsten nicht sonderlich attraktive kleine Stadtpark beherbergt zahlreiche interessante **Azulejos** mit Motiven der Stadtgeschichte einschließlich portugiesischer Eroberungen.

Igreja Matriz Von der alten gotischen Stadtkirche (14. Jh.) steht seit dem Erdbeben nur noch das Hauptportal, der Rest der dreischiffigen Hauptkirche stammt aus dem 18. Jh. Das Interieur stammt aus unterschiedlichsten Epochen, ist schlicht gehalten und zeigt am Hauptaltar eine Marienstatue mit einem barocken Holzschnitzaltaraufsatz.

Igreja do Colégio *Diogo Gonçalves*, seines Zeichens Anhänger der Jesuiten und steinreicher Orienthändler, stiftete die **Kollegiumskirche,** die 1707 fertiggestellt und nach dem Erdbeben von 1755 weitgehend erneuert wurde. Die Grabplatte von *Gonçalves,* nach dem in Portugal etliche Straßen benannt sind, ist im Inneren zu sehen. Die stark angegriffene

078al Foto: wl

Kirche dient heute als Aufbahrungsort für Bestattungen.

Fußgängerzone

Unmittelbar neben der Jesuitenkirche liegt die Fußgängerzone der Rua do Comércio, die sich Richtung Ufer über die Rua Vasco da Gama, in die entgegengesetzte Richtung über die Rua João de Deus fast bis zum Bahnhof erstreckt. Hier und in den kleinen Parallelstraßen reihen sich Andenkenhändler, Boutiquen und kleine Fachgeschäfte aneinander – vor allem für **Leder- und Schuhwaren** wird Portimão von vielen Einheimischen favorisiert. Auch die Dauerbaustelle vor dem Jesuitenkolleg (Praça da República, einst Stadtmarkt) wird ein modernes Einkaufszentrum.

Im Park von Portimão

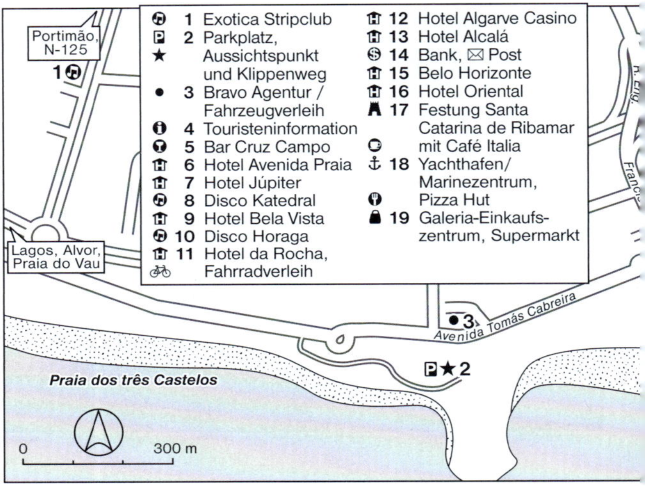

Strände

Praia da Rocha

Am südwestlichen Stadtrand erstreckt sich Praia da Rocha, einer der „Vorzeigestrände" der Algarve. Hotels aller Kategorien, Restaurants, Kneipen, Bars, Discos, Souvenirläden und Spielhallen säumen den gigantischen Strand, der auch für Familien mit kleineren Kindern ideal ist. Das flache Wasser wird generell von Rettungsschwimmern beaufsichtigt, auf kurvigen Rutschen kann der Nachwuchs seine überschüssige Energie freisetzen. Liegen- und Sonnenschirmverleih, Tretboote und Snackbars runden das vielfältige Angebot ab. Am Ostende, oberhalb von Marina und Wellenbrechern des Strandes, stehen die Reste der **Festung Santa Catarina,** mit der die westliche Flusszufahrt geschützt wurde; hier ist heute ein hübsches italienisches Café untergebracht, in dem man neben den Getränken einen schönen Ausblick genießt.

Das gesamte **Küstenviertel** nennt sich ebenfalls Praia da Rocha; hier liegen zahllose moderne Tou-

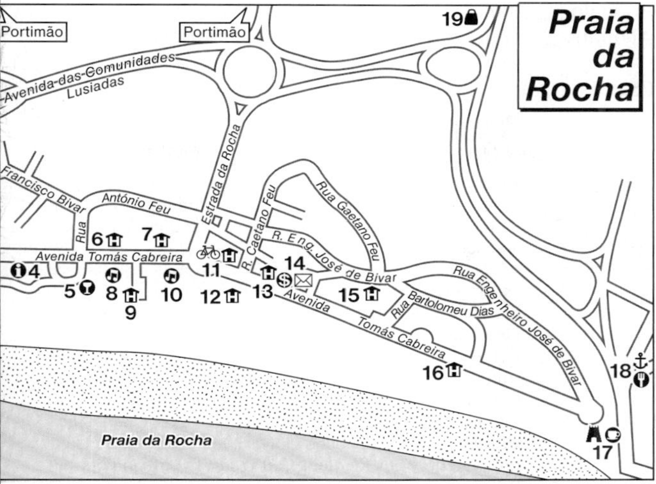

ristenwohnanlagen, Hotels, Amüsierbetriebe usw.; das Gebiet steht in einem schier unglaublichen Kontrast zu Portimão selbst. Rocha ist insofern untypisch für die Algarve, als weit nach oben gebaut wurde (und wird) – dagegen wirken selbst die verpönten Ferienorte Armação und Monte Gordo vergleichsweise harmlos.

Praia dos três Castelos

Am Ostende ragt eine Felsspitze ins Meer, die den Praia da Rocha von diesem Strandabschnitt trennt (Durchgang möglich). Oben ermöglicht ein Aussichtspunkt einen großartigen Rundumblick über beide Strände.

Praia do Vau

Sehr beliebter „kleiner Bruder" des Praia da Rocha, ebenfalls nahe der neuen Stadtautobahn gelegen. Es wird schwierig, direkt am Strand Parkplätze zu ergattern. Auch an diesem gut bewachten Sandstrand können Liegen und Schirme sowie Spaßboote etc. gemietet werden. Mehrere Kioske und Restaurants (das beste ist das O Redelo) bieten Gaumenfreuden an.

Praia do Alemãos

Kleiner Nachbarstrand von Vau am westlichen Ende des Uferesträßchens ohne Serviceeinrichtungen.

Praktische Tipps

An- und Weiterreise

- **Bahn:** Der Bahnhof liegt in Gehnähe zum Zentrum und zu günstigen Pensionen. Mit 13 Verbindungen in beide Richtungen von 6.20–23 Uhr besteht sehr gute Anbindung an andere Algarvezentren.
- **Bus:** Das Verkaufsbüro von EVA/Frota Azul liegt uferseitig am Praça M. T. Gomez (Mo–Fr 7–23, Sa bis 20 Uhr), die Haltestellen ein Stückchen weiter in der Av. Afonso Henriques: Anbindung besteht 12-mal tgl. nach Alvor (7.15–21 Uhr), nach Monchique 10-mal tgl. 8–20.30 Uhr (retour 7.15–18.15 Uhr!), zum Praia da Rocha /bis Santa Catarina) von 7.30 bis 24 Uhr jeweils alle halbe Stunde, (retour jeweils 15 und 45), nach Faro und Lagos je 6-mal tgl.
- **PKW:** Parkgelegenheiten gibt es unmittelbar an der Uferpromenade – aus Richtung Ferragudo fährt man über die Brücke links; aus Richtung Alvor oder N-125 (Lagos) über die Stadtautobahn an der Abfahrt des Einkaufszentrums Centro Comercial rechts die Av. M. Bombarda bis zum Ende, dort links zum Parkplatz Largo Dique.

Unterkunft

Bus- und Bahnreisende finden eine Reihe günstiger Pensionen im **Zentrum von Portimão,** alle zentral, aber ohne Meerblick:

- **Hotel Globo** €€€, Rua 5 de Outubro 26, Tel. 282 416 350, Fax 483 142, nicht hübsch, aber funktional
- **Pensão Nelinanda** €€€, Rua Vicente Vaz das Vacas 22, Tel. 282 417 839, Fax 282 417 843, sehr modern, nah am Bahnhof gelegen
- **Pensão Mira-Foia** €€€, Rua Vicente Vaz das Vacas 33, Tel. 282 417 852, Fax 282 417 854, gleich gegenüber
- **Pensão Pimenta** €€, Rua Dr. Ernesto Cabrita 7, Tel. 282 423 203, Fax 282 423 204, traditionell-gepflegt, hübscher als die ebenfalls am Largo 1° do Dezembro gelegene
- **Pensão O Pátio** €€, Rua Dr. João Vitorino Mealha 3, Tel./ Fax 282 424 288
- **Residencial Roma** €, Rua J. Fialho/Ecke Rua da Barca hat bessere Tage gesehen. Liegt zwar sehr zentral und dennoch ruhig, wirkt aber etwas abgewirtschaftet und empfiehlt sich dann, wenn man die günstigste Pension der Stadt sucht.
- 400 m von der Brücke entfernt liegt in der Infante Henrique das **Residencial Carocol** €€-€€€ günstig zu Hbf. und Zentrum – ordentlich, aber wegen des Durchgangsverkehrs etwas laut.

079al Foto: wl

Westliche Algarve

Praia da Rocha: Alle namhaften Reiseveranstalter bieten seit jeher Pauschalreisen nach Portimão-Rocha an – und die Nachfrage ist ungebrochen! Im Ergebnis bewirkte die permanente Bebauung nicht nur ein vollständiges Zusammenwachsen von Portimão und dem Küstenstreifen von Rocha, sondern auch die Tatsache, dass jeder zweite Gebäudekomplex Ferienwohnungen oder Hotelunterkünfte beherbergt. Um sich hier wohl zu fühlen, sollte man unbedingt ufernah wohnen; hier ein paar Adressen für den Urlaub „in der ersten Reihe" an der Uferstraße Avenida Tomás Cabreira:

- **Hotel Algarve Casino** €€€€€, Tel. 282 402 000, Fax 402 099, www.solverde.pt
- **Hotel Bela Vista** €€€€, Tel. 282 450 480, Fax 282 415 369
- **Hotel Júpiter** €€€€, Tel. 282 415 041, Fax 282 415 319, hoteljupiter@mail.telepac.pt
- **Hotel Avenida Praia** €€€, Tel. 282 417 740, Fax 282 417 742, avenidapraiahotel@mail.telepac.pt
- **Hotel da Rocha** €€€, Tel. 282 424 081, Fax 282 415 988, giamar@mail.telepac.pt
- **Hotel Alcalá** €€, Tel. 282 424 062, Fax 282 459 198
- **Aparthotel Oriental** €€€€, Tel. 282 413 000, Fax 282 413 413, www.tdhotels.pt

Praia da Rocha – Paradestrand bei Portimão

- **Apartamentos Turísticos Belo Horizonte** €€€, Tel. 282 424 244, Fax 282 417 796
- **Weitere Apartments** im €€€-€€€€-Bereich Praia da Rocha sind unter www.prainha.net und www.iberotel.pt zu finden.

Praia Do Vau: Auch westlich vom Praia dos três Castelos, allerdings spürbar ruhiger, schließen sich einige ufernahe Unterkünfte an. Wer dem Rummel von Rocha aus dem Weg gehen möchte, sollte es hier versuchen:

- **Apartamentos Turísticos Jardim do Vau** €€€, Tel. 282 430 500, Fax 282 401 915, jardimcovau@mail.telepac.pt
- **Pensão Praia do Vau** €€, Tel. 282 401 312, Fax 282 401 756 (Strandzufahrt links den Hügel hinauf, recht idyllisch)
- **Pensão Alcaide** €€, Tel. 282 401 462, Fax 282 401 695

Essen und Trinken

- **Supermärkte:** Pingo Doce am Busbahnhof; großes Einkaufszentrum an der Av. V 6 (Stadtautobahn Richtung Rocha und Vau) mit Worten-Supermarkt; gegenüber auch McDonald's und Lidl
- Wer nach Portimão kommt, muss zu den **Open-Air-Fischbratern** unter der Brücke, zu erkennen an dem Ziegelschlot des Gemeinschaftsgrills. Mehrere kleine Lokale bieten praktisch dieselben Gerichte an: Makrele oder Sardinen 4 €, Calamaris 5 €, Tagessuppe 1 € – alles sehr lecker und preiswert. Nicht zu verwechseln mit den neuen Fischbratereien zwischen Brücke und Bahnlinie am Ufer, wo Sardinen für 4,50 €, Makrelen zu 5,50 € oder Krabbenomelettes für 6 € gebraten werden.
- **Selbstversorger** finden Metzger und Bäcker in der kleinen Gasse gegenüber der alten Brücke.
- In der Fußgängerzone Richtung Bahnhof liegen für einfache Mahlzeiten die **Burger-Ranch,** gegenüber die nette Snackbar **Café Brasil.**
- Am Praça Gomes empfiehlt sich das nette **A Concha** – vor allem wegen der Fischgerichte.
- In Rocha führt ein kleiner Klippenpfad vom Miradouro três Castelos Richtung Vau; hier haben sich mehrere verstreute Lokale etabliert, z. B. das **A Casa da Rocha** mit sehr schöner Aussicht und guten Gerichten.
- Günstiger isst man in der **Dolce Vita Pizzeria** (nahe der Post) oder bei **Pizza Hut** in der Marina-Arcade.
- Die schönste Aussicht bei Café und Kuchen genießt man im **Café Italia** in der Fortaleza Santa Catarina.

Nachtleben

- An der Uferpromenade von Rocha locken etliche gemütliche Bierkneipen, sehr hübsch und urig ist die **Cruz Campo** im Wikingerstil (nahe dem schlossähnlichen Belavista-Hotel).
- Mehrere Discos locken an der Uferstraße das jüngere und jung gebliebene Publikum, z. B. das **Horaga,** vor allem aber die Kultdisco **Katedral.**

•Ab 23 Uhr abends bietet der **Exotica Strip Club,** Av. Rocha Vau, Tel. 282 425 693, ein auf das männliche Solo-Publikum zugeschnittenes Programm.

Nützliches

•**Touristeninformation (Portimão):** Largo 1° de Dezembro, Tel. 282 419 131, Mo–Fr 9.30–13 und 14–19 Uhr sowie ein kleiner Stand an der Uferpromenade (Höhe EVA)

•**Touristeninformation (Rocha):** Av. Cabreira (am Jupiter Hotel), Tel. 282 419 132, tgl. 9.30–13 und 14–19 Uhr

•**Hospital:** Centro de Saúde de Portimão, Praceta Cuata António Aleixo (nahe N-125), Tel. 282 416 272 und die Clínica da Rocha, Tel. 282 414 500, im Viertel da Rocha

•**Polizei:** Alto da Raminha (Stadtautobahn V-6), Tel. 282 417 217

•**Bank/Post:** Largo Gil Eanes, Mo–Sa 9–12 und 14.30–18 Uhr sowie in der Rua Judice Biker an der Nordseite des Pr. M.T. Gomez. Nebenan kann in der Multibanco per EC-Karte Geld abgehoben werden.

•**Internetzugang:** Mail Boxes, Praça da República 12, Tel. 282 418 109, sowie in der städtischen Bibliothek (gegenüber der Polizei)

•Eine **Touristenbahn** verbindet die wichtigsten Resorts zwischen Rocha und Vau; ein **Stadtbus** fährt von Rocha (vor Santa Catarina) ca. 30-mal täglich in die Innenstadt Portimãos.

•**Fahrzeugverleih:** Fahrrad- und Scooterverleih im Hotel da Rocha, PKW bei Bravo Tours am Miradouro dos três Castelos.

Neben der Hafenmeisterei werden an der Uferpromenade Räder (2 €/halber Tag) vermietet.

•**Bootstouren:** an der Uferpromenade; angeboten werden Grottenfahrten (ca. 20 €/3 h) und Flussfahrten bis Silves (4–5 h, 25 €). Spezielle Angeltouren (60 €, ½ Tag) bietet z. B. Cepemar, Rua Antonio Dias Cordeiro 1, Tel. 282 425 866. Der Veranstalter Alegria, Av F. Sa Carneiro, Tel. 963 391 192 (man spricht Deutsch), Fax 282 356 579 bietet Grotten- und Angeltouren an.

•**Golf:** Alto Golf, Hotal S.A., Tel. 282 460 870, Fax 282 460 879

•**Tauchen:** Pinguim Sub, Urbanização da Boavista, Tel. 282 485 784, Fax 282 485 784; Portitours – Emoção e aventura, Alto do Quintão, Tel. 282 470 002, Fax 282 470 053

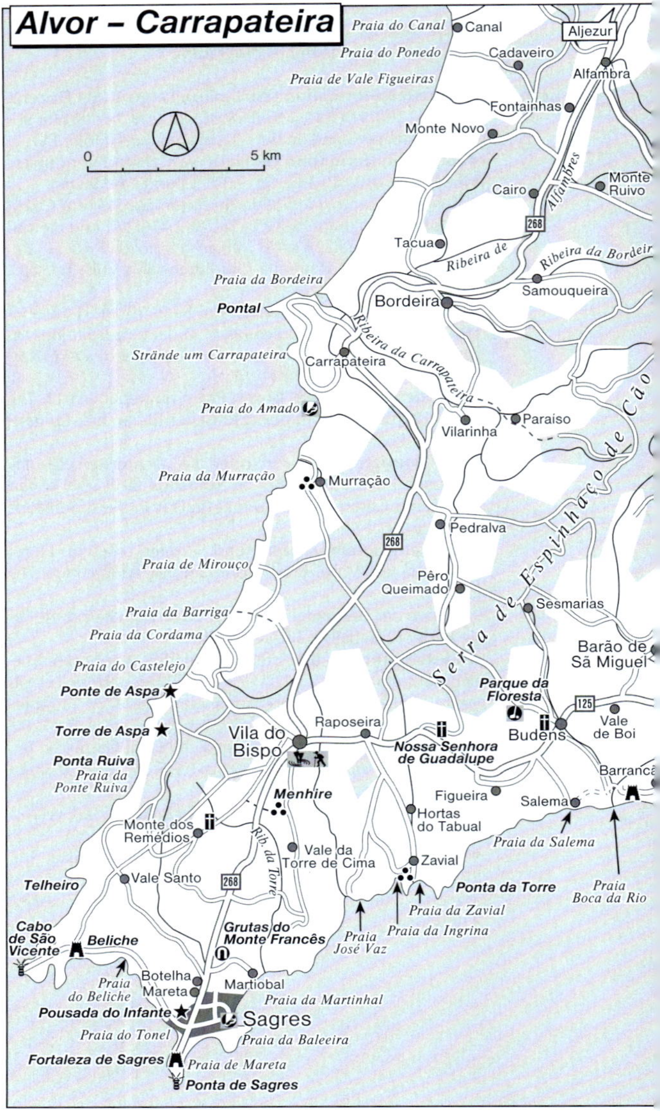
Alvor – Carrapateira
0
5 km
Praia do Canal
Canal
Aljezur
Praia do Ponedo
Cadaveiro
Alfambra
Praia de Vale Figueiras
Fontainhas
Monte Novo
Alfambres
Cairo
Monte Ruivo
268
Tacua
Ribeira de
Ribeira da Bordeira
Praia da Bordeira
Samouqueira
Pontal
Bordeira
Ribeira da Carrapateira
Strände um Carrapateira
Carrapateira
Praia do Amado
Vilarinha
Paraiso
Serra de Espinhaço de Cão
Praia da Murração
Murração
Pedralva
268
Praia de Mirouço
Pêro Queimado
Praia da Barriga
Sesmarias
Praia da Cordama
Barão de Sã Miguel
Praia do Castelejo
Ponte de Aspa
Parque da Floresta
125
Torre de Aspa
Vila do Bispo
Raposeira
Budens
Vale de Boi
Nossa Senhora de Guadalupe
Ponta Ruiva
Praia da Ponte Ruiva
Menhire
Barranca
Figueira
Salema
Monte dos Remédios
Hortas do Tabual
Praia da Salema
Rib. da Torre
Vale da Torre de Cima
Zavial
Telheiro
Vale Santo
268
Ponta da Torre
Praia Boca da Rio
Praia da Zavial
Cabo de São Vicente
Beliche
Grutas do Monte Francês
Praia José Vaz
Praia da Ingrina
Praia do Beliche
Botelha
Mareta
Martiobal
Praia da Martinhal
Pousada do Infante
Sagres
Praia do Tonel
Praia da Baleeira
Fortaleza de Sagres
Praia de Mareta
Ponta de Sagres

Romeiras
Romarinho
Foz dos Barrancos
Casinha da Ribeira
Seixo de Cima
Três Figos de Cima
Tojeiro
Ribeira da Torre
Três Figos de Baixo
Brejo da Forca
Ataboal
Ribeira de Odiáxere
Folga
Barranco de Água
Vale da Cerva
Corsino
Peso de Cima
Gordeiro
Ribeiro do Pereiro
Poldra
120
Barragem da Bravura
Pereira
Álamos
Nekropole Alcalar
Corte Pere Jaques
Pincho
Canafechal
Vidigal
Ribeira do Farelo
A22
Feiteira
Cotifo de Cima
Arão
Torre
Pedra Branca
Mexilhoeira Grande
Candeeira
Rib. de Odiáxere
Bensafrim
125
Portimão
Boavista
Odiáxere
Rib. de Bensafrim
A22
Cerro Ruivo
Vale de Lama
Abicada (Vila Romana)
120
Barão de São João
Colégio
Caldeiroa
Palmares
Sargaçal
Torre
Rib. de Almádena
Marateca
Ria de Alvor
Alvor
Monte Judeu
Meia Praia
Portelas
Alto da Cerca
Albaldeira
Praia de Alvor
Praia dos Três Irmãos
Meia Praia
Lagos
Espiche
125
Praia d. Batata
Quinta da Luz
Praia dos Estudiantes
Santo Antonio
Montinhos da Luz
Praia dos Homens
Baía de Lagos
Ameijeira
Praia do Pinhão
Taboeira
Atalaia
Luz
Praia da Dona Ana
Burgau
Alagoas
Praia do Camilo
Ponta da Piedade
Praia da Luz
Praia de Porto de Mós
Praia do Burgau
Praia do Canavial
Praia Grande
Praia Cabanas Velhas
0
50 km
Castro Verde
São Teotónio
Almodôvar
Alcoutim
Aljezur
Monchique
Castro Marim
São Brás de Alportel
Silves
Lagos
Portimão
Albufeira
Olhão
Tavira
Faro
Sagres

Alvor C3

Auf einem Hügel im östlichen Marschland der aus vier Flüssen gebildeten Bucht Baia de Lagos gründeten vermutlich maurische Händler eine Siedlung, die sie Albur nannten. Im Schatten der beiden „Großstädte“ Portimão und Lagos führte das Örtchen (ca. 4850 Einw.) ein beschauliches Dasein, lediglich das Erdbeben von 1755 führte zu weiten Zerstörungen.

Auch die Tatsache, dass Alvor nicht unmittelbar am Meer liegt, trug wesentlich dazu bei, dass ein **pittoreskes traditionelles Ortsbild** erhalten blieb. Unterstrichen wird der malerische Eindruck durch die wenigen, großzügig verteilten Fischer- und Segelboote in der an ein Naturschutzgebiet erinnernden Bucht mit Blick auf das Bergland von Monchique. Nicht umsonst wurde Alvor in Besucherumfragen zum „liebenswertesten Algarvedorf 2002“ gekürt.

Einen Kilometer südöstlich vom Ortskern haben sich küstenseitig bis zum Vorort Prainha entlang des „Paradestrandes“ Três Irmãos touristische Strukturen à la Rocha entwickelt, allerdings noch recht zersiedelt; hier liegen etliche große Hotels und der Alto Golf & Country Club.

Sehenswertes

Ortskern

Die **Dorfkirche** auf dem Hügel oberhalb der Bucht stammt aus dem 16. Jh., allerdings wurden hier drei schlichte maurische Einsiedeleien als Sakristei und Seitenkapellen in die Pfarrkirche integriert – es handelt sich um die einzigen erhaltenen arabischen Kirchenelemente der Algarve. Unter der Decke ist das königliche Wappen von *João II.* (mit Christusritterkreuz) zu sehen, der 1495 in Al-

080al Foto: wl

Westliche Algarve

vor an einem Lungenleiden starb, obgleich er zuvor zu einem Kuraufenthalt in Monchique gewesen war. Links der Kirche (am Pfarrhaus vorbei) führt ein Pfad im linken Halbbogen hinunter zum **Uferpromenadenweg;** dieser bietet schöne Ausblicke über die ruhige Bucht und das Bergland. Sehr hübsch ist auch die Aussicht vom **Klippengarten,** den man über die Rua F. Mendes und de Pombal oder die Treppe am Ufer erreichen kann. Vor allem abends beleben sich die **Altstadtgassen,** zahllose Bars und Restaurants, aber auch Souvenirgeschäfte und kleine Boutiquen scheinen erst nach Sonnenuntergang richtig zu florieren.

Die friedliche Bucht von Alvor

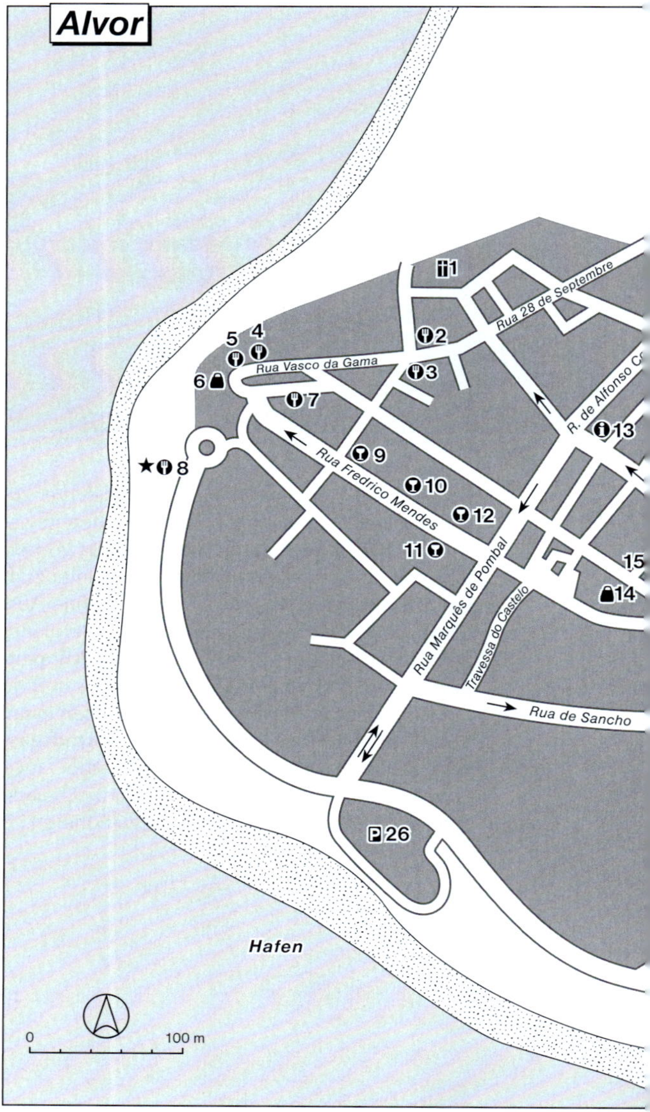
Alvor
1
2
3
4
5
6
7
8
9
10
11
12
13
14
15
26
Rua 28 de Septembre
Rua Vasco da Gama
R. de Alfonso C
Rua Fredrico Mendes
Rua Marquês de Pombal
Travessa do Castelo
Rua de Sancho
Hafen
0
100 m

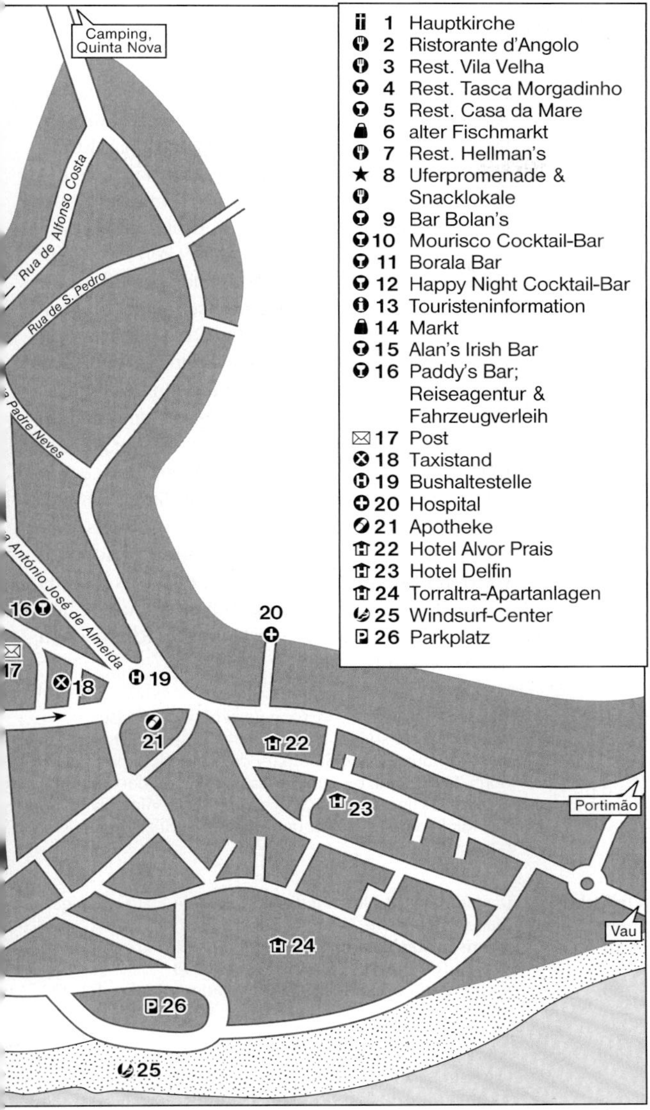
1 Hauptkirche
2 Ristorante d'Angolo
3 Rest. Vila Velha
4 Rest. Tasca Morgadinho
5 Rest. Casa da Mare
6 alter Fischmarkt
7 Rest. Hellman's
8 Uferpromenade & Snacklokale
9 Bar Bolan's
10 Mourisco Cocktail-Bar
11 Borala Bar
12 Happy Night Cocktail-Bar
13 Touristeninformation
14 Markt
15 Alan's Irish Bar
16 Paddy's Bar; Reiseagentur & Fahrzeugverleih
17 Post
18 Taxistand
19 Bushaltestelle
20 Hospital
21 Apotheke
22 Hotel Alvor Prais
23 Hotel Delfin
24 Torraltra-Apartanlagen
25 Windsurf-Center
26 Parkplatz
Camping, Quinta Nova
Rua de Alfonso Costa
Rua de S. Pedro
Padre Neves
António José de Almeida
Portimão
Vau

Os Praias

Nicht unmittelbar am Ort, sondern ca. 1,5 Kilometer südöstlich, getrennt durch die Landzunge zwischen Bucht und Meer, erstreckt sich ein über mehrere Kilometer von der Mündung des Rio de Alvor bis zur Siedlung Prainha (bei sehr niedrigem Wasser sogar bis Alemãos, ↗Portimão) ein **durchgehender Strand.** Mehrere Strandrestaurants mit leckeren Fischgerichten haben sich etabliert; ausreichend Parkmöglichkeiten sind überall vorhanden. Hinter dem Sandgürtel erstrecken sich weite Dünenfelder, das Westende ist nur zu Fuß zu erreichen (und entsprechend menschenleer und unbewacht), wohingegen an der Ostseite Tretbootverleih und Windsurfen angeboten werden. Das Wasser ist schon in Ufernähe verhältnismäßig tief, die **Strömung** teilweise stark bei oft unangenehmen Winden. Zur westlichen Meeresseite gelangt man zu Fuß entlang der Uferpromenade (ca. ein Kilometer), per PKW über die Uferstraße Richtung Rocha (mehrere Zufahrten bei den Hotels, nur teilweise beschildert). Die einzelnen Abschnitte werden **Praia do Prainha, Praia dos Três Irmãos** („Drei Brüder") und **Praia do Alvor** genannt, ohne dass aber ein augenfälliger Unterschied zwischen ihnen bestünde.

An- und Weiterreise

- **Bus:** 6-mal täglich von/nach Portimão (am Kreisel)
- **Selbstfahrer** sollten am Kreisverkehr (zentraler Straßenverteiler) am kleinen Stadtpark die Almeida (heißt weiter oben 25 de Abril) bis zur Pombal fahren und dort links hinunter; am Ufer parken. Zwischen der Ecke Almeida/Pombal, Kirche und Ufer liegt der Altortkern mit zahllosen Restaurants.

Unterkunft

Im Altort selbst bieten lediglich folgende Häuser einigermaßen preiswerte Zimmer:

- **Pensão Residência São Roque** €€€, Rua das Oliveiras 41–43, Tel. 282 415 865, Fax 282 416 948
- **Albergaria Bugainvilla** €€€, Rua Padre Mendes, Tel. 282 459 412

Nördlich des Zentrums Richtung Sportflugplatz, an der Zufahrtsstraße zur N-125, liegen folgende Unterkünfte:

- **Campingplatz Campismo da Dourada,** Tel. 282 459 178

●Im Vorort Montes de Alvor liegt das **Aparthotel Jardim do Alvor** €€€, Tel. 282 458 022, Fax 282 458 024, alvor-jardim@net.sapo.pt sowie die **Pensão Alvor Bela Vista** €€, Estrada dos Montes de Alvor, Tel. 282 458 001, Fax 282 458 939.
●Unmittelbar an der N-125 Richtung Lagos schließlich bietet das **Golfhotel Hotel Lê Meridien** €€€€€, Penina, Tel. 282 415 415, Fax 282 415 000, http://rentalo.com/64648/lemeridienpenina.html, komfortable Zimmer.

Der touristische Wohnbereich mit unmittelbarem Strandzugang an den Hotels und Apartmentanlagen der Mittel- bis Oberklasse liegt ca. zwei Kilometer südöstlich von Alvor bis Prainha.
●**Hotel Alvor Praia** €€€€€, Praia dos Três Irmãos, Tel. 282 458 900, Fax 282 458 999, www.pestana.com
●**Hotel Delfin,** Praia dos Três Irmãos €€€€, Tel. 282 458 901, Fax 282 458 970, www.pestana.com
●**Hotel Apartamento Torralta** €€€, Torre C, Tel. 282 459 211, Fax 282 459 171
●**Aldeamento Turístico da Praínha** €€€, Praia dos Três Irmãos, Tel. 282 458 951, Fax 282 458 950, www.prainha.net

Essen und Trinken/ Nachtleben

●Ein zentraler **Alisuper** am „Hauptkreisel", die **Markthalle** (Largo de Castelo) sowie der Fischmarkt (am Ufer nahe der Kirche, Mo–Sa 8.30–13 Uhr) bieten die besten Einkaufsmöglichkeiten.
●Die Anzahl der Restaurants und Bars scheint angesichts der Größe des Ortes inflationär, wobei vor allem die Rua F. Mendes „albufeirisch" wirkt. Deshalb an dieser Stelle nur eine kleine Auswahl:
●Sehr schön sitzt man auf der Dachterrasse des nicht billigen, aber ausgezeichneten **Vila Velha** in der Rua Vasco da Gama.
●Preiswerte Pizzen bietet **L'Angolo** gegenüber (auch zum Mitnehmen, unter Tel. 282 458 369 vorbestellen).
●Fischfeinschmecker empfehlen das unauffällige **Hellman's** (Rua F. Mendes/Ecke Vasco Da Gama, Tel. 282 458 208), für landestypische Gerichte oder von den zahlreichen Fischlokalen am alten Fischmarkt das **Casa da Mare** (Suppe 2–3 €, Fleischspieß 10 €, Fischplatten ab 30 €/kg, Muscheln 13 €/Pers.). Einheimische bevorzugen die schlichte, alte und entsprechend preisgünstigere **Tasca Morgadinho** mit sehr einfachem Ambiente, aber ebenfalls guten Fischgerichten.
●Zahlreiche **Snackbars** für Kleinigkeiten finden sich entlang der Uferpromenade.
●Für einen gepflegten Cocktail oder auf ein Bier empfiehlt sich **Mouriscos** (Rua F. Mendes) im nordafrikanisch-maurischen Stil oder eine der zahlreichen irischen Bars, etwa

Alan's am Marktplatz oder **Bolan's Bar** mit gelegentlicher Livemusik (Rua F.R. Mendez).

- Während in der **Borola-Bar** gemischtes Publikum (mittlere Altersgruppe) verkehrt, zieht es die Jugend mehr in die **Happy Night Cocktail Bar.** Als eine der zahlreichen irischen Kneipen hat sich in Alvor u. a. **Paddy's Bar** seit vielen Jahren etabliert.

Nützliches

- **Touristeninformation:** Rua Almeida/Ecke Costa, Tel. 282 457 523, Di–Fr 9.30–13 und 16.30–19 Uhr
- **Hospital:** Estrada do Alvor (hässlicher Torbogen, dahinter links), Tel. 282 420 400
- **Windsurf-Center:** unterhalb der Torraltra-Towers am Strand, Tel. 282 458 033
- **Agenturen:** mehrere Büros für Fahrzeugverleih, Ausflüge, Tickets usw. liegen in der Rua F. Mendes (Nr. 16 Ria Informa, Nr. 8 Car Travel); die Agencia de Viagens hat ihren Sitz in der Rua de Almeida gegenüber vom „Hauptkreisel".
- **Rundflüge:** Sky-Zone, Tel. 282 495 926, Fax 282 495 951, bietet Rundflüge, Foto-Trips sowie Kurzstreckentransporte ab Sportflugplatz Alvor.

Lagos B/C3

Für viele ist Lagos (12.300 Einw.) die schönste Stadt der Algarve, vielleicht, weil sie in ihrer Vielseitigkeit eine gelungene Synthese zwischen traditionellem Leben und moderner Entwicklung darstellt.

Lagos ist heute eines der **logistischen Zentren** im Südwesten; die Bahnlinie nach Vila Real nimmt hier ihren Anfang, ebenso zahlreiche Busverbindungen nach Norden (Lissabon) und Osten (Spanien). Die große moderne Marina, eine attraktive, weil unauffällige touristische Infrastruktur, mehrere Strände in Laufweite und nicht zuletzt die Geschichte der Stadt üben eine einzigartige Anziehungskraft auf jeden Besucher aus. Der Unterschied etwa zu Faro oder Albufeira steckt in Details; es mögen die Straßenmusikanten sein, der angenehm weite Blick über Strände und Meer,

081al Foto: wl

oder aber die kleinstädtische Geschäftigkeit, die der Stadt eine Attraktivität verleihen, die an der Algarve ihresgleichen suchen.

Geschichte

In der vermutlich schon seit dem Neolithikum besiedelten Gegend gründeten keltoiberische Einwanderer die Hafenstadt **Lacobriga,** die auch für Phönizier, Griechen und Karthager den wichtigsten Handelsplatz im äußersten Südwesten der Iberischen Halbinsel darstellte. Dämme und Brücken schlossen die Stadt unter den Römern um 150 n. Chr. an das Wegenetz auf dem Festland an, wodurch die Bedeutung als Warenumschlagplatz stieg. Es blieb den Mauren vorbehalten, ihre moderne Landwirtschaft ins unbewohnte Umland zu bringen – noch heute sieht man vor allem westlich der Stadt für die Region untypisch viele und großflächige Kornfelder.

Quirlig-beschauliches Zentrum von Lagos

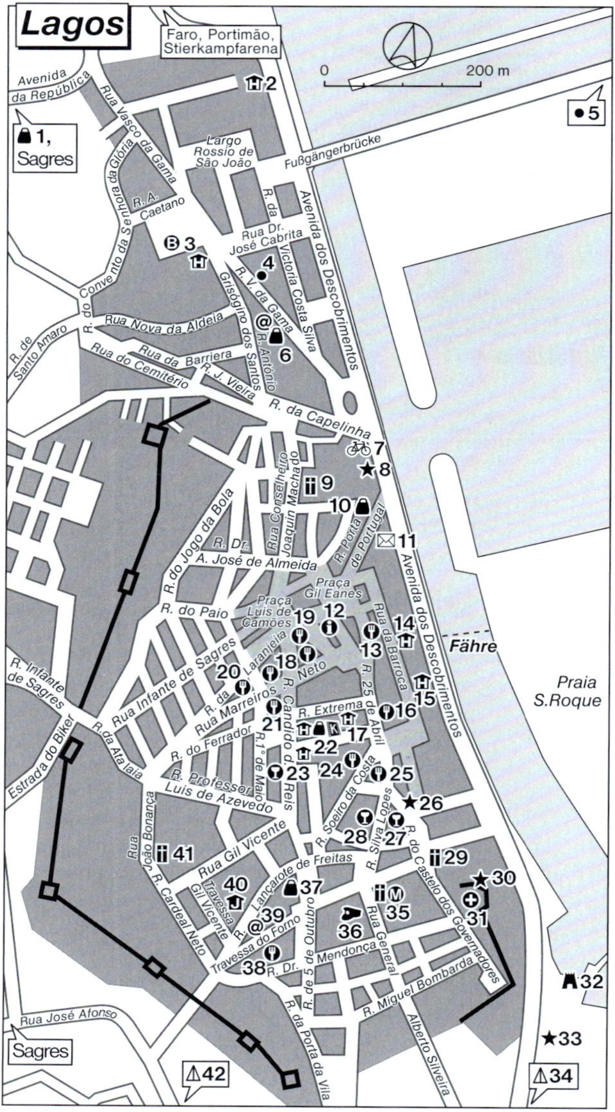
Lagos
Faro, Portimão, Stierkampfarena
0
200 m
Avenida da República
Rua Vasco da Gama
1, Sagres
2
5
Largo Rossio de São João
Fußgängerbrücke
R. da Nossa Senhora da Glória
R. A. Caetano
R. da Victoria Costa Silva
Avenida dos Descobrimentos
Rua Dr. José Cabrita
3
4
R. V. da Gama
R. do Convento da Senhora da Glória
Rua Nova da Aldeia
Grisógino dos Santos
R. António
6
R. de Santo Amaro
Rua do Cemitério
Rua da Barriera
R. J. Vieira
R. da Capelinha
7
8
9
10
Rua Conselheiro Joaquim Machado
R. do Jogo da Bola
R. Dr. A. José de Almeida
R. Porta de Portugal
11
Praça Gil Eanes
R. do Paio
Praça Luis de Camões
19
12
14
13
Rua da Barroca
Fähre
R. Infante de Sagres
Rua Infante de Sagres
R. da Laranjeira
18
20
Neto
R. 25 de Abril
15
Praia S.Roque
Rua Marreiros
R. Candido d. Reis
R. Extrema
16
21
17
R. do Ferrador
R. 1° de Maio
22
Estrada do Biker
R. da Atalaia
23
24
25
R. Professor Luis de Azevedo
R. Soeiro da Costa
26
R. Silva Lopes
28
27
Rua João Bonança
41
Rua Gil Vicente
R. Lançarote de Freitas
R. do Castelo dos Governadores
29
30
40
37
Travessa Gil Vicente
R. Cardeal Neto
35
31
39
Rua General Alberto Silveira
Travessa do Forno
R. de 5 de Outubro
36
R. Dr. Mendonça
38
R. Miguel Bombarda
32
R. da Porta da Vila
33
Rua José Afonso
Sagres
42
34

- 1 Intermarché
- 2 Hotel-Pensão Marina Rio
- 3 Busbahnhof
- Hotel Lagos
- 4 Marina Fahrzeugverleih
- 5 Marina-Zentrum & Hbf
- @ 6 Internetcafe, Supermarkt
- 7 Fahrrad- und Scooterverleih
- ★ 8 Markthallen
- 9 Igreja São Sebastião
- 10 Supermarkt
- 11 Post
- 12 Touristeninformation
- 13 Rest. Pouso do Infante
- 14 Pensão Marazul
- 15 Pensão Rubi Mar
- 16 Rest. O Castelo
- 17 Pensão Caravela
- 18 Bom Garfo Snacks, Rest. Artistos
- 19 Rest. Cavalheiros
- 20 Fools & Horses Snackbar
- 21 Rest. O Galeão
- 22 Hotel Riomar, Pensão Cidade Velha und Lagosshopping/Kino
- 23 Mullen's Bar
- 24 Rest. O Cantinho
- 25 Rest. Jota 13
- ★ 26 ehem. Sklavenmarkt & Infante-Denkmal
- 27 Bar Bom Vivant
- 28 Zansi-Bar & Stone's Bar
- 29 Santa Maria da Misericórdia
- ★ 30 Stadtwappen und Eanes-Denkmal
- 31 Krankenhaus
- 32 Festung Ponta da Bandeira
- ★ 33 São Goncalves Denkmal
- 34 Strände & Camping
- 35 Igreja Santo Antonio & Museum
- 36 Polizei
- 37 deutsche Bäckerei
- 38 Restaurant A Lanterna
- @ 39 Internet-Snackbar
- 40 Pousada da Juventude (JH)
- 41 Nossa Senhora do Carmo
- 42 Camping

Als die Stadt im 13. Jh. unter *Afonso III.* erobert wurde, erhielt sie den Namen Lagos („See") und wurde mit den heute noch teilweise sichtbaren Stadtmauern geschützt. Der entscheidende Aufschwung kam im 15. Jh. mit **Dom Infante Henrique,** der 1419 Gouverneur der Algarve und zudem 1420 Großmeister des Ordem de Christo (↗Geschichte) wurde. Die Nähe seiner **Seefahrerakademie** in ↗Sagres bedeutete für Lagos, dass der Schiffbau boomte und viele Entdeckungsfahrten (z. B. die von *Gil Eanes)* in der Stadt begannen und endeten, was völlig neue „Produkte" wie afrikanische Sklaven, amerikanische Feldfrüchte und fernöstliche Gewürze über Lagos nach Portugal brachte.

Die gestiegene Bedeutung der Stadt zeigte sich zwar in der Ernennung zur **Hauptstadt der Algarve**

(1577), doch kann diese Anerkennung nicht über den damals schon einsetzenden Niedergang hinwegtäuschen. Längst war ↗Lissabon-Belém der zentrale Hafen des Imperiums geworden, und für Lagos blieben nur „Krumen" – wie etwa die Eroberungsfahrt des *Dom Sebastião* (1578) nach Nordafrika; dieser überlebte die Schlacht bei Alcácer nicht, was die 60 Jahre andauernde spanische Fremdherrschaft auslöste.

Nach dem Erdbeben 1755 ging die Krone der Provinzhauptstadt an Faro (1756); Lagos wurde zum Handels- und Fischerstädtchen, dessen wirtschaftliche Bedeutung erst wieder mit dem **Tourismusboom** des späten 20. Jh. wuchs.

Sehenswertes

Uferpromenade

Einen ersten Eindruck von der Stadt gewinnt man an der großen, palmengesäumten Prachtstraße **Avenida dos Descobrimentos** („Boulevard der Entdeckungen") mit der großzügigen Fußgängerpromenade. Emsige Fischer bieten Angel- und Grottenausflüge aller Art an, während die Ausfahrt der Kleinboote aus der Marina im Hintergrund ein wenig an den Auszug einstiger Entdecker erinnert. Von der Promenade nicht wegzudenken sind die aus Angola stammenden **Nathis-Zwillinge.** Sie musizieren als echte Vollprofi-Straßenmusikanten täglich seit 40 Jahren in Lagos (s. Bild im Anhang).

Praça Gil Eanes/ Praça Luis de Camões

Der nach dem hiesigen Entdecker *Gil Eanes* benannte Platz hat sich zum **Ortskern** entwickelt, an dem quirlige fliegende Händler ihre Waren feilbieten, Touristen in einem der zahlreichen Cafés verschnaufen und Rentner über die neuesten Fußballereignisse debattieren. Der alte Prachtbau neben dem Telekommunikations- und Postzentrum stammt aus dem späten 18. Jh.; er dient heute als **Rathaus.** Die moderne **Skulptur** in der Mitte des Platzes stellt *Dom Sebastião* dar, jenen auf dem Afrikafeldzug von 1578 verstorbenen Regenten, dessen Tod die Schmach der bis heute nicht vergessenen spanischen Fremdherrschaft auslöste. An den Praça Gil Eanes, dessen Nachfahr übrigens als General an der Nelkenrevolution (⇗Geschichte) beteiligt war, schließt sich ein zweiter, kleinerer Platz an, der nach dem großen portugiesischen **Dichter** *Luís de Camões* (⇗Lissabon) benannt ist. An und in den Gassen um diese beiden Plätze liegen Dutzende von Restaurants und Cafés, Souvenirgeschäfte und Boutiquen. Unter dem Strich wird man beim Bummeln rasch feststellen, dass Lagos spürbar preiswerter ist als viele andere vergleichbare Orte der Algarve.

São Sebastião

Die **Sebastião-Kirche** liegt auf einem Hügel am Rande der Altstadt; sie wurde im 14. Jh. vermutlich auf den Resten einer maurischen Moschee errichtet. Nachdem der Bau durch das Erdbeben von 1755 erhebliche Schäden erlitten hatte, wurden größere Restaurierungsarbeiten an der dreischiffigen Kirche vorgenommen; heute erinnert lediglich das Renaissanceportal noch an den ursprünglichen Bau. Wichtigstes Sakralutensil ist ein schlichtes Holzkreuz, welches der Überlieferung zufolge die (verlorene) Schlacht von Alcácer begleitete und im Gedenken an den unseligen *Dom Sebastião* in der Kirche aufbewahrt wird. Der mächtige **Glockenturm** kann besichtigt werden; die emsige Kirchendienerin beeilt sich, Besucher auf den Kartenverkauf hinzuweisen (50 Cent).

Praça Infante Henrique

Die ehemalige Praça da República ist seit der Errichtung des Henrique-Denkmals anlässlich seines 500. Todestages im Jahre 1960 nur noch als Praça Dom Infante Henrique bekannt. Während auf dem einstigen Sklavenmarkt schon im 15. Jh. die ersten Afrikaner verkauft wurden, ist der Platz heute auf angenehmere Weise multikulturell: Nun spielen hier herumreisende Musikanten (oft Südamerikaner), und fliegende Händler werben für ihre Beinkleider und Tuchwaren.

Igreja Sta. Maria da Misericórdia

An der Südseite des Praça Infante Henrique liegt die Marienkirche. Sie stammt aus dem 15. Jh. und diente zunächst als **Bestattungskirche** für den Infanten; nach dem Erdbeben wurde *Henrique* nach Bathala umgebettet, die Kirche selbst neu aufgebaut. Ein besonderer Effekt entsteht durch das auf das Hauptaltarkreuz einfallende Licht. Ein an der Algarve seltenes Bild sind die Bettler vor der Kirche.

Igreja de Santo António und Museu Municipal

Die neben São Lourenço in ⇗Almansil wohl **schönste Algarvekirche** entstand als Regimentskapelle der in Lagos stationierten Truppen um 1730. Vom Erdbeben leicht beschädigt, wurde sie 1769 auf Betreiben des örtlichen Infanterieregimentes restauriert, und das **Titulargemälde** des heiligen *Antonius* war den Soldaten so wichtig, dass es (das Bild!) einen eigenen Generalssold erhielt. Der Barockbau mit zwei unterschiedlichen Glockentürmen zeichnet sich im Inneren durch den reichhaltigen Schmuck des Hauptaltars und der Seitenwände mit vergoldeten Schnitzereien aus, flankiert von naturalistischen Bilddarstellungen aus dem Alltagsleben (Schlachttag, Fischerei usw.). Dieser vergoldete Zierrat prägte den portugiesischen Barock; er wurde unter der Bezeichnung **Talha Dourada** („Goldschnitt") bekannt. Bei einem Blick auf die Holzdecke unterliegt man der Illusion eines Gewölbes, die perspektivische Malerei ist einem Kloster nachempfunden. Zahlreiche prächtige Gemälde zeigen Szenen aus den Heiligenlegenden des *Antonius, Joseph* und *Eligius.*

Leider ist die Kirche nur im Verbund mit dem angeschlossenen **Städtischen Museum** zu besichtigen. Dieses beherbergt eine interessante historische Sammlung von frühen und jüngeren Funden aus dem Raum Lagos. Steinzeitliche, römische und arabische Relikte sind ebenso zu sehen wie Kunst- und Alltagsgegenstände aus dem 20. Jh.

- Geöffnet Di–So 9.30–12.30 und 14–17 Uhr, Eintritt 2 €

Forte da Ponta da Bandeira

Natürlich musste auch die Flussmündung des Ribeira de Bensafrim standesgemäß geschützt werden. So entstand das Forte da Ponta da Bandeira zum Schutz der Hafeneinfahrt im 17. Jh. Auf dem Platz vor der Festung thront der städtische Schutzpatron *São Bartolomeu* über der Hafeneinfahrt; darunter liegen die ersten örtlichen Badestrände.

- Besichtigung möglich Di–So von 9–12.30 und 14–17 Uhr, Eintritt 1,85 €

Strände

Lagos erscheint vielen Besuchern als die angenehmste Stadt – nicht zuletzt auch wegen der vielen zu Fuß erreichbaren Bademöglichkeiten. Abgesehen vom weitläufigen ↗Meia Praia auf der Ostseite liegen etliche weitere Strände in der Umgebung.

Praia da Batata

Unmittelbar neben der Festung Ponta da Bandeira prägen knollige Felsformationen den Praia da Batata (er heißt denn auch „Kartoffelstrand"); er liegt am Fuße der Innenstadt, dafür aber stehen Autofahrern nur wenige Parkplätze zur Verfügung. Das Wasser ist seicht und klar, der Strand selbst wird weder bewacht noch bewirtschaftet.

Praia dos Estudantes

Nebenan liegt ein ähnlicher Strandabschnitt, genannt Praia dos Estudantes („Studentenstrand"). Tatsächlich trifft man hier vor allem auf mitteleuropäisches Publikum jüngeren und mittleren Alters. Über Felsgänge gelangt man zu den benachbarten Strandabschnitten, von der Hauptstraße führt eine lange, schmale Treppe hinab.

Praia dos Homens

Ein Stück höher zweigt an der Descobrimentos, gegenüber der Feuerwehr, eine asphaltierte Sackgasse ab. Folgt man dieser bis zum Ende, erreicht man den Abstieg zum mäßigen (da teils recht felsigen) Praia dos Homens.

Praia do Pinhão

Dem Weg oben noch 150 Meter weiter folgend, gelangt man an einen trotz seiner Nähe zur Stadt einsamen Strand – Praia do Pinhão (also „Pinienstrand“, obgleich es keine Bäume gibt, aber dafür viel Felsschatten). Das grün-blaue Wasser ist hier extrem klar, der teils felsige Grund daher ideal für Schnorchler – Schwimmer bevorzugen die Sandstrände.

Praia Dona Ana

Von der Feuerwehr noch 100 Meter weiter folgt eine Ampelkreuzung, hier nach links der Strandbeschilderung folgen. Der größte innerstädtische Strand ist der sehr touristische Praia Dona Ana, der sich vor einer dichten Bebauung von Apartmentkomplexen und Hotelanlagen erstreckt. Geschäfte, ein Restaurant, Bar, Süßwasserduschen, Sonnenschirme und Liegen sowie kleine Ausflugsboote zu den umliegenden Grotten gehören zum Angebot.

Praia do Camilo

Außerhalb der Besiedlung, auf der Landzunge zum Leuchtturm Ponta de Piedade, liegt der feine Praia do Camilo; man erreicht ihn über eine lange Treppe. Kleine Tunnel in den Felsen führen zu den Nachbarbuchten. Die Klippen bieten eine tolle Aussicht bis zum Praia da Rocha (⇗Portimão).

Praia Grande

Beim Leuchtturm der Landspitze Ponta da Piedade schließt sich der Praia Grande an, der etwas unruhig wirkt, sowohl wegen der heftigen Wellen als auch wegen der zahlreichen Bootsbesucher. Trampelpfade führen hinunter, eine Snackbar bietet Erfrischungen.

082al Foto: wl

Praia do Canavial/ Praia Porto de Mós

Noch etwas entfernter vom Ort (westlich vom Kap Ponte da Piedade, Abfahrt wie Praia Dona Ana) liegen Praia do Canavial sowie Praia Porto de Mós, südwestlich der Innenstadt. Letzterer liegt in einer großen Sandbucht mit Bewirtschaftung durch zwei Restaurants; hier werden momentan viele Apartmentanlagen gebaut.

Praktische Tipps

Orientierung

- Lagos liegt am Westufer des Ribeira de Bensafrim, auf der Ostseite entstanden u. a. die neue Marina und der Bahnhof; beide Ortsteile sind mit einer Fußgänger-Hebebrücke (Segelboote) verbunden. **Bahn- und Busreisende** können bequem in wenigen Minuten zu Fuß ins Zentrum gehen, **Selbstfahrer** parken entweder außerhalb entlang der Stadtmauer (kostenlos), im Bereich Hauptbahnhof/Marina (kostenlos) oder an der Uferpromenade (Parkschein, außer gegenüber vom Forte Bandeira). Das absolute Zentrum (Fußgängerzone) liegt rund um den „Doppelplatz" Gil Eanes/Luis de Camões bis zum Praça Infante Henrique.

An- und Weiterreise

- **Bus:** Nahverkehrsbus (7–8-mal täglich) zu den Weststränden Luz, Burgau und Salema; Überlandbusse nach Sagres (10-mal täglich) und Aljezur (4–5-mal täglich); Expressbusse nach Lissabon (8–10-mal täglich), Portimão

(19-mal täglich), Faro (10-mal täglich). Preisbeispiel: Lissabon 15 €/einfache Fahrt.

- **Stadtbus:** Nr. 12 pendelt zwischen Zentrum und den westlichen Abschnitten des ⇗Meia Praia.
- **Bahn:** Am „Westend" der Algarve starten täglich 13 Züge von 6.06–22.45 Uhr nach Tunes (Umstieg nach Lissabon) bzw. Faro.
- **Stadtbahn:** Eine Touristenbahn fährt von der Marina (Haltestelle an der Brücke) über die Av. dos Descobrimentos und den Praça D. Ana bis zum Ponta da Piedade und zurück (10–19, im Winter bis 16 Uhr, 1 €).

Unterkunft

Lagos bietet ein zentrumsnahes Unterkunftsangebot aller Preisklassen:

- **Hotel Golfinho** €€€€, Praia da Dona Ana, Tel. 282 769 900, Fax 282 769 999, www.hotelgolfinho.com
- **Hotel Lagos** €€€€, Rua Nova da Aldeia, Tel. 282 769 967, Fax 282 769 920
- **Pensão Sol a Sol** €€€€, Rua Lançarote de Freitas 22, Tel. 282 761 290, Fax 282 761 955
- **Pensão Riomar** €€€, Rua Cândido dos Reis 83, Tel. 282 763 091, Fax 282 763 927
- **Albergaria Marina Rio** €€€, Av. dos Descobrimentos, Tel. 282 769 859, Fax 282 769 960, www.marinario.com
- **Pensão Marazul** €€€, Tel. 282 769 143, Fax 282 769 960
- **Pensão Cidade Velha** €€€, Rua Dr. Joaquim Tello 7, Tel. 282 762 041, Fax 282 761 955
- **Apartments Marvela** €€€, Travessa Rossio da Trindade (Zugang zum Praia do Pinhão), kleines Haus, toller Blick
- **Apartamentos Turísticos Via Dori Ana** €€€, Torraltinha, Tel./Fax 282 767 777, lunahoteis@mail.telepac.pt. Weit rückwärtig im Neubaugebiet an der Straße Richtung Porta de Mós
- **Hotel Marina de São Roque** €€, Estrada da Meia Praia, Tel. 282 770 220, Fax 282 770 229
- **Pensão Caravela** €€, Rua 25 de Abril 14–16, Tel. 282 763 361
- **Pensão Rubi Mar** €€, Rua da Barroca 70, Tel. 282 763 165, Fax 767 149
- **Jugendherberge** €, Rua Lancarote Freitas 50, Tel. 282 761 970, Bett ab 13 €, DZ ab 30 €
- **Camping:** Der angenehm schattige Campingplatz **Rossio da Trindade** € (Zufahrt via Ampelkreuzung an der Feuerwehr) liegt in Gehnähe zum Zentrum; Tel. 282 763 893.

Essen und Trinken

- **Supermärkte:** Pingo Doce am Marina-Kreisverkehr; Intermarché in der Av. da Republica („Sagres, Luz"); großer Minimarkt in der Rua Portas de Portugal (am Eanes-Platz). Eine deutsche Bäckerei bietet in der Travessa do Catovelo (Travessa do Forno/Ecke 5 de Outubro) Brote und Torten;

Bäcker und Metzgerei liegen auch in der Rua Marreiros Neto (nahe Camões).

● Zahllose Cafés und Snackbars bieten in der Fußgängerzone etwas für den kleinen Hunger, Kinder bevorzugen meist die **Burger Ranch** in der Rua Leitão (am Eanes-Platz).

● In der Rua Marreiros Neto bietet **Bom Garfo** warme Kleinigkeiten zum Mitnehmen.

● Die Spezialität des preiswerten **Restaurante Cavalheiros** am Praça Camões ist das feurige *frango piri-piri.*

● In der Rua Soeiro da Costo/Ecke 25 de Abril liegt etwas versteckt das ansprechende **O Cantinho** (mittlere Preisklasse).

● Für Fischgerichte lohnt sich **O Castelo** in der Rua 25 de Abril. Die Muschelcataplana (11,50 €) ist ebenso zu empfehlen wie der Tintenfisch andalusisch (6 €).

● Im mittleren Preissegment empfiehlt sich das **„Jota 13"** (Rua 25 do Abril, Tel. 282 437 729) mit leckeren Fleisch- (18 €/2 Pers.) und Fischplatten (inkl. Getränk 8 €/Pers.).

● Neu und dabei gar nicht einmal so teuer ist das **Artistos,** Rua Candido dos Reis 68 (Tel. 282 760 659, geöffnet tgl. außer So 12–14 und 18–24 Uhr) mit landestypischen wie internationalen Spezialitäten in sehr stilvollem Ambiente.

● Interessante portugiesisch-französische Küche (Seezunge in Champagnersauce, gefüllte Truthahnroulade) bietet das traditionsreiche **Pouso do Infante** nahe dem Rathaus in der Rua Afonso de Almeida.

● Am oberen Ende der Preisskala empfiehlt sich das **O Galeão** (ruhig in einer kleinen Gasse in der Travessa 1° Maio gelegen, nahe Ecke Rua Marreiros Neto) mit exzellenter, wenngleich nicht ganz billiger Küche.

Freizeit

● **Marina:** Die moderne Marina dient gleichzeitig als eine Art Freizeitanlage mit Pizza Hut, Geschäften, Autoverleih, Internet-Café und der Generalagentur Bom Dia, einem Gesamtanbieter für verschiedenste Aktivitäten (Reiten, Tauchen, Mountainbiking, Parasailing, Jeep-Safaris und vieles mehr); Tel. 282 764 670 oder 91 781 761, Fax 282 282 764 672, bomdia_cruises@ip.pt.

● **Stierkampf:** Die Arena liegt unübersehbar am Kreisel an der Brücke nach Portimão; Kämpfe finden jeden Samstag statt (Karten an der Abendkasse oder über die Agenturen).

● **Ausflüge:** Man kann sich der Anbieter von Grotten-, Schnorchel- und Angeltouren rund um die Marina kaum erwehren; die Angebote ähneln sich und kosten ca 10 € für die Grottentour und bis zu 40 € für einen halben Tag Hochseeangeln (als Zuschauer 30 €).

● **Motordrachen:** Das Algarve Airsports Centre des Engländers *Gerry Breen,* am Sportflugplatz Lagos (N-125 Richtung Odiáxere, Tel./Fax 282 762 906, fly@gerry breen.com), bietet Kurse und Rundflüge im Motordrachen entlang der Weststrände – keine Angst, *Gerry* hat für National Geographics schon in Venezuela und in der Arktis seine Kreise am Himmel gezogen.

- **Internet-Snackbars:** Derzeit schießen Snackbars mit Internet-Anschluss (Cyber-Cafés) wie Pilze aus dem Boden. Am einfachsten zu finden sind die **Internet-Snackbar** (Travessa do Forno) und die **Laguna Bar** (beim Kulturzentrum); des Weiteren gibt es noch die **Snackbar Império do Mar,** Rua Cândido dos Reis 117 (beim Kino) und das **IB-Internet Centre,** Rua Vasco da Gama (hinter dem Busbahnhof) sowie das Internetcafé **internet@visao.net** in der Rua V. da Gama neben dem Supermarkt.

Nachtleben

Auch für einen abendlichen Kneipenbummel kann Lagos durchaus empfohlen werden.

- In der Silva Lopez (nahe Henrique) liegen das bei jugendlichem Publikum beliebte **Stone's** und die englische **Zansi-Bar.**
- Wenige Meter weiter, in der 25 de Abril, liegt die derzeitige In-Kneipe **Bom Vivant.**
- Wer britische Stimmung erleben möchte, sollte das **Fools and Horses** (Rua M. Neto/Ecke 1° Maio) besuchen.
- Legendär und unbedingt einen Drink wert ist auch **Mullen's Bar** (schräg gegenüber vom Hotel Rio Mar) in der Cândido dos Reis.

Tauchen

- **Blue Ocean Diving,** Rua Sta Casa da Misericordia (Richtung Praia do Mós, im Motel Ancora), Tel. 964 048 002, Fax 282 782 718, www.blue-ocean-divers.de, arrangieren auch Kajak-Touren.
- Vorab organisierte Touren bieten die Blue Ocean Divers an über **Poseidon Diving Tours,** Classensteig 21, 22391 Hamburg, Tel. 040 536 6091, Fax 536 3745.
- In der Rua da Gafaria (nahe Postfiliale) hat mit **Dive Time** die erste 5-Star-Basis (PADI) eröffnet, Tel. 282 082 866, www.dive-time.net/portugal/en; der Schnuppertauchgang kostet 10 €.
- **Centro Desportivo do Mar – Sea Sports Centre,** am Fischerhafen/„Ticket-Point", Tel./Fax 282 789 538
- **Espadarte do Sul,** Doca Pesca – Armazém 4, Tel. 282 761 820, Fax 282 761 820
- **Subaquáticos,** Vale da Amoreira 332-A r/c

Nützliches

- **Touristeninformation:** Rua Vasco da Gama (nördl. Ende am Kreisverkehr), Mo–Fr 9.30–12.30 und 14–17.30 Uhr geöffnet (Juli/August auch Sa/So), Tel. 282 763 031 sowie eine Filiale in der Rua Lima Veitaro (am Camoes Platz), die von Mai bis September Mo–Fr 10–18 Uhr und Sa 10–14 Uhr geöffnet hat.

• Agenturen: Bom Dia an der Marina bietet alles, was das Herz begehrt.
• Fahrzeugverleih: Motoride, Rua José Afonso 23, Tel. 282 761 720, bietet Scooter und Mopeds (werden kostenlos zur Unterkunft gebracht). Luzcar, Largo Portas de Portugal 10, Tel. 282 761 016, Fax 282 767 725, hat sehr günstige Mietwagen; alternativ sei auf die Verleihfirma Marina in der Vasco da Gama (Busbahnhof Richtung Zentrum), Tel. 282 764 789, oder Bom Dia (an der Marina) verwiesen. Fahrräder und Scooter bietet die kleine Verleihstelle in der Rua de Portugal/Ecke Rua de Capelina.
• Post: Praça Gil Eanes ; Filiale in der Rua T. Gomez (Klinikkreuzung, dort rechts)
• Hospital: Immer die Uferpromenade Av. dos Descobrimentos entlang, vorbei an der Feuerwehr und der Abzweigung zum Praia Dona Ana, an der nächsten Kreuzung linker Hand, Tel. 282 760 181, deutschsprachig, hier arbeiten auch Zahnärzte.
• Polizei: Rua General Silveira (gegenüber Kirche Santo António), Tel. 282 762 809
• Einkaufen: Viele kleinere Fachgeschäfte, Boutiquen und Andenkenhändler findet man zwangsläufig entlang den Hauptstraßen. Lagosshopping (neben der Hotel-Pension Riomar) in der Rua Candidos dos Reis bietet eine kleine Kaufhalle u. a. mit Fotoshop, EC-Automat, Bücher/Zeitschriftenhandel sowie das Kino „Cinama de Laghos".

Sehr interessant ist auch ein Streifzug durch den alten Markt (Frischfisch, Gewürze, Obst, Gemüse), der jüngst umfassend renoviert und mit einer Aussichtsplattform auf dem Dach ausgestattet wurde.
• Fähre: Im Sommer fährt eine kleine Personenfähre vom Kanalende der Marina zur gegenüber liegenden Kanalseite (Praia S. Roque).

Westliche Algarve

Umgebung von Lagos

Mexilhoeira Grande und Odiáxere

Mexilhoeira Grande (ca. 350 Einw.) und das Dörfchen Odiáxere (ca. 600 Einw.) an der N-125 werden kaum einen Reisenden zum Tritt auf die Bremse anregen – oder eben doch! Mehrere nicht aufeinander abgestimmte **Ampelanlagen** in Odiáxere blockieren die N-125 regelmäßig zum Ärgernis aller Kraftfahrer. Dennoch muss man sich zu den unten aufgeführten Sehenswürdigkeiten mit dem eigenen Fahrzeug aufmachen – es fährt kein Bus!

083al Foto: wl

Meia Praia

In Odiáxere führt ein kleines Küstensträßchen (Schild „Meia Praia") nach Süden mitten durch die Golfanlage Palmares mit sehr hübschen Ausblicken. Es folgt der letzte großen **Sandstrand** der Südküste, dessen Name „Halbstrand" auf die unterbrechende Bucht bei Alvor hinweist. Die etwa fünf Kilometer lange Sandfläche erstreckt sich bis nach Lagos, wobei nur das westliche Ende bis etwa zur Hälfte per PKW erreichbar ist. Die vor einem Dünenstreifen gelegene, nahezu menschenleere Ostseite des Strandes gilt als **Paradies für Muschelsammler.** Zum **Windsurfen** eignet sich eher das ruhigere Gewässer der Mündung des Rio

Windbetriebene Wasserpumpe bei Odiáxere

de Alvor direkt hinter den Dünen des östlichen Strandabschnittes. Im Sommer pendeln ab der Promenade in Lagos kleine Boote zwischen Stadt und Strandareal. Stadtbusanbindung (Nr. 12) an Lagos.

Unterkünfte am Meia Praia:
- **Hotel Meia Praia** €€, Tel. 282 762 001, Fax 282 762 008, www.hotelaquameiapraia.com
- **Apartamentos Turísticos Meia Praia Beach Club** €€€, Tel. 282 769 980, Fax 282 769 989, www.dompedro.com
- **Pensão das Rosas, Quinta da Albardeira** €€€€, Tel. 282 760 031, Fax 282 760 035
- **Apartamentos Turísticos Buganvílla** €€€€, Tel. 282 769 951, Fax 282 769 953

Abicada

Während die **Römer** in Portimão Fisch salzten und pökelten, entflohen sie den irdischen Düften dieser Tätigkeiten und bauten ihre **Wohnsiedlungen** etwas abseits – zum Beispiel die Wohn- und Badeanlage Abicada, deren sehr gut erhaltene Bodenmosaiken kostenfrei besichtigt werden können.

- **Anfahrt** aus Mexilhoeira über die N-125; kurz vor dem Meridien-Penina Golfhotel scharf rechts dem Asphaltweg entlang den Schienen bis zum Ende und dann dem Linksknick der Piste folgen. Nach 50 Metern der rechten Abzweigung folgen – vorbei an einer alten Bewässerungsanlage und einem Wachkastell, beides links der Piste – bis zum Ende des Weges an einem verlassenen Gehöft. Hier angelangt, sieht man gegenüber einen Bauwagen hinter einem Zaun stehen; dies ist das Gelände von Abicada.

Alcalar

An der N-125 ein Stück weiter, hinter der Zufahrt zum Golfhotel, zweigt nach links (Schild „Alcalar“) ein Sträßchen in die Ruhe ab. Nach einer Fahrt durch Wein- und Orangenplantagen erreicht man nach sechs Kilometern die fast 6000 Jahre alte **neolithische Nekropole** (Gräberfeld) von Alcalar.

- Die Anlage mit neuem Informationszentrum ist täglich von 9.30–12 und 14–18 Uhr (sonst bis 17 Uhr) geöffnet; der Eintritt beträgt 3 €, für Kinder 1,50 €. Ein hässliches Bunkergebäude liegt an der beschilderten Abzweigung gleich linker Hand.

Barragem da Bravura

An der mittleren Ampel in Odiáxere zweigt ein Nebensträßchen in nördliche Richtung zum kleinen **Süßwasserreservoir** Barragem de Bravura ab. Sowohl die Strecke als auch das Reservoir selbst sind schöner als der Stausee bei São Bartolomeu. Spaziergänge kann man ab der Staumauer unternehmen; ein kleines Restaurant vor dem Damm bietet Erfrischungen.

Barão de São João

Hier liegt der **einzige Zoo der Algarve** (ausgeschildert als „Lagos-Zoo"); er hat sich auf Vögel, Affen und Kängurus spezialisiert und bietet für kleine Gäste einen Streichelzoo.

- Geöffnet täglich 10–19 (Winter 17) Uhr, Tel. 282 680 100, Eintritt 8 €, Kinder 5 €, Familie 21 €

Zwischen Luz de Lagos und Burgau B3

Etwa sieben Kilometer südwestlich von Lagos erstreckt sich zwischen den beiden einstigen Fischerdörfern **Luz** und **Burgau** das letzte größere Ferienzentrum vor der Westküste. Vor allem britische, aber auch niederländische Pauschalreisende scheinen hier bevorzugt ihren Urlaub zu genießen. Luz selbst (ca. 1190 Einw.) ist ein angenehmer, überschaubarer Touristenort mit hübscher kleiner Promenade und angenehmem Sandstrand, der links von hohen, rechts von flachen Felsen eingerahmt wird. Was die Serviceleistungen anbelangt, so steht er den anderen großen Touristenstränden der Algarve in nichts nach.

Praktische Tipps

Unterkunft

- Am Largo da Republica (Kreisel vor der Kirche) scharf links die Rua do Poço hinunter erreicht man die gute **Ferienwohnungs-Anlage** Beach-Apartments, Tel. 282 789 336, Fax 282 788 181.

- An der Küstenstraße Richtung Burgau entstanden und entstehen weitere größere Ferienwohnungs-Anlagen, dies waren früher die kleinen Weiler Mata Porcas, Montinhos de Luz und Alagoas, die heute praktisch mit Luz zu einem Ort zusammengewachsen sind. Hier findet man u. a. die Anlagen Aparthotel/Apartments **Aqualuz** €€€, Tel. 282 770 620, www.aqualuz.com, und **Apartments Mayer** €€€, Tel. 282 789 313, mayer-luzapts@clix.pt – beides moderne und angenehme Anlagen, die allerdings ein eigenes Fahrzeug voraussetzen.
- **Hotel Belavista da Luz** €€€€, Tel. 282 788 655, Fax 282 788 656, hoteldaluz@mail.telepac.pt
- **Quinta da Luz** €€€€, Montinhos da Luz, Tel. 282 789 036, Fax 282 789 433, quintalaluz@clix.pt
- **Apartamentos Turísticos Luz Beach** €€€, Rua do Jardim, Tel. 282 789 336, Fax 282 788 184
- **Pensão Vilamar** €€€, Estrada do Burgau 10, Tel. 282 789 541, Fax 282 788 573
- Bei Espiche (zwischen zweiter und dritter Abzweigung „Luz" Richtung Lagos) liegt ferner unmittelbar an der N-125 der wenig attraktive **Campingplatz Turiscampo.**

Nützliches

- Die **Wassersportschule** direkt am Strand bietet Windsurfing-Unterricht an, verleiht „Bananen" und hat zudem Wasserski und Gleitschirmfliegen im Angebot.
- Entlang der kleinen Uferpromenade findet man **Kioske** mit Scooterverleih, Ausflugsangeboten, Andenken und Restaurants.
- Sehr gut kann man bei **O Poco,** günstiger bei der Snackbar **Praia a Vista** speisen.
- **Orientierung:** Luz ist an der N-125, von Lagos kommend, nach links ausgeschildert. Auf halber Strecke zum Ort liegt der **Campingplatz Val Verde** (Tel. 282 789 211) mit Disco, Snackbar und einigen Mietapartments €.
- Hauptdurchgangsstraße im Ort ist die **Rua Direita,** mehrfach zweigen links Straßen zum Strand hinunter ab, nur die erste ist mit einem Schild versehen. An der Rua Direita liegen ein PKW-Verleih (Marina Rent a Car) gegenüber der Post, ein Alisuper sowie eine Apotheke.
- Am kleinen **Kirchplatz** sind Bushaltestelle, Agenturen (Ausflüge & Fahrzeugverleih) sowie das bei jüngeren Besuchern beliebte Bar-Restaurant The Bull zu finden. Gepflegt und vielseitig (von der Cataplana bis zum Guinness!) erweist sich die Luz Tavern (Rua de Espiche, um die Ecke vom Kino).

Naturpark Südwest-Alentejo und Costa Vicentina A/B 1–3

Hinter Luz beginnt der „stille Westen“. Von Burgau bis zum Cabo São Vicente und von dort nordwärts bis Odeceixe liegt der **landschaftlich reizvollste Küstenteil der Algarve,** der in exakt dieser Abgrenzung zum *Parque Natural do Sudoeste Alentejano e Costa Vicentina* erklärt wurde. Ferienanlagen werden hier nicht gebaut, von kleinen Ausnahmen in Salema und Sagres abgesehen. Unterkünfte sind rar, ebenso öffentliche Verkehrsmittel. Wer kleine, versteckte, teilweise auch schwer zugängliche **Strände** schätzt, wird zwischen Burgau und Sagres fündig, und weiter im Norden warten faszinierende raue weite Fels- und Sandlandschaften sowie wilde Wogen.

Burgau bis Salema (Küstenroute) B3

Burgau

Der kleine, noch eigenständige Ort Burgau (250 Einw.) im Schatten von Luz de Lagos bietet den angenehmen **Sandstrand Praia do Burgau** mit klarem, flachem Wasser und einem Snacklokal. Am Ortseingang links entsteht ein kleines Hotel, schräg gegenüber steht eine sehr moderne Pfarrkirche. Kleine **Ferienhäuser** vermittelt die Firma ATB, Edifício Marretas, Tel. 282 697 123, das beliebteste Lokal ist das Ancora (Tel. 282 697 102, Mo Ruhetag). Sportliche Betätigung bietet Tiffany's, Vale Grifo/Almádena (an der N-125) mit Ausritten und kompletten Reitferien; Vorausbuchungen ratsam unter Tel. 282 697 395.

Praia Cabanas Velhas

Schöner als der Ortsstrand von Burgau sind jedoch die Strände zwischen Burgau und Salema. Als ersten erreicht man (an der Nebenstraße Richtung Salema beschildert) den Praia Cabanas Velhas, einen teilweise aus groben Kieseln bestehenden Strand mit einem pierähnlichen Gebilde – in

084al Foto: wl

den Morgenstunden Ziel vieler Angler. Es gibt keine Serviceeinrichtungen.

Wenige hundert Meter weiter führt ein beschilderter Stichweg hinauf zu den Ruinen der **Festung Forte de Almádena.** Sie entstand als Signalstation zwischen Sagres und Lagos im 16. Jh. unter *König João III.*

Aussichtspunkt Forte de Almádena

Praia Boca da Rio

Der Weg wird bald schlechter und führt U-förmig über ein im Hochsommer keinen Tropfen Wasser führendes Flüsschen auf eine befestigte Straße (rechts Budens/N-125), welche links zum Praia Boca da Rio und weiter nach Salema führt. Der wild wirkende und unbewirtschaftete Strand zwischen schroffen Klippen gilt als Geheimtipp unter Wohnmobil-Campern; unmittelbar vor dem Strand endet der Asphalt, eine Piste führt steil rechts die Klippe hinauf nach Salema.

Salema B3

Von Boca Rio kommend, wird der Weg urplötzlich zur Asphaltstraße und gabelt sich: Links die Sackgasse hinunter liegt der ältere Fischerort, rechts gelangt man zur Hauptstraße mit Bucht und Zentrum. Salema nennt sich auch *Alemanha pequena* („Klein-Deutschland") – nirgends scheint so oft Deutsch die erste Fremdsprache zu sein wie hier (oft liest man „Zimmer frei"). Der Ort erweitert sich stetig; mittelfristig kann wohl mit einer Entwicklung wie in ⇗Carvoeiro gerechnet werden, doch noch ist Salema relativ ruhig, klein und überschaubar.

Praia da Salema

Der **Strand** von Salema selbst ist ein langer, aber relativ schmaler Sandstreifen. Direkt am Strand gibt es nur wenig Gastronomie. Die flachen und stabilen Küstenfelsen am westlichen Ende eignen sich für kleinere Kletterspaziergänge.

Orientierung

- Das **Zentrum** liegt rund um den kleinen Fischerstrand – vier oder fünf Boote fahren tatsächlich noch hinaus; die Parkmöglichkeiten hier unten sind recht begrenzt (besser rechts am Parkplatz entlang, am Hotel vorbei und über die kleine Brücke den Hügel hinauf und dort rechts).
- Salema ist ein „Sackgassendorf"; an der steilen Westseite werden derzeit Apartmentanlagen gebaut, und am höchsten Punkt dieses „Neubaugebietes" führt eine Piste bis ⇗Figueira (ist von Figueira aus einfacher zu finden).

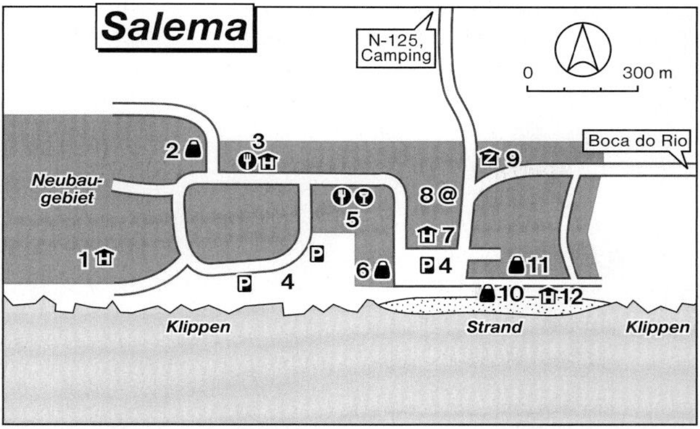

	1	Estalagem Infante do Mar		6	Alisuper-Supermarkt & Agentur Horizonte
	2	Alisuper		7	Hotel Salema
	3	A Colina Rest. & Aptm.	@	8	O Barco Internetcafé
P	4	Parkplatz		9	A Mare
	5	Rest. Lorenço & Carioca-Bar		10	Fischmarkt
				11	Minimarkt
				12	Ap. Salema Praia Club

Unterkunft

- Auf halber Strecke zur N-125 hinauf liegt der **Campingplatz Quinta de Carriços** linker Hand (eine niederländische und deutsche Hochburg), Tel. 282 695 201, Fax 282 695 122.
- **Hotel Salema** €€€, Rua 28 de Janeiro (Zentrumsplatz), Tel. 282 695 328, Fax 282 695 329.
- **Apartamentos Turísticos Salema Praia Club** €€€, Tel. 282 605 252, Fax 282 605 357; unmittelbar am Strand.
- **Estalagem Infante do Mar** €€€, Tel. 282 690 100, salemoteis@clix.pt. Oben am Hang mit Pool, hübscher Blick.
- In Budens an der N-125 schließlich liegt das Nobel-Wellness-Resort **Aldeamento Turístico Parque da Floresta** €€€€, Tel. 282 605 333, Fax 282 605 338, www.spafloresta.com. Mit Beauty-Behandlungen, Golf und weiteren Angeboten.

Essen und Trinken

Viel Auswahl bietet Salema nicht.

- Für ein Hotelrestaurant erhält das **Salema** (s. o.) recht gute Kritiken.
- Netter isst man im oben am Hang Richtung Neubaugebiet gelegenen Restaurant **A Colina** (deftige Mahlzeiten, zivile Preise).

085al Foto: wl

- Ein Stückchen weiter unten liegt **Lorenços Restaurant** mit der angeschlossenen **Carioca-Bar** für einen letzten Drink, ehe die Bürgersteige hochgeklappt werden.

Nützliches

- **Informationen** gibt es nur über die Agentur Horizonte, **Ausflüge** sind auch im Hotel Salema zu buchen.
- Am Uferparkplatz stehen einige **Kartentelefone.**

Figueira und Umgebung A3

Im Unterschied zum Abschnitt zwischen Burgau und Salema kann die gesamte Küstenregion von Salema bis Praia do Martinhal (Sagres) rund um die „Nase" **Ponta da Torre** nicht mehr entlang der Küste, sondern nur punktuell befahren werden. Von der N-125 zweigen zwei Zufahrten nach **Figueira** ab; kaum jemand macht sich die Mühe,

Tosende Wellen am Praia do Ingrina

dieses recht interessante Gebiet zu erkunden. In Figueira sind dann im Abstand von 50 Metern zwei Wege seewärts ausgeschildert: Der erste („Salema") führt als pistenähnlicher Schleichweg an das obere Ende des Neubaugebietes von ↗Salema, der zweite („Forte de Salema") dagegen zum **Parque Natural de Figueira,** einem kleinen Naturpark mit dem kleinen **FKK-Strand Praia da Figueira** (sehr klein, unbewirtschaftet, mäßig attraktiv) und einer hübschen Burgruine (Forte de Salema) auf der linken Klippenhöhe – der Aufstieg ist nicht ganz einfach. Es gibt nur wenige Parkmöglichkeiten vor dem Pfad zum Strand (ein Kilometer). Erfrischungen bieten in Figueira die Bar Celeiro und das Restaurante Figueira.

Templerkirche Nossa Senhora de Guadalupe

Raposeira und Umgebung A3

Das kleine Dorf in einer Senke besitzt kaum touristische Anziehungskraft; an der einzigen Ampelkreuzung jedoch führen die Wegweiser seewärts zu einigen der **schönsten und wildesten Algarvestrände.** In Raposeira bieten das Café Rodrigues oder der Alisuper-Markt Erfrischungen, dann geht es durch Hafer- und Weizenfelder zu den ausgeschilderten Stränden Zavial und Ingrina.

Zwischen der landwirtschaftlichen Siedlung Hortas de Tabual (selbst hier liest man „Zimmer frei" auf Deutsch) und dem **Praia de Zavial** liegt die Casa Monika (vermietet gepflegte Zimmer), auch die Quinta Al Gharb und eine kleine Tauchbasis sind ausgeschildert.

Praia de Zavial

Den Praia de Zavial genießt man am besten im gleichnamigen Strandrestaurant – mehr kann man angesichts der oft sehr hohen Wellen auch kaum tun. Zum Sonnenbad geht man an der mittelgroßen Sand-/Steinbucht ganz nach links, wo die Liegefläche am größten und windgeschützt ist.

Praia do Ingrina

Fast noch extremer peitschen die Atlantikwogen an den benachbarten Praia do Ingrina (nur wenige hundert Meter dem Sträßchen ab Zavial folgen). Der Sandstrand ist hier etwas größer und flacher und bei Wellenreitern daher noch beliebter; es gibt eine Snackbar am Strand.

Von hier aus führen pistenartige Feldwege links die Klippen hinauf Richtung Praia José Vaz (nur zu Fuß, nicht befahrbar). An der Straße hinauf zurück Richtung Raposeira liegt auf halbem Weg der Campingplatz Ingrina (am Scooterverleih 400 Meter Feldweg nach links), Tel. 282 639 242.

Praia José Vaz

Kurz vor Raposeira zweigt ein Sträßchen (braunes Schild „Parque Natural São Vicente") ab, welches bald zu einer mäßig befahrbaren Piste wird und nach knapp vier Kilometern am Ende einer

Schlucht am (nicht beschilderten) Praia José Vaz endet. Obgleich ohne jegliche Serviceeinrichtungen (oder vielleicht auch gerade deshalb), erfreut sich Praia José Vaz einer besonderen Beliebtheit bei (Wild-) Campern und Wellenreitern. In der Tat sind die bis zu fünf Meter hohen Wellen nicht gerade für Kleinkinder geeignet.

Nossa Senhora da Guadalupe

Zwischen Budens und Raposeira führt parallel zur N-125 der alte Weg (beschildert) an der eher unauffälligen, aber außerordentlich geschichtsträchtigen Kapelle Nossa Senhora da Guadalupe vorbei. Die **romanisch-gotische Andachtsstätte** entstand im frühen 13. Jh. im Auftrag der Tempelritter (⇗Geschichte, Religion), und in der Tat werden einige merkwürdige Kopf- und Tierfresken in der ansonsten leeren Kirche oftmals mit angeblich blasphemischen Templerritualen in Verbindung gebracht. Auch der berühmte *Dom Infante Henrique* war Großmeister der Christusritter, und da er nahe Raposeira wohnte, nimmt man an, dass Riten und Gebete vor den nautischen Expeditionen hier abgehalten wurden.

●9.30–12 und 14.30–18 Uhr (Winter 17 Uhr), Mo, Di (vormittags) und Feiertage geschlossen.

Sagres und Umgebung A3

Das Kleinstädtchen Sagres mit seinen knapp 2000 Bewohnern lebt vorrangig von der Tatsache, der **südwestlichste Ort Europas** zu sein. Die Landzungen um Sagres **(Cabo de São Vicente,** Ponta de Sagres und Ponta da Atalaia) galten schon zu Zeiten der frühen Besiedlung der Algarve vor 4000 Jahren durch iberische Stämme als heilige Orte. Die Griechen und Römer betrachteten Sagres als äußersten westlichen Punkt der Welt, vielen galt der Ort gar als Sitz der Götter. Und selbst die Mauren, deren heilige Stätten Tausende von Kilometern weiter östlich lagen, errichteten in Sagres ein Heiligtum. Weltbekanntheit erlangte Sagres aber erst im 15. Jh. unter dem Gouverneur *Heinrich dem Seefahrer* (1394–1460, ↗Exkurs).

Einer gewissen mystischen Faszination kann sich auch heute selbst der rationalste Besucher nicht entziehen, ob in der Fortaleza de Sagres (Navigationsschule) oder am Cabo de São Vicente (westlichster Punkt). Täglich kommen viele Besucher zur Festung und ans Kap, dennoch hat man eher das Gefühl, an einer Wallfahrt teilzunehmen als einen touristischen Ort zu besuchen.

Sagres-Innenstadt

Sagres ist keine gewachsene Stadt; früher gab es nur das Fort Sagres und die Fischersiedlung Baleeira. Mit dem Bau der N-125 kam der Tourismus zum Kap, damit einhergehend entwickelte Sagres einen begrenzten, mehr auf den betuchten Pauschaltouristen ausgelegten Fremdenverkehr. Der Ort wirkt großflächig und zersiedelt, alle Straßen und Gebäude (selbst die moderne Pfarrkirche) sind jüngeren Datums.

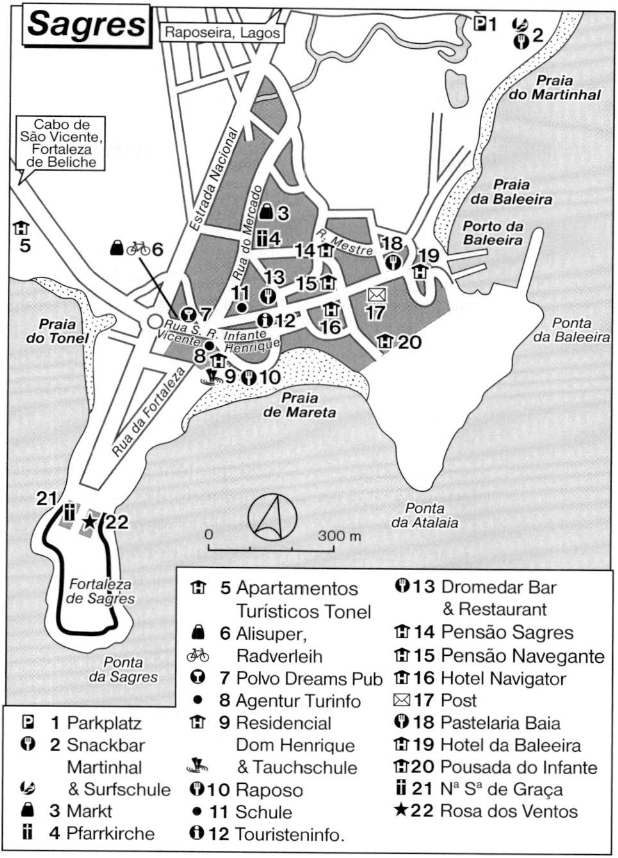

Der kleine **Zentrumsbereich** liegt entlang der Rua São Vicente und Rua Infante Henrique bis zum Porto da Baleeira mit Unterkünften, Information und Einkaufsmöglichkeiten.

Fortaleza de Sagres

Die heutige Festung wurde 1793 errichtet und schließt die berühmte Seefahrerschule ↗*Heinrichs* aus dem 15. Jh. ein. Diese muss rund um den Eingangsbereich (seinerzeit ohne Festungsmauern) gelegen haben. Gleich hinter dem Eingangsportal sieht man linker Hand auf dem Boden eine seltsame **„Windrose“** *(Rosa dos ventos)* mit 43 Metern Durchmesser, die sehr wahrscheinlich eine Sonnenuhr und eben keine Windrose darstellt, da die Kreisfläche mit 42 ungleichmäßigen Segmenten in einer nicht durch vier teilbaren Anzahl (Himmelsrichtungen, Zwischenrichtungen usw.) bedeckt ist.

Schräg gegenüber steht die **Kirche Nossa Senhora de Graça** von 1459 mit azulejoverkleidetem Hauptaltar und Gräbern ehemaliger Institutsleiter. Nebenan stillt eine (leider etwas stillose) Kantine mit Souvenirshop und angeschlossener **Galerie** (wechselnde Ausstellungen) die weltlichen Bedürfnisse der Besucher. Dahinter und aus Sicherheitsgründen etwas versetzt steht die alte **Pulverkammer** (heute ein Auditorium). Es lohnt ein Gang über den 2,3 Kilometer langen, mit alten Kanonen bewehrten Rundweg an den Festungsmauern mit herrlichen Ausblicken über die Strände.

● Geöffnet Mai–Sept. 10–20.30 (sonst 18.30) Uhr, Eintritt 3 €, ermäßigt 1,50 €, Kinder unter 14 frei

Fortaleza de Beliche

Vermutlich als Wachfestung der Zufahrt vom Westatlantik entstand die kleine Fortaleza de Beliche, wobei die genauen Umstände der Entstehung im Dunkeln liegen. Sicher ist nur, dass der Freibeuter *Francis Drake* die ursprüngliche Festung zerstörte und dass der heutige Bau aus dem Jahre 1632 stammt. Innerhalb der Mauern steht eine kleine Katharinenkapelle, die ehemaligen Quartiere wurden zu Hotelzimmern umgebaut (angeschlossen an die ⇗Pousada).

087al Foto: wl

Cabo de São Vicente

Am westlichsten Punkt Europas (sechs Kilometer westlich von Sagres-Zentrum) angekommen, wähnt man sich zumindest an Wochenenden zunächst mehr auf einem Jahrmarkt denn an einem mystifizierten Ort. Pullover, Strickjacken, Wollmützen und nicht zuletzt „die letzte Bratwurst vor Amerika" – übrigens auch im Internet unter www.letztebratwurst.com zu finden – trüben den Eindruck etwas. Doch dann, mit Betreten des Leuchtturmareals, verlässt man auch den letzten touristischen Spießroutenparcours vor Amerika und schließt sich ergriffen dem von frenetisch herantosenden Wogen begleiteten Pilgermarsch gen Europas Südwesten an. Hier vermischen sich mit etwas Fantasie Gegenwart und Vergangenheit, glaubt man beinahe, durch die vorbeifegenden Nebelschwaden den alten *Kolumbus* auf der Santa Maria vorbeisegeln zu sehen, untermalt von *Vangelis'* „1492"-Titelmelodie. Es ist das Nebelhorn des Leuchtturms, welches den „Wurm Mensch" nach der Verbeugung vor den Meeresgewalten in die Gegenwart zurückruft.

Dom Infante Henrique – Heinrich der Seefahrer

Die einzige Seereise des nachgeborenen Prinzen (Sohn *Dom Joãos I.* und *Filipas von Lancaster)* bestand zwar „nur" in der **Teilnahme an der Eroberung von Ceuta** in Nordafrika (1416), dies verschaffte ihm aber Kontakte mit arabischen Seefahrern. Diese kannten u. a. Seewege um Afrika herum und brachten insbesondere seine in Europa erlernte Theorie vom „Ende der Welt hinter dem Kap Bojador" und den „Schiffe verschlingenden Seemonstern" erheblich ins Wanken; die „englische" Erziehung mütterlicherseits tat ein Übriges. Nach seiner Rückkehr nach Portugal dauerte es bis 1443, ehe *Heinrich* zum **Gouverneur des Raumes Sagres** ernannt und ihm das alleinige Recht der Erkundung Afrikas südlich des Kap Bojador zugesprochen wurde. Gleichzeitig war er auch **Großmeister des Ordem de Christo,** dessen Hauptauftrag die Verbreitung des Christentums war. So segelten bald die Schiffe mit dem Ordenskreuz Richtung Afrika und erreichten 1445 beim Kap Verde den westlichsten Punkt; bis 1456 wurde die Goldküste erschlossen.

1457 nahm *Heinrich* dauerhaften Wohnsitz bei Sagres und ging sein ehrgeizigstes Projekt an, seine berühmte **Navigationsschule** (vermutlich auf den Resten früherer Astronomiestationen errichtet). Kapazitäten aller Länder wurden eingeladen, neue Erkenntnisse für den Schiffbau (Karavelle), die Kartographie und die Navigation mittels Mondpositionierung und Kompassnutzung auszuwerten und an die Kapitäne weiterzugeben. In der Verbreitung der hier erworbenen Erkenntnisse liegt auch die Hauptleistung *Heinrichs* für Portugal und Europa: Das mittelalterliche Weltbild wurde hierdurch grundlegend korrigiert und die **Voraussetzung für die portugiesischen Entdeckungsfahrten** geschaffen.

Zurück zu den nüchternen Fakten: Der **Leuchtturm** selbst wurde 1846 errichtet und dient der Berufsschifffahrt als Orientierungspunkt zwischen Westatlantik und Mittelmeerzufahrt. Das 3000-Watt-Blinkfeuer kann man noch in knapp 100 Kilometern Entfernung auf See erkennen, es ist damit das stärkste Leuchtfeuer Europas.

- Das Areal selbst ist täglich von 8–19 Uhr geöffnet (Eintritt frei), auch der Leuchtturm kann (auf Anfrage beim Turmpersonal) gegen einen kleinen Obulus besichtigt werden. Ein Stadtbus verbindet das Kap 3-mal täglich mit Sagres.

Strände

Praia do Martinhal

Der Strand Martinhal (kurz vor Sagres ausgeschildert) wird derzeit zu einer kleinen **Feriensiedlung** ausgebaut. Sie wird überschaubar bleiben, da sich unmittelbar westlich die Marina von Sagres-Baleeira anschließt und östlich kein Strandanschluss vorhanden ist. Der schöne, breite Strand ist sehr gepflegt und wird täglich durchgesiebt. Aufgrund der günstigen Windverhältnisse eignet sich die Bucht von Sagres besonders zum **Windsurfen;** direkt am Praia do Martinhal befinden sich ein Windsurfzentrum sowie die Snackbar Martinhal mit moderaten Preisen (z. B. Bier 2,20 €, Cola 1,25 €, Knobibrot 1,50 €, Thunfischsteak 9 €).

Praia da Baleeira

Am Ostende von Sagres liegen die Marina und der recht kleine, bei Flut vom Martinhal getrennte Praia da Baleeira (keine befestigte Verbindung, man muss durch ganz Sagres hindurchfahren). Er wird zum Gutteil von Fischern genutzt und ist für Algarveverhältnisse nur mäßig anziehend.

Praia da Mareta

Die meisten Urlauber bevorzugen den bewachten Stadtstrand da Mareta (am Kreisel vor der Festung beschildert). Es gibt einen Liegestuhl- und Sonnenschirmverleih sowie einige recht hochpreisige Restaurants, die auf Wochenendbesucher zugeschnitten sind.

Praia do Tonel

Der kleine Praia do Tonel liegt gleich westlich des Forts von Sagres (asphaltierte Abfahrt an der langen Fort-Zufahrt), ist im rechten Teil steinig, wohingegen sich links ein breiteres Sandfeld erstreckt. Zum Schwimmen eignet sich das Wasser jedoch wegen der Steine nicht besonders, allenfalls zum schnellen Abkühlen der Fortbesucher.

Praia do Beliche

Der westlichste Strand an der Südküste, zugleich der schönste in der Umgebung von Sagres, liegt in der Bucht zwischen der Fortaleza de Sagres und dem Cabo de São Vicente (Parkplatz vor der Treppe). In der Nähe des Kaps ist das Klima rauer als an den südöstlichen Stränden; des Öfteren gibt es auch Nebel! Der Strand eignet sich ideal zum Bodysurfen. Der Praia do Beliche wird bewacht, verfügt über einen Snack-Kiosk (oben Restaurants Vaza und Origia am Parkplatz auf der anderen Straßenseite), auch Sonnenschirme und Liegen werden vermietet; voll wird es oft an Wochenenden.

Praktische Tipps

Unterkunft

Mittlerweile bieten Sagres und Umgebung eine recht breite Vielfalt an Unterkunftsmöglichkeiten aller Art; auffallend in Sagres sind die sehr vielen €-€€-Privatzimmer *(quartos)* entlang der Hauptstraßen.

- Der **Campingplatz Parque de Campismo de Sagres,** Tel. 282 624 351, Fax 282 624 445 (im Dezember geschl.), liegt ab Festungskreisel 1,5 Kilometer in Richtung Leuchtturm, dort nach rechts beschildert (knapp ein Kilometer). Kostenloser Shuttle-Bus vom/zum Zentrum.
- **Pensão Sagres** €€€, Roça do Veiga, Tel. 282 624 612, Fax 282 624 676
- **Hotel da Baleeira** €€€, Baleeira, Tel. 282 624 212, Fax 282 624 425, hotel-baleeira@mail.telepac.pt
- **Pensão Navegante II** €€€, Estrada Nacional, Baleeira, Tel. 282 624 442, Fax 282 624 443
- **Hotel Apartamento Navigator** €€€, Sítio da Baleeira, Rua Infante D. Henrique, Tel. 282 624 354, Fax 282 624 360, www.hotel-navigator.com
- **Apartamentos Turísticos Tonel** €€€, Sítio do Tonel, Tel. 282 620 100, Fax 282 620 104
- **Pensão Dom Henrique** €€€€, Sítio da Mareta, Tel. 282 624 133, Fax 282 624 133. Schöne Zimmer mit Meerblick.

088al Foto: wl

Westliche Algarve

●**Pousada do Infante** €€€€, Ponta da Atalaia, Tel. 282 624 222, Fax 282 624 225, www.pousadas.pt; auch die Festung ↗Beliche gehört zur Anlage, wo einige Zimmer restauriert wurden.

Essen und Trinken

●Sehr gemütlich mit Blick zur Fortaleza sitzt man im Strandrestaurant **Raposo** (Tel. 282 624 168) an der Westseite des Praia da Mareta. Gute Fischgerichte ab 7 €.
●Preiswerte Kleinigkeiten und Snacks bieten die **Bäckerei-Pastelaria Baia** im Zentrum nahe der Post sowie am Strand Baleeira die Imbissbude **Snackbar Martinhal.**

Nützliches

●Die **Touristeninformation** liegt gegenüber der Schule in der Rua Infante Henrique (Tel. 282 624 873, Di–Sa 9.30–12 und 13–17.30 Uhr).
●Für abendliche Unterhaltung empfehlen sich besonders das **Bar-Restaurant Dromedar** mit maurischem Flair sowie die **Bar Polvo Dreams** mit Spielabenden, Party-Nights und Riesenleinwand bei Großereignissen.
●**Busanbindung** alle 55–90 Minuten nach Lagos
●**Fahrräder** können am ↗Campingplatz, beim Radverleih neben dem Alisuper und bei der Agentur Turinfo am Zentrumsplatz (Tel. 282 620 003) gemietet werden; hier auch Tickets, Ausflüge, Unterkunftsvermittlung usw.
●**BPI-Bank** (mit EC) schräg gegenüber der Post.

Einer der schönsten Strände der Südküste – Praia do Beliche

Vila do Bispo A3

Vila do Bispo (900 Einw.) darf man getrost als touristisch bislang völlig vernachlässigtes größeres Dorf im Hinterland des Südwestens bezeichnen. Mithin bietet der Ort eine bescheidene touristische Infrastruktur, einige attraktive Ausflugsmöglichkeiten sowie faszinierende, nahe gelegene Strände an der Westküste.

Nützliches

Unmittelbar an der Ortszufahrt liegen **Pensão Vila Mira** €€ (Rua 1°de Maio, Tel. 282 626 160), **Post, Kirche** und **Geldautomat,** geradeaus weiter das **Restaurante Central;** hier links hinunter liegt die Kneipenstraße (z.B. **O Palheiro),** von hier aus ein paar Meter weiter beginnt der untere, neuere Teil des Ortes (Reihenhäuschen zwischen den beiden Kreiseln, die man auch erreicht, wenn man sich von der N-125 nicht gerade zur Kirche, sondern links hält) mit **Bushaltestelle, Pizzeria Caravela** und **Restaurante-Bar Ribeira do Poço** (sehr beliebt bei Einheimischen und Besuchern von auswärts, nicht ganz billig, aber wirklich gut). Dahinter folgt ein zweiter Kreisel mit Beschilderung zu den Stränden. Der vordere Kreisel parallel zur N-125 (nahe Kulturzentrum) ist Ausgangspunkt für einige interessante Abstecher.

Tauchen

- **Centro de Mergulho do Sudoeste Algarvio,** Edifício Tempomar – Burgau/Budens, Tel. 282 697 290, Fax 282 697 281, tempornar@mail.telepac.pt
- **Centro de Mergulho Ilhas do Martinhal,** Tel. 282 624 736, Fax 282 624 736

Strände in der Umgebung von Vila do Bispo

Praia do Castelejo

Das in Vila do Bispo beschilderte Asphalt-Höhensträßchen führt zum vielleicht schönsten Strand der Gegend. Die „Schieferplattenlandschaft" der Westküste taucht die Umgebung in ein mattes Schwarz (was auch für die Strände weiter nördlich gilt). Der breite Sandstrand bietet ein Beachvolleyballfeld und ein Snacklokal; bei Ebbe kann man am Strand entlang um die nördliche Felsspitze herum zum langen Praia da Cordama wandern.

Praia da Cordama

Der breite Sandstrand schließt sich unmittelbar an den Praia do Castelejo an, ist jedoch etwas schwieriger zu erreichen: Auf dem Weg zu Castelejo zweigt drei Kilometer hinter Vila do Bispo vom Höhensträßchen rechts (beschildert) eine Piste zu den Stränden Cordama und Barriga ab. Alternativ kann man von der N-268 (1,2 Kilometer nördlich von Vila do Bispo nach links beschildert) anfahren oder zu Fuß ab Castelejo am Strand entlang. Der Strand selbst bietet ein Snacklokal für Erfrischungen.

Praia da Barriga

Wenn man der Piste, die vom Castelejo-Sträßchen über Cordama führt, weiter aufwärts folgt, wird die Piste zunehmend schwieriger und an Hängen nicht ganz ungefährlich (ungesichert). Die dennoch sehr schöne (insgesamt mit PKW vorsichtig befahrbare) Strecke führt durch Eukalyptus- und Nadelwald zum kleinen, unbewirtschafteten Sandstrand Praia da Barriga, der bei Ebbe mit Praia da Cordama verbunden ist.

Praia de Mirouço

Über die kleine Betonfurt vor Barriga den Hang hinauf wird die Piste noch abenteuerlicher; man erreicht urplötzlich den Waldrand und offenes Gelände mit einer Wegkreuzung; hier geht es links zum Praia de Mirouço, den man über Trampelpfade kurz vor der Aussichtsplattform links steil hinunter erreicht. Er ist überwiegend steinig und wird gerne von **Anglern** besucht.

Zurück aus dem Wald, gibt es mehrere Fahrmöglichkeiten: Die sicherste führt aus dem Wald rechts über zwei weitere Pistenkreuzungen hinweg zur Hauptstraße N-268, man kann aber auch (allerdings nur zu Fuß oder mit der Enduro empfehlenswert) an einer der Kreuzungen nach links Richtung Praia da Murração abbiegen.

Praia da Murraçao

An der N-268 (aus Vila do Bispo kommend) passiert man eine Picknickanlage (Parque de Merenda) auf dem Hügel Monteiros (138 Meter). 500 Meter weiter zweigt eine beschilderte Piste links zum Praia da Murração ab. Die Abfahrt hinunter erweist sich als teilweise ausgesprochen schwierig und „ölwannengefährdend" (Abzweigungen links führen zu den bei Mirouço erwähnten, nicht befahrbaren Pistenkreuzungen) und endet nach 4,5 Kilometern ab Hauptstraße in einer selten besuchten, fjordähnlichen Schlucht mit hübschem Sandstrand. 300 Meter oberhalb liegen ein kleiner Aussichtspunkt sowie eine Festungsruine.

Abstecher 1: Menhire Montes dos Amantes

Am Kreisverkehr parallel zur N-125 (↗Vila do Bispo, Nützliches) folgt man dem Schild „Monumentos Megaliticos Montes dos Amantes"; an einer Unterführung beginnt ein kleiner **archäologischer Pfad,** der zu einem Steinmonument führt. Es handelt sich dabei um eine Gruppe von neun Menhiren, die auf das Ende der Jungsteinzeit (ca. 3000 v. Chr.) datiert werden. Eine detaillierte Karte mit vielen Erläuterungen weist den Weg (oft liegen auch Broschüren aus).

Wer lieber wandert, kann bei der oben genannten Unterführung dem breitem Feldweg (Piste) bis zur ersten gleichwertigen Piste nach links und zurück bis Vila do Bispo folgen (fünf Kilometer, 1,5 Stunden).

Abstecher 2: Zum Torre de Aspa

In Bispo dem beschilderten Sträßchen Richtung Castelejo-Strand folgend, liegt nach 2,5 Kilometern rechter Hand ein kleiner Rastplatz mit Holzlandkarte; gegenüber (links ab Sträßchen) führt ei-

089al Foto: wl

ne leidlich befahrbare Piste durch dichten Eukalyptusbewuchs zum **höchsten Punkt der Gegend,** dem Torre de Aspa (157 Meter). Nach ca. 1,5 Kilometern gabelt sich die Piste: Links geht es zu einer zweiten Gabel (hier rechts um den Torre de Aspa herum; links zum **Aussichtspunkt Ponte Ruiva** oberhalb des gleichnamigen, sehr schönen und einsamen Strandes), rechts am Torre de Aspa (trigonometrischer Punkt/Zylinderhütchen) vorbei durch eine Eukalyptusallee bis zum **Aussichtspunkt Ponte de Aspa** mit großartigem Blick über die Praias Castelejo, Cordama und Barriga. Tolles Panorama! Unmittelbar unterhalb des Ponte de Aspa liegt ein kleiner Sandstrand namens Aguia, der nur von See her oder durch gewagte Kletterpartien erreichbar ist.

Auf dem Ponte de Aspa

Abstecher 3

Zwischen ⇗Fort Beliche und ⇗Praia de Beliche westlich von Sagres führt eine gut befahrbare Piste nach Norden (Kennzeichen: Telefonmasten). Am Gehöft Vale Snato führt der Weg weiter an der Gabel links Richtung Praia da Ponta Ruiva und Torre de Aspa, rechts Richtung Vila do Bispo. Folgt man dieser Richtung stets geradeaus, trifft die Piste kurz vor dem Ort auf die alte Parallelstraße der N-125 (⇗Abstecher 1). Auch kann man hier einen vortrefflichen Eindruck vom Agrarleben des Hinterlandes gewinnen.

Carrapateira A2

Knapp 14 Kilometer nördlich von Vila do Bispo erstreckt sich eine Hügellandschaft rund um das Dorf Carrapateira (250 Einw.). Der Ort selbst wirkt etwas verschlafen (Einkehren kann man nur in der Snackbar Bravo), das Faszinosum der Gegend bildet eher die **Ringstraße von Carrapateira** mit den zwei sensationellen **Stränden,** die sicherlich zu den fünf schönsten der Algarve gehören.

Freizeit

● *D. und H. Ferra,* Vilarinha-Carrapateira, Tel./Fax 282 973 184, beicudo@net.sapo.pt, bieten fantastische **Reiterferien** (inkl. Unterkunft mit Pool und Tennisplatz) für Fortgeschrittene in kleinen Gruppen. Ihre Herdade Beiçudo liegt in einem kleinen Tal nahe der N-268 vor Carrapateira.

Strände

Praia do Amado

Von Vila do Bispo kommend, zweigt unmittelbar vor dem Ort ein überwiegend befestigtes Sträßchen nach links ab und führt zunächst zum weiten, schönen Sandstrand Praia do Amado (dort gibt es einen Kiosk, in der Nähe ein Restaurant), der alleine schon die Anfahrt wert wäre.

090al Foto: wl

Westliche Algarve

• Die **Praia do Amado Surf-School & Camp** ist eine der von der PSF (Portuguese Surfing Federation) geprüften Schulen und bietet Tages- und Wochenkurse unter kundiger Anleitung. Auch reiner Board-Verleih ist möglich, Unterkunft wird hier ebenso arrangiert (im angeschlossenen Surf-Camp). Tel./Fax 282 624 560, Wu.do.surf@ mail.tele pac.pt.

Praia da Bordeira

Folgt man der „Straßenschlaufe" (der Straßenzustand wird bald besser) weiter, passiert man mehrere tolle **Aussichtsplätze** oberhalb der Felsküste, insbesondere die „Nase" (Landzunge) des Pontal. Die Piste gabelt sich, links in einer Sackgasse liegt der obere Parkplatz des Praia da Bordeira, der zwar nicht breiter ist als der Amado, aber um ein Vielfaches tiefer ins Land hineinragt. Der glasklare Ribeira de Bordeira mündet hier in den Atlantik und vervollständigt das großartige Landschaftsbild.

Praia do Amado – einer der Topstrände der Algarve

Praia de Vale Figueiras

Auf halber Strecke zwischen Carrapateira und Aljezur zweigt ein Sträßchen links Richtung Monte Novo ab, an dessen Ende der selten besuchte Praia de Vale Figueiras liegt, ein hübscher, stiller und für die Westküste typischer Sandstrand ohne Touristenrummel. Über die Klippen (nur Pfade, nicht befahrbar) kann man die nördlichen Nachbarbuchten des **Praia do Penedo** und **Praia do Canal** erreichen, beide fast ausschließlich von Einheimischen und Klippenfischern besucht.

Aljezur B2

Die Kreisstadt Aljezur (ca. 5600 Einw.) charakterisiert sich selbst als **landwirtschaftliche Hochburg** der neuen Art. Die Süßkartoffel ist neben dem Getreide heute wichtigstes Erzeugnis, die Bauern versuchen neuerdings, besonderen Wert auf das ökologische Gleichgewicht zu legen. Insgesamt macht die Landschaft in der Tat einen gepflegten Eindruck.

Die Stadt geht vermutlich auf eine maurische Gründung im 9. Jh. zurück; sie war in der Folgezeit wegen der abgeschiedenen Lage lediglich landwirtschaftlich von Bedeutung. Als Relikt aus der Zeit der Mauren steht noch die während des Erdbebens von 1755 teilweise zerstörte **Burg,** von deren Mauern man einen hervorragenden Rundumblick über die Täler hat. Auf der anderen Flussseite sieht man die nach dem Beben errichtete Neustadt rund um die neue, dreischiffige **Hauptkirche** von 1790 mit ihrem imposanten Hauptal-

Das Castelo Mourisco überragt die Umgebung

091al Foto: wl

tar. Im Altort unterhalb der Burg sind noch das **Archäologische Stadtmuseum** sowie das **José-Cercas-Museum** (Bilder und Zeichnungen des in Aljezur geborenen Malers) zu sehen.

Strände

Auch Aljezur bietet einige feine Strände in unmittelbarer Umgebung. Die Zufahrt zum Praia Monte Clérigo und Praia da Arrifana liegt ca. einen Kilometer südlich vor dem Ortseingang. Beide sind durch eine befestigte Ringstraße (an Gabel rechts, führt wieder zurück) miteinander verbunden, eine sehr attraktive Strecke über einen Höhenzug mit Bergpanorama und einem abwechselnden Blick auf den Foia-Gipfel und das Meer.

Nützliches

- **Informationen** und Broschüren bietet die Touristeninformation an der Markthalle vor der Brücke (Tel. 282 998 229).
- **Geld/Post:** In der Ortsmitte liegen nebeneinander eine DPI-Bank (EC), nebenan die Post, die Caixa Geral de Depositos und die Multibanco (beide ebenfalls mit EC-Automat).
- **Unterkunft:** Allenfalls mit dem Bus stoppen Reisende über Nacht in Aljezur; preiswerte Unterkunft bietet die Hospedaria u. Snackbar Lopes & Silva (Hauptstraße Rua 25 April 150/südlicher Ortseingang, Tel. 918 626 947) mit DZ zu 40 €.

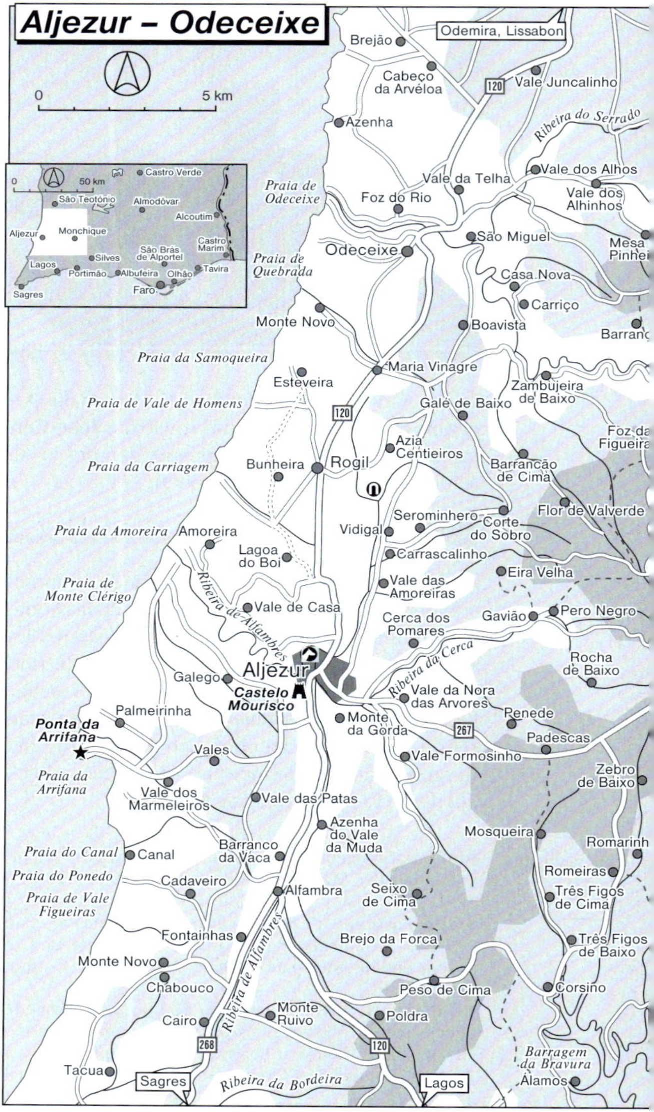
Aljezur – Odeceixe
0
5 km
50 km
Castro Verde
São Teotónio
Almodôvar
Alcoutim
Aljezur
Monchique
Castro Marim
São Brás de Alportel
Silves
Lagos
Portimão
Albufeira
Olhão
Tavira
Faro
Sagres
Odemira, Lissabon
Brejão
Cabeço da Arvéloa
120
Vale Juncalinho
Azenha
Ribeira do Serrado
Vale da Telha
Vale dos Alhos
Vale dos Alhinhos
Praia de Odeceixe
Foz do Rio
São Miguel
Mesa Pinhei
Odeceixe
Praia de Quebrada
Casa Nova
Carriço
Monte Novo
Boavista
Barranc
Praia da Samoqueira
Maria Vinagre
Esteveira
Zambujeira de Baixo
Praia de Vale de Homens
Galé de Baixo
Foz da Figueira
Azia
Centieiros
Praia da Carriagem
Bunheira
Rogil
Barrancão de Cima
Flor de Valverde
Serominhero
Corte do Sobro
Vidigal
Praia da Amoreira
Amoreira
Lagoa do Boi
Carrascalinho
Eira Velha
Praia de Monte Clérigo
Ribeira de Alfambres
Vale das Amoreiras
Vale de Casa
Cerca dos Pomares
Gavião
Pero Negro
Ribeira da Cerca
Rocha de Baixo
Aljezur
Galego
Castelo Mourisco
Vale da Nora das Arvores
Palmeirinha
Monte da Gorda
Penede
Ponta da Arrifana
267
Padescas
Vales
Vale Formosinho
Praia da Arrifana
Zebro de Baixo
Vale dos Marmeleiros
Vale das Patas
Azenha do Vale da Muda
Mosqueira
Romarinh
Praia do Canal
Canal
Barranco da Vaca
Romeiras
Praia do Ponedo
Cadaveiro
Alfambra
Seixo de Cima
Três Figos de Cima
Praia de Vale Figueiras
Fontainhas
Brejo da Força
Três Figos de Baixo
Monte Novo
Chabouco
Ribeira de Alfambres
Peso de Cima
Corsino
Cairo
Monte Ruivo
Poldra
268
120
Barragem da Bravura
Tacua
Sagres
Ribeira da Bordeira
Lagos
Álamos

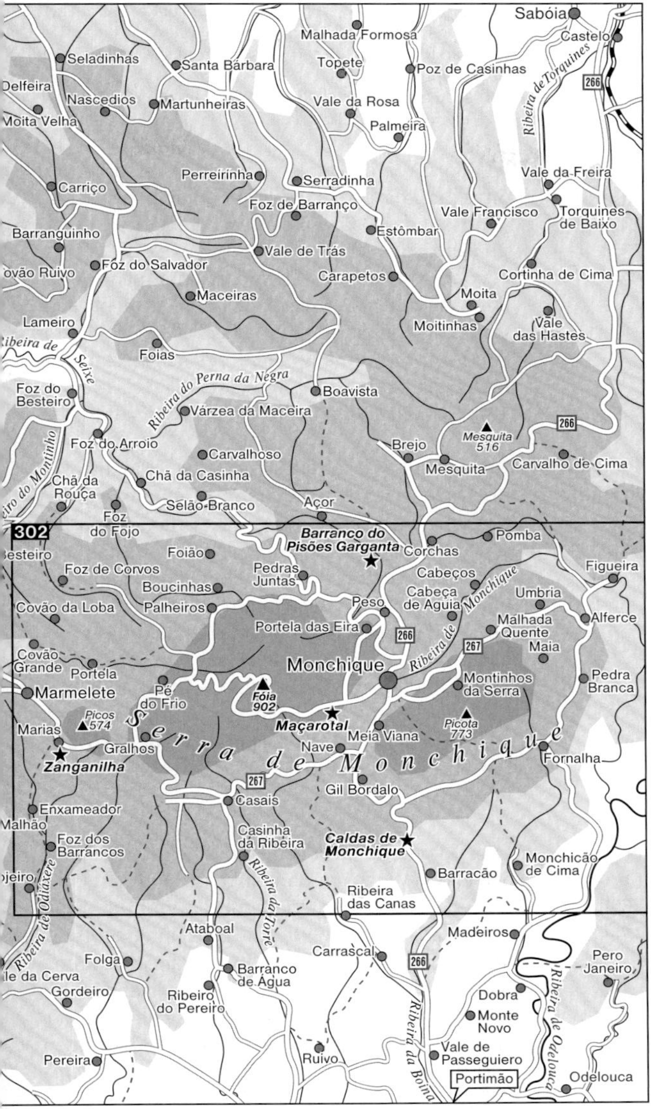
Sabóia
Castelo
Malhada Formosa
Seladinhas
Santa Bárbara
Topete
Poz de Casinhas
Ribeira de Torquines
266
Delfeira
Nascedios
Martunheiras
Vale da Rosa
Moita Velha
Palmeira
Perreirinha
Serradinha
Vale da Freira
Carriço
Foz de Barranço
Vale Francisco
Torquines de Baixo
Estômbar
Barranguinho
Vale de Trás
Foz do Salvador
Cortinha de Cima
Covão Ruivo
Carapetos
Maceiras
Moita
Lameiro
Moitinhas
Vale das Hastes
Ribeira de Seixe
Foias
Ribeira do Perna da Negra
Foz do Besteiro
Boavista
Várzea da Maceira
Mesquita 516
Foz do Arroio
Brejo
Carvalhoso
Mesquita
Carvalho de Cima
Ribeiro do Montinho
Chã da Rouça
Chã da Casinha
Selão-Branco
Açor
Foz do Fojo
302
Barranco do Pisões Garganta
Pomba
Besteiro
Foião
Corchas
Foz de Corvos
Pedras Juntas
Cabeços
Figueira
Boucinhas
Cabeça de Aguia
Ribeira de Monchique
Umbria
Covão da Loba
Palheiros
Peso
Alferce
Portela das Eira
Malhada Quente
267
Maia
Covão Grande
Portela
Monchique
Pedra Branca
Marmelete
Pé do Frio
Fóia 902
Montinhos da Serra
Picos 574
Maçarotal
Picota 773
Marias
Meia Viana
Serra de Monchique
Gralhos
Nave
Fornalha
Zanganilha
Gil Bordalo
Casais
Enxameador
Malhão
Casinha da Ribeira
Caldas de Monchique
Foz dos Barrancos
Ribeira da Torre
Monchicão de Cima
Barracão
Ribeira de Odiáxere
Ribeira das Canas
Ataboal
Madeiros
Carrascal
Pero Janeiro
Folga
Barranco de Água
Vale da Cerva
Gordeiro
Ribeiro do Pereiro
Dobra
Monte Novo
Ribeira da Boina
Ribeira de Odelouca
Vale de Passeguiero
Pereira
Ruivo
Portimão
Odelouca

● **Essen/Trinken:** Als sehr leckeres Snack-Restaurant mit guten Gerichten zu kleinen Preisen empfiehlt sich das Restaurante Ruth, Tel. 282 998 534, an der kleinen Brücke an der Hauptstraße.
● **Bus:** an der Markthalle/Touristeninformation 3–4-mal tgl. von/nach Odeceixe bzw. Lagos.

Praia de Monte Clérigo

Monte Clérigo bietet mehrere Restaurants und Snackbars direkt am Ufer. Der dünige, weitläufige Sandstrand mit Süßwasserdusche und neuen WCs gehört zu den schönsten der Algarve.

Vom Parkplatz des Clérigo gelangt man wieder aufwärts zu einem Kreisel (hier geht es rechts zum Camping Aljezur, Vale de Telha, Tel. 282 998 444, April–Sept.; alternativ bietet das ausgeschilderte Hotel Vale da Telha €€, Apartado 101, Tel. 282 981 180, Fax 289 981 176, preiswerte Unterkunft).

Praia da Arrifana

An diesem Kreisel links führt die Höhenstraße oberhalb eines Flusstälchens zu einem zweiten Kreisel – hier ist der Praia da Arrifana dann beschildert. Das gleichnamige Örtchen besteht nur aus einer Hand voll Häuser oben an den Klippen, eine Treppe führt weit hinunter zum sehr schönen Strand (Snackbar), dessen **starke Brandung** vor allem einheimische Wellenreiter anzieht. An der Straße bieten die Restaurants O Pescador und Oceano fangfrischen Fisch, ein Stückchen weiter stehen die Ruinen der **Fortaleza de Arrifana** (großartiger Aussichtspunkt!) mit der Marisqueria Pôr do Sol.

Praia de Amoreira

Drei Kilometer nördlich von Aljezur weist ein Schild den Weg zum Campingplatz und zum Praia de Amoreira. Diese Route führt zum Campismo do Serrão, Tel. 282 998 612 (ganzjährig geöffnet, mit Tennisplatz, Minimarkt, Restaurant, Schwimmbad), dahinter dann durch ein verwirrendes Pistenlabyrinth und „Geistergehöfte" Richtung Küste. Einfacher tut sich der Ortsfremde an der neuen Sporthalle (Kreisverkehr), wo man der unbeschilderten Straße nach links bis zum Ende folgt. Am teilweise versandeten Ribeira da Cerca entlang gelangt man zum schönen, großen Dünenstrand mit dem Restaurant Paraiso o Mar. Der Einstieg ins Meer ist ausgesprochen flach bei dennoch sehr hohen Wellen.

Rogil B1

Das kleine, auseinander gezogene Straßendorf bietet dem Durchreisenden Tankstelle, Café, Bäckerei, Alisuper – und vor allem die Zufahrt zu drei einsamen Strandabschnitten.

Praia de Carriagem

Kurz hinter der im Ort beschilderten Abzweigung folgt eine Gabel, die links zum Praia de Carriagem und rechts zu den beiden weiter unten aufgeführten Stränden führt. Die Holperpiste zum Praia de Carriagem endet oberhalb der Küste, mehrere Pfade führen hinunter zum Strand, der sich vor allem bei Ebbe durch mehr Steine als Sand auszeichnet (keine Bewirtschaftung).

Praia de Vale de Homens

Zum ebenfalls gut ausgeschilderten und unbewirtschafteten Praia de Vale de Homens führt ein befestigtes Sträßchen, der reine Sandstrand liegt malerisch in der Felslandschaft. Zwar gibt es auch hier ein paar felsige Abschnitte, Homens macht jedoch einen deutlich besseren Eindruck als der Praia de Carriagem.

Praia de Samoqueira

An der Zufahrtsstraße zum Praia Vale de Homens zweigt ein Nebenweg (beschildert) zum Weiler Esteveira ab; dort führt ein Pfad (knapp ein Kilometer) zum Praia de Samoqueira hinunter, der praktisch die „Fortsetzung“ von Homens bildet.

Maria Vinagre B1

Im winzigen Straßendörfchen Maria Vinagre bietet ein deutscher Metzger Hausmacherwurst und Zimmer feil; im Örtchen zweigt ein befestigter Weg zur kleinen Bucht Baia dos Tiros und dem **Praia de Quebrada** ab. Dieser hübsche kleine Strand verfügt über keine Serviceeinrichtungen.

Odeceixe B1

Der nordwestlichste Siedlungspunkt der Algarve ist nach dem hier ins Meer mündenden Grenzfluss Seixe benannt (Odeceixe = „Der-von-der-Seixe"); der Ort liegt an der N-120, die sich hier durch die bewaldeten, hügeligen Ausläufer der Serra de Monchique windet.

Orientierung/ Nützliches

- Im Ort liegen gleich links der **Busbahnhof** (3–4-mal täglich Nord-/Südanbindung via Aljezur bis Lagos) und die **Markthalle,** gegenüber die **Post** und die sehr gute, preiswerte **Pensão do Parque** €, Tel. 282 947 304. 50 Meter weiter folgt linker Hand eine **Bäckerei** sowie gegenüber an der Ecke das nette **Restaurante O Retiro** (feine Speisen zu kleinen Preisen).
- Am kleinen Dorfplatz (dem Sträßchen weiter folgen) sind ein **Alisuper,** das **Café Stop** sowie die **Snackbar Blue Sky** zu finden.
- Am Ortsrand Richtung Strand bietet die **Pensão Luar** €€, Tel. 282 947 194, Unterschlupf, im Ort selbst zudem rund 20 private Zimmervermieter (beschildert).
- Folgt man der N-120 nach Norden bis zu einer Brücke über den Seixe (Grenze zur Provinz Alentejo), kann man auch dahinter gleich links ein holpriges Sträßchen bis zum Strand nehmen – hier stehen gelegentlich Wohnmobile.
- 2,5 Kilometer nördlich der Brücke, hinter dem Dorf Baiona, liegt der **Campingplatz S. Miguel** (Tel. 283 694 145) mit Minimarkt, Schwimmbad und Tennisplatz.

092al Foto: wl

Praia de Odeceixe

Man kann durch die 400-Seelen-Gemeinde zum Strand fahren, aber auch die neue Straße am Südufer des Flusses nehmen. An deren Ende liegen mehrere Kioske und Snackbars sowie Aussichtspunkte und Parkmöglichkeiten. Der sehr tiefe, in die Klippen eingeschnittene reine Sandstrand mit dem Flüsschen in der Mitte erweist sich als malerischer Höhepunkt im Nordwesten der Algarve – Top!

Die „letzte Bratwurst vor Amerika" kann man leider nur von Ostern bis Oktober genießen ...

106al Foto: wl

Lissabon

Überblick

„Lissabon ist Portugal – der Rest ist Landschaft"
(portugiesischer Volksmund)

Wer von der Algarve nach Lissabon reist, wird – gleich ob er sich Portugals Metropole per Bus über die Brücke des 25. April oder per Bahn und Fähre über den hier kilometerbreiten Rio Tejo nähert – sofort in den Bann **einer der schönsten europäischen Hauptstädte** gezogen. Hier schlägt das kulturelle Herz des Landes; hier kann der staunende Besucher nachvollziehen, dass es die Portugiesen waren, die einst beinahe die halbe Welt entdeckten und eroberten; hier kann an Bauwerken, Monumenten und Denkmälern die einstige Größe des Landes als Vorreiter der westlichen Welt nachempfunden werden. Lissabon war die Schaltzentrale der ersten weltumspannenden Kolonialmacht, und auch, wenn vom alten Glanz längst nur noch Erinnerungen geblieben sind, so spürt man doch unvermittelt, dass es kaum eine andere Metropole gibt, die so sehr den Charakter des Landes, ja die nationale Identität widerspiegelt wie gerade Lissabon.

Optisch bietet die portugiesische Hauptstadt eine Melange aus maroder Pracht und modernem Funktionalismus. Der überwiegende Teil der Zweck- und Wohnbauten der Innenstadt verdient durchaus das Etikett „irgendwo in Osteuropa vor der Wende". Die restaurierten repräsentativen Bauten, Plätze, Denkmäler und vor allem die moderne Neustadt Richtung Oriente/Expo-Gelände und Bela Vista sind dafür umso attraktiver.

Zum Reiz der Stadt tragen nicht nur das angenehme Klima am Tejo, die hügeligen, verwinkelten, mit alten ächzenden Straßenbahnen ein wenig an San Francisco erinnernden Straßen und Gassen bei, sondern auch die heutige **multikulturelle Gesellschaft;** viele Einwanderer aus allen Ländern des einstigen Kolonialreiches leben hier.

Und über allem thront auf dem höchsten Punkt der Stadt die **Georgsburg** (Castelo São Jorge), eine eindruckvolle Erinnerung an die Vergangenheit und wachsame Hüterin über das Neue.

Eine Tour kann entweder auf eigene Faust oder bequemer über eine der Agenturen an der Algarve arrangiert werden. Man sollte für den ersten Stadtbesuch auf jeden Fall eine Übernachtung einplanen, besser noch zwei.

An- und Weiterreise

Anreise per Flugzeug

Die Möglichkeiten, einen Urlaub an der Algarve mit einem Abstecher nach Lissabon zu verbinden, sind recht vielfältig. Wer z.B. einen so genannten **Gabelflug** gebucht hat (z.B. Berlin – Faro – Lissabon – Berlin), landet auf dem nur wenige Kilometer vom Zentrum entfernten Flughafen. Lissabon-Airport ist übersichtlich und funktional, **Busse** (91, 44 und 45, Route Flughafen – Marquês Pombal – Rossio – Caís do Sodré) und **Taxis** (ca. 10 € pro Wagen) gewährleisten eine rasche Anbindung an die Innenstadt (Fahrtdauer ca. 20 Minuten). Ferner wurde für Gäste größerer Hotels ein so genannter **„Aero-Bus"** eingeführt, ein Minibus, der zwischen Flughafen und Caís do Sodré verkehrt.

Gebuchte Kurztouren

Üblicherweise buchen Besucher ein **Arrangement** (Transport und Hotel) bereits an der Algarve bei den allgegenwärtigen Reisebüros (je nach Ausgangspunkt z.B. 90–100 € für eine Zwei-Tagestour) und werden per Reisebus über die Tejobrücke 25 de Abril in die Stadt und direkt zum Hotel gebracht.

Anreise mit Bus und Bahn

Wer auf eigene Faust reist, kann sicher noch ein paar Euro sparen, muss (darf?) dafür aber unter Umständen mehr Zeit einplanen. Man kann entweder per **Überlandbus** (EVA Transportes, RENEX, je nach Abfahrtsort liegt der Rückfahrpreis

- ★ 1 Torre de Belém
- Ⓜ 2 Museum der Volkskünste
- ★ 3 Denkmal der Entdeckungen
- ★ 4 Kulturzentrum Belém
- Ⓜ 5 Marine-Museum und Planetarium
- Ⓜ 6 Archäolog. Museum
- ⛪ 7 Mosteiro dos Jéronimos (Hieronymuskloster)
- Ⓜ 8 Museu de Etnologia do Ultramar
- ★ 9 Tropischer Garten
- ★ 10 Palast von Belém, Ⓜ Kutschenmuseum

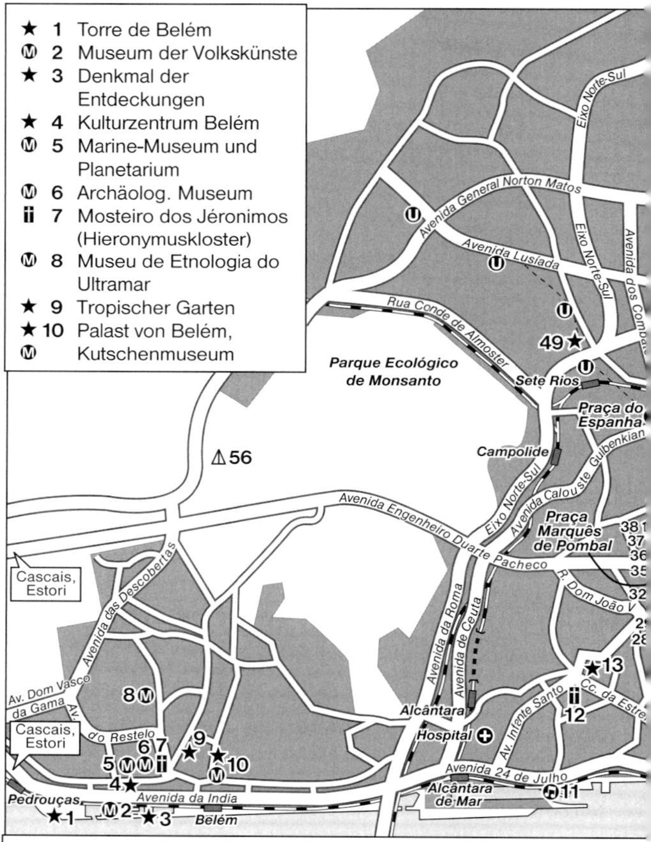

- 🎵 11 Disco-Viertel Docas de Alcântara
- ⛪ 12 Basilika Estrela
- ★ 13 Jardim da Estrela
- ★ 14 Elevador da Bica
- ★ 15 Elevador de Sta. Justa
- ⛪ 16 Kathedrale
- ★ 17 Aussichtspunkt São Jorge
- 🏰 18 Castelo São Jorge
- 🏨 19 Metrópole
- 🏨 20 Mundial
- 🏨 21 Avenida Palace
- 🏨 22 Orion Eden
- ★ 23 Aussichtspunkt São Pedro
- ★ 24 Elevador da Gloria
- ★ 25 Elevador do Lavra
- 🏨 26 Lisboa Plaza
- 🏨 27 Sofitel Lisboa
- Ⓜ 28 Wissenschaftsmuseum
- ★ 29 Botanischer Garten
- 🏨 30 Tivoli
- 🏨 31 Veneza

Lissabon Großraum

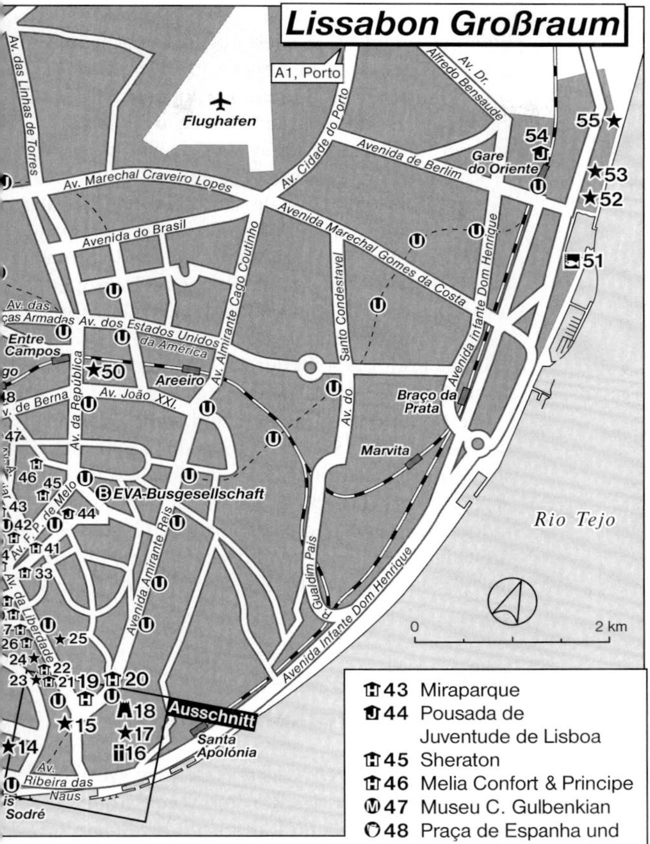

32 Flamingo
33 Dom Carlos
34 Fénix
35 Diplomático
36 Four Seasons Ritz
37 Park Atlantic Lisboa
38 Hotel Rex
★39 Park Eduardo VII.
★40 Estufa Fria
41 Capitol
42 Eduardo VII.
43 Miraparque
44 Pousada de Juventude de Lisboa
45 Sheraton
46 Melia Confort & Principe
47 Museu C. Gulbenkian
48 Praça de Espanha und Teatro Aberto
★49 Jardim Zoológico
★50 Stierkampfarena
51 Ozeanarium
★52 Pavilhão Atlantico
★53 Parque des Nações
54 Pousada de Juventude de Parque das Nações
★55 Torre Vasco da Gama
★56 Lisboa Camping
Ⓤ Metrostation

zwischen 25 und 30 €) oder per **Bahn** (4–5 Verbindungen täglich, je nach Zugart 2½–4½ Stunden Fahrtzeit, einfache Strecke 13–16,50 €/2. Kl. bzw. 15 €/1. Kl.) bis Barreiro am anderen Tejoufer fahren, übersetzen und sich dann eine Unterkunft suchen (die **Fähre** zu den Caís do Sodré ist im Preis enthalten, **Expresszüge** fahren direkt ins Zentrum). Komplettpakete sind etwa bei Megatour (www.megatur.pt) oder Follow me Tours vorab arrangierbar. Fahrkarten und weitere Informationen sind bei allen Agencija Viagens (Tour-Agenturen) an der Algarve erhältlich. EVA Transportes/Lissabon (für öffentliche Busse) hat ihren Sitz (Central Rodoviária) in der Av. Duque d'Avila, Arco do Cego (Metro Saldanha), Tel. 213 147 710.

Alle **Bahnhöfe** in Lissabon sind nicht miteinander verbundene Sackbahnhöfe; die wichtigsten sind Barreiro (Fähre) am Südufer des Tejo für die Algarve, Rossio (Zentrum) am Praça dos Restauradores für Porto und Nordportugal, Caís do Sodré (Metro) für Belém und der neue „Expo-Bahnhof" Oriente (Metro) für Züge nach Madrid/Paris usw.

Orientierung und öffentliche Verkehrsmittel

Der städtische Bereich erstreckt sich im Wesentlichen am Nordufer des Rio Tejo vom Parque das Nações (Expo-Gelände) im Osten bis Belém im Westen. Genau in der Mitte liegt das Zentrum mit den **Vierteln Bairro Alto, Baixa** und **Alfama/Mouraria** mit der Burg und den meisten Sehenswürdigkeiten. Mehrspurig befahrbar sind lediglich die Uferstraße sowie nach Norden die Rua da Pal-

093al Foto: wl

ma (Flugplatz), Avenida da Liberdade (zum Parque Eduardo VII.) oder die Rua do Alecrim (zur Autobahn A5) – die restlichen Straßen sind überwiegend schmal und zweispurig, viele davon Einbahnstraßen oder Fußgängerzonen.

Verkehrsmittel

Die Mehrzahl der Hotels liegt zwischen Parque Eduardo VII. (Metro „Marquês Pombal") und Praça dos Restauradores bzw. Baixa, günstige Pensionen gibt es am Praça Figueira um die Ecke. Die großen Plätze Praça Restauradores, Praça Dom Pedro IV. und Praça Figueira hängen praktisch zusammen, sodass die **Metro-Stationen Baixa-Chiado, Rossio** und **Restauradores** (die wichtigsten für den Zentrumsbereich) beliebig als Zielstation genommen werden können; für die anderen Verkehrsmittel wichtig sind: **Praça Comércio** (am Arco Rua Augusta) für die Straßenbahn E-15 (nach Belém) und die Fährstation Terreiro do Paço; **Praça Figueira** für die E-12 (Burg und Alfama) sowie E-15 (Belém); **Parque Martim Moniz** für die E-28 (Basílica da Estrela, auch Burg und Alfama); schließlich die **Caís do Sodré** (Boote und Zug nach Belém, Busbahnhof, E-15). Die 15 ist eine moderne Straßenbahn, bei 12 (Rundkurs) und 28 (Martim Moniz – Campo de Ourique) dagegen handelt es sich um urige, hölzerne Einkabiner (beide unbedingt nutzen!).

Von der Achse Baixa – Avenida da Liberdade aus geht es sowohl ost- als auch westwärts recht steil die Hügel hinauf. Während sich Richtung Burg (Viertel Mouraria und Alfama) die Trams (12 und 28) noch ächzend die Hügel hinaufquälen können, gibt es nach Westen neben der Tram Nr. 28 Richtung Campo de Ourique (Basílica da Estrela) noch zwei andere urige Verkehrsmittel im Zentrum: die „Elevador da Gloria" genannte **Bergtram** (Aussichtspunkt!) sowie den „Elevador de Santa Justa", einen ungewöhnlichen, zwei Straßen verbindenden **Freiluft-Stahlaufzug** aus der Schule des Eiffelturmbauers *Gustave Eiffel,* der praktisch zum Wahrzeichen der Altstadt wurde.

Auf ein **eigenes Fahrzeug** sollte man in der Innenstadt wegen der Verkehrsdichte und -führung besser verzichten (Parkhäuser an der Av. Liberdade nutzen), zur Not stehen zahllose **Taxis** (Innenstadtrouten ca. 5–6 € pro Wagen) bereit.

Fußgänger müssen sich an den Ampeln sputen, denn länger als fünf Sekunden scheint keine Grünphase zu dauern! Ansonsten kommt man im Zentrum zu Fuß prima zurecht.

Buslinien

Die wichtigsten Zentrumsbuslinien:

- **91:** Airport – Praça Marquês Pombal – Av. Liberdade – Restauradores – Rossio – Praça Comércio – Caís do Sodré
- **43:** Belém – Caís do Sodré
- **49:** Belém – Praça Marquês de Pombal – Egas Moniz – Metrostation Chelas
- **208:** Caís do Sodré – Martim Moniz (Trams)
- **37:** Praça Figueira – Castelo S. Jorge (via Kathedrale und Sta. Lucia)
- **46, 90:** Praça Marquês de Pombal – Rossio – Praça Comercio – Estação Santa Apolónia
- **22:** Airport – Praça Marquês de Pombal – Caís do Sodré
- **44, 45, 48:** Praça Marquês de Pombal – Caís do Sodré

Tickets

Für die öffentlichen Verkehrsmittel gibt es mehrere Ticket-Alternativen. Am einfachsten ist der Erwerb der so genannten **„Lisboa-Card"** wahlweise für 24 (12,75 €, Kinder ab 4 Jahren 5 €), 48 (21,50/7,20 €) oder 72 Stunden (26,50/10,25 €), Start jeweils ab erster Nutzung; mit dieser Karte hat man freie Fahrt in allen öffentlichen Verkehrsmitteln; zahlreiche Sehenswürdigkeiten und Museen gewähren freien Eintritt oder einen Preisnachlass („LC"-Preis), auch die Bahnfahrt Caís do Sodré – Belém ist mit der Lisboa-Card umsonst.

Der **Passe Turístico** gilt für vier oder sieben Tage, kostet 10 bzw. 14 € und gilt für Bus, Tram, Metro und Elevadores; exklusive Metro geht es auch, als Tages- oder Dreitageskarte (2,50 bzw. 5,50 €); natürlich können auch Einzelfahrscheine gelöst werden (Tram und Bus 90 Cent, Metro je nach Strecke zwischen 0,65 und 1,05 €).

Für Kurzurlauber mag auch das **kombinierte Tagesticket** für Elevatoren, Straßenbahn, Bus und U-Bahn *(bilhete de um dia de carris e metro)* sehr nützlich sein, welches 2,75 € kostet und unbegrenzte Nutzung der genannten Vekehrsmittel gestattet.

Lisboa-Card und Touristenpass sind in den meisten Hotels oder aber bei den Touristeninformationen erhältlich, Tages- und Metrokarten usw. in den Metrostationen. Wer auch nach Belém oder zum Expo-Gelände fährt und das eine oder andere Museum besucht, ist mit der Lisboa-Card gut beraten.

Sehenswertes

Rund um Praça de Espanha und Praça Marquês de Pombal

Die Stadtgestaltung rund um diese beiden Plätze mutet großzügig an, etliche moderne Neubauten wechseln sich mit Wohnblöcken und Zweckbauten ab; ferner liegen hier rund **90 Prozent der Ho-**

1, 2
Av. da Liberdade
3
Convento da Encarnação
Igreja S. Antão
4
Rua das Portas S. Antão
Praça dos Restauradores
R. Jardim do Regedor
5
6
7
R. de Pedro
Miradouro S. Pedro de Alcântara
Elevador da Gloria
Igreja S. Pedro de Alcântara
Restauradores
8
Barros Queir
Rua San Pedro Alcantara
14
Igreja S. Domingos
Teatro Maria II
Bahnhof do Rossio
Museu S. Roque
Travessa Novas S. Do
Rossio
Praça Pedro IV
9
10
Rua de Dezembro
11
12
Rua da Rosa
Rua da Atalaia
Igreja S. Roque
Largo Trinidade Coelho
13
Calçada Carmo
Rua Betesg
24
BAIRRO ALTO
Travessa Poço Cidade
15
Rua da Misericórdia
Convento do Carmo
Rua dos Sapateiros
R. Santa Just
22
R. da Trinidade
Largo Carmo
Elevador de Santa Justa
Teatre Trindade
16
Sacramento
Cc.
17
Carmo
R. da Assunção
Rua Aug
CHIADO
Rua do Ouro
R. Victoria
Igreja N. Sra. do Loreto
18
Rua Garrett
Elevador da Bica
Rua Loreto
Praça Luis Camões
Largo do Chiado
Baixa-Chiado
Rua Nova Almada
Igreja N. Sra. Mártires
Igreja N. Sra. Encarnação
Cardoso
Largo São Carlos
Rua Ivens
R. São Nicolau
Rua Capelo
Teatre S. Luiz
Teatre S. Carlos
Rua do Ataide
Rua das Flores
Rua do Alecrim
Rua António Maria
Rua Serpa Pinto
Calçada de São Francisco
Museu do Chiado
Igreja São Paulo
Rua São Paulo
19
Rua Victor Cordon
Rua Ferragial
Post
Rua Ribeira Nova
Rua do Arsenal
Rua Remolares
Igreja Corpo Santo
R. Bernardino Costa
20
Praça Duque da Terceira
Av. 24 de Julho
Avenida da Ribeira das Naus
Cais do Sodré
Bahnhof Cais do Sodré
Cacilhas
Cais do Sodré

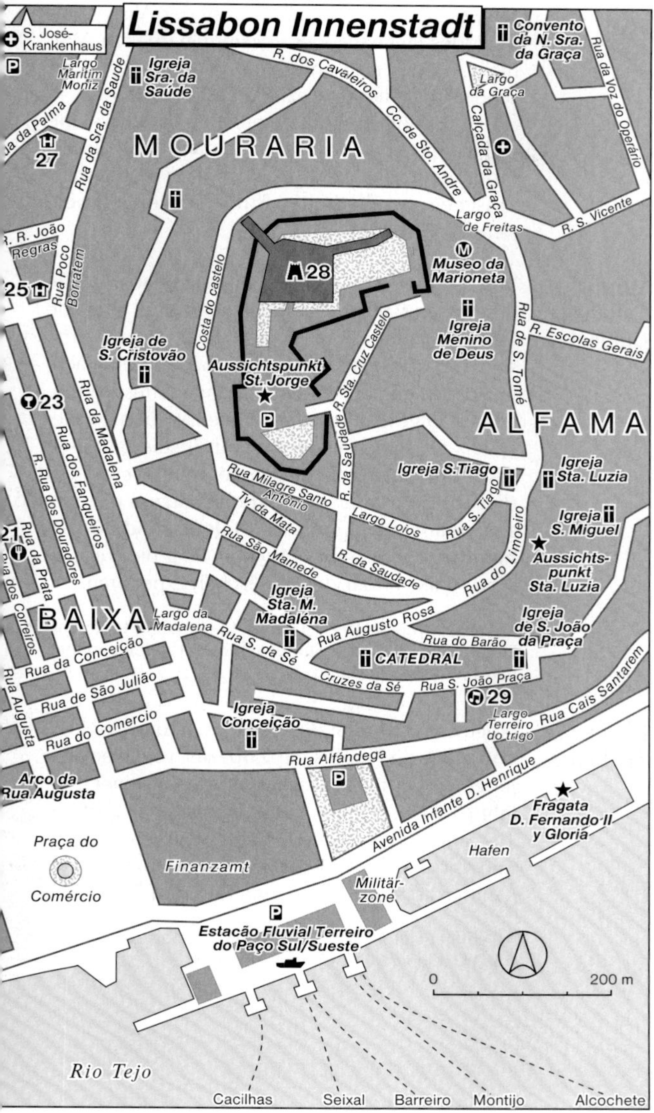

Lissabon Innenstadt
S. José-Krankenhaus
Largo Maritim Moniz
Igreja Sra. da Saúde
R. dos Cavaleiros
Convento da N. Sra. da Graça
Largo da Graça
Rua da Voz do Operário
Cc. de Sto. Andre
Calçada da Graça
Rua da Palma
27
MOURARIA
Rua da Sra. da Saude
R. R. João Regras
25
Rua Poco Borratem
Largo de Freitas
R. S. Vicente
28
Museo da Marioneta
Costa do castelo
R. Sta. Cruz Castelo
Igreja Menino de Deus
Rua de S. Tomé
R. Escolas Gerais
Igreja de S. Cristovão
Aussichtspunkt St. Jorge
23
Rua da Madalena
Rua dos Fanqueiros
R. Rua dos Douradores
ALFAMA
Igreja S.Tiago
Igreja Sta. Luzia
Rua Milagre Santo António
R. da Saudade
Tv. da Mata
Largo Loios
Rua S. Tiago
Igreja S. Miguel
21
Rua da Prata
Rua dos Correiros
Rua São Mamede
R. da Saudade
Rua do Limoeiro
Aussichts-punkt Sta. Luzia
BAIXA
Largo da Madalena
Igreja Sta. M. Madaléna
Rua Augusto Rosa
Igreja de S. João da Praça
Rua da Conceição
Rua S. da Sé
Rua do Barão
CATEDRAL
Rua Augusta
Rua de São Julião
Cruzes da Sé
Rua S. João Praça
29
Rua do Comercio
Igreja Conceição
Largo Terreiro do trigo
Rua Cais Santarem
Rua Alfândega
Arco da Rua Augusta
Avenida Infante D. Henrique
Fragata D. Fernando II y Gloria
Praça do Comércio
Finanzamt
Hafen
Militär-zone
Estacão Fluvial Terreiro do Paço Sul/Sueste
0
200 m
Rio Tejo
Cacilhas
Seixal
Barreiro
Montijo
Alcochete

Lissabon

tels, mit denen Anbieter sowohl der Algarve als auch des Heimatlandes zusammenarbeiten. Wer nicht in der Baixa unterkommt, wird sehr wahrscheinlich in diesem Bezirk Quartier nehmen.

Der „Spanische Platz" selbst ist lediglich eine weitläufige Verkehrsinsel mit einem torähnlichen modernen Kunstwerk, welches die Freundschaft zwischen den iberischen Bruderstaaten symbolisieren soll.

Museu Calouste Gulbenkian

Von Interesse vor allem für Kunstliebhaber dürfte das Museu Calouste Gulbenkian (Metro: Praça de Espanha) an der Ecke Av. de Aguiar/Av. de Berna sein. Der armenische Ingenieur *Gulbenkian* machte Anfang des 20. Jh. ein märchenhaftes Vermögen im Ölgeschäft und erwählte Lissabon zur Residenz für seinen Lebensabend. Testamentarisch vermachte er der Stadt sein gesamtes Vermögen und seine gesammelten Kunstschätze - die Museumssammlung umfasst **Malerei und Kunsthandwerk** vom antiken Ägypten über die europäische Antike bis zu kleinasiatischen Exponaten.

- Geöffnet Mi–So 10–17 Uhr, Di 14–18 Uhr, Mo geschl.; Eintritt 3 €, für Kinder, Studenten, Lehrer frei; an Sonntagen generell freier Eintritt

Jardim Zoológico

Noch eine Metro-Station weiter („Jardim Zoológico") liegt der städtische **Zoo,** der vor allem die jüngeren Gäste ansprechen dürfte. In seiner 100-jährigen Geschichte baute er eine der größten Tiersammlungen weltweit auf; weitere Attraktionen sind u.a. der Streichelzoo, ein Animationspark (Animax) und die Delfin- und Reptilien-Shows.

- Geöffnet tägl. 10–20 Uhr (Okt. bis März bis 18 Uhr), Eintritt 8 € (Kinder 50 %, LC 15 % Nachlass)

Hotel	1	Lisboa Plaza	Kneipe	15	Cervejaria Trindade
Hotel	2	Sofitel Lisboa	Restaurant	16	Pastelaria do Carmo
Kneipe	3	Bodega de Santo Antão	Kneipe	17	Café/Bar Herois
Hotel	4	Florescente	Hotel	18	Borges
Hotel	5	Pensão Campos	Restaurant	19	Rest. Alemão (dt. Küche)
Hotel	6	Pensão Gerés	Einkaufen	20	Blumen- & Souvenirmarkt
Hotel	7	Orion Eden und	Restaurant	21	Rest. Chez Elle
Post		Postautomat	Hotel	22	Insulana
Information	8	Touristeninformation,	Kneipe	23	Cervejaria Bessa
Polizei		Polizei,	Hotel	24	Internacional
Hotel		Avenida Palace	Hotel	25	Lisboa Tejo
Einkaufen	9	Pingo Doce Supermarkt	Hotel	26	Pensão Coimbra Madrid
Hotel	10	Americano	Hotel	27	Mundial
Hotel	11	Casa dos Sandes	Sehenswürdigkeit	28	Castelo São Jorge
Hotel	12	Metropole	Musik	29	Clube de Fado
Hotel	13	Pensão Estação Central,			
Hotel		Pensão Estrela Mondega	Ⓤ		Metrostation
Kneipe	14	Portweinstube			

Stierkampfarena Campo Pequeno

Folgt man der Avenida de Berna noch zehn Minuten, erreicht man einen Schauplatz gänzlich anderer Art: den Campo Pequeno, die berühmteste **Stierkampfarena** des Landes. Über anstehende Vorstellungen informiert die Arena direkt (Tel. 217 932 143) oder auch die Touristeninformationen (⇗Adressen). Architektonisch interessant sind die orientalisch anmutenden Zwiebeltürme der roten Backsteinarena.

El Corte Inglês (Kaufhaus)

Vom Spanischen Platz fünf Minuten zu Fuß in südlicher Richtung (Ecke de Aguiar/da Fronteira, Metro S. Sebastião) liegt eines der größten Kaufhäuser des Landes, das El Corte Inglês.

Parque Eduardo VII.

In der Rua Fronteira liegt auf einer hübschen Anhöhe der **Justizpalast** (Palacio da Justiçia) sowie der obere Bereich des Parque Eduardo VII. Diese zwar nicht sonderlich spektakuläre, aber großzügige Anlage lädt zum Verweilen ein; von hier hat man einen großartigen Blick hinunter in die Baixa (Altstadt) bis über den Tejo hinweg. An der östlichen Parkseite steht der **Pavilhao Carlos Lopez,**

094al Foto: wl

ein mit herrlichen Azulejo-Motiven bestückter, kirchenähnlicher Bau, der an die brasilianische Epoche unter *João VI.* erinnern soll (⇗Geschichte); an der Westseite des Parks liegt ein kleiner **Botanischer Garten** mit Vogelvolieren, Gewächshaus und kleineren Insektarien („Estufa Fria", geöffnet täglich 9–17.30 Uhr, Eintritt 50 Cent).

Staatsmann und Städteplaner:
der Marquês de Pombal

Am unteren Parkende trifft man auf einen großen Kreisverkehr mit der monumentalen **Statue des Marquês de Pombal,** der die Stadt nach dem verheerenden Erdbeben von 1755 wieder aufbauen ließ. Von hier aus führt die lange Avenida da Liberdade hinunter zur Altstadt (15 Minuten zu Fuß, Busse 22, 44, 45, 46, 48, 49, 91, Metro ab Rotunda oder Parque zur Station Restauradores).

Rossio

Am Bahnhof Rossio beginnt das teilweise monumentale und unbedingt sehenswerte **Altstadtzentrum** Lissabons, in dem neben einer Hand voll Hotels vor allem Pensionen zu finden sind, ferner unzählige Schänken, Restaurants, verwinkelte Altstadtgassen, urige Trams, wundervolle Aussichtspunkte und, und, und ...

Praça de Restauradores

Unmittelbar nach Verlassen der Metro-Station „Restauradores“ steht man am Südende der Avenida da Liberdade an der monumentalen Praça de Restauradores mit dem Denkmal zur Erinnerung an die Wiederherstellung der nationalen Unabhängigkeit nach der spanischen Fremdherrschaft (1580–1640). Der mächtige neomanuelinische Steinbau des **Bahnhof Rossio** war einst der wichtigste Verkehrsknotenpunkt der Stadt, er hat aber diese Bedeutung längst an die moderneren Bahnhöfe der Außenbezirke, insbesondere Oriente, abgegeben.

Elevador da Gloria

An der Ecke zur Calcada da Gloria fährt eines der urigen alten Transportmittel Lissabons, welches man auf jeden Fall einmal nutzen sollte: der Elevador da Gloria. Der Begriff *elevador* („Aufzug“) trifft es eigentlich nicht so ganz, es handelt sich um eine schräg gebaute und durch das Gegengewicht einer gleichzeitig in die entgegengesetzte Richtung fahrenden Tram angetriebene **Berg-Straßenbahn** (80 Cent, LC frei, alle 15 Minuten).

„Endstation" ist der Aussichtspunkt Miradouro S. Pedro Alcãntara an der Rua Alcãntara mit einem famosen Blick über die Altstadt hinüber zum Castelo São Jorge (⇗westliche Altstadt).

Praça Dom Pedro IV.

Folgt man vom Bahnhof Rossio aus dem Straßenknick Richtung Rio Tejo, öffnet sich nach einigen Schritten der Praça Dom Pedro IV., seit der vollständigen Restaurierung wieder einer der prunkvollsten Plätze der Innenstadt. Am Nordende überragt das neoklassizistische **Nationaltheater Teatro Dona Maria II.** das Geschehen rund um die Springbrunnen und die hohe Säule mit dem **Standbild Pedros IV.** Letzterer war 1826–1828 König von Portugal (später sogar als *Pedro I.* Kaiser von Brasilien) und verzichtete zu Gunsten seiner Tochter *Maria II. da Gloria,* der Namensgeberin des Nationaltheaters, auf den Thron. Durch deren Ehe mit *Ferdinand von Sachsen-Coburg* wurde das Haus Sachsen-Coburg-Bragança gegründet. Gesäumt ist dieser geschichtsträchtige Platz von Straßencafés und kleineren Geschäften.

Praça Figueira

Ein Durchgang durch die östliche Häuserzeile führt zum Praça Figueira (Metro „Rossio") mit der **Statue des portugiesischen Königs João I.,** der als Großmeister des ⇗Ordem de Christo und Vater des späteren *Infante Henrique* in die Geschichte einging.

Burg und östliche Altstadt (Mouraria/Alfama)

Vom Praça Figueira aus bietet es sich an, mit der alten **Tram Nr. 12** die östliche Altstadt der Viertel Graça, Castelo und Alfama zu erkunden – eine ebenso nostalgische wie faszinierende Tour. Man kann die 12 auch am Praça Martim Moniz besteigen; dort fährt auch Linie 28, die eine ähnliche Route hat, dann aber noch zum ⇗Convento da

Nossa Senhora da Graça weiterfährt. Vorbei am Largo Martim Moniz, einer Mischung aus Parkanlage und Treffpunkt für multikulturelle Happenings, Straßenmusikanten und -verkäufer, zuckelt die alte Tram durch die mehr als engen Gassen des **Mouraria-Viertels** und quält sich zur Rua de São Tomé hinauf.

Convento da Nossa Senhora da Graça

Am Largo de Freitas lohnt sich ein Halt, um einen Abstecher zum weithin sichtbaren Convento da Nossa Senhora da Graça (300 Meter die Calcada da Graça hinein oder direkt mit Tram 28) zu unternehmen. Weniger die **Kuppelkirche** des Klosters als vielmehr der famose **Aussichtspunkt** an der Klosteranlage lohnt die paar Schritte.

Largo Santa Luzia

Die meisten Besucher steigen allerdings erst am Largo Santa Luzia aus. Hier sollte man einen Blick in die kleine **Kapelle Santa Luzia** werfen, die sich im Besitz des Malteser-Ordens befindet. Die Hospitalier-Ordensritter wirkten an der Befreiung Lissabons von den Mauren (1147) mit, wovon die Azulejo-Bildnisse im Inneren zeugen. Unmittelbar an der Kirche lädt ein kleiner Biergarten zum Verweilen ein; die Aussichtspunkte rund um die Kapelle bieten wundervolle Panoramablicke über den Rio Tejo.

Castelo São Jorge

Gegenüber der Kapelle führt eine kleine Gasse hinauf zum **höchsten Punkt Lissabons,** dem unbedingt sehenswerten Castelo São Jorge (wer es eilig hat, kann alternativ ab Rossio den Bus 37 zur Burg nehmen). Auf den Fundamenten römischer Kastelle bauten hier die portugiesischen Könige im 14. Jh. ihren Sitz; das Erdbeben von 1755 zerstörte allerdings auch hier weite Teile der Anlage. Die äußeren Mauern sind vollständig begehbar und bieten die besten Ausblicke über die Stadt – eine Panoramatafel hilft bei der Identifizierung der großen Bauwerke Lissabons. Die Palastreste wurden zu einem schicken Nobelrestaurant mit Ge-

095al Foto: wl

wölbekeller umgestaltet, der Außenbereich zu einem ansehnlichen Park mit angenehmen Spazierwegen und Sitzgelegenheiten. Der Eintritt ist frei mit Ausnahme des fakultativen Besuches der **Multimedia-Präsentation Olispónia,** wo die Entstehungs- und Entwicklungsgeschichte Lissabons fünfsprachig (darunter auf Deutsch) aufbereitet wurde.

● **Multimedia-Show:** geöffnet täglich außer Mi 10–18.30 Uhr, November–Februar bis 17.30 Uhr, Eintritt 4,50 €, Kinder 50 %, LC 30 % Ermäßigung). Das Burggelände selbst ist täglich von 9–21 Uhr geöffnet.

Rundblick vom Castell de São Jorge

Die Kathedrale von Lissabon

096al Foto: wl

Museu-Escuola de Artes Decorativas Schräg gegenüber der Luzienkapelle liegt im Palazo Azuarara die Museumsschule für Dekorative Künste, eine Sammlung von **Möbeln, Gemälden und Alltagsgegenständen** des 15.–19. Jh. (geöffnet täglich außer Mo 10–17 Uhr, Eintritt 3 €, LC 20 % Ermäßigung).

Largo da Sé und Kathedrale Per Tram (12 oder 28) zuckelt man nun hinunter zum Largo da Sé mit der Kathedrale. Sie soll um 1150 auf den Fundamenten einer früheren maurischen Moschee errichtet worden sein. Die **trutzi-**

ge romanische Hauptfassade erklärt sich aus der damals latent vorhandenen Angst islamischer Vergeltungsschläge nach der Eroberung Lissabons durch die Christen. Mehrere Erdbeben und Restaurierungsphasen führten zu einer **Stilvermischung,** die besonders im gotischen Kreuzgang und dem Chor ins Auge fällt, dessen barocke Ausschmückung beinahe prunkvoll in dem ansonsten eher schlichten dreischiffigen Sakralbau anmutet. In dem **Taufbecken** am Eingang soll der Schutzpatron Lissabons, *São António,* getauft worden sein.

São António da Sé

Dem *Heiligen Antonius* zu Ehren ließ *König Manuel I.* um die Wende vom 15. zum 16. Jh. 50 Meter die Rua da Sé hinunter die **Kirche** São António da Sé errichten, in deren Krypta der Heilige am 15. August 1195 geboren worden sein soll - allein schon aufgrund des späteren Baubeginns wohl nur eine Legende. Dennoch glauben sehr viele Einwohner an die Wunderkraft des heiligen *António* - die Bettler der Stadt sind vor diesem Kirchlein zu finden, nicht vor der großen Kathedrale. Nebenan befindet sich das angeschlossene **Museu Antóniano** mit Stichen, Gemälden und liturgischen Gegenständen rund um den Heiligen (geöffnet täglich außer Mo 10–13 und 14–18 Uhr, Eintritt 1 €, LC frei).

Von hier aus kann man rasch zu Fuß in die Baixa gehen (10 Minuten), mit der 12 zurück zum Praça Figueira oder mit der 28 durch die Baixa und die westliche Altstadt Richtung Campo Ourique (↗Basilica Estrela) fahren.

Die Baixa

Die Unterstadt („Baixa") ist jenes ebene, von rechtwinkligen, schnurgeraden Sträßchen durchzogene Viertel, welches sich vom Rossio/Praça Figueira bis zum Praça de Comércio am Tejoufer erstreckt. 1755 durch das Erdbeben zerstört, wurde die Unterstadt unter dem *Marquês de Pombal*

097al Foto: wl

(↗Exkurs) erneuert. Der größte Teil der Baixa ist heute **Fußgängerzone,** zahllose Cafés und Pastelarias in den Gassen mit ihren gleichförmigen Händler-, Bank- und Bürgerhäusern laden zu einem Päuschen ein. Hauptader ist hier die **Rua Augusta,** die über den monumentalen Torbogen Arco da Rua Augusta zum Praça Comércio führt.

Praça do Comércio

Früher Warenumschlagsplatz, dann Parkplatz, wurde der Praça do Comércio wieder in seinen alten Zustand zurückversetzt und erstrahlt in würdevollem Glanz vor den Wogen des Tejo, überragt vom **Standbild José I.,** dem großen König der Aufklärung und Gönner des *Marquês de Pombal.*

Während die Rua do Arsenal von hier via Praça do Municipio und dem mondänen **Palast der Stadtverwaltung** Richtung ↗Caís do Sodré führt, bietet sich vom Praça Comércio noch ein kurzer Abstecher in die entgegengesetzte Richtung an.

Praça do Comércio

098al Foto: wl

Fregatte D. Fernando II. y Gloria

Auf der anderen Seite der Avenida Infante Dom Henrique passiert man die Estação Fluvial Terreiro do Paço/Sul (Haupt-Fährstelle zum anderen Tejo-Ufer) und erreicht die Doca da Marinha mit der Fregatte D. Fernando II. y Gloria. Dieser stolze **Dreimaster der portugiesischen Marine** von 1843 dient heute als Museums- und Veranstaltungsschiff.

Elevador de Santa Justa

Die zweifelsohne spektakulärste, da ungewöhnlichste Sehenswürdigkeit der Baixa liegt am Westende der Rua Santa Justa: der Elevador de Santa Justa. Da es recht mühselig war, von der Baixa über die Rua Carmo, Rua Garrett und Rua Sacramento in die westliche Oberstadt Chiado zu gelangen, ersann *der* Fachmann für ungewöhnliche Metallkonstruktionen, kein geringerer als der Eiffelturm-Erbauer *Gustave Eiffel,* einen **Unter- und Oberstadt verbindenden Aufzug.** Geplant und erbaut wurde der Koloss allerdings von seinem Schüler *Raoul Mesnier de Pousard* im Jahre 1902. Für 1,90 € (LC frei) wird man auf eine Aussichtsplattform in luftigen 32 Metern Höhe befördert – hervorragende Rundumsicht inbegriffen. Oben bietet ein kleiner Kiosk Erfrischungen, der eigentliche Übergang zur Rua do Carmo im Chiado-Viertel (⇗westliche Altstadt) ist jedoch wegen Einsturzgefahr nach einem Großbrand (1988) immer noch auf unbestimmte Zeit gesperrt, so dass dem heutigen Besucher Lissabons der Gang die genannten Gassen hinauf nicht erspart bleibt!

Ein Wahrzeichen der Stadt: Elevador de Santa Justa

Le Grand Duc – der Marquês de Pombal

Nach jahrzehntelanger Misswirtschaft unter dem absolutistischen *João V.* gerät Portugal in der ersten Hälfte des 18. Jh. trotz beachtlicher Erträge aus den brasilianischen Goldfördergebieten zunehmend in **britische Abhängigkeit.** Die mit dieser Misswirtschaft wachsende **Verarmung breiter Bevölkerungsschichten** ließ den Unmut der Landbevölkerung und des Kleinadels wachsen. Einer der Unzufriedenen war der aus dem Lager des kleinen Landadels stammende *Sebastião José de Carvalho e Mello Marquês de Pombal* (1699–1782), kurz *Marquês de Pombal* genannt. Er, der im Geiste der Aufklärung aufgewachsen war, machte sich als kleiner Gesandter in Wien und London vor allem einen Namen als **Finanzreformator.** *König José I.* (1750–1777) erkannte das Talent *de Pombals* und betraute ihn 1750 mit dem Amt des Außenministers, 1756 machte er ihn gar zum **Premierminister.** Hier legte *de Pombal* einen nahezu „petrinischen Reformeifer" (in Anlehnung an den russischen Zaren Peter den Großen) an den Tag und schien mit allem Alten brechen zu wollen: Bildungswesen, Wirtschaftssystem, Abschaffung der Sklaverei und Ordnung der Staatsfinanzen waren seine zentralen Themen. Dabei ließ er rigoros jeden aus dem Weg räumen, der ihn in seinem Reformeifer behinderte. Die Jesuiten, die wegen ihres Grundsatzzieles, den katholischen Glauben in die Welt zu tragen, im Portugal der Expansion mit offenen Armen aufgenommen worden waren, bekämpfte *Pombal* ebenso leidenschaftlich wie die überkommenen Privilegien des Kleinadels – dem er ja selbst entstammte.

Sein großes Verdienst war seinerzeit die **Wiederaufbauarbeit** in Lissabon nach dem **Erdbeben** von 1755, als er die Baixa (Unterstadt) in ganz geraden und rechtwinkligen Straßen wiedererrichten ließ. Ähnlich ging er in ↗Vila Real de Santo António an der Ostalgarve vor, die er nach einer Hochwasserkatastrophe auf schachbrettartigem Grundriss wieder aufbauen ließ. Dieses Schachbrett-System erdachte der italienische Festungsbaumeister *Francesco Laparelli* (1521–1570), der von *Papst Pius IV.* 200 Jahre zuvor nach Malta entsandt worden war und dort Valetta als Grundmuster dieses Städtetyps entwarf.

Die politischen Ideen *de Pombals* hatten geringere Überlebenschancen: Unter *Josés* Nachfolgerin *Maria I.* wurden 1776 alle pombalischen **Reformen revidiert** und der Marquês in Pombal unter **Hausarrest** gestellt, wo er 1777 verstarb.

Die westliche Altstadt (Chiado, Bairro Alto)

Convento do Carmo

Unmittelbar am Hang zur Baixa (↗Elevador de Santa Justa) thronen die Ruinen des gotischen **Karmeliter-Konvents,** einst eine der schönsten Kirchen Lissabons. Sie wurde jedoch bei dem Erdbeben von 1755 mit Ausnahme der Außenmauern zerstört und aus Kostengründen nicht mehr restauriert. Doch auch die Mauern wurden bei der Feuersbrunst der unmittelbar darunter liegenden Häuserzeile (1988) angegriffen, sodass die im Inneren der Ruinen untergebrachte **archäologische Sammlung** (einschließlich kolumbianischer und ägyptischer Mumien) noch heute nur sporadisch zugänglich ist. Der Hauptteil des Gebäudes stammt aus dem 14. und 15. Jh., die archäologische Sammlung wurde bereits 1389 von *Dom Nuno Àlvares Pereira* begründet. Interessante Randnotiz: Von der Polizeistation unmittelbar neben dem Konvent ging übrigens jener **Aufstand im April 1974** aus, der die Diktatur beendete und Portugal in die Demokratie führte.

Igreja São Roque

Einen Steinwurf entfernt liegt die **prunkvollste Kirche Lissabons,** die Igreja São Roque, die in einem auffallenden Kontrast zur Schlichtheit der meisten anderen Gotteshäuser der Stadt steht. Als in Europa vom 14. bis ins 18. Jh. der **schwarze Tod** wütete, richteten viele Gläubige ihre Gebete an den heiligen *Rochus,* der als Schutzheiliger gegen die Pest gilt; ihm zu Ehren wurde die Renaissancekirche São Roque Ende des 15. Jh. errichtet. Typisch für den sakralen Stil der Renaissance ist die illusionistische Flucht der ebenen Holzdecke im Inneren. Die weitere Innengestaltung mit Azulejos und Marmor stellt eine gelungene Mischung aus italienischen Einflüssen und nationalem Kunstcharakter dar. Insbesondere die **Seitenkapelle** Capele de São João Baptista (Johannes der Täufer), 1742 im Auftrag von *König João V.* von italienischen Renaissancebaumeistern gestaltet, sucht an Prunk in Lissabon ihresgleichen: Von Marmor über Elfenbein bis zu Lapislazuli und Alabaster wurden nur feinste (und eigens vom Papst gesegnete) Materialien verwendet. Sehenswert ist auch das **Museu de São Roque** in der unmittelbar angeschlossenen Casa da Misericórdia mit sehr kostbaren und seltenen Exponaten zur Sakralkunst des 16.–18. Jh., wo auch ein Großteil des legendären Kunstschatzes der erwähnten Seitenkapelle zu sehen ist. Im Gegensatz zur Karmeliterkirche blieb São Roque vom 1755er Erdbeben übrigens nahezu unversehrt.

Am Miradouro São Pedro Alcãntara

Ein paar Schritt nördlich erreicht man den Elevador da Gloria (zum ⇗Rossio), den **Aussichtspunkt** Miradouro São Pedro Alcãntara sowie das gleichnamige **Kirchlein** schräg gegenüber. Der durstige Besucher wird sich dagegen eher am Solar do Vinho do Porto an der oberen Haltestelle des Elevador da Gloria erfreuen – eine **Portweinprobierstube** (Mo–Sa 14–24 Uhr, Glas ab 1 €, Tel. 21 347 5707) in einem schönen und angenehmen Ambiente.

Jardim Botânico und Museu Nacional da Ciência

Weiterhin lohnt ein Besuch des **Botanischen Gartens** *(Jardim botânico)* mit dem angeschlossenen Museu Nacional da Ciência (**Wissenschaftsmuseum,** zehn Minuten die Dom Pedro V. entlang). Dieses Museum „zum Anfassen" mit Planetarium und Observatorium bietet eine interaktive Dauer- sowie eine Wechselausstellung zu besonderen Themen der Wissenschaft.

- Geöffnet Mo–Fr 10–13 und 14–17 Uhr, Sa 15–18 Uhr; Eintritt 3 €, Kinder und LC 50 %; der Bus 58 fährt von hier zurück via S. Roque und Largo Chiado bis Caís do Sodré.

Largo Chiado und Praça de Camões

Von der Rochuskirche in südliche Richtung gehend, passiert man den **Largo Trindade** mit dem gleichnamigen **Stadttheater** und erreicht bald darauf die unmittelbar benachbarten Plätze Largo

Luís de Camões (1524–1580)

Luís de Camões war der **berühmteste portugiesische Dichter** während der Blütezeit der portugiesischen Seefahrtsgeschichte; sein abenteuerliches Leben verschlug ihn in aller Herren Länder. Als junger Soldat wurde er 1549–1551 in Nordafrika eingesetzt, später in den indischen Besitzungen Portugals (z.B. Goa, 1553–1556). Im weiteren Verlaufe seines Lebens soll er nach Macau gegangen und von dort 1569 nach Lissabon zurückgekehrt sein.

Sein berühmtestes Werk, die **Lusiaden** *(Os Lusiades,* erschienen 1572, von *Hans Joachim Schaeffer* ins Deutsche übersetzt), gelten als das bedeutendste portugiesische Epos überhaupt. In ihm werden die Entdeckungsfahrten und Eroberungen der portugiesischen Seefahrer besungen. Eine der Zentralfiguren hierin soll (der nicht namentlich erwähnte) *Vasco da Gama sein,* der mit seinen Entdeckungsfahrten Portugal zur führenden Seefahrernation machte und den *Camões* geradezu verherrlichte. Die Lusiaden sollen angeblich im Camões-Garten von Macau entstanden sein, doch wird heute oft bestritten, dass der Dichter überhaupt jemals in Macau weilte. *Luís de Camões* starb 1580 in Lissabon an der Pest, die zu dieser Zeit auch in Portugal wütete.

Chiado und Praça de Camões (hier auch Tram 28 von/bis Praça Figueira). Letzterer zeigt ein Denkmal zu Ehren des bedeutendsten portugiesischen **Nationalpoeten Luís de Camões** (⇗Exkurs), dessen Todestag als Nationalfeiertag begangen wird.

Der Largo Chiado wird von den beiden Kirchen **Igreja Nossa Senhora Do Loreto** und **Igreja Nossa Senhora Encarnação** gesäumt.

Einkaufsstraße

Von hier bis zur Rua Garrett hinunter erstreckt sich eine beinahe biedermeierlich-pittoreske **Einkaufs- und Flaniermeile** mit Cafés, alten Buchhandlungen und Einzelhändlern aller Art. Besonders sei das traditionsreiche **Café A Brasileira do Chiado** empfohlen, wo der Kaffee noch ein Genuss ist (geöffnet täglich 8–2 Uhr nachts, Tasse Kaffee an der Theke 50 Cent, am Tisch 1 €, draußen 1,50 € – wegen der vielen Zechpreller).

Teatro São Luis und Ópera São Carlos

In der Parallelstraße am Largo São Carlos bieten gleich zwei Theaterhäuser kulturelle Abendunterhaltung: das **Schauspielhaus Teatro São Luis** sowie die berühmte **Ópera São Carlos.**

Museo do Chiado

Die Rua Serpa Pinto hinunter schließlich wird der „künstlerische Bereich" des Chiado vom Museu do Chiado abgerundet: Auf dem Areal des ehemaligen Franziskanerkonvents wurde das **Städtische Kunstmuseum** untergebracht. Gezeigt werden vorrangig die Werke der portugiesischen Malerei von der Romantik über den Postnaturalismus bis hin zur modernen portugiesischen Kunst.

● Geöffnet Mi–So 10–18, Di 14–18 Uhr, Mo geschl.; Eintritt 3 €, bis 25 und über 65 Jahren 2 €, LC frei)

Von hier aus kann man per Tram 28 an der Rua Vitor Cordon zurück zum Praça Figueira oder in die entgegengesetzte Richtung zur ⇗Basilica da Estréla fahren. Zu Fuß sind es zehn Minuten die Rua Ferragial und Rua do Alécrim hinunter zu den Caís do Sodré.

Caís do Sodré und Stadtmarkt

Keine Sehenswürdigkeit, aber den wichtigsten **Transfer- und Verkehrsknotenpunkt** der Stadt stellen die Caís do Sodré dar, die fast von allen öffentlichen Verkehrsmitteln angesteuert werden. Von der Fährstation hinter dem Busplatz kann man nach Caçilhas und zur ⇗Christo-Rei-Statue fahren (1,50 € einfach), oder auch (sehr zu empfehlen) nach ⇗Belém (60 Cent einfach). Letzteres ist auch mit der modernen Straßenbahn Nr. 15 (vor dem Bahnhofsgebäude) erreichbar oder auch per Zug im Bahnhof selbst (schneller). Vom Busplatz zwischen Bahnhof und Fähre werden der

099al Foto: wl

Flughafen (91) und zahllose Punkte der Innenstadt (z. B. Rossio – Av. da Liberdade – Praça Marquês de Pombal mit 22, 44 und 48) angefahren. Und schließlich besteht hier auch Metro-Anschluss der „Grünen Linie“ (*Linha Verde*, im Bahnhofsuntergeschoss).

Früher, als noch die exotischen Waren, etwa duftende Gewürze, aus allen Ländern des portugiesischen Weltreichs nach Lissabon befördert wurden, war der **Mercado 24 de Julho** gegenüber vom Bahnhof ein wildes Meer aus Farben und Gerüchen – heute stellt sich der Markt in kleinerem Umfang, aber nicht weniger interessant dar (Verkauf Mo–Sa 5–14 Uhr).

Allgegenwärtige Snacks auf die Hand

Die genannten Sehenswürdigkeiten umfassen das eigentliche, altstädtische Zentrum Lissabons und sind in Form von Rundgängen/-fahrten leicht erreichbar. Daneben gibt es noch eine ganze Reihe empfehlenswerter Örtlichkeiten, die gezielt angefahren werden müssen.

Basilica da Estrela

Die Tram 28 führt vom Praça Figueira nicht nur um den Burgberg herum durch die Baixa ins Chiado-Viertel hinauf, sondern weiter die Rua Loreto am von steinernen Löwen bewachten **Portugiesischen Parlament** (Assembleia da República) rechter Hand entlang bis zur weithin sichtbaren Basilica da Estrela. Die vor allem vom Tejo aus weithin sichtbare **Kuppelkirche** mit Zwillingstürmen entstand erst 1799 unter *Maria I.*, die die Basilika zum Dank für die Geburt eines männlichen Thronfolgers errichten ließ; 1816 wurde sie hier bestattet. Dem barocken Grundkonzept der sanft und licht wirkenden Kirche wurden klassizistische Charakteristika beigefügt, wofür die italienischen Künstler *Pompeu Batoni* und *Pedro Alexandrino* verantwortlich zeichnen. Der gegenüberliegende **Park Jardim da Estrela** bildet als grüne Oase einen wohltuenden Kontrast zum sonst architektonisch dominierten Stadtbild Lissabons.

Das prächtige Monasteiro dos Jéronimos

100al Foto: wl

Belém

Kein Besuch Lissabons wäre vollkommen, würde man auf einen Ausflug zum **Vorort** Belém verzichten. Dieser ist am bequemsten ab Praça Figueira, Praça do Comércio oder Caís do Sodré (jeweils Straßenbahn 15, Haltstelle „Mosteiro") zu erreichen, am reizvollsten aber ist die **Anfahrt per Fähre** ab ⇗Caís do Sodré (60 Cent einfach). Zwei bis drei Museumsbesuche vorausgesetzt, sollte man durchaus einen ganzen Tag für Belém einplanen. Alleine schon für die Eintrittsgelder, die man hier berappen muss, lohnt sich übrigens die erwähnte Lisboa-Card (LC).

Die portugiesische Manuelinik

Im Grunde begann die Entwicklung dieser eigenständigen, rein portugiesischen Stilrichtung der Baukunst im Anschluss an die Spätgotik mit einem banalen Schwur: *König Manuel I.* (1495–1521, genannt „der Glückliche") versprach, in Belém ein außergewöhnliches Kloster errichten zu lassen, falls *Vasco da Gama* (↗Geschichte) tatsächlich den Seeweg nach Indien entdecken sollte. Als der Seefahrer im Herbst 1498 tatsächlich reich beladen aus Calicut (Kalkutta) zurückkehrte, löste *Manuel* sein Versprechen ein und ließ mit dem Hieronymus-Kloster in Belém das schönste Bauwerk der damaligen Zeit errichten – der clevere *König Manuel* hatte sich bereits 1496 eine entsprechende Genehmigung bei *Papst Alexander VI.* eingeholt.

Der nach Manuel benannte Stil ist **dekorativ im Sinne der Spätgotik** und verbindet die in Flamboyant-, Mudéjar- und Platereskenstil geprägten Formen mit Elementen nautischen, maritimen und exotischen Ursprungs (Anker, Muscheln etc.).

Der geradezu überladen-verspielt wirkende Baustil ist von verschiedenen historischen Umständen beeinflusst worden: Zum einen bewirkte der Erfolg *da Gamas* und die damit errungene **Vorherrschaft Portugals** in Europa und der Welt einen unbändigen Optimismus und Stolz aller Portugiesen, unmittelbar einhergehend mit Berichten über vollkommen Fremdes, Unbekanntes und Schönes, ja Märchenhaftes. Gleichzeitig hatte sich der Hofbaumeister *Manuels, Diogo de Francisco de Arruda,* lange in Marokko aufgehalten und war daher teilweise auch von der **arabischen Bautradition** beeinflusst worden. Und schließlich darf mit hoher Wahrscheinlichkeit davon ausgegangen werden, dass *Manuel* einiges Gedankengut des **Templer-Ordens** (u.a. Kulturoffenheit), dessen portugiesischem Zweig (↗Ordem de Christo, Geschichte) er als Großmeister vorstand, in die Geisteshaltung am Hof einbrachte; was letztlich seinen Ausdruck in der Architektur fand. Wichtigste Bauwerke waren dabei das **Monasteiro dos Jéronimos** und der **Torre de Belém.**

Die vielen Schnörkel und Verzierungen im Hieronymuskloster waren eine Wiedergabe des Erlebten, regten die Fantasie an und luden geradezu ein, die Gedanken schweifen zu lassen, statt der traditionellen introspektiven Meditation ohne Ablenkung nachzugehen. Die Manuelinik war insgesamt ein Ausdruck von **Optimismus,** der **Wertschätzung des Schönen** und dem **Prinzip der Weltoffenheit,** im Ergebnis eine Mischung unterschiedlicher Geisteshaltungen und Einflüsse der Spätgotik/Frührenaissance. *Manuel I.,* der sich in all seinen Bauwerken mit den Initialen „MR", (lat. *Manuel Rex,* „König Manuel") verewigen ließ, war zudem der Initiator der typisch portugiesischen **Azulejo-Kunst** (↗Einkäufe und Souvenirs).

Monasteiro dos Jéronimos

Allein die wunderschöne Lage am Tejo mit parkähnlich angelegter **Uferpromenade** zum Spazieren oder Verweilen und nicht weniger als ein halbes Dutzend hochinteressanter Museen lassen einen Besuch attraktiv erscheinen. Die Mehrzahl der Besucher kommt jedoch wegen des **bedeutendsten manuelinischen Bauwerks Portugals** (⇗Exkurs), welches nicht ohne Grund von der Unesco zum **Weltkulturerbe** erkoren wurde: das weltberühmte **Monasteiro dos Jéronimos** (Hieronymuskloster). An der Stelle, an der *Vasco da Gama* um günstige Winde für seine Indienfahrt bat, ließ *König Manuel I.* nach dessen erfolgreicher Rückkehr das Kloster bauen (ab 1502).

Zentraler Teil des Klosters ist die **Kirche Santa Maria,** in der die Sarkophage des Entdeckerhelden ⇗*Vasco da Gama,* des Nationalpoeten ⇗*Luís de Camões,* der Könige *Manuel I.* und *Joao III.* sowie weiterer hoher Würdenträger und königlicher Familienmitglieder aufgebahrt stehen. Die **Bildnisse der Kreuzigung Christi** im Hauptaltarbereich entstammen dem Pinsel von *Cristóvão Lopes,* dem bedeutendsten Maler am Hofe *Manuels.* Der abgetrennte, zweistöckige **Kreuzgang** mit seinen verzierten Bögen und Säulen gilt als das Paradebeispiel für die Variantenvielfalt des manuelinischen Baustils, ein Seitenkapitell ist dem Grab des berühmten portugiesischen Romantikers *Alexandre Herculano* (19. Jh.) gewidmet, ein weiteres Monument im Kreuzgang erinnert an den bekannten Dichter *Fernando Pessoa* (1888–1935).

● Geöffnet tgl. außer Mo und an Feiertagen von 10–17 Uhr, im Sommer bis 17.45 Uhr; Eintritt 3 €, Personen bis 25 /über 65 Jahre 50 %, LC-Besitzer, Kinder bis 14 und generell Sonntag bis 14 frei, Kirchenbesuch kostenlos

Museu de Arqueologica e Etnologia

Links von Kirche und Kreuzgang befindet sich das Museu de Arqueologica e Etnologia, das 1893 gegründete **Museum für Archäologie und Volkskunde** mit Schwerpunkt auf archäologischen Fundstücken. Es zeigt eine Sammlung von Goldschmiedearbeiten (Bronzezeit bis klassisches Altertum), Keramiken sowie Glas- und Mosaikartefakten aus Portugal (nicht aus den Überseegebieten).

● Geöffnet Mi–So 10–18 Uhr, Di 14–18 Uhr, Mo geschl., Eintritt 3 €, Personen bis 25 und über 65 Jahre 50 %, LC-Besitzer und Kinder bis 14 Jahre frei, ebenso Sonntag bis 13 Uhr

Museu da Marinha

Ebenfalls im Klosterbereich (äußerster linker Flügel) wurde das **Marine-Museum** untergebracht. Alte Seekarten, Schiffsmodelle und nautische Utensilien vermitteln einen kleinen Eindruck der portugiesischen Seefahrtsgeschichte bis hin zur Gegenwart. Besonderes Interesse weckt jenes Wasserflugzeug, mit dem *Cabral* und *Coutinho* 1922 der erste Südatlantikflug nach Brasilien gelang.

● Geöffnet Di–So 10–17 Uhr, Eintritt 3 €, Personen bis 25 und über 65 Jahre 50 %, LC-Besitzer und Kinder bis 14 Jahre frei

Planetarium Fundaçao Gulbenkian

Unmittelbar hinter der Klosteranlage wurde das moderne Planetarium Fundaçao Gulbenkian mit einem Kuppeldurchmesser von 23 Metern erbaut. **Wechselausstellungen** zur Planetarforschung sowie diverse **Multimediavorträge** im 330 Plätze fassenden Auditorium stehen auf dem Programm.

● Geöffnet Sa und So von 15.30–17 Uhr sowie Juli bis September zusätzlich Mi und Do 14.30–16 Uhr

Museu de Etnologia do Ultramar

Wer sich speziell für „Beutestücke" aus den ehemaligen portugiesischen **Kolonien** und sonstigen Überseegebieten interessiert, sollte das Museu de Etnologia do Ultramar („Volkskundliches Museum

101al Foto: wl

der Überseegebiete") besuchen. Rund 26.000 Objekte aus aller Welt, darunter insbesondere afrikanische Kunsterzeugnisse und Werkzeuge, Textilien sowie landwirtschaftliche Gerätschaften sind in dem 1965 gegründeten Museum ausgestellt.

- Geöffnet Di 14–18 Uhr, Mi–So 10–18 Uhr, Mo geschlossen; Eintritt 3 €, Personen unter 25 und Rentner 50 %, LC und Kinder bis 12 Jahren frei. Das Museum liegt ca. 20 Gehminuten oberhalb des Klosters (man folgt der Rua Jéronimos und biegt dann in die Avenida Ilha da Madeira ein). Alternativ fährt die Buslinie 49 ab Kloster, mit der man auch wieder zurück ins Zentrum bis zum Marquês de Pombal gelangt.

Museu dos Coches

Auch ein Blick in das **Kutschenmuseum** lohnt sich; es zeigt eine auf der Welt einzigartige **Sammlung von königlichen und päpstlichen Kutschen** aus dem 16.–19. Jh. Hinter dem Museum liegt übrigens der **Palácio de Belém,** die Residenz des portugiesischen Präsidenten.

- Orientierung: An der 15er-Haltestelle am Kloster geht man 200 Meter Richtung Parkplatz. Geöffnet täglich außer Mo 10–17.30 Uhr, Eintritt 3 €, bis 25/ab 65 Jahre 50 %, Kinder bis 12 Jahre und LC frei

Padrão dos Descobrimentos

Durchquert man den parkähnlichen Praça do Imperio Richtung Tejo, fällt ein seltsam anmutendes **Denkmal** ins Auge, das Padrão dos Descobrimentos („Denkmal der Entdeckungen"). Es ist aus Beton gegossen, wirkt hypermodern bis sozialistisch-monumental und soll das Zeitalter der Entdeckungen symbolisieren. Auf dem Bug eines Schiffes, einer Karavelle aus dem Zeitalter der Entdeckungen nachempfunden, halten *Dom Infante Henrique (Heinrich der Seefahrer), König Manuel I., Luís de Camões* und weitere Vorreiter der großen Epoche Portugals sehnsüchtig über den Tejo hinweg Ausschau nach neuen Eroberungen; dabei erinnern die hehren Herrschaften allerdings in ihrer Aufstellung ein wenig an die Bremer Stadtmusikanten ... Der Diktator *Salazar* ließ das Denkmal 1960 anlässlich des 500. Todestages des Infanten errichten. Von der Aussichtsplattform hat man einen überragenden Blick über Kloster, Tejo, Brücke des 25. April und Christo-Rei-Statue (lohnenswert!).

●Aussichtsturm und Auditorium im Inneren täglich von 9–17 Uhr geöffnet (Juli/August bis 18.30 Uhr); Eintritt 1,85 €, Studenten und Rentner 50 %, LC und Kinder bis 12 Jahre frei

Museu de Arte Popular

Am Denkmal rechts die Promenade entlang, passiert man das **Museum für Volkskunst** mit geographisch und thematisch gegliederten Ausstellungsstücken aus den Bereichen Volkstracht, Spielzeug, Möbel sowie Papier-, Leder- und Korkarbeiten.

●Geöffnet täglich außer Mo 10–12.30 und 14–17 Uhr; Eintritt 2 €, Studenten und Rentner 50 %, Kinder bis 12 Jahre und LC frei

Wacht über den Tejo – Torre de Belém

012al Foto: wl

Torre de Belém

Etwa 300 Meter hinter dem Museum ragt ein weiteres Paradebeispiel der späten ⇗Manuelinik aus dem Tejo hervor, der Torre de Belém („Turm von Bethlehem"). Er wurde 1515–1521 mitten in den Fluss gebaut und diente als kanonenbewehrte Verteidigungsanlage der Tejo-Mündung; von den Spaniern wurde er ab 1580 als Kerker benutzt. Im frühen 19. Jh. von Napoleon Bonaparte zerstört wurde der Torre de Belém 1846 in seiner jetzigen Form rekonstruiert. Durch die Verschiebung des Flusses (Aufschüttung, Erdbebenschutt) ist der Turm mittlerweile vom Ufer aus zugänglich.

● Geöffnet täglich außer Mo 10–17 Uhr, Mai–Sept. 10–18.30 Uhr, Eintritt 3 €, Personen bis 25 und ab 65 Jahren 50 %, Kinder bis 14 Jahre und LC frei

Parque das Nações (Expo-Gelände)

Nach dem Ausflug in die Vergangenheit (Belém) bietet sich dem Besucherblick ein totaler Kontrast im hypermodernen Parque des Naçoes, dem Gelände der Expo-Weltausstellung 1998.

103al Foto: wl

Das Gesamtgelände (kein Eintritt) an sich lohnt schon den Besuch, auch wenn man aus Zeit- oder Kostengründen keine der einzelnen Attraktionen besuchen möchte – allein ein Spaziergang an der **Promenade** und über die Stege mit großartigem Blick auf die Ponte Vasco da Gama (ein Nachbau steht übrigens in Macau) ist ein Erlebnis. Aber: nicht an Wochenenden – da scheint ganz Lissabon im Park zu sein!

●**Tipp:** Für 14 € kann man an der Information (man geht ab Metro immer schnurgeradeaus durch die Kaufarkade und trifft auf die Information) die **Cartão do Parque** („Park-Karte") erwerben, die zum kostenlosen Besuch von Ozeanarium, Vasco-da-Gama-Tower, Seilbahn und Parkbahn berechtigt sowie Ermäßigungen bei den anderen Attraktionen bietet. Neben einer nicht unerheblichen finanziellen Vergünstigung im Vergleich zum Einzelpreis hat diese Karte den Vorteil, dass man sich z.B. beim Ozeanarium (am Wochenende ca. zwei Stunden Wartezeit!) nicht an der Kasse anstellen muss!

Oceanário

Das Paradestück ist das geniale **Oceanário,** zweitgrößtes seiner Art weltweit. Fünf verschiedene Unterwasser-Klimazonen werden in dem gigantischen Becken künstlich vereint; der Betrachter beginnt an einer Rampe am oberen Ende und wandert allmählich durch die einzelnen Abschnitte.

- Geöffnet täglich 12–19 Uhr (Einlass bis 18 Uhr); Eintritt stolze 9 €, Kinder (bis 12 Jahre) und Senioren zahlen 50 %, LC 15 % Rabatt; ein Familien-Ticket kostet 20 €.

Torre Vasco da Gama An das 500-jährige Jubiläum der Entdeckung des Seeweges nach Indien durch *Vasco da Gama* erinnert der Turm, das Symbol der Expo 1998. Mit 145 Metern ist er das höchste Bauwerk Portugals und bietet auf der „Mastkorb" genannten Aussichtsplattform in 102 Metern Höhe einen brillanten Ausblick über Stadt und Umland.

- Geöffnet tgl. 10–20 Uhr, an Wochenenden bis 22 Uhr, Eintritt 6 €, Kinder (bis 12 Jahre) und Senioren 50 %, mit LC 20 % billiger

Weitere Sehenswürdigkeiten Auch eine Fahrt mit der **Seilbahn** (tgl. 11–21 Uhr, 3 € einfach) bietet spektakuläre Ausblicke; weitere Höhepunkte im Park sind u. a. die **Virtual Reality Show,** eine virtuelle spektakuläre Erlebnisreise durch das Innere des Ozeanariums (täglich 13–19 Uhr, 7 €, Kinder bis 12 Jahre und Senioren 50 %). Ferner gibt es einen **Pavillon für Macau,** eine **Konzerthalle** für internationale Rock- und Popgruppen und über der Metro- und Bahnhofsstation („Oriente") die **Einkaufsarkade „Vasco da Gama"** mit Supermarkt, Computerfachgeschäft, Bowling-Center ...

Christo-Rei-Statue

Zahllose Aussichtspunkte von Lissabon über den Tejo ziehen den Blick auf die 1959 auf einem Hügel am südlichen Ufer errichtete **Christusstatue.** Das 110 Meter hohe Werk ähnelt stark der Statue

Das zweitgrößte Ozeanarium weltweit

von Rio de Janeiro. Auch andere Länder (z.B. Malta) weisen derartige Christusstatuen auf. Exquisite Aussicht garantiert!

● Geöffnet täglich 9.30–18 Uhr; man nimmt die Fähre vom ⇗Caís do Sodré zur Station Cacilhas, dort fährt ein Pendelbus.

Praktische Tipps

Unterkunft

Die meisten Lissabon-Ausflügler werden vermutlich eine vororganisierte Tour inklusive Übernachtung in einem Hotel nahe dem Praça Marquês de Pombal gebucht haben. Natürlich geht es auch ganz auf eigene Faust (⇗Anreise), wobei Bahnreisende von der Algarve an den Caís do Sodré ankommen (Metro/Bus zum Rossio nehmen), Busreisende meist direkt am Rossio aussteigen können. Am Rossio kann man sich dann in der Touristeninformation (Praça dos Restauradores neben Hotel Eden) eine Unterkunft vermitteln lassen oder selbst eine günstige Pension im Bereich Praça Figueira/Rua das Portas Antão suchen.

Hotels

Es lohnt sich eigentlich nicht, große Hotels (⇗Stadtplan) selbst aufzusuchen, die Pauschalagenten der Algarve bieten deutlich günstigere Konditionen.

Etliche Mittelklassehotels des Zentrums haben sich zur Werbegemeinschaft **„Hotéis Heritage Lisboa"** zusammengeschlossen; Vorabinformation zu Lage, Preis und Buchung unter www.heritage.pt, heritage.hotels@heritage.pt.

● Wer auf eigene Faust unterwegs ist und ein preiswertes Hotel sucht, findet in der Rua Augusta/Ecke Rua Betesga das **Hotel Internacional** €€-€€€(Tel 21 3240 990, Fax 21 3240 990), in der Rua de Santa Antão 99 das **Residencial Florescente** €-€€ (Tel 21 342 6609, Fax 21 3427 733).

Pensionen

● Von den zahlreichen Pensionen verdient die **Pensão Coimbra Madrid** €€€ (Tel. 21 342 1760, Fax 21 342 3264) am Praça Figueira Erwähnung.

● Hinter dem Nordende des Praça Figueira und der Kirche Igreja São Domingos liegt am Largo Domingos (rechter Hand Calcada do Garcia 6) die **Pensão Gerés** €€.

- Die Rua Antão entlang, ist an der Ecke zur Rua do J. Regedoa die **Pensão Campos** €€ (Tel. 21 346 2864) empfehlenswert.
- Ebenfalls in unmittelbarer Nähe zum Rossio liegen an der Ecke 1° Dezembro/Calcada do Carmo (um die Ecke vom Supermarkt Pingo Doce) die **Pensão Estaçao Central** €€ (Tel. 21 346 9497) sowie die Pension **Estrela Mondega** €€.

Alle genannten Unterkünfte sind bestens zu Fuß erreichbar, liegen absolut zentral und bieten einfache, aber funktionale Doppelzimmer wahlweise mit oder ohne Bad zwischen 30–45 € (pro Zimmer und Nacht).

Jugendherbergen

- Lissabon bietet zwei Jugend-Schlafsaalunterkünfte (Internationaler Jugenherbergsausweis erforderlich), wobei vor allem die **Pousada de Juventude do Parque das Naçoes** (Tel. 218 920 890, Fax 21 892 0891, Via da Moscavide 47–101) für Interrail-Reisende, die zuerst nach Lissabon reisen (ab Algarve Ankunft Barreiro und Caís do Sodré), interessant ist. Man kommt in der Station Oriente an, nimmt den Ausgang Rua Reciproca, geht links bis zur Spitzkehre; rechter Hand liegt die Rua Lopez Vaz; dieser bis zur Rua Moscavide folgen (ca. 20 Minuten). Schlafsaal 10–13 €, DZ 30–37,50 € (je nach Saison).
- In Zentrumsnähe (Metro Picoas, nahe Park Eduardo VII.) liegt die große **Pousada de Juventude de Lisboa** (Tel. 213 532 696, Fax 213 537 541) mit Preisen von 15 € im Schlafsaal (saisonabhängig) und DZ ab 35 bis 44 €. Aus der Metro auf der großen Av. P. de Melo südwärts bis zur zweiten Kreuzung linker Hand in die Rua Andrade de Corvo hinein (Nr. 46). Vorabreservierung empfehlenswert. Beide Rezeptionen 8–24 Uhr geöffnet.

Camping

- Der Campingplatz **Parque de Campismo Municipal de Monsanto** (Tel. 21 760 9620, Fax 21 762 3106) ist ganzjährig geöffnet und liegt etwa eine Dreiviertelstunde per Bus 14 ab Rossio (Achtung: fährt nur bis 21.30 Uhr) vom Zentrum und mit demselben Bus 20 Minuten von Belém entfernt an der A-5. Mit Pool, Minigolf- und Tennisplatz, Minimarkt; 400 Zeltplätze. Pro Person 4,20 € (Kinder 6–12 Jahre 50 %), Zelt 4,50 €, PKW 2,70 €.

Essen und Trinken/Unterhaltung

Essen und Trinken

Lissabon ist natürlich *der* Ort schlechthin, um die portugiesische Küche einschließlich all der Einflüsse aus den einstigen Übersee-Besitzungen zu probieren. Das Preisniveau in mittelpreisigen Lokalen liegt mit rund 2,50 € für Suppen, Hauptspeisen ab 6 € und Bier ab 2 € (0,5 l) für eine Hauptstadt eher günstig.

●Das absolute „Verpflegungszentrum" liegt in der **Baixa,** beginnend bei **Supermärkten** für Selbstversorger (z.B. Pingo Doce am Hotel Americano) und internationalen **Fast-Food-Ketten** (McDonald's, Pizza Hut), wobei hier vor allem die mehrfach vertretene Casa dos Sandes (Sandwichhaus) mit lecker belegten Baguettes für den Hunger zwischendurch zu empfehlen ist (z.B. Ecke Calcada do Carmo/1° de Dezembro).

●Originär portugiesisch sind die allgegenwärtigen und preiswerten **Pastelarias,** Stehimbisse für köstlich gefüllte Teigtaschen sowie kalte und warme Kleinigkeiten aller Art.

●Kleine Kneipen, Pastelarias und Pizzerien liegen Tür an Tür in der **Rua das Portas S. Antão** (parallel zum Rossio). In diesen Lokalen findet man auch einfache Tafelweine sowie zurzeit das in Lissabon (nicht an der Algarve) sehr beliebte Mischgetränk Sangria. Gemütlichstes Beispiel ist die **Bodega Santo Antão** (Nr. 42), wo besonders die Fischgerichte ihresgleichen suchen.

●Mehrere kleine Restaurantes der Mittelklasse reihen sich in der **Rua dos Correiros** aneinander, unter anderen das **Chez Elle** mit einfacher und günstiger portugiesischer Küche (z.B. gegrillte Sardinen mit Beilagen für 4,90 €).

●Zwei Parallelstraßen weiter (Douradores, nahe Praça Figueira) empfiehlt sich die **Cervejaria Bessa** (links Bierhalle und Snacks, rechts Restaurantbetrieb) sowie schräg gegenüber das **Tung Ah** – einer der aus Macau eingewanderten Experten der kantonesischen Küche.

●Als feiner Tipp der Mittelklasse sei die **Cervejaria Trindade** (Tel. 21 342 3506) in der Rua Nova da Trindade (Chiado) erwähnt, ein Brauhaus mit angeschlossenem Restaurant und Bierkeller. Essen und Bier (auch dunkles!) sind vorzüglich und für Hauptstadtverhältnisse sehr preiswert; im vorderen Bereich wird nur Bier ausgeschenkt, die hinteren Speisehallen füllen sich ab 18.30 Uhr mächtig – man sollte vorher dort sein oder reservieren!

●Ganz nobel schließlich diniert man im **Casa do Leão** („Löwenhaus", Tel. 21 887 5962), stilvoll integriert in die Gewölbe der Burg São Jorge mit traumhafter Aussicht – abends unbedingt vorher reservieren.

Fado

Den Fado, jene gedankenschwangere Volksmusik der leisen Töne, die ausschließlich in Portugal, und dort zunehmend nur in Lissabon zu finden ist (↗Kunst und Musik der Gegenwart), genießt man idealerweise in Kombination mit einem Abendessen in einem der folgenden Restaurants:

●**Parreirinha de Alfama,** Beco do Espírito Santo 1, Tel 21 886 8209; gehört der Fado-Familie *Rodrigues/Santos* und ist in Lissabon eine Institution.

●**Taverna de Embuçado,** Beco dos Cortumes 10, Alfama, Tel 21 886 5088; tolles Kellergewölbe mit sehr guter Küche, teuer, aber gut!

104al Foto: wl

●**Clube de Fado,** Rua S. João da Praça 92 (vor der Kathedrale rechts entlang), Tel 21 885 2704; teuer (Gericht inkl. Fado ab 25 €!), aber *das* Nachwuchslokal schlechthin, wo alle, die im Fado etwas werden wollen, auftreten müssen.

Kneipen

●Nach den anstrengenden Besichtigungen nur noch in Ruhe an einer kleinen, urigen Theke ein Bier trinken oder den Hauswein kosten? Für diesen Zweck sei die **Rua das Portas Antão** empfohlen, ein autofreies Sträßchen, wo sich zahllose kleine Schänken und Lokale aneinander reihen und sich vor allem der kleine bis mittlere Geldbeutel wohl fühlt.

●Wer es lieber ruhiger und zurückgezogen mag, sollte die **Pastelaria do Carmo** am Largo do Carmo ausprobieren – Snacks und Getränke sind hier günstiger als in der Baixa.

●Ein Stück unterhalb in der Rua Sacramento (Ecke Rua Garrett) liegt das **Jugendcafé/Bar Herois,** ein In-Treff für das jüngere Publikum.

●Noch ruhiger und gediegener geht es im Portweinprobierlokal **Solar do Vinho do Porto** (Rua São Pedro do Alcântara 45, Tel 21 347 5707, Mo–Sa 14 Uhr bis Mitter-

Zünftig und köstlich: Cervejaria Trindade

105al Foto: wl

nacht) zu – eine fast unüberschaubare Auswahl zu sehr zivilen Preisen!

Nachtleben

- Wer dann immer noch nicht müde ist und die Nacht zum Tag machen möchte, begebe sich an die **Docas do Alcântara.** Hier liegt das absolute Discotheken- und Nachtbarviertel Lissabons, wo erst nach Mitternacht Stimmung aufkommt.
- Die wichtigsten unüberseh- (und -hörbaren) Vergnügungshöhlen sind etwa der **Docks Club** oder das **Blue Café.** Die Haltestelle „Av. Infante Santo“ (hier in der Nähe liegen die Diskos) wird sowohl von Tram 15 (Caís do Sodré, Praça Figueira, Praça Comercio) als auch von Nachtbus 201 angefahren. Ab Caís do Sodré fahren dann nachts 205 und 207 via Rossio und Av. Liberdade zur Hotelgegend Praça Marquês de Pombal.

Abendspaziergänge

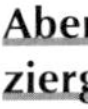

- Daneben empfiehlt es sich für diejenigen, die vielleicht einfach in Ruhe an den Fluten des Tejo lustwandeln und die beleuchtete Stadt betrachten möchten, den **Parque das Nações** am späten Abend (nochmals) zu besuchen – zwar sind die Hauptattraktionen längst geschlossen, die großartige Promenade kann man dann jedoch ungestört genießen.
- Ähnlich kann man die schöne Aussicht über die beleuchtete Stadt vom **Castelo Sao Jorge** aus bewundern – auch hier lohnt ein Besuch im Dunkeln (Achtung: ab 21 Uhr geschlossen).

Einkäufe/Souvenirs

- Die bedeutendsten Einkaufsarkaden, die in etwa auch auf dem Weg des Besuchers zu bestimmten Sehenswürdigkeiten liegen, sind das **Centro Vasco da Gama** beim Parque das Nações (oberhalb der Metro Oriente), das Riesenkaufhaus **Corte Inglês** in der Avenida A. A. Aguiar (Metro San Sebastião oder durch Park Eduardo VII. gehen), sowie schließlich das **Armazens do Chiado** am östlichen Ende der Rua Garrett. Allerlei Landestypisches findet man in den kleinen Geschäften der **Baixa** oder im **Markt** gegenüber den Caís do Sodré.

Nützliches

- **Touristeninformation:** Palácio Foz (Metro „Restauradores"), Praça dos Restauradores, Tel. 21 346 6307, Fax 21 346 8772 (auch am Flughafen unter Tel. 21 849 4323); bietet Faltblätter, Stadtpläne, Lisboa-Card, Veranstaltungshinweise, Reservierungen und Hilfestellung bei der Unterkunftssuche.
- **Postautomat:** vor dem Hotel Orion Eden
- **Kartentelefone:** am Praça Dom Pedro IV.
- **Polizei:** Policia de Segurança Pública (PSP) neben der Touristeninformation im Palácio Foz, Praça dos Restauradores, Tel. 21 342 1634
- **Krankenhaus:** Hospital de Egas Moniz, Rua da Junqueira (z. B. Straßenbahn 15 nach Belém, Haltestelle Egas Moniz), Tel. 21 365 0349
- **Stadtrundfahrten/Ausflüge:** Der Marktführer Lissabons, die Firma Gray-Line, bietet Flussfahrten, Stadtrundfahrten und Ausflüge zu weiteren lohnenswerten Umgebungszielen der Hauptstadt (Sintra, Estoril, Coimbra, Fátima); sie hat ihren Sitz am Praça Marquês de Pombal (Tel. 21 386 4322) und ist im Internet unter www.cityrama.pt präsent. Angeboten werden Halb- und Ganztagestouren in allen Preisklassen (ab ca. 30 €).
- **Tejo-Rundfahrt:** Die Firma *Transtejo* bietet an den Kais Est. Fluvial Terreiro do Paço für 10 € ca. 2½-stündige Flussfahrten an, die sehr schöne Impressionen von Fluss und Stadtpanorama ermöglichen. Informationen/Abfahrtszeiten unter Tel.: 218 820 348, www.transtejo.pt.
- **Flughafen:** Flugauskunft und Information unter Tel. 21 841 3700

Der zentrale Praça Dom Pedro IV
mit dem Nationaltheater

107al Foto: wl

Anhang

Literaturtipps

• *Bauer, Martin:* **Die Tempelritter – Mythos und Wahrheit,** München 1997

• *Briesemeister, D.* und *Schönberger, A.* (Hg.): **Portugal heute. Politik, Wirtschaft, Kultur,** Frankfurt a. M. 1997

• *Iking, B.:* **Die Auswirkungen des EG-Beitritts auf die Industriepolitik Portugals,** Frankfurt a. M. 1997

• *Jacob, E. G.:* **Grundzüge der Geschichte Portugals und seiner Übersee-Provinzen,** Darmstadt 1969

• *Miller, Russel:* **Die Ostindienfahrer.** Deutsche Ausgabe 1983. Historische Darstellung des Ostindienhandels auf dem Höhepunkt der portugiesischen Entdeckungen.

• *Sperling, U.:* **Portugal von Salazar zu Soares,** Marburg 1987

• *Weinberg, Steven:* **Fischführer Atlantik.** Bielefeld, 1997. Für Taucher unentbehrliches Nachschlagewerk zur atlantischen Unterwasserwelt.

Entfernungstabelle (in km)

Albufeira																		
81	**Aljezur**																	
26	97	**Almansil**																
37	49	53	**Alvor**															
18	66	34	25	**Armação de Pera**														
39	10	13	66	47	**Faro**													
25	56	41	12	13	54	**Lagoa**												
51	30	67	19	39	80	26	**Lagos**											
27	98	8	54	35	16	42	68	**Loulé**										
58	71	74	29	46	87	33	41	75	**Monchique**									
47	118	21	74	55	9	62	88	24	95	**Olhão**								
33	25	40	4	21	62	8	18	50	25	70	**Portimão**							
29	100	9	56	37	22	44	70	11	77	30	52	**Quarteira**						
83	42	99	51	71	112	58	32	100	73	120	63	102	**Sagres**					
21	81	32	37	29	45	36	51	33	58	53	33	35	83	**São Bart. de Messines**				
40	111	21	67	48	17	55	81	13	88	17	63	24	113	46	**São Brás de Alportel**			
33	64	43	20	21	62	8	34	50	41	70	16	52	66	17	63	**Silves**		
62	133	43	89	70	29	77	103	35	110	20	85	46	135	68	22	85	**Tavira**	
85	150	66	112	93	52	100	126	58	133	43	108	69	158	91	45	108	23	**Vila Real de Santo António**

Die Reiseführer auf einen Blick

Reisehandbücher
Urlaubshandbücher
Reisesachbücher
Rad & Bike

Algarve, Lissabon
Amrum
Amsterdam
Andalusien
Apulien
Athen
Auvergne, Cevennen

Barcelona
Berlin
Borkum
Bretagne
Budapest
Bulgarien
Burgund

City-Trips mit Billigfliegern
City-Trips mit Billigfliegern, Bd.2
Cornwall
Costa Blanca
Costa Brava
Costa de la Luz
Costa del Sol
Costa Dorada

Dalmatien
Dänemarks Nordseeküste
Disneyland Resort Paris

Eifel
El Hierro
Elsass, Vogesen
England – Süden
Erste Hilfe unterwegs
Europa BikeBuch

Fahrrad-Weltführer
Fehmarn
Föhr
Formentera
Friaul, Venetien
Fuerteventura
Fußballstädte Deutschland 2006

Gardasee, Trentino
Golf von Neapel, Kampanien
Gomera
Gotland
Gran Canaria
Großbritannien

Hamburg
Helgoland
Hollands Nordseeinseln
Hollands Westküste
Holsteinische Schweiz

Ibiza, Formentera
Irland
Island
Istanbul
Istrien, Kvarner Bucht

Juist

Kalabrien, Basilikata
Katalonien
Köln
Korfu, Ionische Inseln
Korsika
Krakau
Kreta
Kreuzfahrtführer
Kroatien
Kroatien, Wohnmobil-Tourguide

Langeoog
La Palma
Lanzarote
Latium
Leipzig
Ligurien, Riviera, Cinque Terre
Litauen
London

Madeira
Madrid
Mallorca
Mallorca, Leben/Arbeiten
Mallorca, Wandern
Malta, Gozo
Mecklenb./Brandenb.: Wasserwandern
Mecklenburg-Vorp. Binnenland
Menorca
Montenegro
Motorradreisen
München

Norderney
Nordseeküste Niedersachsens
Nordseeküste Schleswig-Holstein
Nordseeinseln, Dt.
Nordspanien
Normandie
Norwegen

Ostfriesische Inseln
Ostseeküste Mecklenburg-Vorp.
Ostseeküste Schleswig-Holstein
Outdoor-Praxis

Paris
Polens Norden
Polens Süden

HILFE!

Dieses Urlaubshandbuch ist gespickt mit unzähligen Adressen, Preisen, Tipps und Infos. Nur vor Ort kann überprüft werden, was noch stimmt, was sich verändert hat, ob Preise gestiegen oder gefallen sind, ob ein Hotel, ein Restaurant immer noch empfehlenswert ist oder nicht mehr, ob ein Ziel noch oder jetzt erreichbar ist, ob es eine lohnende Alternative gibt usw.

Unsere Autoren sind zwar stetig unterwegs und versuchen, alle zwei Jahre eine komplette Aktualisierung zu erstellen, aber auf die Mithilfe von Reisenden können sie nicht verzichten.

Darum: Schreiben Sie uns, was sich geändert hat, was besser sein könnte, was gestrichen bzw. ergänzt werden soll. Nur so bleibt dieses Buch immer aktuell und zuverlässig. Wenn sich die Infos direkt auf das Buch beziehen, würde die Seitenangabe uns die Arbeit sehr erleichtern. Gut verwertbare Informationen belohnt der Verlag mit einem Sprechführer Ihrer Wahl aus der über 200 Bände umfassenden Reihe „Kauderwelsch" (siehe unten).

Bitte schreiben Sie an: REISE KNOW-HOW Verlag Peter Rump GmbH, Postfach 140666, D-33626 Bielefeld, E-mail: info@reise-know-how.de
Danke!

Kauderwelsch-Sprechführer – sprechen und verstehen rund um den Globus

Afrikaans ● Albanisch ● Amerikanisch – *American Slang, More American Slang,* Amerikanisch oder Britisch? ● Amharisch ● Arabisch – Hocharabisch, für Ägypten, Algerien, Golfstaaten, Irak, Jemen, Marokko, ● Palästina & Syrien, Sudan, Tunesien ● Armenisch ● *Bairisch* ● Balinesisch ● Baskisch ● Bengali ● *Berlinerisch* ● Brasilianisch ● Bulgarisch ● Burmesisch ● Cebuano ● Chinesisch – Hochchinesisch, kulinarisch ● Dänisch ● Deutsch – *Allemand, Almanca, Duits, German, Nemjetzkii, Tedesco* ● *Elsässisch* ● Englisch – *British Slang, Australian Slang, Canadian Slang, Neuseeland Slang*, für Australien, für Indien ● Färöisch ● Esperanto ● Estnisch ● Finnisch ● Französisch – für Restaurant & Supermarkt, für den Senegal, für Tunesien, *Französisch Slang, Franko-Kanadisch* ● Galicisch ● Georgisch ● Griechisch ● Guarani ● Gujarati ● Hausa ● Hebräisch ● Hieroglyphisch ● Hindi ● Indonesisch ● Irisch-Gälisch ● Isländisch ● Italienisch – *Italienisch Slang,* für Opernfans, kulinarisch ● Japanisch ● Javanisch ● Jiddisch ● Kantonesisch ● Kasachisch ● Katalanisch ● Khmer ● Kirgisisch ● Kisuaheli ● Kinyarwanda ● *Kölsch* ● Koreanisch ● Kreol für Trinidad & Tobago ● Kroatisch ● Kurdisch ● Laotisch ● Lettisch ● Lëtzebuergesch ● Lingala ● Litauisch ● Madagassisch ● Mazedonisch ● Malaiisch ● Mallorquinisch ● Maltesisch ● Mandinka ● Marathi ● Mongolisch ● Nepali ● Niederländisch – *Niederländisch Slang,* Flämisch ● Norwegisch ● Paschto ● Patois ● Persisch ● Pidgin-English ● *Plattdüütsch* ● Polnisch ● Portugiesisch ● Punjabi ● Quechua ● *Ruhrdeutsch* ● Rumänisch ● Russisch ● *Sächsisch* ● *Schwäbisch* ● Schwedisch ● *Schwiizertüütsch* ● *Scots* ● Serbisch ● Singhalesisch ● Sizilianisch ● Slowakisch ● Slowenisch ● Spanisch – *Spanisch Slang,* für Lateinamerika, für Argentinien, Chile, Costa Rica, Cuba, Dominikanische Republik, Ecuador, Guatemala, Honduras, Mexiko, Nicaragua, Panama, Peru, Venezuela, kulinarisch ● Tadschikisch ● Tagalog ● Tamil ● Tatarisch ● Thai ● Tibetisch ● Tschechisch ● Türkisch ● Twi ● Ukrainisch ● Ungarisch ● Urdu ● Usbekisch ● Vietnamesisch ● Walisisch ● Weißrussisch ● *Wienerisch* ● Wolof ● Xhosa

... für unterwegs

Register

N

O

P

Kartenverzeichnis

Der Autor

Werner Lips, Jahrgang 1961, arbeitete nach dem Studium (Slawistik, Sinologie, Geschichte) u.a. als Offizier im Balkaneinsatz, Manager bei Markenunternehmen und Betriebsleiter in der Baunebenbranche und als Fachhochschuldozent für Sprachen und Kulturwissenschaften. Als gefragter Osteuropa- und Asien-Experte beriet er wiederholt Fernsehen (WDR, VOX) und Behörden. Als Taucher, Motorradfahrer und Trekker ist er seit vielen Jahren intensiv über und unter Wasser rund um Mittelmeer/Atlantikküste (dabei besonders in Portugal) unterwegs auf der Suche nach interessanten Reisezielen. Die Algarve und die Hauptstadt Lissabon faszinieren ihn landschaftlich, kulturell und historisch, nicht zuletzt wegen der Sonderrolle der portugiesischen Christusritter. Von ihm sind im Reise Know-How Verlag u.a. Reise-Handbücher zu Kroatien, Zypern und Malta erschienen.